AF495552

TRAITÉ
DE LA CONSTRUCTION
DES VAISSEAUX,

AVEC UNE EXPLICATION

Où l'on démontre les principes de l'Architecture Navale Marchande, & des Navires armés en course.

Par M. FRÉDERIC DE CHAPMAN, *Chevalier de l'Ordre du Roi de Suede, Directeur général des Constructions & des Flottes Navales du Royaume, Membre de la Société Royale & Académie des Sciences de Stockholm.*

Traduit du Suédois, sur l'Édition publiée & imprimée chez JEAN PFEIFFER en 1775.

A PARIS,

Chez SAILLANT & NYON, Libraires, rue du Jardinet, quartier S. André-des-Arcs, près de l'Imprimeur du Parlement.

Chez Veuve DESAINT, Libraire, rue du Foin-S.-Jacques.

M. DCC. LXXIX.

AVEC APPROBATION, ET PRIVILEGE DU ROI.

PRÉFACE.

QUAND on confidere le grand nombre de Vaiffeaux qui ont été conftruits depuis qu'on a commencé à faire route fur les différentes Mers, ainfi que fur le vafte Océan, & qu'on réfléchit pareillement fur ce qu'ils ont pu fucceffivement fe perfectionner ; on ne fauroit fe refufer à croire qu'ils n'ayent à la fin acquis le degré de perfection où il ait été poffible d'atteindre.

On eft, à ce qu'il femble, porté à cette opinion, en ce que dans ces derniers temps, chaque Vaiffeau communément n'eft gueres affujetti à d'autres variations particulieres, non pas même du côté de fa *forme* ni de fon *gréement*. Mais quand on fe repréfente auffi tant de différentes fortes de Vaiffeaux & Navires, dont on fait ufage en Europe, on ne doit pas être furpris, fi, pour le mieux, on doit infifter fur leur diverfité fi variée, laquelle, pour d'autres caufes, a dû embarraffer les Conftructeurs, ainfi que les Maîtres-Mâteurs, qui n'ont encore pu découvrir quelle eft la forme & la figure la plus avantageufe qu'on doit donner aux vaiffeaux, comme auffi la meilleure maniere de les gréer, tant d'une maniere générale que pour les différents genres de navires qu'on voudroit apprécier, & avoir particuliérement en vue.

Pour donc pouvoir fe décider d'après ces deux circonftances, fi un vaiffeau en général eft parvenu au degré de perfection auquel il ait été poffible d'atteindre, on s'eft vu obligé de partager tous les vaiffeaux & navires des Nations diverfes en deux claffes. Dans *une des claffes* on peut comprendre *tous les petits Navires ou ceux dont on fe fert dans les moindres voyages, ou dans des golfes étroits* : on peut ranger dans *la feconde claffe, tous les grands Vaiffeaux & Navires, & généralement tous ceux qui font deftinés à de grands voyages, foit fur la haute Mer, foit fur l'Océan.*

Lorfqu'on vient à confidérer ou à méditer fur ce qui a rapport à *la premiere claffe*, il s'y préfente tels navires, dont on fe fert parmi chaque nation, foit féparément pour le tranfport & pour les marchandifes, foit même dans l'intérieur du pays d'une feule nation, ſoit enfin pour les tranſporter ſeulement à ſes plus proches voiſins. Mais puiſque, ſelon le climat, les différentes qualités des mers étendues & profondes, & la ſituation reſpective des terres & de l'eau jointe aux productions naturelles, ne ſont plus les mêmes chez les uns ni les autres de ces nations; il doit s'enſuivre delà, que les navires n'y ſauroient être aſtraints aux mêmes conditions & qualités, & qu'il eſt ainſi néceſſaire qu'ils ſoient accommodés dans leurs dimenſions, figures & gréements aux circonſtances ſuſdites. Par-là on trouve qu'il doit s'y rencontrer un genre de perfection, & qu'il y aura des variétés dans les mêmes meſures, qui ſeront dans le cas d'être diſtinctes & ſéparées.

C'eſt pourquoi, lorſqu'on conſidere les navires qui ſont compris ſous la ſeconde claſſe, & qui tous ont les conditions données pour remplir un même but, il s'en trouvera (quoique ce ſoient des nations différentes) qui ſeront eſſentiellement ſemblables les uns aux autres; on doit en régler les proportions, & on en peut trouver les limites quant aux largeurs qui ſont toujours entre le tiers ou le quart de leur longueur; comme auſſi d'aſſurer que les plus petits navires doivent avoir communément plus de largeur à proportion de leur longueur, qu'il ne le faut aux plus grands navires. Le creux y eſt auſſi quelquefois plus grand & d'autres fois moindre que n'eſt la demi-largeur du navire. La flottaiſon doit avoir auſſi ſes limites: elle doit ſe régler ſur les beſoins & ſur l'uſage qu'on veut faire du navire. Quant à ce qui concerne l'ordre ou l'établiſſement intérieur, en cela les navires de toutes les nations s'accordent aſſez en tout ce qu'il y a d'eſſentiel ou de principal: ils n'y peuvent différer entr'eux uniquement que dans des choſes de peu de conſidération, & chacun donne à ſon navire l'aménagement & l'arimage tel qu'il lui ſemble le plus convenable. Quant à ce qui conſtitue la forme du navire, on trouve auſſi que tous les navires doivent avoir leur plus grande largeur à l'avant de leur milieu, & qu'ils doivent plus s'amincir à l'arriere qu'à l'avant; que les navires de charge doivent avoir beaucoup plus de capacité, que ceux qu'on veut deſtiner à de prompts ſillages, ces derniers étant plus fins dans leur fonds; qu'à la chûte de l'étrave & de l'étambot, & en général dans toutes les parties qui plongent, celles de l'arriere doivent s'enfoncer plus dans l'eau que celles de l'avant, & autres choſes qu'il ſeroit trop long de déduire ici. Quant à ce qui concerne la maniere de les gréer, il se trouve que quelques vaisseaux ont tantôt trois, d'autres fois deux, ou même un seul mât, & que cela s'y trouve correspondre à leur grandeur. Ces mâts doivent être sur-tout, eu égard à la construction & gréements du navire, assujettis à de semblables proportions & placés d'ailleurs d'une même maniere : ils doivent au reste être essentiellement gréés de la même façon, excepté qu'ils peuvent porter des voiles plus ou moins grandes, comme aussi varier en ce qui peut contribuer à l'utilité des Armateurs ou Propriétaires; il faut encore que ces mêmes vaisseaux aient leur centre de gravité un peu à l'avant du milieu de leur largeur, sans oublier que le centre de gravité ou d'effort sur la voilure, doit toujours être aussi à l'avant du centre de gravité du vaisseau.

De cette maniere les navires seront disposés comme il faut, pour naviguer sur de grandes mers, ainsi que sur l'Océan, & puisqu'on n'est parvenu à les rendre tels qu'après une infinité d'expériences & de recherches, ni sans leur avoir fait subir bien des changements, il n'est plus permis de passer au-delà, ni d'excéder les limites assignés aux proportions qui conviennent aux navires.

Mais avant que d'établir les proportions des navires assujetties à certaines limites, on a cependant occasion de dire que leur forme a déja subi de si grandes variations, qu'on en pourroit bien reconnoître une infinité tant d'excellente que de pire qualité.

Des vaisseaux ont eu jusqu'ici, & ont encore tout ce qui les constitue aux bonnes qualités qu'on peut raisonnablement exiger. Il s'est trouvé pareillement des vaisseaux qui n'ont pas excédé les limites des proportions qui leur conviennent, & cependant plusieurs d'entr'eux se sont trouvés avoir beaucoup de mauvaises qualités.

Delà il arrive ordinairement dans la construction des vaisseaux qu'on y prescrit à certaines fois comme dans d'autres, tout ce qu'on connoît lui être propre à améliorer la forme & la figure du vaisseau; c'est-à-dire, que quand on construit un navire; & qu'on est fort occupé à découvrir ses bonnes & mauvaises qualités, on s'aide de la construction d'un autre; d'autant qu'il vaut mieux saisir une pareille forme invariable, que de se voir tomber dans de nouvelles fautes. C'est pourtant ce qui le plus souvent & même assez communément n'a pas mieux réussi; ensorte que par-là, de nouveaux vaisseaux ont contracté d'autres défauts : bien plus, il est même arrivé que les derniers navires ſont tombés dans les mêmes défauts, & à un plus haut degré que les précédents, & qu'on n'a ſu par ce moyen reconnoître ſi ces défauts provenoient de la forme du navire, ou bien de quelqu'autre circonſtance tout-à-fait inconnue.

On peut conclure delà qu'on a dû conſtruire des vaiſſeaux de la meilleure ou de la pire qualité plutôt par hazard qu'en prévoyant les moyens ſûrs & prévus; & qu'il s'enſuit delà que tant qu'il ne ſera pas poſſible de ſe fonder mieux dans les connoiſſances néceſſaires pour bâtir des vaiſſeaux que d'après de ſimples tâtonnements plutôt qu'en appellant à l'expérience, on pourra dire qu'en général les vaiſſeaux ne ſauroient acquérir la perfection qui leur convient par les moyens ordinaires dont on s'eſt ſervi juſqu'ici.

C'eſt pourquoi il devient très-néceſſaire de découvrir par expérience ce qu'il faut pour nous conduire à la connoiſſance d'une perfection plus étendue.

Que ſi l'on ſe rappelle ce qui a été dit, ſavoir que des vaiſſeaux qui ont leurs dimenſions dans les mêmes limites, & qui plus eſt, qui ont une même forme, ne s'en trouvent pas moins fort diſſemblables les uns des autres, eu égard à leurs bonnes ou mauvaiſes qualités, & que le moindre changement dans leur forme a procuré au vaiſſeau qui la ſubit, une qualité abſolument contraire à tout ce que l'on a pu conjecturer à ce ſujet: on doit bientôt s'affermir ici dans cette penſée, que tout ce que nous puiſons dans les cauſes phyſiques, ainſi que l'art de conſtruire les vaiſſeaux, ne pourra être porté à ſon plus haut degré de perfection, qu'autant qu'on s'occupera de théories, au moyen deſquelles ces cauſes pourront être beaucoup mieux connues.

Il eſt certain que dans tous les arts, comme dans toutes les ſciences, il ſe trouve une théorie cachée, dont le travail nous conduit également bien à ce qui eſt difficile, comme à ce qu'il y a de plus aiſé, ſelon que l'art ſe préſente réuni à plus ou moins de connoiſſances phyſiques.

La théorie d'une ſimple rame, lorſqu'il la faut employer, a été conſidérée, il y a long-temps, par *Archimede*, & a été remaniée depuis par bien d'autres, & cependant elle n'eſt pas encore entiérement développée; il y a donc d'autant plus de difficultés à rechercher par expérience, & il eſt encore plus difficile d'appliquer la théorie à la totalité d'un vaiſſeau, là où tant de différentes circonſtances qui ſe préſentent, doivent avoir lieu.

Ce

Ce qu'il y a de certain, c'est qu'on se sert très-bien de beaucoup de Rameurs habiles pour voguer à la rame, comme de bons Canonniers pour envoyer des bordées, & que l'on a eu besoin aussi de bien d'autres machines, sans qu'auparavant on ait eu grande nécessité d'en connoître la théorie. Car si l'on considere combien peu les machines peuvent être améliorées en y employant quelque connoissance étendue de leur théorie; comme aussi que les rames pourroient peut-être s'allonger ou se raccourcir de quelques pouces; que les canons pourroient peut-être, en y supprimant un vingtieme de métal, donner la même portée qu'auparavant, ou peut-être même davantage; on trouvera que la théorie, pour une semblable matiere, n'est pas à beaucoup près si nécessaire comme pour les navires.

Un vaisseau est assujetti à une infinité de défauts qui sont de la plus grande importance; on n'est pas même certain de pouvoir éviter ces défauts, à moins que d'être versé dans la théorie qui convient à ce sujet: il se trouve aussi qu'on fait une très-grande dépense pour la construction & pour l'armement des vaisseaux sur-tout en guerre, pour n'être pas intéressé à en connoître les propriétés & leur bonne utilité. Ainsi les théories deviennent ici nécessaires, puisqu'elles nous montrent ce que l'on doit accorder à un vaisseau, soit d'une ou soit d'une autre qualité. On n'apperçoit pas non plus d'abord, si les défauts qu'on y remarque, proviennent de la forme attribuée à sa construction, ou à quelqu'autre cause. Mais puisque la théorie n'est pas encore assez étendue, ce sera à la pratique à en déterminer les limites; d'où l'on peut conclure que l'architecture navale ne pourra gueres arriver à sa perfection, ni qu'aucun vaisseau ne pourra réunir en soi toutes les bonnes qualités possibles, à moins qu'on ne s'accoutume à rechercher par degré quel en doit être ce même genre de perfection, & cela non-seulement à l'aide de la théorie, mais encore en y réunissant une connoissance parfaite de la pratique.

Or de pouvoir porter & donner à cette théorie toute son étendue, cela ne paroît pas d'abord possible; car l'intelligence humaine n'y sauroit peut-être s'étendre assez loin: mais il seroit pourtant nécessaire qu'une partie des hautes sciences, au moins pour la plus grande part, pût nous conduire à reconnoître les principales qualités d'un vaisseau, que je présume être telles qu'il suit.

1°. Que le navire avec un effort déterminé pour s'enfoncer, puisse remplir à la mer l'eſpace qui lui convient, & qu'il y ait un poids déterminé.

2°. Qu'il puiſſe s'y comporter avec une force bien proportionnée & même déterminée, & qu'elle s'y conſerve conſtamment.

3°. Qu'il ſoit commode & traitable à la mer, enſorte que le tangage & le roulis n'y puiſſent pas devenir trop violents.

4°. Qu'il puiſſe également bien porter la voile, ſoit de vent largue ſoit vent arriere, & qu'il n'y ſoit pas difficile de porter au lof.

5°. Qu'il ne ſoit pas non plus trop ardent à porter au lof, ou ce qui revient au même, trop prompt à s'y tourner.

De ces propriétés qu'on exige, il y en a aſſurément qui ſe combattent entr'elles ; ainſi il convient de rechercher & de découvrir ſur cela, comment on pourra réunir la théorie à la pratique, afin de ne pas perdre d'autres prérogatives & utilités que celles dont il faut abſolument ſe paſſer, pour y gagner du moins quelques-unes à tel point que les choſes peſées de part & d'autre, nous produiſent un *Maximum*.

Voilà tout ce dont on va traiter dans ce Traité abrégé : ſur quoi j'aurois été bien aiſe d'y avoir déja contribué, & c'eſt ce dont on pourra juger par le Traité même : peut-être s'en préſentera-t-il d'autres auſſi qui réuniront la pratique à la théorie, quoique juſqu'ici on ne l'ait pas encore exécuté, & que peut-être il mérite ici d'être bien remarqué, ſur ce qu'il faut qu'on ſe propoſe d'étudier dans cette ſcience : on doit bien voir auſſi que cette ſcience eſt en effet démonſtrative, quoique ſouvent il s'y trouve de grandes difficultés à vaincre.

Il s'y trouve auſſi cela d'incommode, en ce que peut-être il y aura des choſes très-différentes & relatives à une autre ſcience ; ſavoir, que ſi avec une bonne théorie on eſt parvenu à l'exactitude la plus grande & à une heureuſe iſſue ou exécution, le Conſtructeur eſt néanmoins en danger de perdre en cela toute ſa réputation ; car ſi l'on conſtruit un navire d'après toutes les regles théoriques & pratiques, & ſi ces regles, toutes exactes qu'elles ſont, ſe trouvent ſuivies avec attention, il peut arriver que la mâture y ait ſes juſtes proportions, ou bien que les mâts y ſoient placés dans leur vrai lieu ou place ; & qu'alors on peut dire & aſſurer, que quand même il auroit toutes les bonnes qualités poſſibles, il peut également bien arriver qu'un pareil vaiſſeau ſe comporteroit très-mal dans ſa marche, par des cauſes qu'on peut attribuer à ce qui ſuit.

1°. Quoique le gréement qui convient à la mâture & cordages d'un vaiſſeau (malgré que les bois arrondis, mâts & vergues aient été bien proportionnés par les Conſtructeurs & Mâteurs, & que ces mâts même aient été mis à leurs vraies places) ne demande pas un artifice plus extraordinaire que tout ce que doit ſavoir un Marin expérimenté pour leur donner, en ce cas, leur juſte proportion; il peut arriver auſſi quelqu'erreur en ce dont on s'eſt ſervi pour régler l'épaiſſeur des cordages & groſſes poulies qui occaſionneront, outre leurs propres poids, plus de priſe au vent. Or puiſqu'il eſt arrivé quelquefois que les voiles ſe ſont trouvées moins bonnes & défectueuſes, un navire peut donc auſſi par-là perdre de ſa qualité, comme auſſi de la propriété qu'il auroit, par un vent largue, de bien marcher & revirer de bord, &c. Tout ceci entraîne donc de fâcheuſes conſéquences, & la forme & conſtruction du corps du vaiſſeau n'y a pourtant nulle part.

En ſecond lieu un vaiſſeau peut être difficile à manœuvrer, & marcher mal par la mauvaiſe diſpoſition qu'on y aura faite de ſon leſt, ainſi que de tout ce dont il eſt chargé. Si le leſt eſt trop abaiſſé, le vaiſſeau acquiert trop de force dans une ſorte de ſtabilité, qui occaſionne des mouvements trop vifs de roulis: tout au contraire ſi le leſt n'eſt pas aſſez abaiſſé, ſa marche s'en trouve mal aſſurée; enſorte que dans cet état, pour peu que le vent force, il ne peut porter beaucoup de voiles crainte de courir les riſques de chavirer ou d'être dans un travail continuel pour ſe relever: il arrive auſſi delà qu'à la fin il occaſionne un tangage & de rudes ſecouſſes, qui le rendent très-mauvais voilier; outre pluſieurs autres circonſtances fâcheuſes, qui certainement ne doivent point être attribuées au défaut de la conſtruction du vaiſſeau.

3°. Les bonnes qualités d'un vaiſſeau ſont encore fondées ſur tout ce qui a rapport à ſa manœuvre; car ſi toutes les voiles ne ſont pas diſpoſées de la maniere la plus avantageuſe, eu égard à la direction du vent, de ſon ſillage ou de ſa route, il perdra tant au lof que dans ſa vîteſſe: il peut auſſi par-là perdre dans la promptitude qu'il doit avoir pour virer de bord; ce qui peut auſſi conſtituer ce vaiſſeau dans les plus grands dangers. Quant à ce qui concerne le travail de ſa manœuvre, on a toujours eu intention de la régler ſur la ſituation du vaiſſeau relative à ce qu'en exige le ſervice des mâts & du gouvernail, & c'eſt delà d'où dépendent les principales propriétés du vaiſſeau.

La bonne manœuvre eſt encore d'une bien plus haute conſidération, lorſqu'il s'agit d'un navire armé en courſe, qu'elle ne l'eſt pour un navire marchand : on demande à un excellent Manœuvrier qu'il puiſſe réunir à ſon vaiſſeau toutes les bonnes qualités poſſibles dont il pourroit être ſuſceptible, & il doit toujours ſavoir employer les mêmes qualités & les tourner à ſa propre utilité; & quand il doit agir contre les ennemis, il doit ſe rendre maître du vent & de l'attaque : tout au contraire s'il a commis quelques fautes dans ſa manœuvre, non-ſeulement il eſt obligé de ſe tenir ſur la défenſive, mais même éviter auſſi quelquefois d'être en proie à l'ennemi, ſans s'embarraſſer ſi ſon vaiſſeau eſt parfaitement bien conſtruit d'après les régles de l'art. Semblablement ſi tout le but qu'on s'eſt propoſé avec un même navire, n'a pu avoir eu aucun ſuccès (au dommage irréparable des Armateurs) cela peut ne pas avoir été occaſionné par le vice ou défaut du navire, mais par la malhabileté de celui qui l'a commandé.

Telles ſont ainſi les cauſes générales, & d'où il arrive ſouvent qu'un ſeul & même vaiſſeau peut être réputé mauvais dans une campagne, & doué, dans une autre, d'excellentes propriétés.

De tout ceci on peut auſſi reconnoître qu'un vaiſſeau, eu égard à ſa forme, peut réunir toutes les bonnes qualités poſſibles, & qu'il ſe peut faire qu'il n'en puiſſe uſer, à moins qu'il ne ſoit parfaitement bien mâté & gréé; qu'il n'ait été armé ou leſté comme il le faut; ou qu'enfin il n'ait été bien traité dans la maniere dont on l'aura fait marcher à la mer, l'ayant confié à un Capitaine intelligent & ſachant parfaitement bien la manœuvre.

DE

DE LA CONSTRUCTION
DES
VAISSEAUX.

CHAPITRE PREMIER.

Trouver par le calcul le tirant d'eau d'un Vaiſſeau ou ſon déplacement, ſon centre de gravité & le point où ſe réunit la peſanteur de ſa carene.

LE tirant ou le déplacement d'eau d'un vaiſſeau eſt l'eſpace que le corps du vaiſſeau par ſa peſanteur preſſe ſous ſoi, quand il eſt placé dans une eau tranquille.

Plus un vaiſſeau eſt chargé, plus il ſe plonge par ſa profondeur & augmente ſon tirant d'eau, & ce tirant d'eau ou poids de l'eau qu'il déplace, répond à toute la peſanteur du vaiſſeau jointe avec tout ce qu'il renferme.

Si le poids de tout le corps du vaiſſeau avec tout ce qu'on ſait lui appartenir eſt connu, il eſt poſſible de trouver par le calcul & le tirant d'eau, combien peſe toute la charge qu'on introduit dans le vaiſſeau, de la même maniere que lorſque la charge ainſi que le poids du vaiſſeau avec ſes dépendances ſont données, on pourra connoître la maſſe des déplacements d'eau, au rapport deſquels les plans connus ou deſſeins du vaiſſeau doivent être accommodés.

Delà on voit l'importance de trouver les différents tirants d'eau du vaiſſeau d'après leurs plans projettés, afin de pouvoir éviter une très-grande & inutile dépenſe pour une conſtruction plus en grand des vaiſſeaux, & c'eſt là le but qu'on a pû ſe propoſer ; comme auſſi de trouver la maſſe la plus avantageuſe & la moins nuiſible à la ſtructure d'un vaiſſeau, qui ſans cela ſeroit trop petit & inutile : ces choſes ſont d'autant plus importantes pour un vaiſſeau de guerre ou armé en courſe, dont on a beſoin ſur-tout de déterminer, quant à ce point, la nature du leſt, la maſſe & l'arrimage qui convient à ſa ſituation relative & la plus convenable, qu'on doit toujours avoir égard à la propriété d'un vaiſſeau, ſoit dans ſa force, ſoit à ce qu'il puiſſe bien porter la voile.

Ce défaut joint à bien moins d'exactitude trop ordinaire, & qui n'a été que trop en uſage dans les pratiques connues juſqu'ici pour calculer le tirant d'eau d'un vaiſſeau, m'a donné occaſion d'employer la méthode ſuivante; comme auſſi, par exemple, d'expoſer ici la meilleure application à ce qui concerne le travail de la conſtruction des vaiſſeaux, & à ne point s'effrayer ſur la prolixité d'un travail qui en ſoi eſt facile ſans être trop incommode.

§. I. *Trouver l'aire compriſe dans un plan terminé par des lignes courbes, tel qu'eſt la figure* HLOGA.

Soit (*Fig. I.*) la courbe HIKLO qui repréſente une portion de parabole: tirez les lignes AH, BI, CK &c. leſquelles ſoient à angles droits avec la ligne AG; comme auſſi à égales diſtances l'une de l'autre; tirez auſſi la ligne droite HK, enſorte que IR eſt un diametre & HR, RK des demi-ordonnées au ſegment parabolique HIK: ſoient d'ailleurs AH, BI, CK, DL, &c. $= a, b, c, d, e, f, g$ & AB = BC, &c. $= m$; enſorte que l'aire du trapeze AHKG $= m(a+c)$ & que l'aire de l'eſpace parabolique HIKRH $= \frac{2}{3} \times \overline{b - \frac{a+c}{2} \times 2m} = \frac{4b - 2a - 2c}{3} \times m$. De maniere que l'aire contenue dans l'eſpace AHIKC $= m \times \overline{a+c} + \frac{4b-2a-2c}{3} \times m = \frac{a+4b+c}{3} \times m$. On trouvera de la même maniere l'aire de l'eſpace CKLME $= \frac{c+4d+e}{3} \times m$, ainſi que l'aire de l'eſpace EMNOG $= \frac{e \times 4f + g}{3} \times m$, & conſéquemment toute l'aire AHLOG devient égale à la ſomme de ces trois quantités, c'eſt-à-dire, égale à $\frac{a+4b+2c+4d+2e+4f+g}{3} \times m$; & ainſi de ſuite.

Corollaire.

Semblablement on trouvera l'aire de tout autre eſpace terminé par des lignes courbes, ſavoir, ſi par de ſemblables différences & ordonnées à angles droits (en ſerrant davantage pour plus d'exactitude,) vous partagez l'axe en un même nombre de parties, le nombre d'ordonnés étant impair. Alors vous prendrez pour coëfficients de la premiere & derniere ordonnée toujours 1, & pour coëfficients des termes les plus proches de la premiere & derniere ordonnées toujours 4: & quant aux autres coëfficiens l'un dans l'autre 2 & 4; alors on multipliera la ſomme de tous ces produits par $\frac{1}{3}$ de la diſtance entre les ordonnées.

Cette méthode de trouver les eſpaces au moyen de ſemblables différences & ordonnées qui ſoient compriſes dans les figures curvilignes, eſt ſuffiſante aſſez pour la pratique, comme on le verra dans l'exemple ſuivant.

Soit AFL (*Fig. 2.*) un quart d'un cercle, dont le raïon AL = AF = 8;

& ſoient auſſi cinq ordonnées AF, BG, CH, DI, EK, dont la diſtance de chacune AB, BC, CD, &c. = 1. On demande l'aire AFHKE.

A l'occaſion de la nature du cercle, AF étant = 8, on aura BG = $\sqrt{63}$ = 7,937254, CH = $\sqrt{60}$ = 7,74596, DI = $\sqrt{55}$ = 7,4162, EK = $\sqrt{48}$ = 6,9282 : l'aire de AFHKE ſera auſſi d'après le corollaire précédent $= \frac{1 \times 8 + 4 \times 7,937254 + 2 \times 7,74596 + 4 \times 7,4162 + 1 \times 6,9282}{3} = 30,611312.$

Delà on peut trouver enfin l'aire de tout le quart du cercle ; car ſi on en ôte le triangle AKE = 13, 8564, il reſtera le ſecteur AFK = 16, 7549 : mais puiſque AE = EL, on aura 3 fois cette ſomme derniere, égale à tout l'eſpace AFKL = 50, 2647 avec l'exactitude portée juſqu'à cinq chiffres.

§. 2. *Trouver la ſituation du centre de gravité dans un Plan.*

La diſtance du centre de gravité du trapeze AHKC (*Fig. 1.*) de la ligne AH $= \frac{2}{3} m \times \frac{a + 2c}{a + c}$ *, & quant au centre de gravité de l'eſpace parabolique HIKRH relativement à AH, on a m ; ainſi la diſtance de leur centre commun de gravité par rapport AH $= \frac{\frac{2}{3} m \times \frac{a+2c}{a+c} \times \overline{a+c} \times m + \frac{2}{3} m \times \overline{2b-a-c} \times m}{\overline{a+c} \times m + \frac{2}{3} m \times \overline{2b-a-c}} = m \times \frac{4b+2c}{a+4b+c}.$
On aura ſemblablement $m \times \frac{4d+2e}{c+4d+e}$ pour la diſtance à l'égard de la ligne CK, du centre de gravité de l'eſpace CKME : de même pour le centre de gravité commun ou même centre à l'égard de la ligne AH $= m \times \frac{2c+12d+4e}{c+4d+e}$; pour le centre de gravité de l'eſpace EMOG à l'égard de la ligne EM $= m \times \frac{4f+2g}{e+4f+g}$, & partant pour le centre commun de gravité à l'égard de AH $= m \times \frac{4e+20f+6g}{e+4f+g}.$
C'eſt pourquoi ces trois eſpaces ont un centre commun de gravité à l'égard de la ligne AH $= \frac{4b+4c+12d+8e+20f+6g}{a+4b+2c+4d+2e+4f+g} m = \ldots\ldots\ldots\ldots \frac{0 \times a + 1 \times 4b + 2 \times 2c + 3 \times 4d + 4 \times 2e + 5 \times 4f + 6 \times g}{a+4b+2c+4d+2e+4f+g} \times m.$

COROLLAIRE.

Ayant trouvé l'expreſſion de l'aire en un plan, on peut s'en ſervir pour découvrir le centre de gravité du même plan ; ſavoir en multipliant la premiere

* Le centre de gravité du Trapeze ſe trouve en tirant une ligne d'un des milieux à l'autre de chacun des deux côtés parallelles : en effet cette ligne, dans laquelle ſe trouve néceſſairement le centre de gravité, indique par ſon interſection avec celle qui joint les cauſes de gravité des deux triangles, dans leſquels on a partagé le Trapeze, le centre commun de gravité du Trapeze ou de ces deux triangles : v. à ce ſujet la Mécanique de MM. Camus, Bezout, &c. ce qui fournit l'expreſſion $\frac{2}{3} \times m \times \frac{a+2c}{a+c}$. A l'égard de l'eſpace parabolique, il eſt viſible que l'uniformité de ſa figure, donne plus facilement la diſtance du centre de gravité à la ligne AR, que celle qu'on vient de trouver pour le Trapeze. Or d'autant que chaque eſpace tant du Trapeze, que parabolique, peut être conſidéré comme compoſé d'autant d'élémens ou tranches, dont généralement tout le poids ſe réunit à leur centre commun de gravité, & que la ſurface du Trapeze a été trouvée ci-deſſus $m \times \overline{a+c}$, de même que l'eſpace parabolique $\frac{2}{3} m \times \overline{2b-a-c}$; on aura donc les moments diviſés par les maſſes, comme il ſuit, ...
$$\frac{\frac{2}{3} \times \frac{a+2c}{a+c} \times \overline{a+c} \times m + \frac{2}{3} m \times \overline{2b-a-c} \times m}{\overline{a+c} \times m + \frac{2}{3} m \times \overline{2b-a-c}.}$$
laquelle fraction en diviſant tous les termes par m, multipliant ces mêmes termes par 3, & réduiſant les valeurs ou fractions, devient bien-tôt $m \frac{4b+2c}{a+4b+c}$

quantité ou ordonnée par o ; la ſuivante par 1, la troiſieme par 2, la quatrieme par 3, & ainſi de ſuite : on diviſera enſuite la ſomme de tous ces produits par l'expreſſion, ce qui donnera, ſi on multiplie le tout par la diſtance qui ſe trouve entre les ordonnées, celle du centre de gravité.

§. 3. *Trouver la ſolidité & le centre de gravité d'un corps ſolide.*

Soit, *Fig. 3*, un corps ſolide ADC, formé par le mouvement d'une ligne courbe AFD autour de la ligne AB conſidérée comme axe ; on demande de trouver la ſolidité & le centre de gravité de la portion CMFD de ce corps.

Par un point G, tirez la ligne NE perpendiculairement à l'axe AB, & continuez pareillement les lignes CD, MF qui ſont paralleles à NE : ſoit pris p pour l'aire d'un cercle dont le diametre ſeroit 1, & on ſuppoſe auſſi que la ligne LKI ſoit tirée, dont les ordonnées HL, GK, BI ſont toutes ſituées comme l'aire d'une ſection qui s'éleve $p \times \overline{MF}^2$ $p \times \overline{NE}^2$, $p \times \overline{CD}^2$; d'où il eſt évident que l'aire de l'eſpace HLIB exprimera la ſolidité du corps MFDC.

C'eſt ainſi qu'on pourra trouver une ſemblable formule qui ſerve à calculer les plans §. 1, ainſi que la ſolidité des corps, & qui ſerve à calculer le centre de gravité d'un plan §. 2, & encore à trouver le centre de gravité d'un corps.

COROLLAIRE.

Que ſi BG = GH, on aura donc l'aire de l'eſpace HLIB $= \overline{BI + 4GK + HL} \times \frac{BG}{3}$; d'où il ſuit enfin que la ſolidité de CMFD $= \overline{\overline{CD}^2 + 4\overline{NE}^2 + \overline{MF}^2} \times p \frac{BG}{3}$; & que ſi BH = AH, on auroit en ce cas la ſolidité de tout l'eſpace AFDCMA $= \overline{\overline{CD}^2 + 4\overline{MF}^2} \times p \frac{BH.}{3}$

Lorſque $\overline{4FM}^2$ eſt la même choſe que $\overline{CD}^2$, $2\overline{CD}^2$, $3\overline{CD}^2$, $4\overline{CD}^2$, en ce cas le corps ſolide eſt un cône, un conoïde parabolique, un hemiſphéroïde & cylindre : les ſolidités de ces corps deviennent alors l'une dans l'autre comme 2, 3, 4 & 6.

La diſtance du centre de gravité de A dans cette derniere circonſtance ſera exprimée par $\frac{4HL + 2BI}{4HL + BI} \times AH = \frac{4\overline{MF}^2 + 2\overline{CD}^2}{4\overline{MF}^2 + \overline{CD}^2} \times AH$; c'eſt-à-dire, dans ces quatre corps, $\frac{3}{4}$, $\frac{2}{3}$, $\frac{5}{8}$ & $\frac{1}{2}$ de AB.

§. 4. *De la ſupputation du déplacement de l'eau à l'égard du Vaiſſeau, ainſi que de la ſituation du centre de gravité lors du déplacement, ou bien de ce qui eſt enfoncé dans l'eau, c'eſt-à-dire, de la carene, tant ſur la longueur qu'en hauteur.*

Il s'agit, par exemple, de trouver le déplacement, &c. d'un vaiſſeau, N°. 6, *Pl. 10.*

Pl. 10, Fig. XXXVII. ſavoir ⊙, 3, 6, 9, 12, &c. ⊙, C, F, I qu'on ſuppoſe vu en profil, enſorte que chaque tranche ſoit à angles droits avec la quille, & à une ſemblable diſtance l'une de l'autre.

La forme de ces ſections ſe repréſente ici par tranches ou projections des plans en deſſus ; ⊙ eſt la derniere ou l'extérieure : d'un des côtés à gauche ſe montrent toutes les ſections ou coupes qu'on a déſignées comme revenant de la tranche ⊙ ou coupe, ou bien qui ſont marquées par 3, 6, 9, 12, &c. & de l'autre côté à droite ſe voyent toutes les autres ſections ou tranches qui ſe préſentent avant la tranche ⊙ & qui ſont marquées par C, F, I, M, &c.

Sur le profil ou plan d'élévation on a tiré une ligne qui nous marque l'enfoncement & ſituation du vaiſſeau quand il eſt armé, laquelle ligne s'appelle la plus élevée des lignes d'eau ; mais quand le vaiſſeau vient à s'enfoncer dans l'eau par ſa pouppe & par ſa proue, alors cette ligne d'eau ne devient plus parallele à la quille.

Pour donc avoir toute certitude ſur ce qu'on demande, & ſe régler ſur de ſemblables diſtances l'une à l'égard de l'autre, tirez d'autres lignes d'eau plus bas, à l'égard de celle qui eſt au-deſſus, enſorte que toutes ſoient paralleles à la ligne d'eau ſupérieure ; vous tranſporterez enſuite les lignes d'eau ſur le profil, chacune ſur ſa tranche, qui doit être correſpondante, d'où naît une ligne ponctuée, marquée par 1, 2, 3, 4, 5, 6, 7, & ainſi 1 ſera celle du deſſus ; enſuite 2, puis 3, & ainſi de ſuite : chaque coupe ou tranche ſe prend ainſi de 7 ordonnées connues ou davantage, & toutes ces longueurs ſur chaque tranche diſtincte ou ſéparée ſeront meſurées ſur une échelle des dixmes & placées dans l'ordre ſuivant : on multipliera ces ordonnées par 1, 4, 2, 4, 2, 4, 1, §. 1, & ces quantités ſeront ajoutées enſemble & multipliées par le $\frac{1}{3}$ de la diſtance entre les lignes d'eau.

Maintenant comme la diſtance entre les lignes d'eau = 1, 62 pieds, le tiers ſera = 0, 54 ; ainſi il faudra multiplier cette ſomme par 0, 54. Les triangles qui ſe trouveront entre les plus abaiſſées ou 7es. lignes d'eau & la cale, s'ajoutent toujours d'autant, & la ſomme qui en provient ſera la moitié de l'aire des coupes : en voici l'opération même.

Aire de chacune des demi-Coupes ou Tranches.

Lignes d'eau.	Ordonnées.	27e. Tranche.	Ordonnées.	24e Tranche.	Ordonnées.	21e Tranche.	Ordonnées.	18e Tranche.	Ordonnées.	15e Tranche.	Ordonnées.	12e Tranche.
1	4, 67	1=4, 67	8, 88	1=2, 88	11, 14	1=11,14	12, 46	1=12,46	13, 30	1=13,30	13, 91	1=13,91
2	2, 16	4=8, 64	6, 16	4=24,64	9, 14	4=36,56	11, 00	4=44,00	12, 36	4=49,44	13, 19	4=52,76
3	1, 25	2=2, 50	3, 60	2=7, 20	6, 58	2=13,16	8, 90	2=17,80	10, 72	2=21,44	11, 98	2=23,96
4	0, 86	4=3, 44	2, 18	4=8, 72	4, 02	4=16,08	6, 24	4=24,96	8, 37	4=33,48	10, 10	4=40,40
5	0, 62	2=1, 24	1, 47	2=2, 94	2, 47	2=4, 94	3, 81	2=7, 62	5, 51	2=11,02	7, 33	2=14,66
6	0, 45	4=1, 80	0, 97	4=3, 88	1, 48	4=5, 92	2, 11	4=8, 44	2, 98	4=11,92	4, 26	4=17,04
7	0, 40	1=0, 40	0, 67	1=0, 67	0, 87	1=0, 87	1, 18	1=1. 10	1, 37	1=1, 37	1, 78	1=1, 78
		21, 69		56, 93		88, 67		116, 38		141, 97		164, 51
		0, 54		0, 54		0, 54		0, 54		0, 54		0, 54
		9076		22772		35468		46552		56788		65804
		11345		28465		44335		58190		70985		82255
		12, 2526		30, 7422		47, 8818		62, 8452		76, 6638		88, 8354
avec la quille		0, 52	.....	0, 87	.....	1, 045		1, 32		1, 507		1, 958
L'aire = ...		12, 77.	Aire ..	31, 61.	Aire 48, 93.		Aire = 64, 16.		Aire = 78, 17.		Aire = 90, 79.	

Suite de la Table de chaque aire des demi-Tranches.

Lignes d'eau.	Ordonnées.	9e. Tranche.	Ordonnées.	6e. Tranche.	Ordonnées.	3e. Tranche.	Ordonnées.	Tranche. ⊙	Ordonnées.	Tranche C.	Ordonnées.	Tranche F
1	14,35	1=14,35	14,61	1=14,61	14,75	1=14,75	14,80	1=14,80	14,79	1=14,79	14,57	1=14,57
2	13,81	4=55,24	14,18	4=56,72	14,39	4=57,56	14,40	4=57,60	14,36	4=57,44	14,06	4=56,24
3	12,81	2=25,62	13,30	2=26,60	13,64	2=27,28	13,67	2=27,34	13,53	2=27,06	13,17	2=26,34
4	11,30	4=45,20	12,01	4=48,04	12,40	4=49,60	12,48	4=49,92	12,30	4=49,20	11,80	4=47,20
5	9,01	2=18,02	10,04	2=20,08	10,66	2=21,32	10,78	2=21,56	10,53	2=21,06	09,81	2=19,62
6	5,75	4=23,00	7,00	4=28,00	7,90	4=31,60	8,05	4=32,20	7,72	4=30,88	06,75	4=27,00
7	2,14	1=2,14	2,63	1=2,63	2,98	1=2,98	3,00	1=3,00	2,78	1=2,78	02,40	1=2,40
		183,57		196,68		205,09		206,42		203,21		193,37
		0,54		0,54		0,54		0,54		0,54		0,54
		73428		78672		82036		82564		81234		77348
		91785		98340		102545		103210		101605		96685
		99,1278		106,2072		110,7486		111,4668		109,7334		104,4198
avec la quille.		2,14		2,367		2,384		2,4		2,24		1,68
		L'aire = 101,27.		L'aire = 108,57.		L'aire = 113,13.		L'aire = 113,87.		L'aire = 111,97.		L'aire = 106,10.

Lignes d'eau.	Ordonnées.	Tranche I	Ordonnées.	Tranche M	Ordonnées.	Tranches P	Ordonnées.	Tranches S	Ordonnées.	Tranches W
1	14,16	1=14,16	13,43	1=13,43	12,10	1=12,10	9,49	1=9,49	5,00	1=5,00
2	13,55	4=54,20	12,58	4=50,32	10,82	4=43,28	7,80	4=31,20	3,73	4=14,92
3	1253	2=24,96	11,14	2=22,28	8,98	2=17,96	5,97	2=11,94	2,59	2=5,18
4	10,81	4=43,24	9,15	4=36,60	6,83	4=27,32	4,10	4=16,40	1,70	4=6,80
5	8,55	2=17,10	6,72	2=13,44	4,58	2=9,16	2,68	2=5,36	1,05	2=2,10
6	5,38	4=21,52	3,88	4=15,52	2,53	4=10,12	1,55	4=6,20	0,60	4=2,40
7	2,08	1=2,08	1,57	1=1,57	1,10	1=1,10	0,77	1=0,77	0,30	1=0,30
		1770,26		153,16		121,04		81,36		36,70
		0,54		0,54		0,54		0,54		0,54
		70904		61264		48416		32544		14680
		88630		76580		60520		40680		18350
		95,7204		82,7064		65,3616		43,9344		19,8180
avec la quille.		1,456		0,95		0,66		0,385		0,15
		L'aire = 97,18.		L'aire = 83,66.		L'aire = 66,02.		L'aire = 44,32.		L'aire = 19,97.

Pour trouver la ſolidité de la maſſe d'eau que le vaiſſeau a déplacée, ainſi que la ſituation de ſon centre de gravité, on fera uſage de toutes les aires des tranches, de la même maniere qu'on a fait uſage des ordonnées de ces tranches dans les calculs précédents (*Voyez* §§. 1 & 3.) La diſtance entre chaque tranche eſt = 6, 27 pieds & encore le tiers = 2, 09. A cette ſolidité ajoutez ce qui eſt entre la tranche antérieure W & l'étrave; de même ce qui eſt entre l'étambot & la derniere tranche (27), la ſomme nous donnera la moitié du déplacement, lequel multiplié par 2 nous repréſentera le déplacement total d'après l'angle extérieur des membres ou le bordage pris intérieurement : la cale & les autres bois n'y ſont pas négligés.

Pour trouver combien eſt éloigné le centre de gravité de la carene, ou à quelle diſtance il eſt de la tranche (27), il faut multiplier chacune des quantités de ces tranches, la premiere par 0, la deuxieme par 1, & la troiſieme par 2, &c. (*Voyez* le §. 2.) Enſuite on diviſera le produit par la ſomme des quantités qui proviennent de chaque tranche, dont le quotient derechef ſera multiplié par la diſtance entre chaque tranche : or le produit donnera la diſtance requiſe pour le centre de gravité dans toute cette partie qui eſt entre la tranche 27 & W, relativement à la tranche 27. Voyez-en l'opération même.

Tranches.	Aires des Tranches.				
27	12, 77	1	12, 77	0	
24	31, 61	4	126, 44	1	0126, 44
28	48, 93	2	97, 86	2	195, 72
21	64, 16	4	256. 64	3	769, 92
18	78, 17	2	156, 34	4	625, 36
15	90, 79	4	363, 16	5	1815, 80
9	101, 27	2	202, 54	6	1215, 14
6	108, 57	4	434, 28	7	3039, 96
3	113, 13	2	226, 26	8	1810, 08
⊙	113, 87	4	455, 48	9	4099, 32
C	111, 97	2	223, 94	10	2239, 40
F	106, 10	4	424, 40	11	4668, 40
I	97, 18	2	194, 36	12	2332, 32
M	83, 66	4	334, 64	13	4350, 32
P	66, 02	2	132, 04	14	1848, 56
S	44, 32	4	177, 28	15	2659, 20
W	19, 97	1	19, 97	16	319, 52

3838, 40 | 32115, 56 / 3838, 40 = 8, 3669

$\frac{1}{3}$ De la dift. entre les Tranches. 2, 09

3454560
767680

8022, 2560 = la moitié du déplacement entre 27 & W.

Entre W & l'Etrave 60
Entre 27 & l'Etambot 23

8105 = la moitié du déplacement.
2

16210 déplacement total.

6, 27 = diftance entre les tranches.

585683
167338
502014

52, 460463 = à la diftance du centre de gravité à l'égard de la Tranche 27 dans toute cette partie qui fe trouve entre (27) & W.

Préfentement il faut trouver le centre commun de gravité de toutes ces trois parties; celle qui eft entre 27 & W = 8022, 256; & entre W & l'étrave = 60; enfin entre 27 & l'étambot = 23 pieds cubiques : le centre de gravité de cette partie antérieure eft à 2 pieds de W, de 27 à W il y aura 16 tranches de diftance, & chaque diftance = 6, 27 pieds : enfin toute la diftance de 27 à W = 100, 32, leur ajoutant à préfent 2 pieds, on aura la diftance de la tranche 27 au centre de gravité de cette fection antérieure = 102, 32, le centre de gravité de la tranche du milieu entre 27 & W fera = 52, 46 pieds à compter de la tranche 27, & le centre de gravité de la derniere fection = 1, 2 pieds, avant la tranche 27; par où l'on obtiendra à la fin .... $\frac{102,32 \times 60 + 52,46 \times 8022,256 - 1,2 \times 23}{60 + 8022,256 + 23} = \frac{426959}{8105} = 52,678$ pieds dont le centre de gravité de la carene eft en avant de la tranche 27 ou bien 2, 518 en avant de la tranche (3).

Trouver la fituation du centre de gravité en hauteur; ou plutôt combien il eft au-deffous de la ligne d'eau la plus élevée.

En ceci on peut faire ufage de la même regle qu'aux opérations précédentes : il faut avoir d'ailleurs une connoiffance exacte des aires aux 7 lignes d'eau & opérer fur elles de la même forte, que fur les aires des tranches dont on s'eft fervi dans les calculs précédents.

Or afin de faire ufage pour ces fupputations des diftributions qui font déja données, il faut les remettre dans un autre ordre; enforte que l'ordonnée de la plus élevée des lignes d'eau, ou que chaque largeur dans l'une & l'autre tranche foit mis en rang l'un fur l'autre en une colonne; & que chaque épaiffeur des autres lignes d'eau dans chacune des autres tranches foit mis aussi dans un autre rang l'un sur l'autre dans chaque colonne, & ainsi de suite jusqu'au nombre de cinq colonnes.

Qu'on suppose maintenant que le plan pour chaque ligne d'eau ait 17 ordonnées ou développements ; ces ordonnées seront multipliées comme ci-dessus par 1, 4, 2, 4, 2, &c. ainsi que la derniere par 1. La somme de ces quantités sera multipliée par le $\frac{1}{3}$ de la distance entre les ordonnées ou tranches, laquelle distance = 6, 27, & le $\frac{1}{3}$ = 2, 09.

Pour trouver l'aire : ajoutez-y celles qui sont triangulaires entre la tranche & l'étrave, ainsi que l'étambot, ce qui donnera la demi-aire des lignes d'eau : en voici l'opération.

L'aire pour chaque moitié des lignes d'eau.

Tranches.	Ordonnées.	1ere. Ligne d'eau.	Ordonnées.	2e. ligne d'eau.	Ordonnées.	3e. ligne d'eau.	Ordonnées.	4e. Ligne d'eau.
27	4,67	1= 4,67	2, 16	1= 2,16	1, 25	1= 1,25	0,86	1= 0, 86
24	8,88	4= 35,52	6, 16	4= 24,64	3, 60	4= 14,40	2,18	4= 8, 72
21	11,14	2= 22,28	9, 14	2= 18,28	6, 58	2= 13,16	4,02	2= 8, 04
18	12,46	4= 49,84	11, 00	4= 44,00	8, 90	4= 35,60	6,24	4= 24,96
15	13,30	2= 26,60	12, 36	2= 24,72	10,72	2= 21,44	8,37	2= 16,74
12	13,91	4= 55,64	13, 19	4= 52,76	11,98	4= 47,92	10,10	4= 40,40
9	14,35	2= 28,70	13, 81	2= 27,62	12,81	2= 25,62	11,30	2= 22,60
6	14,61	4= 58,44	14, 18	4= 56,72	13,30	4= 53,20	12,01	4= 48,04
3	14,75	2= 29,50	14, 39	2= 28,78	13,64	2= 27,28	12,40	2= 24,[illegible]
⊙	14,80	4= 59,20	14, 40	4= 57,60	13,67	4= 54,68	12,48	4= 49,92
C	14,79	2= 29,58	14, 36	2= 28,72	13,53	2= 27,06	12,30	2= 24,60
F	14,57	4= 58,28	14, 06	4= 56,24	13,17	4= 52,68	11,80	4= 47,20
I	14,16	2= 28,32	13, 55	2= 27,10	12,48	2= 24,96	10,81	2= 21,62
M	13,43	4= 53,72	12, 58	4= 50,32	11,14	4= 44,56	9,15	4= 36,60
P	12,10	2= 24,20	10, 82	2= 21,64	8,98	2= 17,96	6,83	2= 13,66
S	9,49	4= 37,96	7, 80	4= 31,20	5,97	4= 23,88	4,10	4= 16,40
W	5,00	1= 5,00	3, 73	1= 3,73	2,59	1= 2,59	1,70	1= 1,70
		607, 45		556, 23		488, 24		406, 86
$\frac{1}{3}$ De la dist. entre les tranches. =		2, 09		= 2, 09		= 2, 09		= 2, 09
		546705		500607		439416		36617
		121490		111246		97648		813724
		1269,5705		1162,520		1020,4216		850, 3374
Entre W & l'Etrave. =		15, 00		= 11,19		= 7, 77		= 5, 1
Ent. 27 & l'Etambot =		9, 34		= 4, 32		= 2, 50		= 1, 7
		L'aire = 1293, 95		L'aire = 1178, 03		L'aire = 1030, 69.		L'aire = 857, 14.

Suite de la Table pour chaque demi-aire des lignes d'eau.

Tranches.	Ordonnées.	5e. ligne d'eau.	Ordonnées.	6e. ligne d'eau.	Ordonnées.	7e. ligne d'eau.
27	0,62	1= 00,62	0,45	1= 0,45	0,40	1= 0,40
24	1,47	4= 05,88	0,97	4= 3,88	0,67	4= 2,68
21	2,47	2= 04,94	1,48	2= 2,96	0,87	2= 1,74
18	3,81	4= 15,24	2,11	4= 8,44	1,10	4= 4,40
15	5,51	2= 11,02	2,98	2= 5,96	1,37	2= 2,74
12	7,33	4= 29,31	4,26	4= 17,04	1,78	4= 7,12
9	9,01	2= 18,02	5,75	2= 11,50	2,14	2= 4,28
6	10,04	4= 40,16	7,00	4= 28,00	2,63	4= 10,52
3	10.66	4= 21,32	7,90	2= 15,80	2,98	2= 5,96
⊙	10,78	4= 43,12	8,05	4= 32,20	3,00	4= 12.00
C	10,53	2= 21,06	7,72	2= 15,44	2,78	2= 5,56
F	9,81	4= 39,24	6,75	4= 27,00	2,40	4= 9,60
I	8,55	2= 17,10	5,38	2= 10,76	2,08	2= 4,16
M	6,72	4= 26,88	3,88	4= 15,52	1,57	4= 6,28
P	4,58	2= 9,16	2,53	2= 5,06	1,10	2= 2,20
S	2,68	4= 10,72	1,55	4= 6,20	0,77	4= 3,08
W	1,05	1= 1,05	0,60	1= 0,60	0,30	1= 0,30
		314, 85		206, 81		83, 02
$\frac{1}{3}$ De la distance des Tranches.		= 2,09		= 2, 09		= 2, 09
		283368		186129		74718
		62870		41362		16604
				432,2320		173, 5115
Entre W & l'Etrave.		3, 15		= 1, 80		= 0, 9
Entre 27 & l'Etambot.		1, 20		= 0, 80		= 0, 8
		L'aire = 662, 39.		L'aire = 434, 83.		L'aire = 175, 21.

Pour trouver présentement à quelle distance le centre de gravité se trouve au-dessous de la ligne d'eau, on se sert de la même maniere des aires des lignes d'eau, qu'on l'a pratiqué pour les aires des tranches, lorsqu'il a fallu trouver le centre de gravité selon la longueur : voyez ci-après l'opération.

Opération.

Opération.

Ligne d'eau.	Aire des lignes d'eau.				
1	1293, 91	1	1293, 91	0	
2	1178, 03	4	4712, 12	1	4712, 12
3	1030, 69	2	2061, 38	2	4122, 76
4	857, 14	4	3428, 56	3	10285, 68
5	662, 39	2	1324, 78	4	5299, 12
6	434, 83	4	1739, 32	5	8696, 60
7	175, 21	1	175, 21	6	1051, 26
			14735, 28		34167, 54 . . . = 2, 3187
$\frac{1}{3}$ De la dist. entre les lignes d'eau. =			0, 54		14735, 28

5894112
7367640
7957, 0512

Entre la 7e. des lignes d'eau & la quille. . . . . = 147, 95

8105 = $\frac{1}{2}$ déplacement.
2
16210 = déplacement total.

2, 3187
1, 62 distance entre les lignes d'eau.
46374
139122
23187
3,756294 = la distance du centre de gravité à la ligne d'eau en cette partie, qui est entre la premiere & la septieme ligne d'eau.

Le centre de gravité de cette partie qui est entre la septieme ligne d'eau & la quille est = 0, 4 pieds au-dessous de la septieme ligne d'eau ; & entre les sept lignes d'eau, il y a six distances, ce qui donne 9, 72 pieds, lesquels ajoutés à 0, 4 produisent = 10, 12, delà on obtient . . . .
$\frac{3,756 \times 7957 + 10,12 \times 147,95}{7957,05 + 147,95} = \frac{31383,92}{8105} = 3,872$ = à l'abaissement du centre de gravité de la carene, au-dessous de la ligne d'eau supérieure.

CHAPITRE II.

De la force du Vaisseau pour résister aux inclinaisons.

C'EST une chose connue que l'effort de l'eau tend à soulever un vaisseau, & fait qu'il résiste à ce qui doit le faire incliner autour du centre de gravité de sa carene, qui n'est que le déplacement de l'eau à l'égard de ce vaisseau, & que la direction de cet effort pour le soulever, est à angles droits avec la surface de l'eau. Si donc un vaisseau est en liberté & en repos, son centre de gravité doit être situé dans la même ligne, qu'est la direction moyenne de l'eau. L'inclinaison d'un vaisseau a-t-elle lieu ? elle doit être telle qu'il se remettra dans la même situation que lorsqu'il étoit en repos ; c'est-à-dire, que le centre de gravité du vaisseau doit tellement être situé, que son poids sera affecté de la même maniere par l'eau, jusqu'à ce que le vaisseau soit redressé.

Cette union d'efforts relatifs au vaisseau s'appelle *force du vaisseau*, ou bien *le point des forces*, ou enfin le *métacentre*, & c'est un point au-dessus de la section moyenne du vaisseau qui passe par la quille & le milieu des proues, poupes & bordages sous lequel le centre de gravité doit être nécessairement ; si le vaisseau peut parvenir à se tenir droit & à ne pas tomber ni se renverser.

Maniere de trouver le point de réunion des forces, ou le métacentre dans un Vaisseau.

Soit E (*Fig. 4,*) le centre de gravité de la carene d'un vaisseau, ADB une section transversale par E, AB la ligne d'eau, quand le vaisseau est droit & qu'il ne s'incline plus ; soit aussi la ligne GD une perpendiculaire à la ligne d'eau, laquelle passe aussi par le point E.

Puisque le centre de l'effort de l'eau pour élever le vaisseau, est réuni dans la ligne GD, le centre de gravité de tout le vaisseau doit nécessairement se trouver dans la même ligne.

Soit ensuite le vaisseau disposé à recevoir une infiniment petite inclinaison, mais si petite qu'elle ne s'accroisse pas ou qu'il n'y ait pas de déplacement sensible : soit en ce cas ab la ligne d'eau causée par cet effet, d'où naissent aussitôt deux triangles semblables & de même grandeur. L'un d'eux, sçavoir CBb s'éleve au-dessus de l'eau, & l'autre CAa se plonge au contraire au-dessous de l'eau : soient N, M, les centres de gravité de ces triangles & F le centre de gravité de la carene sous l'inclinaison, on tirera du point F la ligne FG perpendiculairement à la ligne ab, ensorte qu'elle coupe la ligne DG en quelque point G.

Ce point G sera le point des forces ou le métacentre, parce que si le centre de gravité du vaisseau est au-dessous de G, en ce cas le vaisseau se redressera ; mais s'il montoit au-dessus de G, alors le vaisseau renverseroit.

Comme les côtés du triangle GFE sont perpendiculaires aux côtés des triangles CAa, CBb, ceux-ci sont donc semblables entr'eux & à ce triangle, & par là il n'y aura plus de difficultés à trouver la valeur du côté ou distance EG ; savoir, après qu'on aura supposé connues toutes les ordonnées CB qui sont au-dessus de la ligne d'eau, ainsi que la distance des unes à l'égard des autres. Supposant donc $CB = AC = y$; exprimant aussi par x la longueur de la ligne d'eau & sa différentielle par dx, $Bb = Aa = b$, le déplacement du vaisseau $= D$, on aura $NC = CM = \frac{2}{3}y$; enfin la solidité d'un des deux prismes infiniment petits $CBb = \frac{bydx}{2}$

Mais sous l'inclinaison du vaisseau, le centre de gravité de cette petite partie qui s'éleve d'un côté & s'abaisse dans l'eau de l'autre côté, transporte sa distance $NM = \frac{4}{5}y$, d'où s'ensuit que la somme de tous les moments tels que $\frac{bydx}{2} \times \frac{4y}{3}$, ou bien $D \times EF$ doivent être les mêmes, partant $EF = \frac{2}{3} \frac{by^2dx}{D}$. Maintenant $b : y :: \frac{2}{3} \frac{by^2dx}{D} : \frac{2}{3} \frac{y^3dx}{D}$, & l'intégrale de cette derniere valeur $\int \frac{2}{3} \frac{y^3dx}{D} = GE$, donnera la distance du centre de gravité de la carene, au métacentre.

Que si l'on multiplie cette quantité par le déplacement D, on trouvera que la distance du métacentre où le moment $GE \times D = \int \frac{2}{3} y^3 dx$ quand le centre de gravité de tout le vaisseau est réuni au centre de gravité de la carene.

§. 6.

Calcul de la situation du métacentre, à l'égard du centre de gravité de la carene.

Jusqu'ici nous avons fait usage d'une même regle, savoir, celle du §. 1. qui nous a donné moyen de connoître l'aire d'un plan, avec cette différence qu'au lieu d'y considérer comme ici les ordonnées cubiques, on y a substitué de simples ordonnées à leur place. Si parmi les plans des extrêmités & qui sont au-dessus de la ligne d'eau, il reste des triangles qui ne soient pas entrés dans le calcul, tel qu'est $\int y^3\,dx$, dans un tel triangle à base cubique, on multipliera par le quart de la hauteur de ce triangle, & on ajoutera ce nouveau produit, aux quantités précédentes déja trouvées.

Ordonnées de la ligne d'eau supérieure.	Cube des Ordonnées		
4, 67	101, 85	1	101,85
8, 88	700, 23	4	2800, 92
11, 14	1382, 47	2	2764, 94
12, 46	1934, 43	4	7737, 72
13, 30	2552, 64	2	4705, 28
13, 91	2691, 42	4	10765, 68
14, 35	2954, 99	2	5909, 98
14, 61	3118, 53	4	12474, 12
14, 75	3209, 05	2	6418, 10
14, 80	3241, 72	4	12967, 16
14, 79	3235, 22	2	6470, 44
14, 57	3092, 99	4	12371, 96
14, 16	2839, 16	2	5678, 32
13, 43	2422, 30	4	9689, 20
12, 10	1771, 56	2	3543, 12
9, 49	804, 67	4	3418, 68
5, 50	125, 00	1	125, 00
			107942,47
$\frac{1}{3}$ De la distance des tranches			2,09
			97148223
			21588494
			225599,7623
Triangle pour l'avant (W)			188,00
Triangle de l'arriere (27)			101,83
			225889, 61 $= y^3\,dx$
			2
			451779,22

$3)\,451779,22 = 150593,07 = \int \frac{2}{3} y^3\,dx$; laquelle somme étant divisée par le déplacement $(16210) = 9,29 = \int \frac{2}{3} \frac{y^3\,dx}{D}$; d'où ôtant 3, 872 dont le centre de gravité est abbaissé au-dessous de la ligne d'eau supérieure, il reste 5, 418 dont le métacentre est élevé sur la surface de l'eau, quand le vaisseau est armé.

J'ai dit tout à l'heure, que $\int y^3\,dx$ dans un triangle, se réduit à une base cubique qu'on doit multiplier par le $\frac{1}{4}$ de la hauteur du triangle, ce que l'on peut démontrer comme il suit.

Soit (*Fig.* 5) ABC un triangle rectangle, DE parallele à la base AB, & $CD = x$, $DE = y$; ensorte que $dD : eF :: dx : dy :: CA : AB$, ou bien $dx = \frac{CA\,dy}{AB}$; comme aussi $\int y^3\,dx = \int \frac{CA\,y^3\,dy}{BA}$, d'où l'on tire $\int y^3\,dx = \frac{CA\,y^4}{4\,BA}$: mais lorsque $x = CA$, on aura $y = BA$ & $\int y^3\,dx = \frac{1}{4}\,\overline{CA.BA^3}$. On pourroit aussi trouver la même chose par le §. 1, car faisant $AD = DC$, & supposant $AB = 2$, on aura $DE = 1$.

$AD = DC = 1$.

$\left.\begin{array}{l|l} \overline{2}^3 = 8 & 8 \times 1 = 8 \\ \overline{1}^3 = 1 & 1 \times 4 = 4 \\ \overline{0}^3 = 0 & 0 \times 1 = 0 \end{array}\right\}$ la somme est $\frac{12}{3} = 4 = \int y^3\,dx$ dans le triangle ABC. Le cube de la base $= 8$, multiplié par $(AC)\ 2 = 16$ dont le $\frac{1}{4} = 4 = \int y^3\,dx$.

§. 7.

Si le centre de gravité du corps du vaisseau étoit toujours au centre de gravité de la carene, on auroit ainsi le moment des forces très-bien exprimé par $\int \frac{2}{3} y^3\,dx$; mais comme il n'arrive jamais que le centre de gravité de toute la machine, ſe trouve placé dans ce lieu, de maniere que par la peſanteur qui convient au corps de navire & à ſes agrès, ainſi que des différents genres de poids dont le vaiſſeau eſt leſté, ou du plus ou moins d'artillerie & autres ſortes ; c'eſt donc infailliblement le centre de gravité, eu égard à ces circonſtances qui doit s'élever ou ſe plonger, & par-là le vaiſſeau devenir plus vacillant ou plus ſtable.

C'eſt pourquoi ſuppoſons (*Fig. 6*) que toute la peſanteur du vaiſſeau, ainſi que de tout ce qu'il renferme, ſoit diſtribuée en deux parts : ſoit auſſi le centre de gravité, d'une des parts, ſuppoſé réuni au centre de gravité E de la carene, de même que le centre de gravité de l'autre part réuni en H.

Soit ADB la ſection tranſverſe du corps du vaiſſeau, ainſi que EH ſa ſection par la ligne du milieu ; E le centre de gravité de la carene, quand le vaiſſeau eſt redreſſé, mais qu'il ſoit en F, quand le vaiſſeau s'eſt incliné.

Si l'on tire de F une ligne verticale FG qui coupe à angles droits la ligne AB, qu'on ſuppoſe ici horizontale & à fleur-d'eau, & qui rencontre en G la ligne EH, le point G ſera le métacentre. Que du point H on abaiſſe auſſi la perpendiculaire HI, ainſi que des points E, G, les droites EF, GI, qui ſoient à angles droits avec GF, HI.

Si maintenant on admet la peſanteur réunie en $E = P$ & celle qui eſt réunie en $H = Q$; on aura les moments des forces comme $EF \times P - GI \times Q$; & à cauſe des triangles ſemblables, que ces moments s'exprimeront très-bien par $EG \times P - GH \times Q$; c'eſt-à-dire par $\overline{P+Q} \times EG - EH \times Q$. Mais l'expreſſion de $\overline{P+Q} \times EG = \int \frac{2}{3} y^3\, dx$ ſelon le §. 5 ; on pourra donc exprimer le moment des forces par $\int \frac{2}{3} y^3\, dx - EH \times Q$.

§. 8.

Si la peſanteur de P, *Fig. 6*, ne ſe trouvoit pas réunie au centre de gravité de la carene, mais qu'elle s'abaiſſât juſqu'en L, on tirera de ce point L ſur GF la perpendiculaire LK, ce qui doit fournir le moment des forces $= LK \times P - GI \times Q$, ou bien $GL \times P - GH \times Q = \overline{GE + EL} \times P - GH \times Q = GE \times \overline{P+Q} + EL \times P - EH \times Q$; & en conſéquence du §. précédent $= \int \frac{2}{3} y^3\, dx + EL \times P - EH \times Q$, d'où l'on tire enfin une regle générale qui ſuit.

Les moments des forces de deux vaiſſeaux peuvent ſe comparer entr'eux avec beaucoup d'exactitude, quoique la groſſeur & la figure des vaiſſeaux ſoient différentes ainſi que les poids de différentes qualités ; car alors ils ont leur ſituation de peſanteur connue, eu égard à leur hauteur ; c'eſt-à-dire, *que les moments des poids ſe comptent du centre de gravité de la carene ; & que tout ce qui eſt au-deſſous de ce centre, ſe rapporte aux quantités qui s'y accommodent ; mais que tout ce qui eſt au-deſſus, devient négatif, d'où l'on infere que leur ſomme totale doit être ajoutée au moment donné* $\int \frac{2}{3} y^3\, dx$, *qui eſt celui des forces.*

§. 9.

§. 9.

Si on donne une augmentation de poids dans le fonds d'un vaisseau, & que l'augmentation se fasse aussi dans le déplacement qui répond à ce poids ; trouver quel en doit être l'effet sur le moment des forces, & en quel lieu doit se faire l'augmentation du déplacement.

Je suppose que ARDSB (*Fig.* 7) représente le déplacement ; qu'il ne varie pas en D ; que son centre de gravité soit en E, & le métacentre en G : soit aussi l'espace ou l'accroissement ARDTA + BSDOB = P & son centre de gravité en I.

Nommant la demi-épaisseur du vaisseau $= y$, GE $= a$, GI $= b$, on trouvera la distance entre le métacentre & le centre de gravité de la carene, après l'accroissement $= \frac{aD + bP}{D + P} =$ GK. Soit le poids tel qu'il doit être au-dessus de la surface de l'eau = Q & son centre de gravité en H, GH $= c$ la nouvelle pesanteur étant la même chose que l'accroissement qu'elle occasionne au déplacement = P, son centre de gravité en L, & KL $= z$. Le moment des forces de ARDSB $= \int \frac{2}{3} y^3 \, dz - \overline{a + c} \times Q$ selon le §. 7 ; mais le moment des forces qui répond à l'augmentation de solidité ATDOB avec son poids réuni en L $= \int \frac{2}{3} y^3 dx + zP - \frac{aD + bP}{D + P} \times Q - cQ$ selon le §. 8. Ainsi cela devient dans l'une & l'autre de ces quantités (quand ce que j'en retranche est semblable) ou bien $- aQ$, ou $zP - \frac{aD + bP}{D + P} \times Q$ qui est un plus grand ou un moindre.

Supposons que $- aQ = zP - \frac{aD + bP}{D + P} \times Q$, & partant $z = b - a \times \frac{Q}{D + P}$: de même si z devient plus grand que cette quantité, alors la force doit s'accroître. Il suit delà que plus on s'éleve à la surface de l'eau, cette nouvelle augmentation produit par un déplacement moins grand $b - a$ ou EI, & que plus grand est l'effet de ce nouveau poids pour augmenter la force ; qu'enfin si cette nouvelle augmentation dans le déplacement s'accroissoit au point que son centre de gravité parvînt en E, en sorte que $b - a$ ou EI = 0 ; alors le moment des forces s'accroîtra de toute la quantité EL × P. Mais quand z devient moindre que $\overline{b - a} \times \frac{Q}{D + P}$, alors la force diminue, d'où il arrive un accroissement dans le déplacement qui s'abaisse ou s'approfondit vers la quille.

D'après ces principes on suppose que le centre L de pesanteur P ne change pas de place & que le plan de la ligne d'eau supérieure sera toujours le même. Mais si z se prolonge par ce moyen & que $b - a$ soit constant, que le centre L s'abaisse, la force peut très-bien s'accroître à cet égard pour que z devienne plus long, mais en même temps la force doit diminuer d'autant plus que HK est plus alongé que HE.

De tout ce que nous venons de dire on peut tirer cette conclusion : *Que pour qu'un vaisseau puisse atteindre sa plus grande force, il faut qu'il s'éleve au-dessus de la surface de l'eau, afin que le centre de gravité de la carene puisse aussi s'élever, & que la moindre chose auroit lieu pour le renverser, laquelle pourroit être nécessaire pour le balancer ; les mêmes choses étant sur-tout supposées d'une telle pesanteur spécifique, qu'elles n'admettent pas beaucoup d'espace : cela doit spécialement s'observer dans un vaisseau qui a beaucoup de charge dans ses hauts.*

CHAPITRE III.

Du centre de gravité du Vaisseau.

On peut prendre ici pour axiome, qu'un corps mis une fois en mouvement doit toujours tourner autour de son centre de gravité ; à moins que quelque chose de l'avant ne l'en empêche, ou que ce soit cette même puissance, qui d'abord a causé son mouvement, en le contraignant de tourner autour de quelqu'autre point. Voyons donc d'abord quel doit être l'effet qu'a ce centre sur le roulis & sur le tangage du vaisseau.

Soit donc (*Fig.* 8.) ABD une des sections du vaisseau, AB la surface de l'eau, E le centre de gravité de tout le vaisseau & G le métacentre : supposons que quelques flots ou bien quelque puissance en B, & selon la direction BH, agisse contre une des surfaces du navire & lui cause l'inclinaison *a b* ; le moment de cette force, d'où provient l'inclinaison, sera proportionnel à la distance EH ; ensorte que l'autre force qui contraint le navire à s'approcher derechef de sa situation verticale, sera proportionnelle à la distance EG selon le §. 5 ; & quelles que soient ces forces, quel que soit l'effet qu'elles operent, il en naît un mouvement qu'on nomme roulis ; de maniere qu'il se trouve des forces qui occasionnent le roulis, telles que la somme de EH & de EG. Mais aussi-tôt que le vaisseau sous quelqu'inclinaison donnée doit tourner autour de son centre de gravité E, & que le poids du vaisseau ou son déplacement doit rester le même sous cette inclinaison qu'avant l'effet de l'action qui l'a produite, ce qu'on ne peut voir à moins que tout le vaisseau entraînant son centre de gravité E s'éleve de la quantité E*e* : cette derniere quantité est comme le sinus verse de l'angle G*eg* dont le rayon = EC : or étant empêché par-là lorsque se reproduit la force qui occasionne l'inclinaison, tout le poids du vaisseau tombera perpendiculairement en bas d'une distance qui peut être représentée par E*e*, laquelle chûte s'accélérera par la pression verticale de l'eau qui le pousse vers le métacentre *g* : or comme le balancement du vaisseau peut s'étendre quelquefois à 30 degrés de part & d'autre, ce qui occasionne une distance E*e* considérable, il arrive delà que le roulis ou balancement devient par-là beaucoup trop grand & dangereux.

Le roulis n'existe pas volontiers sous d'autres chûtes, que lorsque le vaisseau cingle avec un vent favorable. Ce roulis est le plus grand, quand il vente peu d'abord, que le vent tourne d'un autre côté qui forme un angle droit avec celui qui soufloit d'abord & que les vagues continuent à se succéder selon la premiere direction. Il roule encore quand le vaisseau frappe fort obliquement quelques vagues qui sont à la vue : ces roulis ne sont pas grands, mais ils s'abaissent & diminuent comme le flot à chaque retour.

Si le centre de gravité E (*Fig.* 9) s'éleve au-dessus de la surface de l'eau & que la distance EG reste la même qu'auparavant, le roulis doit devenir moindre & non pas si violent, que lorsqu'il tendoit à trop abaisser, ou bien pour les deux causes qui suivent. Car la premiere, est que la distance EH, quand pareil cas s'en présente, s'accourcit plus qu'auparavant, d'où il arrive que la puissance qui agit en B & selon la direction BH pour soulever le vaisseau par le côté, ne peut effectuer cette inclinaison, quand pour lors le centre de gravité s'est trouvé fort abaissé, & qu'ainsi la somme de EH & de EG sera moindre que dans les autres cas qui précedent.

Quant à la seconde, si le centre de gravité E est à fleur-d'eau, alors le vaisseau se tourne soit d'un côté soit de l'autre, sans que pour cela le vaisseau ou son centre de gravité s'éleve ou plonge, par où cet effort, comme il est arrivé aux cas précédents, disparoît entiérement.

Delà on peut faire ce raisonnement, & conclure que le sillage devient le plus égal & sans secousses, quand alors le centre de gravité du navire est à fleur-d'eau ou du moins fort près en dedans.

Et que si cette situation du centre de gravité a un même effet quant au tangage du vaisseau, qui consiste à le mouvoir relativement, eu égard à la longueur du vaisseau, alors la surface de l'eau doit être très-bien considérée comme celle où se trouveroit le centre de gravité ; mais si plusieurs circonstances dans un vaisseau ne peuvent s'accorder pour admettre que le centre de gravité puisse rester dans cette situation, on doit l'y rappeller pour qu'il s'en rapproche assez près en dedans, & cela autant qu'il sera possible. On doit aussi ajouter ici que si la quille ou la partie la plus basse de ce qui est aigu à l'avant ou à l'arriere fait qu'une partie de la volutation soit diminuée, eu égard à ce qui l'empêche de faire naître la résistance de l'eau, il en soit conclud, que plus loin s'étendra, cet empêchement à l'égard de l'axe autour duquel le roulis du vaisseau peut se faire, plus grand sera l'effet de l'eau pour empêcher ce roulis, & que le mouvement de l'eau doit être ainsi, plus considérable quand le centre de gravité est au-dessus de la surface de l'eau que quand il est au-dessous.

Semblablement, dès qu'une partie du roulis dépend de la distance EH, la figure du contour du vaisseau qui s'éleve contre la surface de l'eau, contribue très-bien à un plus grand ou à un moindre roulis. Par exemple, la

Frégate N°. 9, Planche LV, là où la direction de la ligne BH, (*Fig.* 8 & 9) répond à la figure de la tranche ⊙, s'éleve au-dessus de la ligne du milieu dans un navire corsaire N°. 0, 1, 2, 3, &c. d'où il faut conclure que les premiers roulis doivent l'emporter quant à leur uniformité, sur ceux qui suivent, toutes choses d'ailleurs étant égales, ce qui doit aussi se connoître par expérience.

§. 11.

Puisque le mouvement angulaire du vaisseau (*Fig.* 8 & 9) autour du centre de gravité est contrarié au point *g*, §. 10, par une force qui agit selon la direction F*g*, & qu'elle est la même que celle de la poussée de l'eau, ou que le poids total du vaisseau, on ne voit pas d'abord, que le métacentre *g* ou G puisse être regardé comme le point de percussion ; mais puisque le vaisseau a la liberté de se tourner derechef en arriere autour de son centre de gravité E, il s'ensuit que le balancement de l'avant à l'arriere peut s'estimer ici comme seroit un pendule dont les oscillations seroient isochrones avec celles du vaisseau ; en conséquence le point G doit être considéré comme celui des oscillations, sur-tout pour que la situation de ces deux points se réunisse & se montre à la même place qu'est le centre de gravité & les points, soit de rotation, soit de suspension. L'idée sur les points de percussions & d'oscillations ne doit pas être la même ; mais quand le moment de ces pesanteurs autour de ces points est toujours le même, on peut alors, sans commettre en ce cas d'erreurs, considérer les mouvements, soit de l'une, soit de l'autre maniere, selon que les circonstances le demandent.

Supposons (*Fig.* 10) qu'ABD soit un plan sans pesanteur & que certains poids P, Q, R, S, soient fixés au même plan ; supposons aussi que le centre commun de gravité de ces poids soit en G, & que le point de suspension soit en O, ainsi que le point d'oscillation en C, on aura de cette maniere la longueur de tout le pendule $OC = \frac{P \times \overline{OP}^2 + Q \times \overline{OQ}^2 + R \times \overline{OR}^2 + S \times \overline{OS}^2}{OG \times \overline{P + Q + R + S}}.$

Comme aussi $OC = OG + \frac{P \times \overline{GP}^2 + Q \times \overline{GQ}^2 + R \times \overline{GR}^2 = S \times \overline{GS}^2}{\overline{O + Q + R + S}}$

Et de même $CG = \frac{P \times \overline{GP}^2 + Q \times \overline{GQ}^2 + R \times \overline{GR}^2 + S \times \overline{GS}^2}{OG \times \overline{P + Q + R + S}}.$

Voyez sur cela les fluxions de *Simpson*, Tom. 1. pag. 215 & 216 : les mêmes expressions se rapportent aussi aux points de percussions.

De cette maniere on peut trouver la valeur de OC ou la longueur du pendule ; & quand il devient plus long, alors les poids P, Q, R, S, se répandent tout autour du plan ABD.

Par une seconde ou troisieme expression on peut trouver que si un corps oscille autour de son centre de gravité, le centre de ses oscillations n'en est pas pour cela invariable.

Et par la derniere expression, que la distance entre le centre de gravité & le point de suspension, est toujours en action réciproque relativement à la distance

diſtance du centre de gravité & du point d'oſcillation lorſque le vaiſſeau balance autour de ſon centre de gravité E (*Fig.* 8 & 9,) & que ſon centre d'oſcillation ſe trouve au métacentre G; il eſt clair qu'on ſeroit admis à feindre quelqu'autre point N, qui pourroit être regardé pareillement comme ſi c'étoit le point de ſuſpenſion, & qu'à la diſtance de ce point à l'égard du centre de gravité E, il faudra multiplier tous les poids, par le quarré de leur diſtance au centre de gravité du vaiſſeau, laquelle ſomme diviſée par celle de tous les poids, ſoit qu'on multiplie tout le déplacement par EG, ſoit qu'on y ſubſtitue la diſtance entre le centre de gravité & le métacentre. C'eſt pourquoi plus vous éloignerez tous les poids du centre de gravité E, ſoit au dedans des côtés du vaiſſeau (ſans que néanmoins le centre de gravité s'éloigne du métacentre G), plus la diſtance EN s'allongera; d'où s'enſuit que les roulis en deviendront plus longs & que toute la longueur NG, qui eſt la diſtance entre les points de ſuſpenſion & d'oſcillation, ſera comme tous les poids multipliés par le quarré de leur diſtance du point N de ſuſpenſion, d'où il faudra diviſer la ſomme par celle de tous les poids, ou bien par tout le déplacement qu'on multipliera par NE, ou enfin par la diſtance entre le centre de gravité & le point de ſuſpenſion; enſorte que tous les poids M, M qui ſont à une même diſtance du point N, occaſionneront de ſemblables effets ſur le roulis du vaiſſeau. Maintenant ſi le métacentre, G ou *g* répond derechef à quelqu'autre point de percuſſion, il eſt viſible que plus s'aggrandira la diſtance EG ou E*g*, plus violent en ſera le roulis qui ſe fait en arriere. Mais ſi cependant le métacentre G s'approche du centre de gravité E, tel qu'en *h* par exemple, la diſtance NE en devient réciproque comme de EG à E*h*; d'où l'on eſt fondé à dire que *plus le centre de gravité s'approchera du métacentre, plus la diſtance EN augmentera, & qu'à la fin les roulis du vaiſſeau en deviendront plus longs & moins violents.*

Pour prendre en effet cette peine & trouver d'après ces principes à quelle diſtance le point de ſuſpenſion eſt ſitué à l'égard du centre de gravité du vaiſſeau ou du métacentre, on ne demande pas ſeulement un calcul, mais fort étendu, d'autant que les mâts du vaiſſeau, vergues & agrès doivent y être compris, ſans que cela ſoit négligeable; puiſque delà dépend toute l'exactitude pour qu'on puiſſe ſavoir les cauſes pour produire les roulis les plus prompts & les plus lents; d'où s'enſuit qu'on doit ſavoir enfin d'où peuvent provenir les mauvais roulis, & que ſi on ne les peut abſolument empêcher, du moins on pourra les ſoulager en quelques parties.

Il y a pareillement de la difficulté à trouver un vaiſſeau d'une ſtabilité & en même temps dans ſes roulis d'une lenteur qui ſoit commode, ou pour mieux dire qui ait des roulis de plus longue durée; puiſque les mêmes choſes qui contribuent le plus à ſa ſtabilité, telle qu'eſt la diſtance EG, ſont en partie ce qui contribue pareillement au roulis. La plus grande difficulté eſt pareillement avec un tel vaiſſeau qu'on deſtine uniquement à de grands chargements, & en cela on a égard aux moindres frais qu'il y auroit à faire dans la conſtruction des vaiſſeaux à proportion de la charge qu'ils doivent avoir. Un pareil vaiſſeau doit avoir une grande capacité dans ſes fonds & peu d'excédent dans ſes bordages au-deſſus de l'eau relativement à ſa longueur ; un tel vaiſſeau, dis-je, doit avoir le centre de gravité de ſa carene fort abaiſſé, & par conſéquent ſon métacentre pareillement fort abaiſſé. C'eſt pourquoi il faut auſſi que le leſt s'abaiſſe très-fort, ſi l'on peut parvenir à une ſtabilité ſuffiſante & qui réſiſte à l'inclinaiſon ; s'il arrive ſur-tout que le centre commun de gravité du vaiſſeau & de la charge s'abaiſſe, ce qui néceſſairement, comme il a été dit ci-devant, §. 10, doit occaſionner le roulis & les ſecouſſes, & ce qui ne ſauroit venir à l'aide d'une autre maniere qu'en diſperſant des poids convenables ſur les côtés du vaiſſeau.

Il y a encore une circonſtance qui fait que de ſemblables navires qui ont de grandes charges peuvent devenir d'une lenteur un peu modique relativement au roulis ; ſavoir que ce qui eſt même néceſſaire pour qu'avec le moindre nombre de gens on puiſſe voiturer les plus grands chargements, comme auſſi de pouvoir faire voile avec de ſemblables vaiſſeaux qui ne ſauroient être bien grands, s'il les faut garnir d'un petit nombre de troupes, & ainſi encourir la néceſſité de n'avoir pas une grande diſtance entre le centre de gravité & le métacentre.

Au contraire un vaiſſeau qui n'eſt pas conſtruit uniquement ſous ce point de vue de porter une grande charge, tel qu'eſt, par exemple, un vaiſſeau de guerre, une frégate ou autre de ce genre, (leſquels ont été conſtruits pour la navigation, n'ayant pas beſoin d'une ſi grande capacité dans les fonds), peut ſe trouver aggrandi tant en longueur qu'en largeur, ſans devenir pour cela moins façonné dans ſes fonds, enſorte que le centre de gravité de la carene ſera dans le cas de pouvoir s'élever.

Par-là le métacentre peut monter à telle hauteur au-deſſus de la ligne d'eau que le centre de gravité du vaiſſeau & de tous les poids qu'il renferme peut ſe trouver, ſoit dans la ligne d'eau, ſoit à très-peu de choſe près au-deſſus, & que le vaiſſeau quoique préparé avec une force ſuffiſante pour réſiſter à une trop grande inclinaiſon, vaut moins pour ne pas ſubir uniquement un trop grand roulis : cela dépendra de la ſituation du métacentre, dont la diſtance au centre de gravité de tout le vaiſſeau (pour obéir à une force ſuffiſante) a toujours beſoin, ainſi que dans les plus grands vaiſſeaux de ligne, d'être au moins de 6 pieds ; enſorte que cet intervalle en pareil cas doit être admis relativement au roulis du vaiſſeau.

§. 12.

Dans les deux derniers paragraphes, on a trouvé que le centre de gravité dans un vaiſſeau, relativement à la hauteur, doit être à la plus haute ligne d'eau, ou du moins auſſi près qu'il eſt poſſible de cette ligne *de flottaiſon*. Il reſte préſentement à trouver quelle doit être ſa ſituation eu égard à la longueur du vaiſſeau.

Lorſque la longueur d'un vaiſſeau eſt conſidérable relativement à ſa largeur, il arrive delà que le métacentre relativement à cette longueur, s'éleve très-fort & cela particuliérement à l'égard d'un vaiſſeau qui eſt chargé à fleur-d'eau & ſous cette condition, d'être un corps fort aigu de l'avant à l'arriere, d'où s'enſuit que le pendule qui ſeroit iſochrone avec les oſcillations du vaiſſeau augmenteroit fort ſa longueur, ſur-tout ſi le point de ſuſpenſion s'abaiſſe conſidérablement par le moyen des poids répandus aux extrémités du vaiſſeau.

Mais ſi on conſidere, & même dans le cas préſent, le point d'oſcillation ou le métacentre comme ſi c'étoit le point de percuſſion, il arriveroit que ni l'une ni l'autre extrémité du vaiſſeau ne plongeroit pas trop dans l'eau, avant que le vaiſſeau s'accule encore fort vîte en arriere avec beaucoup de violence, par où ce mouvement d'oſcillation doit ceſſer tout à coup.

Le vaiſſeau a pareillement un mouvement qui répond à ſa longueur, ſavoir pour que ſes extrémités s'élevent & s'abaiſſent dans l'eau. Mais ce mouvement n'eſt pas différent de celui qui dans l'avant éleve le vaiſſeau au-deſſus de la vague qui briſe contre l'arc de la proue, & qui le fait retomber enſuite quand la vague eſt paſſée. Ce mouvement s'arrête bien-tôt s'il ne ſurvient pas une nouvelle vague qui s'éleve encore au-devant de la proue & qui ſoit de ſoi-même inévitable.

Que ſi le vaiſſeau fait vent largue, c'eſt-à-dire, enſorte qu'il ſe meuve contre les flots, il arrive alors que quand une vague paſſe ſous l'arc de ſa proue, le vaiſſeau s'abaiſſe tout à coup de l'avant, mais que quand une autre vague ſurvient & qu'il y a quelque difficulté pour élever encore l'avant du vaiſſeau, alors on peut dire qu'un pareil vaiſſeau *tangue*.

Par ces mouvements le vaiſſeau n'eſt pas ſeulement retardé dans ſa courſe, d'autant que ces mouvements ſont très-nuiſibles à la mâture & aux manœuvres, eu égard aux promptes ſecouſſes. Quand ſon arriere à la poupe éprouve un mouvement du même genre & qui naît auſſi des mêmes cauſes, on dit alors que le vaiſſeau *accule*, & ce mouvement occaſionne les mêmes inconvénients que le premier.

De cette maniere dans un prompt ſillage par le tangage & les chûtes, le vaiſſeau même ſouffre, eu égard à toutes ſes parties, parce qu'ils occaſionnent un genre de rupture tel qu'il provoqueroit à ſéparer une partie du vaiſſeau de l'autre. Or tels ſont les mouvements qu'il faudroit prévenir.

Il y a de la difficulté à trouver d'où l'incommodité du tangage & des chûtes tire son origine ; car quand la vague a passé sous l'avant du vaisseau & qu'elle s'est avancée jusques sous son milieu, alors la plus grande partie de cette vague est déja passée, au lieu de s'élever sous l'avant du navire. Ainsi il faut qu'il s'abaisse avec un moment qui répond à tous les poids de l'avant multipliés par leur distance au lieu, où le vaisseau est suffisamment soutenu par l'eau ou par la vague.

Ce mouvement de chocs est violent dans les vaisseaux qui sont trop chargés à fleur-d'eau & vis-à-vis la partie la plus avancée de l'avant & de l'arriere qui se trouvent sous l'eau : mais si tous les poids sont transportés de l'avant vers l'arriere assez loin ; ou bien plus approchant en arriere que n'est le milieu du vaisseau, alors les moments qui étoient les vraies causes de la chûte de l'avant du vaisseau, seront affoiblis, par où l'on vaincra cette prérogative, qui est telle, qu'on ne peut pas autrement détruire les moments du navire, mais les diminuer par-là, afin que les vagues qui se présentent de nouveau au-devant de la proue ne rencontrent plus la difficulté qu'il y avoit de soulever l'avant du vaisseau : de la même maniere on procédera pour l'arriere du vaisseau. C'est ainsi qu'on trouve comment toutes les charges ou poids doivent être placés, savoir le plus près autant qu'il sera possible en se retirant vers le milieu du vaisseau, d'où on doit alors très-bien conclure, que *le centre de gravité* dans un vaisseau doit être au milieu relativement à sa longueur.

Mais une difficulté renaît qui empêche que le centre de gravité ne puisse répondre au milieu, relativement à la longueur du navire ; savoir à cause du poids de la misaine & de tous ses agrès, le bec d'avant, les ancres & autres choses, dont il n'est pas possible de reculer les poids jusqu'au lieu qui seroit convenable & qui sont cause que le centre de gravité se trouve nécessairement plus avancé que le milieu du vaisseau ; *car il n'y a pas moins qu'une centieme ou cinquantieme partie de la longueur du vaisseau à compter en de-çà de la proue & le milieu du vaisseau.*

On ne doit pas non plus omettre & passer sous silence, que ce qui est au-dessus de la ligne d'eau a son centre de gravité dans son milieu qui est précisément au-dessus ou bien dans le centre de gravité même du vaisseau, car quand le vaisseau navigue vent-largue & qu'il s'incline sur le côté, si pour lors la ligne d'eau est plongée à l'avant & à l'arriere, alors le vaisseau reçoit par-là une inclinaison de la partie de l'avant, (pourvu toutefois qu'on conserve toujours un même déplacement) étant certain que la force augmente quelquefois un peu trop, si ce qui est au-dessus de la ligne d'eau se prolonge un peu en arriere eu égard à $\int \frac{2}{3} y^3 dx$, §. 5. Mais cet effort pour incliner est en même temps fort incommode, ce qu'il faut éviter, sans qu'il faille augmenter plutôt en ce lieu l'épaisseur du milieu du vaisseau, lorsque cela seroit nécessaire.

Cependant

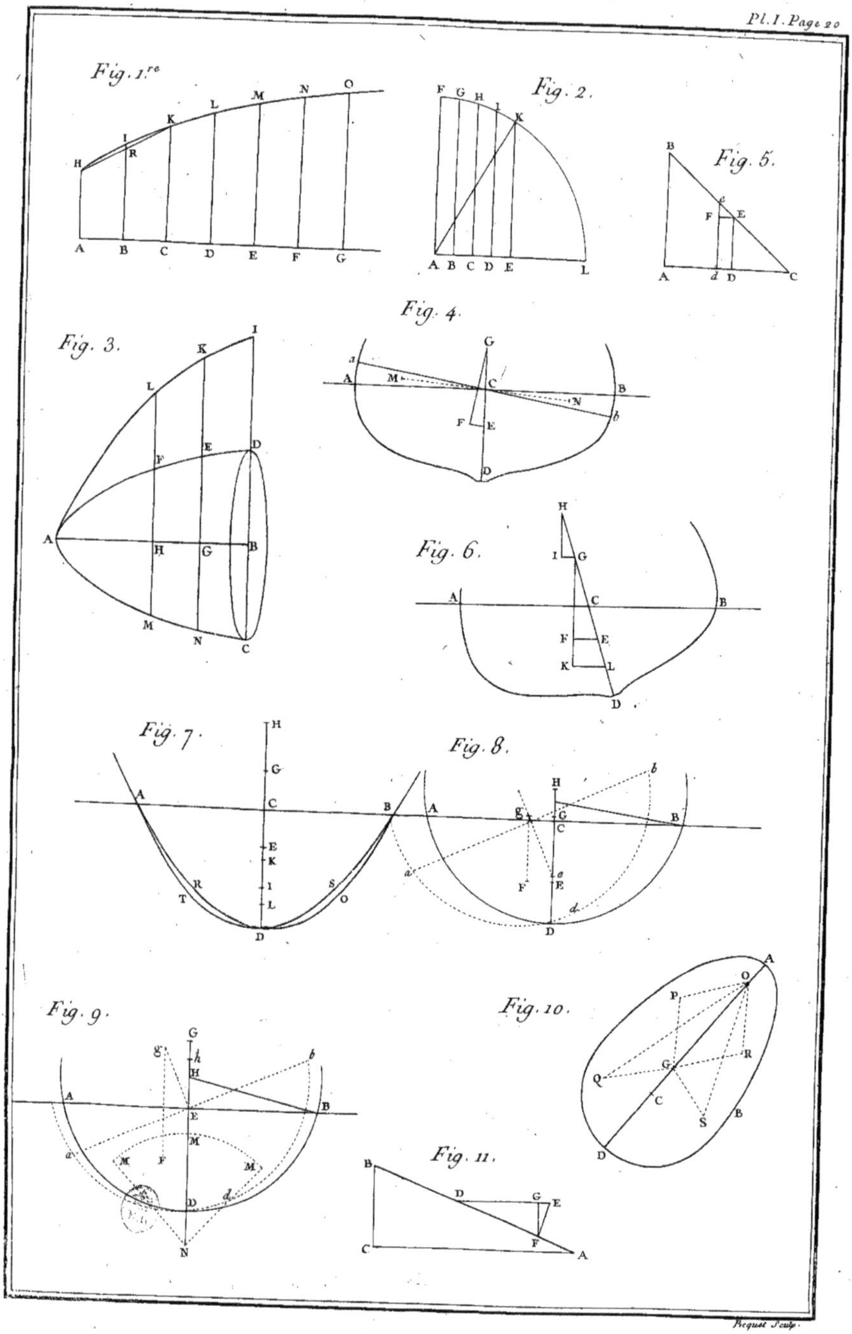

Prequet Sculp.

Cependant on doit dire que le centre de gravité de ce qui eſt au-deſſus de la ligne d'eau doit toujours être un peu en arriere du centre de gravité du vaiſſeau ou de la carene.

Il nous reſte à préſent à conſidérer quel doit être l'effort, ou plutôt l'effet de l'action du centre de gravité ſur l'action du gouvernail.

Quand un vaiſſeau fait voile d'un vent largue, c'eſt-à-dire, quand le vent vient de côté relativement au vaiſſeau ou plus de l'avant, alors preſque tous les vaiſſeaux par cette condition, comme ſi c'étoit d'eux-mêmes, ſans le ſecours du gouvernail, ſe tournent par leurs proues plus au vent, d'où il arrive que la direction moyenne de la réſiſtance de l'eau paſſe communément tant ſoit peu au-devant du centre de gravité du vaiſſeau.

Lorſqu'un ſemblable effet eſt éloigné de la proue, il s'en faut bien qu'il ſoit ſitué convenablement; mais on le peut modérer en faiſant plonger le creux du vaiſſeau au-deſſous de la pouppe, ou faiſant que la quille ſoit plus au-deſſous de la ſurface de l'eau priſe à la pouppe qu'à la proue. Plus l'on force de voiles au dedans du vaiſſeau, plus il eſt facile de connoître où ſe fait l'effort; mais puiſque le vaiſſeau peut toujours être dirigé à volonté dans ce ſillage, il eſt donc néceſſaire qu'en conſéquence l'on agiſſe avec le gouvernail.

C'eſt une choſe connue que lorſqu'on frappe contre un corps en quelque lieu ſitué entre ſon extrémité & ſon centre de gravité, alors ce corps tourne toujours autour d'un point qui eſt ſitué de l'autre côté du centre de gravité. C'eſt pourquoi, quand le vaiſſeau obéit plus à ſon gouvernail qu'à l'effort de l'eau contre la proue, alors le vaiſſeau doit ſe tourner autour de quelque point qui eſt à l'avant de ſon centre de gravité; mais alors il ne faut laiſſer le gouvernail continuer que juſqu'à ce que l'effort de l'eau ſe porte en entier ſur la proue du vaiſſeau, afin que le vaiſſeau tourne autour de quelque point qui eſt au-delà du centre de gravité. Dès-lors la réſiſtance de l'eau contre la proue & le gouvernail agiſſent de concert pour que le vaiſſeau tourne d'un même côté, comme quand il faut braſſer les voiles en ſens divers au ſillage, ou faire tourner le vaiſſeau contre le vent; alors on tournera autour du centre de gravité, ou à très-peu de choſe près en dedans, de l'un ou de l'autre côté ſelon qu'un des efforts l'emportera ſur l'autre. Pour lors le centre de gravité reſte toujours dans le milieu, & le vaiſſeau de lui-même étant ardent, alors il revirera très-vîte. Car la réſiſtance que ſes deux extrémités éprouvent de la part de l'eau ne contribue qu'à le faire revirer: elle ſera comme les quarrés de la diſtance du point autour duquel le vaiſſeau tourne juſqu'à l'une ou l'autre extrémité, & ces points ſeront des *minimum* quand le point de rotation ſera dans le milieu.

CHAPITRE IV.

De la résistance qu'éprouve dans l'eau, le vaisseau dans sa marche.

Quand un vaisseau est à demeure & tranquille dans l'eau, il est comprimé de la même maniere par ses deux extrémités ; mais aussi-tôt qu'il se meut avec quelque force, s'avançant par l'une ou l'autre de ses deux extrémités, alors il éprouve de la résistance par ce côté-là, laquelle augmente du côté qui répond au sillage, & qui diminue de l'autre côté de la maniere que cela va être exposé dans ce qui suit.

Si un plan ou surface quelconque fait effort en s'avançant dans l'eau, il éprouvera d'autant plus de résistance que la direction selon laquelle il s'avance, approche le plus d'être à angles droits avec la surface du plan proposé ; mais la résistance diminue d'autant plus que le plan s'avance selon une force oblique à la direction des mouvements.

Ainsi des corps doivent selon leurs formes différentes ou convexités éprouver diverses résistances de la part de l'eau, quoique leurs bases puissent être de semblables grandeurs.

Pour exprimer cette résistance qu'un corps éprouve quand d'autres corps le rencontrent en même temps, il n'y a pas en ce cas de grandes difficultés ; mais quand des corps qui sont semblables s'avancent dans un milieu, ou ce qui revient au même, quand le milieu agit contr'eux, il y a pour lors de la difficulté à en exprimer les effets. Le cas précédent dépend simplement des loix connues de la méchanique ; mais ce dernier, quoique soumis aux loix de la mécanique, dépend aussi de causes physiques qui ne sont pas encore trop connues.

Pour surmonter ces difficultés, on a trouvé pour expédient, de se figurer qu'un fluide est composé d'une infinité de petites particules rondes ou globules qui tous l'un après l'autre se suivent & frappent contre le corps opposé, comme on va le détailler.

Soit ABC (*Fig.* 11.) un triangle rectangle : soit aussi un fluide ou seulement une particule de ce fluide qui frappe contre le côté AB de ce triangle avec la vîtesse ED, & selon une direction parallele à AC, savoir, selon celle de A en C.

Maintenant si ED exprime la résistance absolue contre la base BC, cette force pourra se décomposer en deux autres, savoir en EF perpendiculaire & en DF parallele à la base AD. Maintenant puisque DF ne produit aucune action dans le sens parallele ou selon la direction AB, il recevra donc seulement la force suivant EF qui agira contre le triangle, & cela dans une direction qui sera à angles droits avec le côté AB. Mais cette derniere force peut aussi se décomposer en deux autres, savoir, FG qui sera perpendiculaire, & EG qui sera parallele à AC. Alors FG exprimera la force latérale qui agit de côté sur le triangle de B en C ; mais EG sera la force directe ou bien exprimera la résistance, laquelle agit sur le côté AB ; d'où il s'ensuit que comme la force absolue est à la force relative en D, ainsi DE est à GE, & d'ailleurs DE est à GE, comme le quarré de DE est au quarré de EF : mais on peut dire aussi que les particules qui viennent à frapper le côté AB selon la direction ED sont proportionnelles à BC, & qu'à cause des triangles semblables DEF & ABC, on aura DE : EF : : AB : BC, ensorte que toute la résistance sur le triangle sera dans le rapport de $\frac{BC^2}{AB^2} \times BC$.

Sur ce principe il sera facile de connoître la ligne de *la moindre résistance* comme étant d'abord de cette maniere, que la ligne GFB (*Fig.* 12.) sera telle que tournant autour de la ligne AD comme axe, il doit se former par-là un corps AGBD, lequel sera celui de la moindre résistance, relativement à tout autre corps de même longueur AD & sur la même base BC.

Comme on trouvera tout ce qui a rapport à ce problême dans plusieurs Auteurs qui en ont traité, je me suis réservé d'en exposer ici la construction linéaire.

Si $AE = x$, $EF = y$, on en déduira l'équation $y\,dy^3\,dx = a \times \overline{dx^2 + dy^2}^2$. Voyez sur cela le Traité des Fluxions de Simpson, art. 413.

On a trouvé que l'angle AGF est $\frac{1}{2}$ ou les $\frac{15}{10}$ de l'angle droit, & supposant $u = \frac{dx}{dy}$ & ainsi $dx = u\,dy$, ou bien $dx^2 = u^2\,dy^2$; substituant cette valeur de dx^2 dans l'équation, on aura $uy\,dy^4 = a \times \overline{u^2\,dy^2 + dy^2}^2$, ou bien $uy = a \times \overline{u^4 + 2u^2 + 1}$, d'où l'on a $y = a \times \overline{u^3 + 2u + \frac{1}{u}}$ & $dy = a \times \overline{3u^2\,du + 2du - \frac{du}{u^2}}$ & pareillement $dx = a \times \overline{3u^3\,du + 2u\,du - \frac{du}{u}}$ dont l'intégrale sera $x = a \times \overline{\frac{3}{4}u^4 + u^2 - \text{log. hyp. } u} + C$. Quand $u = 1$, alors $x = 0$ relativement aux propriétés dont on a parlé, auquel cas $\frac{7}{4}a + C = 0$, ou enfin $C = -\frac{7}{4}a$; il s'ensuit donc aussi que $x = a \times \overline{\frac{3}{4}u^4 + u^2 - \frac{7}{4} - \text{log. hyp. } u}$. Mais si $a = 1$, alors la plus petite des ordonnées $AG = 4$. Que si l'on augmente continuellement de 1 la quantité u, on trouvera les valeurs suivantes de x & de y.

$u = 1,00$	$x = 0$; $y = 4$	$u = 1,06$	$x = 0,262$; $y = 4,254$	$u = 1,1$	$x = 0,453$; $y = 4,440$
$u = 1,2$	$x = 1,053$; $y = 4,961$	$u = 1,3$	$x = 1,820$; $y = 5,566$	$u = 1,4$	$x = 2,655$; $y = 6,258$
$u = 1,5$	$x = 3,892$; $y = 7,042$	$u = 1,6$	$x = 5,255$; $y = 7,921$	$u = 1,7$	$x = 6,873$; $y = 8,901$
$u = 1,8$	$x = 8,775$; $y = 9,987$	$u = 2$	$x = 13,557$; $y = 12,500$	$u = 2,2$	$x = 19,900$; $y = 15,502$

Soit (*Fig.* 13) AE $= x$, EF $= y$. Si de A vous mettez toutes les valeurs en x, & qu'à la place des correſpondantes ordonnées AG, EF &c. vous ſubſtituyez toutes les valeurs de y, on trouvera toujours la ligne GFB telle qu'elle a été décrite, laquelle lorſqu'elle tournera autour de AD comme axe, alors le corps qui ſera formé par ſa révolution ſera le ſolide de la moindre réſiſtance (dans l'hypotheſe que le fluide eſt tel qu'on l'a d'abord adopté), & cela préférablement à tout autre corps ſolide qui aura la même longueur AD, ainſi que la même baſe BD.

Que ſi l'on augmente ce corps, en y ajoutant le cône AHG, dont la baſe = AG, alors la réſiſtance ſera prodigieuſement diminuée.

Or de dire combien cette maniere eſt applicable ou ſuffiſante pour exprimer la réſiſtance qu'éprouve un corps dans un fluide tel que l'eau, c'eſt ce que l'on va apprendre au §. ſuivant.

§. 14.

Quand un corps eſt tranquille dans l'eau, ce fluide le preſſe de tous côtés dans une direction perpendiculaire à la ſurface de ce corps, & alors tous les efforts de preſſion ſont toujours en proportion, à la quantité dont il plonge au-deſſous de la ſurface de l'eau.

Il y a pourtant une circonſtance à laquelle il faut prendre garde ; ſavoir, avant que de procéder plus particuliérement à exprimer la réſiſtance qu'un corps a quand il s'avance dans l'eau, & il ſemble qu'on doit obſerver ce qui empêche pour lors que le vaiſſeau ne dirige ſon ſillage, ou bien comment le vaiſſeau s'avance dans l'eau aidé de quelque force.

Si ACB, (*Fig.* 14,) repréſente un vaiſſeau qui s'avance avec quelque vîteſſe à travers une eau tranquille, il arrive toujours que l'eau vers l'extrémité A, avant que de s'écouler au plus large C, s'éleve & s'applique au vaiſſeau, ſavoir au-deſſus de ce qu'il y a de plus élevé relativement au reſte de l'eau : cette extenſion ſucceſſive de l'eau qui s'éleve & portions d'eau à l'avant du vaiſſeau & de ce côté-là même où il s'avance, doit ſe répandre en même temps ſur les côtés tels que PQ : mais ſous la plus grande épaiſſeur C, l'eau s'abaiſſe derechef & plus bas entre C & B que n'eſt ſa hauteur ordinaire, juſqu'à ce qu'elle reſſente le mouvement de l'eau D, laquelle ſuccede conſtamment avec la même vîteſſe que le vaiſſeau qu'elle ſuit, afin de remplir entiérement le lieu que ce vaiſſeau laiſſe après ſoi ; mais d'autant que cette eau qui s'eſt écoulée le long des côtés du vaiſſeau a déja tout occupé ce lieu, il arrive delà qu'elle la repouſſe en EE, ce qui eſt cauſe qu'on l'appelle *l'eau du ſillage de la carene*. Tout ceci ſe reconnoît encore mieux ſur un petit navire qui ne plonge pas trop avant dans l'eau ; mais quant aux grands vaiſſeaux, ils peuvent

s'ouvrir

s'ouvrir l'eau de l'avant, ſans qu'on s'en apperçoive, ſinon qu'ils ont une vîteſſe de 4 à 5 pieds par ſeconde.

Mais cette eau qui précede la plus grande largeur du vaiſſeau ſe porte toujours à la partie de l'avant du vaiſſeau, & s'y prolonge en partie faiſant le même chemin; enſorte qu'elle s'avance comme le vaiſſeau : comme celle qui répond à la plus grande largeur eſt plus haute que celle qui eſt à l'arriere de cette même plus grande largeur du vaiſſeau, de cette maniere elle s'écoule du lieu le plus haut à celui qui eſt au-deſſous. Or il arrive delà que l'eau à l'arriere de la plus grande largeur ſe meut plus vîte dans une direction contraire à celle du navire, & qu'enfin plus ce navire fera de l'avant, plus l'élévation de l'eau & ſa chûte en ſeront ſenſibles & conſidérables.

Toutes ces choſes peuvent très-bien s'appercevoir quand un vaiſſeau fait voile avec une vîteſſe quelconque en pleine mer, quand il n'y a pas de vagues. Mais quand un navire fait ſon ſillage ou qu'il tire de l'avant dans un canal là où il n'y a pas plus de largeur que 3 à 4 fois celle du navire, ſavoir entre les côtés de celui-ci & le bord du canal, cela devient encore plus viſible, & même lorſque la vîteſſe eſt aſſez petite.

De tout ceci il doit néceſſairement s'enſuivre, 1°. que la réſiſtance d'un vaiſſeau qui a une vîteſſe déja donnée, croît par cela ſeul que l'eau s'éleve le plus, avant que d'atteindre ſa plus grande largeur, & qu'ainſi le navire aura ſous ſoi une plus grande colonne d'eau à traverſer, qu'il n'a trouvé en commençant ſon ſillage; mais que cette même colonne d'eau qui s'éleve, & que le vaiſſeau pouſſe en avant, ſe travaille auſſi à l'avant ſous l'eau par la même voie que ſon mouvement s'eſt fait, avant que le corps du navire s'avance & qu'elle diminue ainſi la réſiſtance que ſans cela le navire auroit à ſurmonter. 2°. Que la réſiſtance augmente d'autant plus par-là que l'eau s'abaiſſe au-delà de cette plus grande épaiſſeur, & que cette eau outre cela a perdu d'autant plus de ſa force pour preſſer ou agir contre la partie de l'arriere du navire; ce qui a dû être cauſé en réuniſſant en une ſomme la vîteſſe du navire & celle de l'eau qui s'écoule à l'arriere du vaiſſeau, ou qui déflue de la plus grande largeur vers la pouppe du navire.

D'après ces obſervations & les remarques faites en conſéquence, on pourra former une équation qui exprimera la réſiſtance qu'un corps éprouve, quand il s'avance dans l'eau.

Ici ſe préſente pareillement une difficulté qui conſiſte en ce que la preſſion de l'eau & la vîteſſe du corps, leſquelles ſont en elles-mêmes tout-à-fait différentes, ſe trouvent en comparaiſon l'une avec l'autre; mais comme la preſſion perpendiculaire de l'eau, contre la ſurface du corps, lorſque le vaiſſeau eſt en repos, peut entiérement s'exclure de toute expreſſion, à cauſe que la ſomme de ces efforts eſt la même à l'une & l'autre extrémité d'un corps qui ſe préſente, on doit auſſi faire attention en ce cas, que cet effort n'eſt utile que pour trouver à ſe débarraſſer de la différence qui ſe trouve aux deux extrémités du vaiſſeau, lorſqu'il eſt en mouvement, & qu'on a par-là ſa réſiſtance qu'en ce cas il éprouve & à laquelle il accommode ſa vîteſſe pendant le ſillage.

Soit (*Fig.* 15,) ACBQ formé par deux coins qui ſoient réunis enſemble l'un vers l'autre par la baſe commune CQ.

Soit la preſſion de l'eau qui ſe fait perpendiculairement ſur la ſurface de ce corps & de tous les côtés, exprimée par FG, FG.

On ſuppoſe ici que ce corps s'avance avec une vîteſſe exprimée par FH, ſelon une direction parallele à ſa ligne du milieu AB & dans le ſens de B à A; en achevant, ſuivant l'uſage ordinaire, le parallélogramme FGIH, on tirera la diagonale IF. Mais à cauſe de la vîteſſe déja donnée, on aura la preſſion de l'eau, ſelon la direction IF. Si de K où la ligne IH coupe la ligne AC ou CB, on tire la ligne KL perpendiculairement à GI, on aura ainſi IL pour l'expreſſion de la partie antérieure du corps qui fait la réſiſtance qu'il éprouve ſelon la direction BA, & LI à la partie de l'arriere du corps CB, eſt l'effort qui lui aide à s'avancer dans la direction qu'il a ſuivie juſques-là.

Soit CM perpendiculaire à AB, & CD = DM, comme auſſi DN abaiſſée perpendiculairement au-deſſous du plan ACBM: ſuppoſons $FG = m$, $FH = n$, l'aire du plan $CE = A$, celle du plan $CP = B$, & pareillement l'aire du plan $CN = C$.

Il s'enſuit de ce que les triangles ACD, FHK & KIL ſont ſemblables, qu'on aura $KH = \frac{DC}{AC} n$, partant $IK = \frac{DC}{AC} n + m$; & pareillement $IL = \frac{DC}{AC} \times \overline{m + \frac{DC}{AC} n}$. Cette valeur IL repréſente la réſiſtance au point F, qui a pour cauſe les efforts FG (m) HF (n); mais l'aire A eſt à l'aire C, comme la ſomme des preſſions FG, eſt à la ſomme des preſſions FH. C'eſt pourquoi $A \times \frac{DC}{AC} m + C \times \frac{\overline{DC}^2}{\overline{AC}^2} n$, repréſentera l'effet de l'eau à la partie de l'avant. On repréſentera de la même maniere par $B \times \frac{DC}{BC} m - C \times \frac{\overline{DC}^2}{\overline{BC}^2} n$ l'effet de l'eau ſur l'extrémité du corps qui vient enſuite.

Lorſque l'arriere s'attire par l'avant, il s'enſuit que la réſiſtance du corps ſera dans la direction $AB = A \times \frac{DC}{AC} m + C \frac{\overline{DC}^2}{\overline{AC}^2} n - B \times \frac{DC}{BC} m + C \frac{\overline{DC}^2}{\overline{BC}^2} n$, & que puiſque $A \times \frac{DC}{AC} m = B \times \frac{DC}{BC} m$, on auroit ainſi la réſiſtance qu'éprouve le corps $= C \times \frac{\overline{DC}^2}{\overline{AC}^2} n + C \times \frac{\overline{DC}^2}{\overline{BC}^2} n$: on trouve par-là que tant que la vîteſſe d'un corps n'eſt pas trop grande, alors l'eau s'élevera de l'avant tout autour, & qu'elle s'abaiſſera à l'arriere au-delà de la plus grande largeur; enſorte que l'eau ralentit & augmente ſa vîteſſe à l'avant & enſuite à l'arriere de la plus grande largeur, & que de cette maniere un corps éprouveroit une réſiſtance égale, ſoit que ſon extrémité obtuſe ou aiguë marchât de l'avant; mais bien éprouverat-il moins de résistance quand les deux extrémités seront semblables, ou lorsque sa plus grande épaisseur CM se trouvera dans son milieu.

Mais si l'on suppose que l'eau se retire de l'avant de la plus grande épaisseur avec la vîtesse (u), & qu'elle ait reçu une vîtesse (W) dans une direction contraire à celle du corps en mouvement, à l'arriere de cette plus grande largeur, alors on aura la vîtesse de l'avant du vaisseau, égale à $n - u$ & de l'arriere $= n + W$; & d'autant que la résistance est en raison du quarré de la vîtesse, on aura tout l'effet de la résistance $= C' \frac{\overline{DC}^2}{\overline{AC}^2} \times \overline{n - u}^2 + C \frac{\overline{DC}^2}{\overline{BC}^2} \times \overline{n + W}^2$, là où C′ est supposé excéder C, de la quantité dont l'eau qui est à l'avant tout autour de la plus grande largeur, est plus élevée que celle qui est à l'arriere de cette même plus grande largeur.

Delà on trouve quel est le rapport, quel qu'il puisse être, entre n, u & W que peut avoir un corps de la moindre résistance, soit qu'il s'avance par son extrémité obtuse ou par celle qui est aiguë, & que cela dépend des quantités $\overline{n - u}$ & $\overline{n + W}$, quelle que puisse être la plus grande largeur CM qui se trouve à l'avant de son milieu; ensorte que la résistance en deviendra moindre que s'il étoit situé tant soit peu différemment.

On voit aussi que plus grande est la proportion que (u) ou (W) doit avoir relativement à (n), plus éloignée se doit trouver de l'avant du milieu la plus grande largeur & plus la résistance en doit être diminuée.

Il ne peut jamais arriver non plus que $u = n$; parce qu'alors l'eau doit entiérement se retirer ou se soustraire, ce qui n'est pas possible; car (u) a très-peu de relation avec (n), lorsque le mouvement est très-lent, ensorte que (n) ou la vîtesse, étant très-petite, on a pour lors $u = 0$. Il en est de même de l'eau qui est à l'arriere de la plus grande épaisseur, quand la vîtesse est à peine sensible, & que le corps a une très-grande largeur qui s'étend vers la poupe, l'eau suit d'abord le corps pour remplir le vuide qu'il laisse après soi; d'où il arrive qu'une partie de l'eau suit la même voie que le corps; ensorte que la vîtesse tant du corps que de l'eau l'un contre l'autre, devient alors ($n - W$) & que l'expression de la résistance devient alors simplement, comme on le voit, $C' \frac{\overline{DC}^2}{\overline{AC}^2} \times \overline{n - u}^2 + C \frac{\overline{DC}^2}{\overline{BC}^2} \times \overline{n \pm W}$.

Les expériences qui suivent confirmeront bien-tôt que ces expressions pour la résistance sont exactes, ou du moins qu'elles donnent la même décision que si elles étoient parfaitement exactes.

§. 15.

Dans un lac très-grand & profond, on a fixé (*Fig. 16.*) à 100 pieds de distance l'un de l'autre deux longues potences A, B, ainsi que deux pieux C, D, tous garnis de poulies de laiton, avec leurs poids & cordes; le tout comme il eſt repréſenté dans la figure. Les deux cordes E, G, étoient attachées par leurs autres extrémités à un tronc de bois ou corps F, qu'on avoit préparé pour cette expérience : à une des cordes E pendoit un poids pour tirer le corps au travers de l'eau, & à l'autre cordeau G, étoit un poids ſuſpendu, mais moindre que le premier poids ; afin que le corps flottant puiſſe s'avancer en ligne droite, ce que d'ailleurs il n'auroit pu faire.

On a attaché au cordeau E, deux petites pieces de drap rouge I, K à 74 pieds de diſtance l'une de l'autre. Pour marquer les temps écoulés, on s'eſt ſervi d'une montre à ſecondes. Quand la piece de drap K parvenoit en L, on commençoit à compter les ſecondes, & auſſi-tôt que l'autre piece I arrivoit à la même marque L, on arrêtoit tout à coup la montre à ſecondes avec ſon petit levier d'acier ; ce qui faiſoit connoître combien de ſecondes s'étoient écoulées dans l'expérience, & combien le corps F avoit employé à parcourir la diſtance de 74 pieds. Les corps ſolides ou troncs employés à ces expériences étoient de bois & de 28 pouces de longueur & parfaitement arrondis ; leurs diametres, dans la partie la plus épaiſſe étoit la $\frac{2}{7}$ partie de leur longueur ou de 8 pouces. Les courbes dont on les avoit formés étoient des paraboloïdes quadratiques ou coniques, ayant leur ſommet qui répondoit précifément à la plus grande largeur ; & d'autant que ces corps étoient plus légers que l'eau, on les y faiſoit plonger par des poids juſqu'à ce que leurs peſanteurs ſpécifiques devinſſent à très-peu de choſe près la même que celle de l'eau, enſorte qu'à peine pouvoient-ils flotter à fleur-d'eau, ou que leur axe étoit ainſi parallele à la ſurface de l'eau. Le poids à la corde E qui tiroit toujours le corps en avant, pouvoit varier ſuivant que la vîteſſe s'accroiſſoit ou diminuoit ; mais le poids pour retarder étoit toujours le même. Les trois corps, N°. 1, 2 & 3 étoient de même peſanteur, mais les autres devenoient moindres quant à leur poids, à proportion que les cônes devenoient moindres en ſolidité que les paraboloïdes.

Nota. Le Scheppund, eſt une méſure de 20 fois 1 livre.

Poids des corps.		N°. 1. 27 Schep.	N°. 2. 27 Schep.		N°. 3. 27 Schep.		N°. 4. 22 Schep.		N°. 5. $19\frac{3}{4}$ Schep		N°. 6 $16\frac{1}{4}$ Schep		N°. 7. 12 Schep.	
Leurs Figures.		 A A	B	C	D	E	F	G	H	I	O	P	R	P
Poids attirant.	Poids retardant.	Temps écoulé pendant que le corps a parcouru 74 pieds en total.												
		Secondes.	Secondes.		Secondes.		Secondes.		Secondes.		Secondes.		Secondes.	
		A	B	C	D	E	F	G	H	I	O	P	R	P
$\frac{1}{4}$ du poids du corps.	$\frac{1}{2}$ du poids	$25\frac{1}{2}$	$26\frac{1}{4}$	$24\frac{1}{4}$	$27\frac{3}{4}$	$26\frac{1}{2}$	$25\frac{3}{4}$	$25\frac{1}{2}$	$27\frac{1}{4}$	$24\frac{1}{4}$	30.	$26\frac{3}{4}$	45.	$29\frac{1}{2}$
Poids tot. dn corps.	Moitié du poids.	14.	14.	$14\frac{1}{2}$	$14\frac{1}{2}$	$16\frac{1}{2}$	$13\frac{3}{4}$	$13\frac{3}{4}$	15.	16.	$24\frac{1}{2}$	$24\frac{1}{4}$	38.	$19\frac{1}{4}$
$1\frac{1}{2}$ fois le poids.	Moitié du poids.	11.	$10\frac{1}{2}$	$11\frac{1}{2}$	$10\frac{1}{2}$	$13\frac{1}{2}$	11.	11.	$10\frac{1}{4}$	$11\frac{1}{4}$	$12\frac{1}{2}$	$17\frac{1}{2}$	$30\frac{1}{4}$	24.
37 Schep. en total.	$12\frac{1}{3}$ Sch. en total.	$12\frac{1}{2}$.	Perte & au fond de l'eau.		11	14.	$10\frac{1}{4}$	11.	10.	$11\frac{1}{4}$	12.	16.		

Le

Le corps N°. 1, avoit ſa plus grande épaiſſeur dans ſon milieu, & ſe terminoit en parabole.

Au N°. 2, la plus grande épaiſſeur répondoit aux $\frac{2}{7}$ de B : les 2 bouts en parabole.

N°. 3. . . . . à $\frac{1}{7}$ de D : les 2 bouts en parabole.

N°. 4, la plus grande épaiſſeur au milieu. Le bout F terminé en parabole, & l'autre G en cône.

N°. 5, ... aux $\frac{2}{7}$ de H : le bout H en parabole, & l'autre I en cône.

N°. 6, ... aux $\frac{1}{7}$ de O & les deux extrémités en cône.

N°. 7, repréſente un cône, dont la baſe eſt la plus grande largeur, laquelle diminue également tout autour : ſa longueur de $\frac{5}{2}$ fois la plus grande épaiſſeur.

Les expériences ont été faites d'abord de cette maniere : au N°. 2, par exemple, le poids ſe trouvoit tiré d'une part avec la peſanteur entiere du corps, & de l'autre retardé par la $\frac{1}{2}$ peſanteur du corps. Or l'extrémité B avoit d'abord parcouru 74 pieds de diſtance en 14 ſecondes de temps ; mais l'extrémité C avoit auſſi donné d'abord 14 $\frac{1}{2}$ pour les 74 pieds de diſtance.

Chacune de ces expériences a été faite 6 fois, & on a pris un milieu pour le réſultat : on avoit preſque trouvé la même choſe ces ſix fois, il n'y a que la derniere qui en différoit un peu, n'ayant donné uniquement qu'une demi-ſeconde en ſus. Il n'a pas été poſſible de trouver l'ordre ni la proportion dans les vîteſſes relativement aux poids ; mais ce défaut vient du mouvement qui s'eſt fait dans l'eau & qui a été cauſe d'une ouverture que le corps s'eſt faite en s'approchant très-près de la ſurface de l'eau. Le nombre trop grand des poulies ſur leſquelles la corde a dû paſſer, eſt cauſe auſſi que les expériences manquent un peu, eu égard aux frottemens ; mais d'autant que ces frottemens ſont conſtants & les mêmes à tous égards, on aura ainſi pour toutes les variations de vîteſſe des quantités affectées également, puiſqu'elles le ſont d'une ſeule & même condition.

De tout ceci on peut donc conclure, 1°, que ſi le mouvement eſt lent, le corps a plus de force pour ſe mouvoir par ſa pointe aiguë, que par celle qui eſt obtuſe. 2°, Que quand le mouvement eſt plus vif, le corps s'avance avec la même force, quelle que ſoit des deux pointes aiguës ou obtuſes, celle qui d'abord ſe préſente au ſillage. En 3e lieu, que ſi le mouvement du corps eſt des plus rapide, la pointe obtuſe qui ſe préſentera la premiere, occaſionnera plus d'effet que ſi c'étoit la pointe aiguë, d'où s'enſuit que c'eſt la vîteſſe du corps qui doit déterminer préciſément le lieu où doit être la plus grande épaiſſeur, ſi la réſiſtance devient un *minimum*.

M. *le Camus*, Auteur François, dans ſon *Traité des forces mouvantes*, donne les détails d'une expérience qu'il a faite ſur le même ſujet ; & on peut voir ſemblablement d'autres expériences, qui ont été faites, dans le Traité de M. *Murrays ſur la conſtruction* (*on Shipbuilding.*) Mais on trouve aſſez la même choſe à cet égard (puiſque ce qui y paroîtroit contraire, a été bien examiné aux expériences rapportées ci-deſſus) ſavoir que, quel que ſoit le mouvement, ſoit prompt ou lent, les corps nous donnent enfin moins de réſiſtance, quand ils s'avancent d'abord par leur partie obtuſe plutôt que par celle qui eſt aiguë, & ce qui provient de ce qu'ils ont fait leurs eſſais dans un canal préparé en bois; car de cette maniere l'épaiſſeur de ces corps étoit trop grande relativement à la capacité du canal, pour que l'eau, moyennant le mouvement du corps en avant, pût jamais l'accompagner, ſans s'élever de l'avant d'une même maniere, pour s'abaiſſer enſuite à l'arriere; enſorte que l'eau y a dû s'écouler comme feroit un torrent, de chacun des côtés de ce corps & par une route toute contraire à l'égard de ce corps. Or il eſt arrivé delà qu'auſſi peu de chemin que le corps auroit fait de l'avant dans le canal, l'effet de l'eau ſeroit conſtamment le même, que quand le corps dans les expériences que nous avons faites & rapportées ci-deſſus s'eſt avancé avec le plus haut degré de vîteſſe.

Les unes & les autres expériences retombent pareillement dans la même expreſſion pour la réſiſtance, que celle que nous avons donnée au paragraphe précédent. Il y a ſeulement ceci de plus à conſidérer que pour trouver l'effort par (u) ou par (W) relativement à (n), ainſi que quand il devient + ou − il faudra toujours employer ($n \pm W$); d'autant plus qu'on fait très-certainement ſur quoi ſont fondés les raiſonnements qu'on a admis au paragraphe précédent, & qui nous indiquent que le ſigne − dans ($n + W$) ne ſauroit être d'uſage pour calculer la réſiſtance du vaiſſeau. Car la vîteſſe d'un vaiſſeau eſt toujours réputée ſi grande, & ſa forme à l'arriere de ſa plus grande largeur eſt tellement diſpoſée en conſéquence, que l'eau qui agit ſur la partie de l'arriere, bien loin de ſuivre le même cours que celui du vaiſſeau, n'a jamais qu'un effet tout contraire.

§. 16.

Pour donc trouver cette expreſſion de la réſiſtance, relativement à $n - u$ ou $n + W$, de maniere qu'entre les côtés AC & CB, *Fig.* 15, la réſiſtance ſoit plus grande ou moindre, il faut en conſéquence que la réſiſtance devienne un *minimum*, quand la plus grande épaiſſeur CM doit être dans un certain lieu déſigné relativement à l'une ou à l'autre des extrémités. Or il arrive ainſi qu'afin de déterminer la diſtance AD, toute l'expreſſion de la réſiſtance doit être ainſi un *minimum*. C'eſt pourquoi ſi on multiplie toute l'expreſſion $C \frac{\overline{DC}^2}{\overline{AC}^2} \times \overline{n-u}^2 + C \frac{\overline{DC}^2}{\overline{BC}^2} \times \overline{n+W}^2$ par une autre quantité inconnue $\frac{\overline{AC}^2 \times \overline{BC}^2}{C \times \overline{DC}^2}$, de ſorte qu'il y ait une proportion entre les deux quantités dans l'expreſſion quoiqu'invariable, on aura ainſi $\overline{BC}^2 \times \overline{n-u}^2 \; \overline{AC}^2 + \times \overline{n+W}^2$ qui peut devenir un *minimum*.

Soit AB $= a$, AD $= x$, ce qui donne DB $= a - x$, DC $= 1$: ſi l'on fait $n - u = p$ & $n + W = q$, on aura $\overline{AC}^2 = x^2 + 1$ & $\overline{BC}^2 = a^2 - 2ax + xx + 1$; partant on aura $\overline{x^2 + 1} \times q^2 + \overline{a^2 - 2ax + x^2 + 1} \times p^2$, ce qui donnera un *minimum*, c'eſt-à-dire, $2q^2 x dx - 2ap^2 dx + 2p^2 x dx = 0$; d'où l'on tire $\overline{p^2 + q^2} \times x = ap^2$. Delà on déduit cette analogie, que comme $\overline{n + W}^2 + \overline{n - u}^2 : \overline{n - u}^2$ :: AB : AD, enſorte que plus grand ſera (W) ou (u) relativement à (n), ſur-tout quand la vîteſſe eſt grande, plus en ce cas diminuera AD, comme auſſi quand (W) ou (u) eſt ſuppoſé $= 0$, ou bien quand la vîteſſe eſt petite, alors AD $= \frac{1}{2}$ AB.

Semblablement il ne dépend uniquement que de (W) ou de (u) pour pouvoir déterminer quelle dimenſion ou groſſeur doit avoir la ſection d'un vaiſſeau. Mais il y a préciſément une de ces quantités qu'il n'eſt plus poſſible de déterminer. Outre cela, elles doivent varier relativement à la plus grande ou moindre vîteſſe du vaiſſeau ; d'où s'enſuit que ſi la réſiſtance ainſi que toute la vîteſſe deviennent un *minimum*, cela devroit ſe rapporter à la plus grande ſection & ſeroit variable, ce qui devient abſolument impoſſible.

On ne peut rien affirmer en conſéquence avec certitude, ſinon que la plus grande épaiſſeur doit ſe trouver quelque peu au-devant du milieu de la longueur ; comme auſſi que ſi l'on peut enfin découvrir le lieu de la plus grande ſection pour une vîteſſe donnée, ce lieu, quoique peu certain & vague, ſuffit cependant, pour ſe fonder en quelques ſuppoſitions.

Un vaiſſeau, par exemple, doit avoir fort augmenté ſon ſillage, lorſque ſa vîteſſe eſt de 20 pieds par ſeconde. Suppoſant donc que l'eau qui eſt à l'avant de ſa plus grande largeur, ſoit d'un pied plus haute que celle qui eſt immédiatement à l'arriere. Mais puiſque l'eau n'arrive d'abord à cet abaiſſement qu'après s'être répandue tout contre la pouppe, on peut donc ſuppoſer, que dans l'eſpace qui eſt au milieu de la plus grande largeur & la pouppe, elle ſera plus abaiſſée d'un demi-pied qu'aux environs de la proue. L'eau tomberoit donc avec la même vîteſſe que celle d'un corps dont la chûte a été d'un demi-pied, c'eſt-à-dire, de $\sqrt{33}$ pieds par ſecondes. Ceci ſe paſſe à la ſurface de l'eau ; mais le courant de l'eau doit s'approfondir de moins en moins juſques-là qu'il ne pourra pas agir à une auſſi grande profondeur qu'eſt celle du vaiſſeau. On peut donc ſeulement admettre que ſa vîteſſe à travers le milieu eſt de 3 pieds par ſeconde. On peut encore conſidérer que cette vîteſſe deviendra moindre relativement à ce que cette eau la plus haute, qui précede la plus grande largeur, a une vîteſſe toute contraire, ſavoir ſelon le même ſens qu'eſt celle du navire. Mais dans le ſillage en mer, ces différents cas de l'eau qui s'éleve & qui s'abaiſſe peuvent très-bien s'anéantir, ou du moins devenir très-petits & preſqu'inſenſibles. C'eſt pourquoi il vaut mieux ſuppoſer que quand la vîteſſe eſt de 20 pieds par ſeconde, la vîteſſe de l'eau qui eſt en ſens contraire à l'arriere de la plus grande largeur n'eſt que d'un pied par ſeconde, & que celle de l'eau qui eſt à l'avant de la plus grande largeur n'eſt que d'un demi-pied par ſeconde, ſelon la même direction qu'eſt celle du vaiſſeau. De cette maniere on aura $n = 20$, $W = 1$ & $u = 0,5$, auquel cas $n + W - 21$ & $n - u = 19,5$; d'où s'enſuit que $\overline{n + W}^2 = 441$, & que $\overline{n - u}^2 = 380,25$. Que ſi l'on prend à préſent AB ou bien $(a) = 100$, on trouvera AD ou $(x) = 46$; c'eſt-à-dire que l'épaiſſeur la plus grande doit être $\frac{1}{25}$ partie de la longueur, ſavoir à l'avant de ce qui fait le milieu.

Mais parce que ce calcul eſt fondé ſur une ſuppoſition, on ne doit pas en conſéquence tirer delà d'autre concluſion, ſinon que la grande ſection ou épaiſſeur doit être un peu à l'avant de la plus grande épaiſſeur dont on vient de parler tout à l'heure; outre cela, le lieu poſitif, eu égard à cette circonſtance, n'eſt pas ſi délicat, puiſque l'effet de la réſiſtance peut ſe modérer à l'aide des doublages à l'avant, ainſi qu'immédiatement après cette plus grande largeur, il pourroit ſe faire que plus en avant on trouveroit quelque cauſe, qui aidée du plus grand diſcernement, nous feroit déterminer le lieu de la plus grande ſection.

D'après ces eſſais on peut pareillement ſe procurer un autre genre d'utilité comme il ſuit: puiſque $n - u$ ainſi que $n + W$ exprime la vîteſſe avec laquelle le navire fait ſon ſillage, & que l'effet de l'eau pour réſiſter à la partie de l'avant eſt comme $\overline{n - u}^2$, mais à la partie de l'arriere comme $\overline{n + W}^2$, ces deux quantités par cette raiſon ſembleroient répondre à une force abſolue dont l'action ſe porte contre le navire, & par-là toujours plus fort à la pouppe qu'à la proue. Si l'on ſuppoſoit que tous les navires euſſent une égale vîteſſe dans leur ſillage, on pourroit ainſi évaluer les quantités 380, 25 ou 441 qu'on employeroit comme coëfficients abſolus de la réſiſtance; mais puiſque ces nombres ſeroient conſtants, il vaudroit mieux employer le moindre de ces nombres qui ſont l'un à l'autre dans le même rapport que 6 à 7, d'où l'expreſſion pour la réſiſtance qui convient à la premiere partie de l'avant ſeroit comme $6 \times \frac{\overline{DC}^2}{\overline{AC}^2} C$ & à la partie ou extrémité de l'arriere comme $7 \times \frac{\overline{DC}^2}{\overline{BC}^2} C$. Les quantités 6 & 7 ſeront actuellement fondées ſur la ſuppoſition comme on l'a déja pratiqué. Mais ſi (W) ſe rapporte à 2 ou bien à $\frac{1}{2}$, on auroit en ce cas, au lieu du nombre 7 pour coëfficient de la réſiſtance abſolue à l'arriere 7, 7 ou bien 6, 6. Mais comme dans la pratique une préciſion abſolue ou mathématique n'eſt pas entiérement requiſe, il vaut mieux y employer une expreſſion, quoiqu'elle manque en quelque choſe, pourvu qu'elle ne conduiſe pas à des abſurdités, que de s'en abſtenir.

Il nous reſte maintenant à employer dans la pratique ces expreſſions, & parce que la réſiſtance abſolue ne peut pas ſeulement nous conduire à déterminer celle

celle qui est relative directe, sans qu'on ait celles qui sont latérales & verticales, on pourra du moins trouver par la construction suivante l'estimation de chacune de ces trois forces.

§. 17.

Soit (*Fig.* 17,) ACDB un plan qui sera incliné à l'horizon, & supposons qu'un fluide se répande sur ce plan, suivant une direction horizontale de E vers F & avec la force exprimée par EF.

On tirera par F la ligne FI parallele à l'horizon, & on tirera de E la ligne EG, ensorte qu'elle tombe perpendiculairement sur le plan. La longueur EG exprimera pour lors la force qui agit à angles droits sur le plan.

Du point G tirez GH perpendiculairement à la ligne EF, pour exprimer ainsi par EH la force directe relative.

Pareillement du point E tirez la ligne EI perpendiculaire à FI, & tirez aussi GI, ensorte que le triangle EIG soit perpendiculaire à l'horison.

Du point G tirez GK perpendiculairement sur EI ou sur l'horison, ensorte que GK représente la force relative verticale.

Tirez aussi une ligne de K à H, ensorte que cette ligne soit à angles droits avec la ligne EF, & la distance KH exprimera pour lors la force relative latérale.

On aura ainsi les forces directes relatives, verticales & latérales, qui agissent au point F, & qu'on pourra exprimer par EH, GK & KH.

Pour appliquer tout ceci au corps même du vaisseau, supposons que (*Fig.* 18) *aacd* soit la partie de l'avant du corps du vaisseau, & que *aa*, *bb*, *cc*, &c. soient les lignes d'eau ou de flottaisons qui soient pareillement distantes les unes des autres: semblablement que AK, BL, MN, &c. soient les sections transversales ou tranches qui seront aussi bien distinguées les unes des autres.

Pour trouver les forces directes, verticales & latérales qui agissent contre le bec de la proue du navire, on partagera tous les espaces CADB, DBMO, &c. en triangles, & pareillement l'espace CADB en tirant le diagonale AD.

Des points D & A, tirez les lignes DF, AE perpendiculaires à AC, DB, & de même de F & de E tirez FG, EH perpendiculaires à (*aa*) (*bb*).

Tirez en second lieu (*Fig.* 19) les lignes RS, PQ paralleles entr'elles & autant distantes entr'elles qu'est la distance entre chaque tranche, comme aussi RP, qu'il faudra continuer, perpendiculairement à toutes les deux. Prenez aussi DF, & l'appliquant de P en T, on tirera TR. Du point T on menera TU perpendiculairement à TR. Alors si UR exprime la force absolue & UP la force relative directe, FG pourra représenter celle qui est verticale, & GD celle qui est latérale à l'égard du triangle ACD. Mais puisque la force absolue doit être constante, on pourra donc représenter par cette force la distance qui est entre les tranches ; c'est pourquoi tirant P W perpendiculairement à la ligne R T, & de W tirant W X perpendiculaire à RP, on aura P X pour la force relative directe.

Prenez F G pour représenter la force verticale, & alors puisque la force absolue = R U, celle-là pourra s'appliquer à angles droits avec la ligne P Q de Z à Y.

Dès-lors que la force absolue a été diminuée dans la raison de RU à RP, il faudra diminuer celle-là dans la même proportion : on tirera donc la ligne T X.

On aura donc Y Z : Y β : : RP : RX, ou bien comme RU : RP, ensorte que Y β deviendra la force relative verticale eu égard au triangle A C D.

Prenant aussi D G & l'appliquant de P en δ, on tirera δ R, ensorte que par les mêmes causes δ X sera la force latérale eu égard au même triangle : nous pouvons donc regarder ici les forces relatives directes, verticales & latérales comme très-bien exprimées par P X, βY & δX, quand R P représente la force directe absolue. On considérera tout l'effet de ces forces quand on les multipliera dans le triangle A C D, & on fera les mêmes opérations pour le triangle A D B, ainsi que pour les autres triangles.

Maintenant si la résistance de la premiere extremité = M, & par N si on exprime la résistance de l'autre extrémité à l'arriere, on aura donc, selon ce qui a été enseigné au dernier paragraphe, la résistance totale comme 6 M + 7 N ; mais puisque la résistance absolue est toujours représentée par la distance entre les tranches, laquelle dans les desseins ou plans figurés pourroit s'accroître ou diminuer ; donc la résistance relative ne sauroit être, dans un navire, comparée avec celle d'un autre navire. C'est pourquoi il devient nécessaire de trouver l'étendue d'une surface ou d'un plan, pour que s'avançant avec la même vîtesse que le vaisseau, sa résistance puisse être comparée à celle qui a été trouvée concernant le vaisseau ; on pourra donc la nommer *plan de la résistance du vaisseau.* C'est pour cela que si la distance entre les tranches est exprimée par (m), on aura $\frac{6M+7N}{13m}$ = à l'aire du plan de résistance. Si, par exemple, M = 18, N = 16 & m = 5, on aura $\frac{6M+7N}{13m} = 3,38$. Or on doit dire ainsi, que le vaisseau éprouve la même résistance, que celle qu'éprouveroit un plan de 3, 38 pieds quarrés, quand on le présente au fluide avec la même vîtesse que celle qu'auroit le vaisseau, d'où l'on peut conclure que la *résistance du plan* pour le vaisseau = 3, 38 pieds quarrés.

§. 18.

Pour trouver la résistance directe ou la grandeur du plan de résistance pour une frégate armée en course, N°. 1. Pl. XXXI.

Il faut d'abord représenter les tranches sur une grande échelle afin d'y exprimer les forces par construction & rendre ainsi les calculs d'autant plus exacts.

Ces tranches, (*Fig.* 20,) également ſéparées les unes des autres ont été marquées ici par les lettres π, β, Z, X, U, &c. Savoir à l'avant de la tranche ⊙, de même que les tranches 32, 30, 28, &c. à l'arriere de la tranche ⊙. La flottaiſon ou ligne d'eau ſupérieure où le vaiſſeau doit parvenir quand il eſt armé eſt 1, 1, & les lignes d'eau tirées plus bas, ſeront 2. 2, 3. 3, 4. 4, &c. leſquelles doivent être paralleles à la ligne d'eau ſupérieure & également diſtantes les unes des autres; d'où s'enſuit que toute la ſurface de la partie du vaiſſeau qui plonge dans l'eau, deviendra partagée dans diverſes étendues comme B π β E, &c. Chaque partie de ces étendues ou eſpaces le ſera auſſi en triangles, au moyen des diagonales AB, π E, &c. Au point A tirez AC d'équerre à B π & des points π, E, tirez π I, EF à angles droits à E β, B π: tirez de C, CD à angles droits à la ſurface de l'eau, & de F, I, tirez FH, IG pareillement d'équerre à la ligne d'eau & ainſi de ſuite aux autres eſpaces.

D'après cette conſtruction, tirez en ſecond lieu (*Fig.* 20, 21,) les lignes IK, LM autant écartées l'une de l'autre qu'eſt la diſtance des tranches, & tirez-leur à angles droits la ligne NO.

Prenez AC & l'appliquez de N en P, & de N portez NQ égale à la diſtance qui eſt entre la tranche π & l'étrave: joignez PQ; mais puiſque la diſtance entre la tranche π & l'étrave eſt moindre que la diſtance entre les tranches, & que d'ailleurs le ſinus total pour exprimer la force doit être le même pour tous les eſpaces, il faut tirer de O la ligne OR parallele à QP.

Prenez encore DC & l'appliquez d'équerre de U à W là où il rencontre la ligne PQ; de N, par le point W tirez la ligne NX, & de N la ligne NS perpendiculaire à OR: enfin tirez de S la ligne ST perpendiculaire à NO; on trouvera, comme il a été enſeigné au paragraphe précédent, que NT repréſente la force directe relative qui doit agir ſur le triangle AB π.

On menera enſuite RT & on abaiſſera de X dans une direction perpendiculaire à LM, la ligne XY, ce qui donnera XY pour la force verticale qui agit ſur le même triangle; & c'eſt ainſi qu'on a trouvé la force directe & verticale qui a dû agir ſur le triangle (25).

Pour connoître maintenant les forces directes & verticales qui doivent agir ſur le triangle (24), il faudra toujours opérer de la même maniere qu'on l'a enſeigné au paragraphe précédent: tirez *a b* d'équerre à LM, prenez EF & l'appliquez de *a* en *c*. On abaiſſera de *a* la ligne *a d* perpendiculaire à *bc*, comme auſſi de *d* la ligne *de* perpendiculaire à *ab*, afin que *ae* repréſente la force directe: menant *ce*, on tranſportera FH pour l'appliquer d'équerre à LM juſqu'à ce qu'elle rencontre la ligne *bc*, & on découvrira par ce moyen la valeur *fg* exprimant la force verticale ſur le triangle (24).

Quand on multiplie ces forces par l'aire des triangles, on obtient ainſi tout l'effet pour ce lieu-là: on fera la même pour tous les autres eſpaces; comme aussi pour trouver de la même maniere les forces de la partie de l'arriere du vaisseau, à la recherche desquelles la figure 22 est employée pour essai ou commencement : ainsi on mesurera de toutes ces manieres sur une échelle des dixmes les forces trouvées, & on les rangera par ordre dans les tables suivantes.

Or de même qu'il n'y a qu'une résistance directe qu'on a desiré connoître une fois, de même il faut à la fin connoître la force directe & en savoir la mesure.

La distance entre les tranches = 4,95 pieds, & celle qui est comprise entre les lignes d'eau se trouve être de 2,25 pieds, c'est-à-dire de 2 pieds & un quart, d'où l'on tire la demi-distance = 1 pied plus $\frac{1}{8}$.

Table de la résistance directe à l'avant de la tranche ⊙ pour le Corsaire. N°. 1.

Entre la premiere & deuxieme lignes d'eau.

Surfaces Triangulaires. N°.	Base.	Résistance directe.	Force multipliée par la base	Surfaces Triangulaires. N°.	Base.	Résistance directe.	Force multipliée par la base
25	2, 02	2, 11	4, 16	26	1, 07	1, 83	1, 95
23	4, 25	1, 53	4, 70	24	3, 40	1, 42	4, 82
21	3, 74	1, 15	4, 30	22	3, 37	1, 12	3, 77
19	2, 83	0, 75	2, 12	20	2, 79	0, 72	2, 00
17	2, 12	0, 53	1, 12	18	2, 39	0, 53	1, 26
15	1, 62	0, 36	0, 58	16	1, 90	0, 38	0, 72
13	1, 07	0, 21	0, 22	14	1, 39	0, 25	0, 34
11	0, 72	0, 10	0, 07	12	1, 06	0, 15	0, 16
9	0, 53	0, 07	0, 03	10	0, 72	0, 11	0, 07
7	0, 33	0, 03	0, 01	8	0, 48	0, 06	0, 02
5	0, 25	0, 02	0, 00	6	0, 31	0, 03	0, 01
3	0, 14	0, 01	0, 00	4	0, 20	0, 02	0, 00
1	0, 10	0, 00	0, 00	2	0, 15	0, 01	0, 00
			17, 31				15 12
½ Hauteur du triangle ×			1 + ⅛.				15 + ⅛.
Somme des effets =			19, 47.				17, 01

Entre la deuxieme & troisieme lignes d'eau.

Surfaces Triangulaires. N°.	Base.	Résistance directe.	Force multipliée par la base				
25	1, 07	1, 67	1, 78	26	. . . .	. . . .	. . . .
23	3, 40	1, 17	3, 97	24	2, 64	1, 02	2, 69
21	3, 37	0, 93	3, 13	22	2, 72	0, 89	2, 40
19	2, 79	0, 63	1, 75	20	2, 47	0, 57	1, 21
17	2, 39	0, 51	1, 21	18	2, 47	0, 49	1, 78
15	1, 90	0, 36	0, 68	16	2, 12	0, 37	0, 44
13	1, 39	0, 23	0, 22	14	1, 73	0, 26	0, 25
11	1, 06	0, 19	0, 20	12	1, 34	0, 19	0, 14
9	0, 72	0, 10	0, 07	10	1, 02	0, 14	0, 05
7	0, 48	0, 05	0, 02	8	0, 67	0, 08	0, 01
5	0, 31	0, 03	0, 01	6	0, 47	0, 04	0, 00
3	0, 20	0, 02	0, 00	4	0, 30	0, 01	0, 00
1	0, 15	0, 01	0, 00	2	0, 22	0, 01	0, 00
			13, 14				9, 39
			1 + ⅛				1 + ⅛
			14, 78				10, 56

Entre la troisieme & quatrieme lignes d'eau.

Surfaces Triangulaires. N°.	Base.	Résistance directe.	Force multipliée par la base	Surfaces Triangulaires. N°.	Base.	Résistance directe.	Force multipliée par la base
23	2, 64	0, 86	2, 27	24	1, 73	0, 57	0, 98
21	2, 72	0, 74	2, 01	22	2, 07	0, 65	1, 34
19	2. 47	0, 50	1, 23	20	1, 92	0, 44	0, 84
17	2. 47	0, 45	1, 11	18	2, 12	0, 40	0, 84
15	2, 12	0, 37	0, 78	16	2, 01	0, 33	0, 66
13	1, 73	0, 28	0, 48	14	1, 84	0, 27	0, 49
11	1, 34	0, 19	0, 25	12	1, 61	0, 19	0, 30
9	1, 02	0, 14	0, 14	10	1, 29	0, 14	0, 18
7	0, 67	0, 08	0, 05	8	0, 96	0, 10	0, 09
5	0, 47	0, 04	0, 01	6	0, 72	0, 07	0, 05
3	0, 30	0, 03	0, 01	4	0, 46	0, 04	0, 01
1	0, 22	0, 02	0, 00	2	0, 34	0, 03	0, 01
			8, 34				5, 79
½ Hauteur du triangle ×			1 + ⅛				1 + ⅛
Somme des effets,			9, 38.				= 6, 51

Entre la quatrieme & cinquieme lignes d'eau.

Surfaces Triangulaires. N°.	Base.	Résistance directe.	Force multipliée par la base	Surfaces Triangulaires. N°.	Base.	Résistance directe.	Force multipliée par la base
23	1, 73	0, 61	1, 05	24	0, 81	0, 44	0, 35
21	2, 07	0, 51	1, 05	22	1, 50	0, 40	0, 60
19	1, 92	0, 38	0, 72	20	1, 46	0, 32	0, 46
17	2, 12	0, 37	0, 78	18	1, 50	0, 30	0, 45
15	2, 01	0, 31	0, 62	16	1, 58	0, 23	0, 36
13	1, 84	0, 23	0, 42	14	1, 58	0, 18	0, 27
11	1, 61	0, 19	0, 30	12	1, 64	0, 18	0, 23
9	1, 29	0, 15	0, 19	10	1, 40	0, 13	0, 18
7	0, 96	0, 09	0, 08	8	1, 13	0, 11	0, 12
5	0, 72	0, 06	0, 04	6	0, 93	0, 07	0, 06
3	0, 46	0, 04	0, 01	4	0, 73	0, 04	0, 02
1	0, 34	0, 02	0, 00	2	0, 55	0, 03	0, 01
			5, 26				3, 17
			1 + ⅛				1 + ⅛
			= 5, 91				= 3, 56

Entre la cinquieme & sixieme lignes d'eau.

Surface des Triangles. N°.	Base.	Résistance directe.	Force multipliée par la base	Surface des Triangles. N°.	Base.	Résistance directe.	Force multipliée par la base
23	0, 81	0, 35	0, 28	22	1, 00	0, 20	0, 20
21	1, 50	0, 34	0, 51	20	0, 97	0, 17	0, 16
19	1, 46	0, 28	0, 40	18	0, 90	0, 14	0, 12
17	1, 50	0, 23	0, 34	16	0, 93	0, 11	0, 10
15	1, 58	0, 18	0, 28	14	0, 97	0, 09	0, 08
13	1, 58	0, 16	0, 25	12	1, 10	0, 07	0, 07
11	1, 64	0, 14	0, 22	10	1, 13	0, 06	0, 06
9	1, 40	0, 11	0, 15	8	1, 08	0, 05	0, 05
7	1, 13	0, 08	0, 09	6	0, 90	0, 04	0, 03
5	0, 93	0, 06	0, 05	4	0, 82	0, 03	0, 02
3	0, 73	0, 04	0, 02	2	0, 79	0, 02	0, 01
1	0, 55	0, 02	0, 01				0, 90
			2, 60				1 + ⅛
½ Hauteur du triangle ×			1 + ⅛				= 1, 01
Somme des effets =,			2, 92.				

Entre la sixieme & septieme lignes d'eau.

Surface des Triangles. N°.	Base	Résistance directe.	Force multipliée par la base	Surface des Triangles. N°.	Base.	Résistance directe.	Force multipliée par la base.
21	1, 00	0, 19	0, 19	22	0, 30	0, 05	0, 01
19	0, 97	0, 16	0, 15	20	0, 50	0, 07	0, 03
17	0, 90	0, 11	0, 09	18	0, 40	0, 06	0, 02
15	0, 93	0, 08	0, 07	16	0, 35	0, 05	0, 01
13	0, 97	0, 07	0, 06	14	0, 40	0, 04	0, 01
11	1, 10	0, 06	0, 06	12	0, 40	0, 03	0, 01
9	1, 13	0, 05	0, 05	10	0, 40	0, 02	0, 01
7	1, 08	0, 04	0 04	8	0, 40	0, 02	0, 01
5	0, 90	0, 03	0, 02	6	0 '39	0, 01	0, 00
3	0, 82	0, 02	0, 01	4	0, 35	0, 01	0, 00
1	0, 79	0, 01	0, 00	2	0, 28	0, 00	0, 00
			0, 74				0, 11
			1 + ⅛				1 + ⅛
Somme des effets =			0, 83				= 0, 12

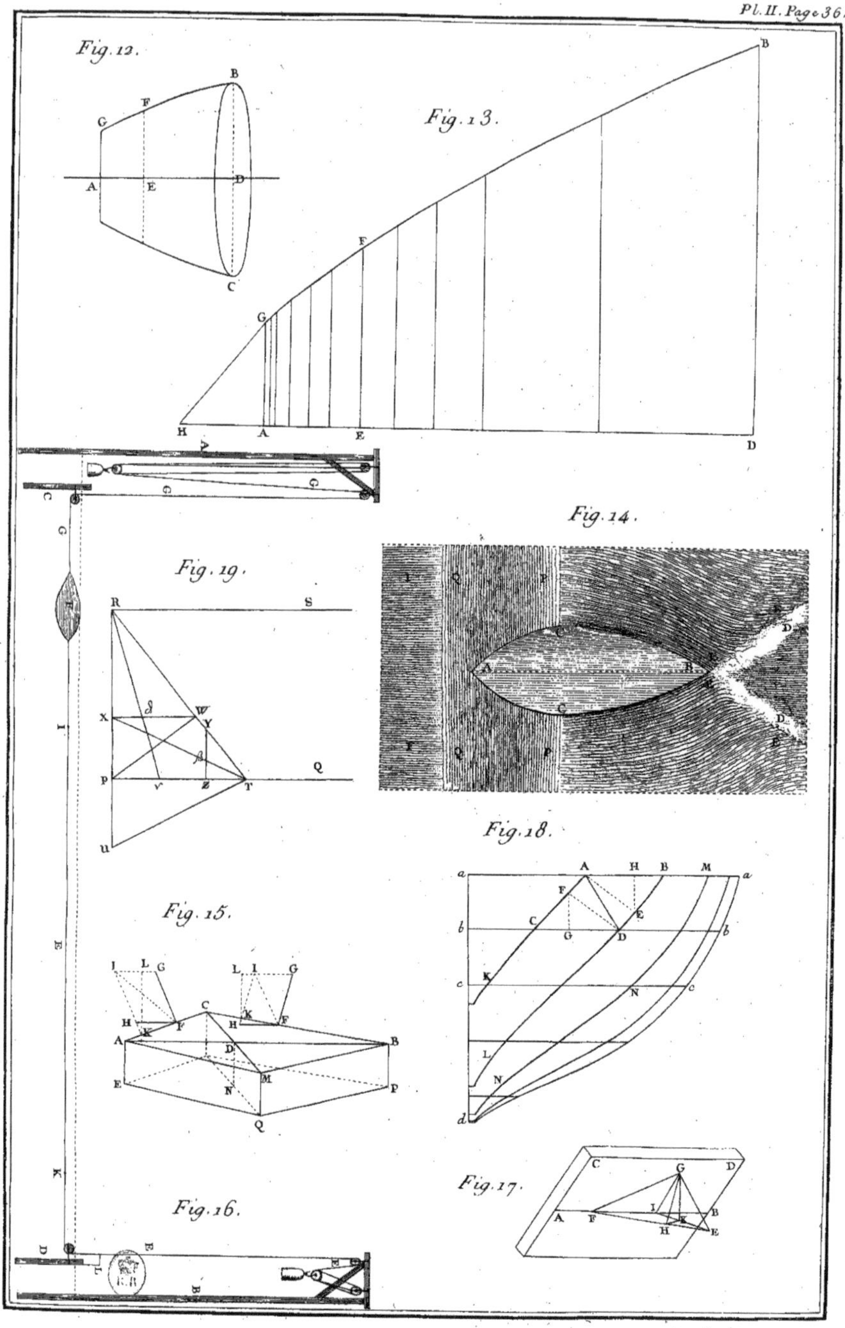

Fig. 12.

Fig. 13.

Fig. 14.

Fig. 15.

Fig. 16.

Fig. 17.

Fig. 18.

Fig. 19.

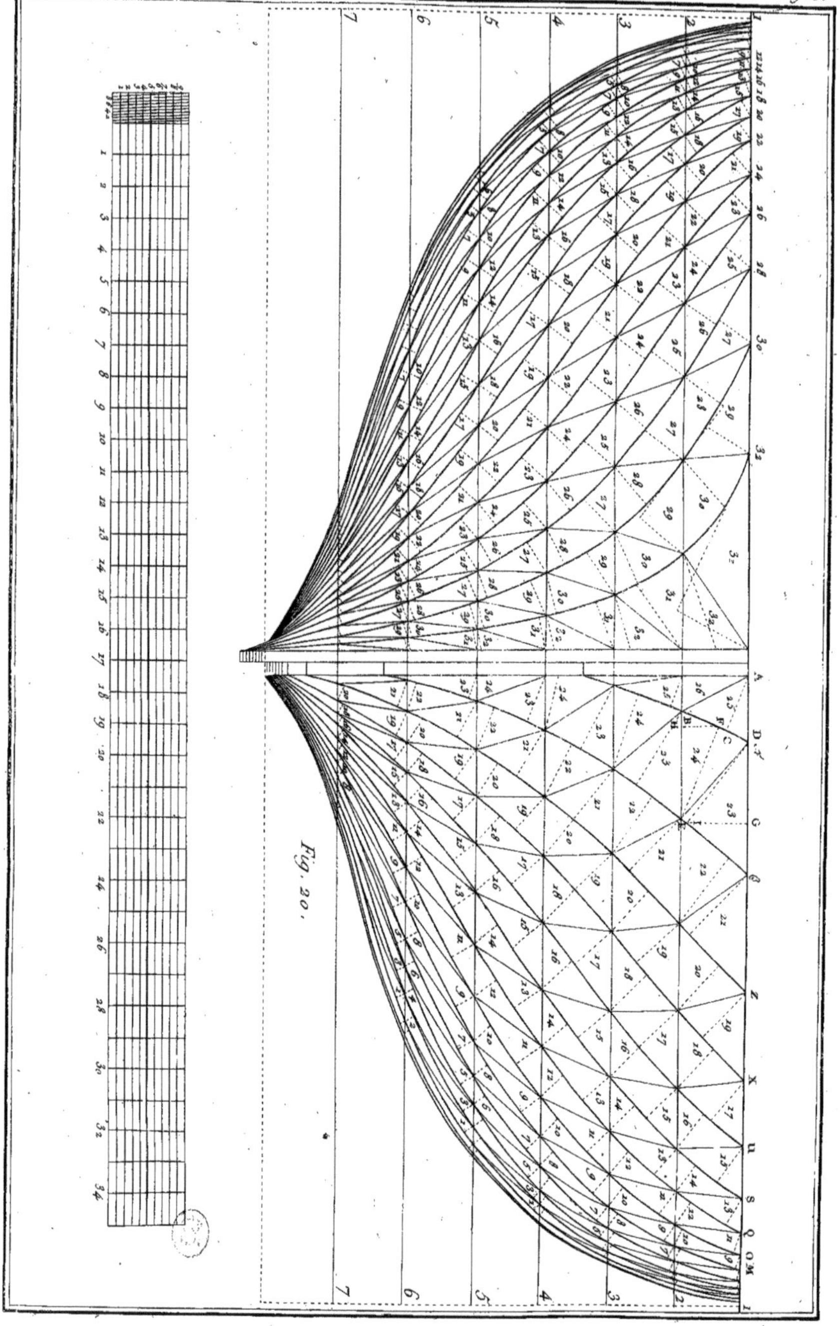
Fig. 20,

Tables de la résistance directe à l'arriere de la tranche ⊙ pour le Corsaire N°. 1.

Entre la premiere & deuxieme lignes d'eau.

Surface des Triangles. N°.	Base.	Résistance directe.	Force multipliée par la base	Surface des Triangles N°.	Base.	Résistance directe.	Force multipliée par la base
31	6,22	1, 14	7, 09	32	3,13	1, 52	4, 75
29	3,50	0, 58	2, 03	30	3,00	0, 85	2, 55
27	2,40	0, 37	0, 88	28	2,62	0, 42	1, 10
25	1,72	0, 28	0, 48	26	2,31	0, 31	0, 71
23	1,20	0, 18	0, 21	24	1,72	0, 24	0, 41
21	1,08	0, 19	0, 20	22	1,47	0, 21	0, 30
19	0,75	0, 09	0, 06	20	1,12	0, 13	0, 14
17	0,64	0, 07	0, 04	18	0,91	0, 11	0, 10
15	0,51	0, 07	0, 03	16	0,76	0, 09	0, 06
13	0,39	0, 05	0, 02	14	0,56	0, 06	0, 03
11	0,35	0, 04	0, 01	12	0,50	0, 06	0, 03
9	0,31	0, 03	0, 01	10	0,43	0, 04	0, 01
7	0,26	0, 02	0, 00	8	0,34	0, 04	0, 01
5	0,17	0, 02	0, 00	6	0,26	0, 02	0, 00
3	0,15	0, 01	0, 00	4	0,20	0, 02	0, 00
1	0,11	0, 00	0, 00	2	0,14	0, 01	0, 00
			11,06				10,26
½ Hauteur du triangle ×			1 + ⅛				1 × ⅛
Somme des effets =			12, 4[illegible].				= 11, 47.

Entre la deuxieme & troisieme lignes d'eau.

Surface des Triangles. N°.	Base.	Résistance directe.	Force multipliée par la base.	Surface des Triangles. N°.	Base.	Résistance directe.	Force multipliée par la base
31	3,04	0, 95	2, 88	32	1,73	0, 60	1, 03
29	3,00	0, 64	1, 92	30	2,01	0, 60	1, 20
27	2,62	0, 45	1, 17	28	2,05	0, 50	1, 02
25	2,31	0, 35	0, 57	26	2,07	0, 35	0, 72
23	1,72	0, 25	0, 43	24	2,02	0, 28	0, 56
21	1,47	0, 21	0, 30	22	2,65	0, 22	0, 36
19	1,12	0, 15	0, 16	20	1,61	0, 27	0, 33
17	0,91	0, 13	0, 11	18	1,21	0, 15	0, 18
15	0,76	0, 11	0, 08	16	1,00	0, 12	0, 12
13	0,56	0, 07	0, 03	14	0,81	0, 10	0, 08
11	0,50	0, 05	0, 01	12	0,68	0, 07	0, 04
9	0,43	0, 04	0, 01	10	0,56	0, 05	0, 02
7	0,34	0, 03	0, 01	8	0,45	0, 04	0, 01
5	0,26	0, 02	0, 03	6	0,31	0, 03	0, 01
3	0,20	0, 01	0, 00	4	0,23	0, 02	0, 00
1	0,14	0, 00	0, 00	2	0,16	0, 01	0, 00
			7, 69				5, 68
			1 + ⅛				1 + ⅛
			= 8, 65.				= 6, 39.

Entre la troisieme & la quatrieme lignes d'eau.

Surface des Triangles. N°.	Base.	Résistance directe.	Force multipliée par la base	Surface des Triangles. N°.	Base.	Résistance directe.	Force multipliée par la base
31	1,73	0, 48	0, 83	32	1,07	0, 29	0, 31
29	2,01	0, 48	0, 96	30	1,35	0, 29	0, 39
27	2,05	0, 40	0, 82	28	1,40	[illegible]	0, 40
25	2,07	0, 31	0, 64	26	1,49	0, 27	0, 41
23	2,02	0, 26	0, 52	24	1,69	0, 26	0, 43
21	1,65	0, 21	0, 34	22	1,61	0, 21	0, 33
19	1,61	0, 20	0, 32	20	1,70	0, 19	0, 32
17	1,21	0, 12	0, 14	18	1,50	0, 16	0, 24
15	1,00	0, 11	0, 11	16	1,34	0, 14	0, 18
13	0,81	0, 08	0, 06	14	0,98	0, 09	0, 08
11	0,68	0, 07	0, 04	12	0,88	0, 08	0, 07
9	0,56	0, 04	0, 02	10	0,74	0, 06	0, 04
7	0,45	0, 03	0, 01	8	0,63	0, 05	0, 03
5	0,31	0, 02	0, 00	6	0,39	0, 03	0, 01
3	0,23	0, 01	0, 00	4	0,31	0, 02	0, 00
1	0,16	0, 00	0, 00	2	0,19	0, 01	0, 00
			4, 81				3, 24
½ Hauteur du triangle ×			1 + ⅛				1 + ⅛
Somme des effets =			5, 41.				= 3, 64.

Entre la quatrieme & cinquieme lignes d'eau.

Surface des Triangles. N°.	Base.	Résistance directe.	Force multipliée par la base	Surface des Triangles. N°.	Base.	Résistance directe.	Force multipliée par la base
31	1,07	0, 27	0, 28	32	0,70	0, 16	0, 11
29	1,35	0, 28	0, 37	30	0,88	0, 16	0, 14
27	1,40	0, 26	0, 36	28	0,93	0, 16	0, 14
25	1,49	0, 25	0, 37	26	1,00	0, 16	0, 16
23	1,69	0, 24	0, 40	24	1,11	0, 16	0, 17
21	1,61	0, 19	0, 30	22	1,23	0, 16	0, 19
19	1,70	0, 18	0, 30	20	1,24	0, 15	0, 18
17	1,50	0, 13	0, 19	18	1,30	0, 14	0, 18
15	1,34	0, 12	0, 16	16	1,37	0, 13	0, 17
13	0,98	0, 10	0, 09	14	1,17	0, 12	0, 14
11	0,88	0, 09	0, 07	12	1,13	0, 09	0, 10
9	0,74	0, 06	0, 04	10	0,91	0, 07	0, 06
7	0,63	0, 05	0, 03	8	0,76	0, 05	0, 03
5	0,39	0, 04	0, 01	6	0,62	0, 03	0, 01
3	0,31	0, 02	0, 00	4	0,40	0, 02	0, 00
1	0,19	0, 01	0, 00	2	0,26	0, 01	0, 00
			2, 97				1, 78
			1 + ⅛				1 + ⅛
			= 3, 34				= 2, 00.

Entre la cinquieme & sixieme lignes d'eau.

Surface des Triangles. N°.	Base.	Résistance directe.	Force multipliée par la base	Surface des Triangles. N°.	Base.	Résistance directe.	Force multipliée par la base
31	0,70	0, 15	0, 10	32	0,41	0, 08	0, 03
29	0,88	0, 15	0, 13	30	0,56	0, 08	0, 04
27	0,93	0, 15	0, 13	28	0,61	0, 08	0, 04
25	1,00	0, 15	0, 15	26	0,62	0, 08	0, 04
23	1,11	0, 15	0, 16	24	0,64	0, 08	0, 05
21	1,23	0, 15	0, 18	22	0,75	0, 08	0, 06
19	1,24	0, 14	0, 17	20	0,78	0, 08	0, 06
17	1,30	0, 13	0, 16	18	0,83	0, 08	0, 06
15	1,37	0, 12	0, 16	16	0,83	0, 05	0, 04
13	1,17	0, 10	0, 11	14	0,88	0, 05	0, 04
11	1,13	0, 07	0, 07	12	0,95	0, 05	0, 04
9	0,91	0, 05	0, 04	10	0,76	0, 04	0, 03
7	0,76	0, 04	0, 03	8	0,76	0, 04	0, 03
5	0,62	0, 03	0, 01	6	0,76	0, 03	0, 02
3	0,40	0, 02	0, 00	4	0,54	0, 02	0, 01
1	0,26	0, 01	0, 00	2	0,38	0, 01	0, 00
			1, 60				0, 59
½ Hauteur du triangle ×			1 + ⅛				1 + ⅛
Somme des effets =			1, 80.				= 0, 66.

Entre la sixieme & septieme lignes d'eau.

Surface des Triangles. N°.	Base.	Résistance directe.	Force multipliée par la base	Surface des Triangles. N°.	Base.	Résistance directe.	Force multipliée par la base
31	0,41	0, 07	0, 02	32	0,22	0, 05	0, 01
29	0,56	0, 07	0, 03	30	0,29	0, 04	0, 01
27	0,61	0, 07	9, 04	28	0,32	0, 04	0, 01
25	0,62	0, 07	0, 04	26	0,31	0, 03	0, 01
23	0,64	0, 07	0, 04	24	0,31	0, 03	0, 01
21	0,75	0, 07	0, 05	22	0,31	0, 02	0, 00
19	0,78	0, 07	0, 01	20	0,31	0, 02	0, 00
17	0,83	0, 06	0, 04	18	0,31	0, 02	0, 00
15	0,83	0, 05	0, 04	16	0,31	0, 01	0, 00
13	0,88	0, 04	0, 03	14	0,31	0, 01	0, 00
11	0,95	0, 04	0, 03	12	0,28	0, 01	0, 00
9	0,76	0, 03	0, 02	10	0,26	0, 01	0, 00
7	0,76	0, 03	0, 02	8	0,25	0, 00	0, 00
5	0,76	0, 02	0, 01	6	0,24	0, 00	0, 00
3	0,54	0, 01	0, 01	4	0,23	0, 00	0, 00
1	0,38	0, 01	0, 00	2	0,21	0, 00	0, 00
			0, 47				0, 05
			1 + ⅛				1 + ⅛
			= 0, 53.				= 0, 06.

Collection des résistances directes entre chaque ligne d'eau.

Avant la tranche ⊙		Après la tranche ⊙	
Entre la premiere & deuxieme lignes d'eau =	36, 48	Entre la premiere & deuxieme lignes d'eau =	23, 91
2 . . . . . 3	25, 34	2 . . . . . . 3	15, 04
3 . . . . . 4	15, 89	3 . . . . . . 4	9, 05
4 . . . . . 5	9, 47	4 . . . . . . 5	5, 34
5 . . . . . 6	3, 93	5 . . . . . . 6	2, 46
6 . . . . . 7	0, 95	6 . . . . . . 7	0, 59
Jusqu'à l'étrave.	13, 16	Jusqu'au gouvernail.	20, 00
Résistance totale avant la tranche ⊙	105, 22.	Résistance totale de la tranche ⊙ =	76, 39.

En conſéquence de ce qui a été dit au paragraphe 17, la réſiſtance du plan $= \frac{6M+7N}{13m}$, & nous avons auſſi M = 105, 22 : N = 76, 39, comme auſſi $m = 4, 95$, partant $\frac{6 \times 105, 22 + 7 \times 76, 39}{13 \times 4, 95} = \frac{1166, 05}{64, 35} = 18, 12$ pour la réſiſtance de la demi-aire des plans ; d'où s'enſuit que cette frégate éprouveroit de la part de l'eau, préciſément la même réſiſtance qu'une ſurface plane dont l'aire ſeroit = 36, 24 pieds quarrés, ou ce qui revient au même, que celle qu'éprouveroit une ſurface de 6 pieds à chaque côté du quarré, & qui traverſeroit l'eau avec la même vîteſſe que la frégate.

CHAPITRE V.

Du point vélique, qui eſt le point où ſe porte l'action ſur les voiles, & du moment qui lui appartient pour faire tourner le vaiſſeau autour de ſon centre de gravité.

§. 19.

L'EFFET du vent ſur la voile occaſionne une force d'où naît la vîteſſe du navire, enſorte que cette force eſt proportionnelle à la grandeur de la voile, comme auſſi par une très-grande quantité de voiles, ou par l'aire donnée des voiles, on parviendra au plus haut degré de vîteſſe ; on en tire pareillement cette prérogative, que l'aire des voiles peut être portée auſſi loin qu'il ſera poſſible. Mais comme la longueur du vaiſſeau doit déterminer les limites de la largeur des voiles, il s'enſuit qu'elles ne peuvent être trop grandes ſans que cela n'influe ſur leur hauteur.

Il eſt certain que trop de hauteur & de ſurface dans les voiles occaſionnent une trop grande inclinaiſon vers l'un ou l'autre côté de la route que l'on ſuit ; mais on ne doit pas aller au-delà de certaines forces que l'air donne aux voiles qui doivent être limitées au degré d'inclinaiſon dont le navire ſera ſuſceptible. Il faut donc qu'il y ait un terme au-delà duquel on ne puiſſe paſſer, tant pour l'étendue que pour la hauteur de ces voiles. Ce ſont donc ces limites dont il va être queſtion dans ce qui ſuit.

Suivant ce que nous avons dit ci-devant au §. 14, on trouve que lorſqu'un corps eſt en mouvement, la partie de la pouſſée & preſſion de l'eau qui agit à l'arriere du vaiſſeau, ne cauſe le mouvement que par une quantité qui eſt négative, & que cela ne s'étend pas ſeulement à la réſiſtance directe, mais auſſi à celle qui eſt latérale & verticale. C'eſt pourquoi ſuppoſons que AB repréſente (*Fig.* 23) un vaiſſeau qui à l'aide d'une certaine force s'avance en mer de B en A, & qu'ainſi il reſſente dans l'eau quelque réſiſtance.

Soit repréſentée par DG la force directe de l'eau contre l'avant du navire, ſavoir, ſuivant la direction de D à G : ſoit auſſi IE la force directe de l'eau contre l'arriere ou la pouppe du vaisseau, savoir, selon la direction de I vers E ; on aura d'abord GH pour la force verticale de l'eau sur la partie du vaisseau qui est en avant & selon la direction de G à H, & pareillement KI pour la même force verticale sur la partie de l'arriere, & qui agit selon la direction de K à I. Mais alors la direction moyenne de l'eau DH sur l'avant du vaisseau, suivra la direction de D à H, comme la moyenne direction KE sur l'arriere du vaisseau, se fera selon la direction de K à E.

Si l'on prolonge les lignes DH, EK, jusqu'à ce qu'elles se rencontrent en F, & si l'on prend de ce point F les lignes FN, FO = DH, EK, on achevera à l'ordinaire le parallélogramme FNPO : on tirera aussi la diagonale PF, qu'il faudra prolonger à la gauche. Maintenant du centre de gravité C, tirez CL, CM, ainsi que CQ perpendiculairement à DH, EK & PF. Or l'on sait que $FN \times CL + FO \times CM = FP \times CQ$; d'où s'ensuit que si PF représente la force & la direction du vent, & que si le centre de gravité de la voilure est dans la ligne PF, comme aussi dans celle qui est à angles droits avec la même ligne, alors le navire s'avancera sans s'élever, ni plonger par l'une ou par l'autre extrémité. D'un autre côté la direction du vent est supposée toujours horizontale ; c'est pourquoi si de C, N & F, on tire CW, NS perpendiculairement, ainsi que FR parallélement à l'horizon ; que si du point P on tire TR parallele à NS, on aura $FS + NT = DG + IE, = FR$ qui exprimera toute la résistance directe de l'eau.

Or parce que les triangles CQW, FPR sont semblables, on aura $CQ : CW :: FR : FP$; d'où l'on tire $CQ \times FP = CW \times FR$.

Puisque le vent souffle horizontalement sur les voiles, son effort doit nécessairement être semblable à l'effort horizontal de l'eau sur le vaisseau ; d'où s'ensuit qu'au point W, on aura la vraie hauteur du centre de gravité de la voilure, quand la direction XY du vent sera parallele à l'horizon.

Que si le centre de gravité de la voilure n'est ni dans la ligne XY ni en W, mais en α, la proue & partie de l'avant du navire se trouveront portées en dessous, & si le centre de gravité est en β, ce sera au contraire la pouppe qui sera abaissée. C'est pourquoi tout vaisseau qui s'avance avec sa voilure, doit toujours indiquer en quelques points de la ligne XY la situation qui convient au centre de gravité de cette voilure, comme aussi son point vélique, qui est celui où se réunit l'effort total sur la voilure.

On doit connoître par-là, qu'il est de la plus grande importance de faire retomber le point vélique dans sa vraie hauteur, lorsqu'on navigue avec un vent très-favorable ; car si le centre de gravité de la voilure se trouvoit en α ou en β, jamais la plus grande quantité de voiles ne pourroit augmenter la vîtesse du sillage, à proportion de l'aire ou surface que ces voiles présentent au vent, puisque dans l'un ou l'autre cas, l'avant ou l'arriere du vaisseau s'abaisseroit, & en plongeant ainsi augmenteroit la résistance, seule capable de retarder en ce cas le sillage.

Un navire qui plonge par sa proue aiguë & qui s'étend un peu en se dilatant au-dessus de l'eau, donne lieu à la moyenne direction de l'eau de le repousser vers le haut; un pareil navire doit donc avoir des voiles très-élevées, pour naviguer comme il faut. Tout au contraire un vaisseau qui plonge par l'avant large de sa proue, sous l'eau, ce qui est cause que la direction moyenne de l'eau tend à le rabaisser encore; un pareil vaisseau, dis-je, doit avoir des voiles moins élevées que l'autre, si l'on veut qu'il navigue mieux. Il est clair que de la même maniere la pouppe du vaisseau doit contribuer aussi à la situation du point vélique.

Ainsi il se pourroit faire que deux vaisseaux semblables en longueur & largeur, & même en chargement & ayant tous les deux la même force quant à la voilure, mais avec des voiles inégalement hautes, deviendroient néanmoins fort différents dans leur marche, malgré qu'ils eussent l'un & l'autre le vent très-favorable.

§. 20.

Au paragraphe précédent, on n'a pas encore examiné jusqu'à quel terme peut aller la grandeur de l'aire des voiles pour un vaisseau donné; car quand le point vélique qui est au-dessus de ce vaisseau, qu'on suppose avoir un vent favorable, est porté à sa juste hauteur, c'est toujours une prérogative qu'il a, de présenter au vent la plus grande surface de voiles qu'il est possible. Mais cela ne se soutient plus quand il vient à cingler par un vent largue. Le point vélique alors s'éleve beaucoup plus haut que ne le permet la résistance de l'eau sur le côté, par sa direction moyenne; & le vaisseau doit prendre telle inclinaison, aussi-tôt que le vent agit sur les voiles qu'autant que cette inclinaison pourroit parvenir jusqu'à un certain degré, quand le moment des voiles & la force du vent sont déja donnés.

Pour que de ces notices, on ait l'aire de la voilure, ou plutôt qu'on puisse se proposer à en faire le calcul si l'effort du vent se porte avec une vîtesse toute différente sur le plan ou sur une voile autrement située, la chose est aussi difficile que s'il s'agissoit d'un calcul trop pénible. On peut cependant y parvenir par les desseins & plans du vaisseau, ainsi que par ceux des manœuvres & gréments qui ont toujours été construits & éprouvés. Mais cependant on n'en tire autre essai, sinon que d'après un vaisseau qui auroit une aire de voilure ordinaire, afin de trouver la proportion qui doit être entre le moment des forces de ce navire & son moment vélique. On va donc voir par ce qui suit comment on y pourroit parvenir & se conduire pour l'imiter.

Soit ABC un vaisseau (*Fig.* 24) qui soit incliné d'un côté par l'effet de la force du vent HG sur ses voiles: soit AB sa ligne d'eau supérieure ou de flottaison, D le centre de gravité du vaisseau, E celui de sa carene, & enfin G le point vélique.

Si

Si de E on tire la ligne à-plomb E F, le point F sera le métacentre : du point D, tirez D K à angles droits sur E F : soit la force du vent exprimée par G H, laquelle agit perpendiculairement à G D = U, & la force qui agit suivant E F, laquelle est la même chose que le déplacement du vaisseau = D.

Dès que le vaisseau tourne autour de son centre de gravité D selon le §. 10, on aura le moment des voiles pour incliner le vaisseau = D G × U, ainsi que le moment pour résister à l'inclinaison = D K × D. Mais puisque F D selon qu'il se trouve plus long ou plus court, a toujours une certaine action sur K D quand l'inclinaison est la même, il s'ensuit que le moment qu'a le vaisseau pour résister à l'inclinaison, pourra toujours s'exprimer par F D × D, laquelle valeur doit produire une vraie action contre D G × U, si les degrés d'inclinaison deviennent semblables. D G doit alors être considéré comme un levier de la deuxieme ou troisieme espece.

Le vent agit selon la direction de H à G, & le vaisseau doit aussi s'avancer selon la direction de B à A. Quant à la direction moyenne de l'eau, elle suivra celle de I L en quelque maniere ; ensorte qu'elle pourra passer soit au-dessus, soit au dessous du centre de gravité D : lorsque I L passe au-dessus, la force ou stabilité s'augmente, mais au contraire elle diminue, lorsque cette direction passe au-dessous.

Or d'après les desseins ou plans de chaque vaisseau, puisque de calculer la direction que la résistance de l'eau occasionne sur le côté de chacun, ce seroit un travail trop pénible & trop long, il suffira seulement de savoir que la moyenne direction qu'occasionne la résistance de l'eau sur l'un des côtés du vaisseau tend à rabaisser les vaisseaux qui sont moins ronds ou plus aigus en dessous ; & cela tant aux extrémités vers leurs quilles, que vers leurs parties les plus abaissées & qui sans cesse plongent dans l'eau. Or comme il ne peut naître delà aucun effet particulier, quant à la stabilité ; cela n'empêche pas qu'on ne puisse toujours admettre, sans commettre une trop grosse erreur, que la moyenne direction de la résistance de l'eau doit passer par le centre de gravité du vaisseau. Ainsi, le moment de la voilure pris à l'égard du même centre de gravité du vaisseau doit toujours avoir un rapport certain & relatif au poids total du vaisseau, multiplié par la distance entre le centre de gravité D & le métacentre F, c'est-à-dire, que le moment de la voilure dans tous les vaisseaux doit toujours être comme m × D F × D. Cela doit arriver ainsi dans tous les cas où il est essentiel de trouver la juste valeur du coëfficient (m).

J'ai calculé le moment des voiles pour divers vaisseaux de construction ordinaire, & il a été trouvé que si la longueur du sillage de l'avant est $= x$, on aura pour la quantité $(m) = \frac{35,5}{x^{\frac{1}{3}}}$ tout au plus, & qu'ainsi le moment absolu de la voilure pour tous les vaisseaux tant Corsaires que Marchands $= \frac{35,5}{x^{\frac{1}{3}}}$ D F × D. Maintenant si le centre de gravité de toutes les frégates ou vaisseaux armés

L

en course, de même qu'aux autres plus petits navires qu'on a construits pour la navigation, & même jusqu'aux yachts ou bâtiments les plus légers, sont supposés toujours à la surface de l'eau, quand cela se peut pratiquer avec toute la sûreté possible, pourvu que cela n'y cause pas trop d'écarts; il y aura en ce cas toujours une même expression pour le moment de la voilure, à compter delà jusqu'à la flottaison. Cela convient d'autant mieux, que de tels vaisseaux sont toujours lestés d'une même maniere, & que les poids qui occasionnent le plus ou le moins de stabilité, sont constamment disposés de la même maniere dans un même navire.

Mais parce qu'un vaisseau marchand se doit disposer tout autrement; ceux-ci ne pourront pas toujours être lestés de la même façon, sans qu'il n'y ait quelquefois sur cet objet plus ou moins de pesanteur spécifique; ce qui fait que le centre de gravité en deviendra plus élevé ou plus abaissé, quoique le vaisseau soit lesté de la même façon pour s'approfondir. Que si la charge est composée d'une matiere légere, il est possible que le centre de gravité de toute cette charge s'abaisse très-fort moyennant une addition de lest: mais on doit prendre garde, autant qu'il sera possible, de passer outre celui-ci, sur-tout s'il s'y rencontroit quelque disposition à remplir & occuper toute la place, ensorte que de nécessité le vaisseau fût dans le cas de perdre quelque chose de sa stabilité. Or la charge consistant en plusieurs especes de marchandises qui ont plus ou moins de pesanteur spécifique, le navire doit avoir ainsi en quelque maniere une stabilité suffisante suivant la situation des marchandises les plus pesantes, selon qu'elles seront plus ou moins abaissées dans ce navire. C'est donc ce qui empêcheroit souvent que le bâtiment ne puisse naviguer avec d'autre charge, que celle de ses marchandises uniquement.

De tout ceci on trouve que le centre de gravité, tant du vaisseau que de son chargement, ne peut jamais être déterminé en un lieu fixe & certain; d'où il arrive que les moments des forces différent entr'eux, & qu'il en doit être ainsi de même de ceux qui ont rapport aux voiles.

L'expression donnée pour le moment de la voilure est pareillement suffisante pour de semblables variations, eu égard à l'espace que le corps occupe dans l'eau, comme aussi à la situation du centre de gravité tant du vaisseau que de sa charge.

On trouve aussi au paragraphe précédent, la situation du point vélique ou celui des forces sur la voile, relativement à la hauteur, quand il arrive qu'on a le vent très-favorable: or on y a trouvé que la somme de l'aire des voiles doit être multipliée par la distance qui se trouve entre leur centre commun de gravité & la flottaison ou le centre de gravité du vaisseau.

Ainsi par ces deux conditions connues, on pourra tellement proportionner les voiles qu'on y contribuera mieux aux plus parfaits sillages du vaisseau, qu'on n'y pourroit parvenir de toute autre maniere si l'on regle la situation du centre de gravité de l'effort sur les voiles quant à la hauteur; comme aussi en déterminant la moyenne direction de l'effort de l'eau, lorsqu'on navigue vent arriere ou avec le vent le plus favorable. De plus, si l'on multiplie l'aire des voiles par cette hauteur, on connoîtra par-là la résistance qu'oppose la stabilité du vaisseau à la force qui l'incline, d'où il arrivera que de deux vaisseaux qui seroient semblables quant à leur longueur, largeur, ainsi que quant à leur force ou stabilité pour résister aux inclinaisons, mais auxquels la moyenne direction des efforts de l'eau s'éleveroit le plus dans l'un ou s'abaisseroit davantage dans l'autre; que pour ces deux vaisseaux, dis-je, il faudroit pour le premier de plus longs mâts & des vergues plus courtes, que pour l'autre qui auroit au contraire un mât plus court avec des vergues plus longues. Mais cela ne peut pas toujours s'exécuter pour remplir cette condition du sillage ou y régler cette proportion; car dans un navire où la moyenne direction de l'effort de l'eau se trouve fort abaissée, le centre de gravité de la voilure doit se trouver nécessairement de plus en plus élevé, afin que le moment qui leur convient soit proportionné à sa stabilité; d'autant que les vergues ne peuvent pas toujours s'allonger au point qu'elles puissent ne pas se nuire l'une à l'autre pendant la manœuvre; d'où il arrivera que quand les deux vaisseaux porteront leurs voiles de perroquet, tous les deux navigueront comme il le faut; mais qu'il n'en sera pas de même lorsqu'ils navigueront tous deux à mi-voiles brassant celles des mâts de hune, & que le dernier naviguera bien mieux, toutes les autres circonstances étant d'ailleurs égales.

Il paroît aussi presqu'impossible de trouver le rapport des diverses étendues pour la hauteur des voiles dans un même vaisseau, selon les diverses occasions qui pourroient également bien & le plus contribuer à le rendre bon voilier.

Il ne paroît pas qu'il y ait quelque fondement à prétendre que les moments des voiles soient en raison réciproque des racines cubiques des longueurs des navires, non plus que d'assurer que la force du vent sur différentes surfaces très-grandes & non semblables, seroit comme les grandeurs de ces surfaces. Se fondant sur ce qu'on trouve qu'à de petits navires une plus grande quantité de voiles convient mieux à proportion de leur stabilité, qu'à de plus grands. Mais ce fait n'a pas d'autre origine, sinon que si cela s'est confirmé sur de très-petits navires, la même chose est arrivée sur de grands, & que cela est souvent nécessaire pour qu'ils naviguent tant soit peu mieux.

On fera plus de sillage s'il y a beaucoup plus de voiles sur un petit que sur un grand vaisseau; puisque le temps qu'il faut employer à toutes les manœuvres pour régler les voiles est à très-peu de chose près en raison des côtés homologues de ces voiles; ensorte qu'une voilure qu'a un vaisseau qui a deux fois plus d'épaisseur & de profondeur qu'un autre, il faut au moins deux fois plus de temps pour le manœuvrer. Ainsi donc quand il survient un grand coup de vent, tout ce qu'on peut disposer pour éviter les plus violents effets du vent, s'exécutera en moins de temps sur un petit navire que sur un grand, & c'est ce qui est cause que pour naviguer on a donné aux moindres navires un plus grand moment de forces quant à la voilure, à proportion de sa stabilité, que dans de plus grands vaisseaux.

Les voiles qui sont accommodées à de semblables moments, sont toutes des *basses voiles*, celles des *huniers*, des mâts de *perroquets*, *la grande voile & celle d'étai* & *la civadiere.*

La maniere de trouver par le moment de la voilure, l'aire totale des voiles, ne peut être autrement praticable qu'à l'aide de quelques tentatives : cela se tire des desseins qui nous représentent les détails des agrêts là où les épures sont prises d'après les proportions accoutumées : on doit en tirer toutes les formes & grandeurs des voiles : on cherche ainsi l'aire qui a rapport & convient à chacune de ces voiles, & on a soin de reconnoître à chaque fois sur toutes séparément, leur centre de gravité. On multipliera l'aire de chaque voile par la distance qui se trouve entre leur centre de gravité & la flottaison, & c'est ce qui se nommera dans la suite, comme auparavant, *le moment des forces de la voilure.* Si lorsque la somme de tous les moments est connue, on la compare à celle des moments donnés, & si ces sommes sont égales, la recherche en est pour lors exacte ; mais s'il se trouve une des sommes plus grande que l'autre, il doit s'ensuivre que tous les desseins sont susceptibles de réductions, jusqu'à ce qu'après les avoir augmentés ou diminués, on trouve à la fin que le moment de toutes les voiles est égal au moment qui est donné, savoir jusqu'à ce qu'on soit parvenu à trouver ces mêmes voiles dans la proportion qui convient à leur forme & grandeur relative des unes à l'égard des autres. Ensuite si l'on divise ces moments par la somme des aires de toutes les voiles, on trouvera la situation du centre de gravité commun de toutes les voiles à l'égard de la flottaison.

§. 21.

Pour pouvoir très-bien comparer à une excellente voilure, la situation du centre de gravité qui lui convient, eu égard à la longueur du vaisseau, il faut se corriger d'après la direction moyenne de l'eau dans le cas du vent largue, & cette direction dépendra de la forme du navire, qui fait qu'à la fin la direction passe à l'avant ou à l'arriere de son centre de gravité. Dans un navire qui est très-bien construit, elle doit passer à la fin, soit par le centre de gravité, soit tant soit peu à l'avant ; afin que lorsqu'il s'éleve un grand vent, le navire puisse être disposé de lui-même à se tourner promptement au vent, ce qui ne pourroit arriver assez promptement s'il se trouvoit que la moyenne direction de l'eau passât un peu à l'arriere du même centre.

Dans

Dans un vaisseau qui est aigu de l'avant relativement à ce qui est à l'arriere, la moyenne direction de l'eau passe bien plus loin du centre de gravité, que dans un vaisseau qui a une grande capacité à l'avant ; d'où il doit arriver que le centre de gravité de la voilure ou point vélique, doit prendre ainsi de l'avant. Mais cela entraîne avec soi ce genre d'incommodité, qui est tel que pour lors le navire étant poussé par la force du vent sur ses voiles, incline d'un côté, il doit par-là s'abaisser davantage dans l'eau par sa proue, ce qui en augmente la résistance & fait qu'il tangue, & que cela retarde considérablement son sillage.

On a trouvé par des expériences faites à dessein qu'il valoit mieux diminuer le trop d'effort au lof en cette maniere, que de laisser la quille se plonger un peu trop dans l'eau à l'avant ou à l'arriere, & que la différence pour une plus grande profondeur à l'arriere, doit être plus considérable pour un navire dont la proue est aiguë, que pour un autre navire qui seroit plus gros de l'avant ; ensorte que la moyenne direction de la résistance de l'eau, lorsqu'on fait vent largue, se transporte plus loin à l'arriere. Par-là le navire devient moins ardent, & en conséquence le centre de gravité de la voilure doit pareillement se transporter de la même maniere, savoir par-delà. Mais ce même centre de gravité doit en pareil cas se prolonger toujours plus loin à l'arriere, que le point qui a été trouvé être la $\frac{1}{20}$ partie de la longueur du navire prise de la pouppe à la proue, à l'avant du centre de gravité du navire; car il arriveroit d'ailleurs que quand le navire incline d'un côté, la direction du vent qui frappe sur les voiles (eu égard à leur situation sous l'état du vent largue) passeroit fort loin l'arriere du centre de gravité du vaisseau, ce qui pour lors le rendroit trop ardent. De même on trouvera que le centre de gravité de la voilure doit toujours se porter plus loin à l'avant que celui du vaisseau, savoir d'environ $\frac{1}{10}$ partie de la distance de la pouppe à la proue, pour pouvoir éviter le tangage qui naîtroit d'un trop grand nombre de voiles à l'avant.

Enfin si un navire est beaucoup trop ardent, on peut diminuer l'ardeur qu'il a de se tourner au lof, puisqu'on est encore à portée de le charger vers le gouvernail ; mais ce remede peut entraîner avec soi telles difficultés qu'il s'ensuivroit qu'un vaisseau en deviendroit par-là bien moins bon voilier ; sur-tout s'il a une grande capacité ; autrement quand il faut louvoyer & changer la direction des voiles, on pourroit ainsi déchoir de beaucoup. Si le navire paroît très-peu ardent, dès-lors son effort au lof augmentera si ce navire devient plus chargé de l'avant, il se dispose par-là au tangage ; alors il doit faire des bordées avec ses voiles amurées successivement en arriere, ce qui fait qu'en ce cas le navire n'auroit pas tant de facilité à décheoir.

La disposition du navire à être plus ou moins ardent, peut très-bien être combattue par l'effet du gouvernail ; mais si l'on s'aide trop aussi du gouvernail

& qu'on réitere trop ſon effort contre l'eau, cela doit empêcher que le navire faſſe de l'avant & retardera ſon ſillage.

Il y a auſſi une circonſtance néceſſaire à obſerver, qui eſt que le navire peut avoir telle forme dans ſes fonds, qu'il n'en ſeroit pas plus diſpoſé à devenir plus ou moins ardent: elle conſiſte en ce que par un vent largue ou qui ſeroit un peu de l'avant, la direction moyenne de l'effort de l'eau, doit ſeulement paſſer tant ſoit peu au-devant du centre de gravité du vaiſſeau, comme on l'a déja expliqué tout récemment.

§. 22.

Il n'y a pas d'autre application à faire aux regles précédentes, ni aux raiſonnemens qu'on en a déduits, que de donner le calcul de l'aire des voiles & de leurs moments pour un vaiſſeau: peut-être ſera-t-il néceſſaire de montrer ici comment on pourra parvenir à trouver l'aire & le centre de gravité des voiles qui ſont d'une forme ſi différente.

On n'ignore pas que l'aire d'une voile quarrée ou rectangle, ſe trouve en multipliant ſa largeur par ſa hauteur, & que le centre de gravité ſe trouve auſſi dans le milieu, ou ſi l'on veut, dans l'interſection des diagonales. Mais lorſqu'il s'agit des huniers tels que le trapeze ABCD, ſi l'on fait $AB = a$ (*Fig.* 25.) $CD = b$ ainſi que $FE = m$, on aura l'aire $= m \times \frac{a+b}{2}$; & ſi le centre de gravité eſt ſuppoſé en G, on aura la diſtance $FG = m \times \frac{2a+b}{3 \times \overline{a+b}}$.

A l'égard de la voile d'étai, tel qu'eſt (*Fig.* 26) le triangle ABC, on en trouvera l'aire, en multipliant l'un des côtés ou baſe BC par la moitié de ſa hauteur AG; & quant à ſon centre de gravité, on procédera à ſa recherche en cette maniere; ſavoir, en partageant en deux également chacun des côtés comme en D, E, & en même temps du point D tirant DC, ainſi que EA du point E; car alors le point F ſera le centre de gravité du triangle.

L'aire de la voile de Bome, qui a deux demi-vergues, tel qu'eſt, par exemple (*Fig.* 27) le trapeze ABCD, ſe connoîtra en le transformant en deux triangles par le moyen de la ligne A C; car la ſomme des deux triangles ADC, ABC donnera l'aire totale du trapeze.

On en trouvera le centre de gravité comme il ſuit: on cherchera d'abord le milieu de chacun des quatre côtés comme E, F, G, H: enſuite de E, on tirera la ligne EA, comme auſſi de F la ligne FC; enſorte qu'elles ſe coupent en I. Du point G on tirera la ligne GC, ainſi que du point H la ligne HA: ces deux derniers ſe couperont auſſi en K & on tirera KI. Après quoi de E on tirera EB, & de H la ligne HD, enſorte qu'elles ſe coupent en L: de F tirant FB, ainſi que de G la ligne GD & qui ſe couperont mutuellement en M: enfin tirant LM, qui coupera KI en N, on aura le point N pour le centre de gravité du trapeze ABCD.

Suppoſons, par exemple, une frégate de 138 pieds de long de la pouppe à la proue & de la largeur de 35 ½ pieds. Soit auſſi DF (*Fig.* 24,) ou la hauteur du métacentre au-deſſus de la flottaiſon, égale à 5, 93 pieds; que tout le déplacement ſoit auſſi de 29000 pieds cubiques. Alors le moment des voiles par rapport à la ligne d'eau ou flottaiſon, ſera ſuivant la regle énoncée au §. 20, égal à $\frac{35,5 \times 5,93 \times 29000}{138 \frac{1}{3}}$

Log. de 35, 5 15502284	. . . . le log. de 138	. .	21398791.
Celui de 5, 95 07732110	celui de . . .	$\overline{138\frac{1}{3}}$ . .	07132930.
Le log. de 29000 44623980	à ôter de . . .		67858374.
La ſomme 67858374	il reſte		60725444.

Partant on aura $\frac{35,5 \times 5,93 \times D}{\alpha \frac{1}{3}}$ = log. 60725444 = 1181842 = au moment des forces ſur les voiles rélativement à la flottaiſon.

Si l'on demande pour cette frégate quelle eſt la proportion des voiles à leur moment, on le trouveroit à l'aide de ces moments; mais on n'y pourroit parvenir par d'autre voie qu'à l'aide de pluſieurs tentatives. On y procédera donc comme il ſuit; ſavoir, en dreſſant un deſſein fort exact des agrêts & de la voilure; là où le mât, les barres, vergues ou antennes ſe trouvent dans la proportion ordinaire, (ou du moins qui ne s'éloigneroient pas beaucoup de leur vraie proportion,) & d'après leſquels ces voiles ſont pareillement repréſentées. On y marquera, comme à la *Fig.* 28, le centre de gravité de chaque voile, ce qui fera connoître enfin l'aire de ces voiles. On meſurera la diſtance du centre de gravité de chacune de ces voiles, tant à l'égard de la flottaiſon, qu'à l'égard de quelqu'autre ligne AB, & on diſpoſera ces valeurs dans l'ordre ſuivant. *NB.* Au lieu que la voile élevée d'artimon (*Klyſvaren*) s'étend juſqu'au ſommet du mât, elle doit s'étendre au ſommet de ſa vergue.

	Aire des voiles.	Diſtance du centre de gravité de la voilure à la flottaiſon.	Moment de la voilure eu égard à la flottaiſon.	Diſtance du centre de gravité de la voilure à la ligne AB.	Moments de la voilure relativement à la ligne AB.
La voile de la Miſaine.	814	41, 2	33536, 8	10, 0	8140
Perroquet de Miſaine.	1662	70, 0	116340, 0	22, 0	36564
La grande voile.	2440	35, 7	87108, 0	57, 5	140300
Le grand Hunier.	3028	80, 0	242240, 0	57, 0	172596
Le grand Perroquet.	1314	122, 1	160439, 4	57, 0	74898
La grande voile d'Etai.	1416	63, 5	89916, 0	92, 7	131263
Le Fock,	1890	35, 9	67851, 0	120, 6	227934
Le petit Hunier.	2428	74, 7	181371, 6	121, 4	294759
Le petit Perroquet.	1075	112, 4	120830, 0	122, 8	132010
L'avant voile d'Etai.	644	49, 3	31749, 2	151, 2	97373
Voile élevée *Klyſvaren*.	870	58, 0	50460, 0	164, 7	143289
Aire totale.	17581		1181842,0		1459126

Les deux ſommes 1181842, 0 & 1459126 étant diviſées par l'aire totale de la voilure, ſavoir 17581, donneront pour quotients 67, 22 & 83.

Par quelques eſtimations des deſſeins faits pour les agrêts & apparaux, on a enfin trouvé la valeur des moments qu'on deſiroit; ſavoir par la ſituation du centre commun de gravité C des voiles à l'égard de la flottaiſon, élevé de

67,22 pieds : pareillement leur centre commun de gravité est distant à l'égard de la ligne AB à 83 pieds, ce qui est environ $\frac{1}{10}$ partie de la longueur ou distance de la pouppe à la proue, dont il se porte à l'avant du centre commun de gravité du navire. Mais pour découvrir si ce centre (qui est le centre commun des voiles) a dû atteindre par-là sa vraie hauteur, eu égard à la moyenne direction de la résistance de l'eau selon le §. 19, il seroit nécessaire d'indiquer de quelle maniere on trouve cette moyenne direction.

§. 23.

Pour donc découvrir la moyenne direction de l'eau contre l'arc de la proue du navire, on fera usage des mêmes plans ou desseins, dont on s'est servi quand il a fallu trouver la résistance directe.

Or de quelle maniere doit-on procéder à la recherche de la force verticale, cela a été détaillé au §. 18, & de la même maniere générale, on trouvera les mesures des forces verticales par le dépouillement & rangeant dans le même ordre qu'aux tables qui vont suivre : *Voyez Fig.* 20 & 21.

La distance entre les lignes d'eau étant = 2, 25 pieds, le tiers sera = 0, 75 ainsi que les deux tiers = 1, 50. D'après la distance entre les tranches = 4, 95 on aura pareillement le tiers = 1, 65 & les deux tiers = 3, 3.

Forces verticales à l'avant de la Tranche ⊙ pour le Corsaire N°. 1. *Pl. XXXI.*

Entre la Tranche π & β.

Entre les lignes d'eau.	Surface des Triangles. N°.	Base.	Force verticale.	Force multipliée par la base	N°.	Base.		
1 & 2	24	3, 40	0, 88	2, 99	23	4, 25	1, 40	5, 95
2 ... 3	24	2, 64	0, 65	1, 71	23	3, 40	1, 15	3, 91
3 ... 4	24	1, 73	0, 38	0, 65	23	2, 64	0, 87	2, 29
4 ... 5	24	0, 81			23	1, 73	0, 58	1, 00
5 ... 6					23	0, 81		13, 15
6 ... 7								
				5, 35				
$\frac{1}{3}$ Hauteur du Triangle ×				$1 + \frac{1}{8}$				$1 + \frac{1}{8}$
Somme des effets =				6, 02.				= 14, 79.

Entre la Tranche β & Z.

Entre les lignes d'eau.	Surface des Triangles. N°.	Base.	Force verticale.	Force multipliée par la base	N°.	Base.		
1 & 2	22	3, 87	1, 25	4, 21	21	3, 74	1, 42	5, 31
2 ... 3	22	2, 72	1, 02	2, 77	21	3, 37	1, 34	4, 51
3 ... 4	22	2, 07	0, 75	1, 55	21	2, 72	1, 09	2, 66
4 ... 5	22	1, 50	0, 49	0, 73	25	2, 07	0, 81	1, 67
5 ... 6	22	1, 00	0, 26	0, 26	21	1, 50	0, 56	0, 84
6 ... 7	22	0, 30	0, 12	0, 03	21	1, 00	0, 31	0, 31
				9, 55				15, 60
				$1 + \frac{1}{8}$				$1 + \frac{1}{8}$
				= 10, 74				= 17, 55.

Entre la Tranche Z & X.

Entre les lignes d'eau.	Surface des Triangles. N°.	Base.	Force verticale.	Force multipliée par la base	N°.	Base.		
1 & 2	20	2, 79	1, 10	[illegible]	19	2, 83	1, 22	3, 45
2 ... 3	20	2, 47	1, 03	2, 54	19	[illegible]	1, 21	3, 37
3 ... 4	20	1, 92	0, 88	1, 68	19	2, 47	1, 05	[illegible]
4 ... 5	20	1, 46	0, 64	0, 93	19	1, 92	0, 83	1, 59
5 ... 6	20	0, 97	0, 38	0, 36	19	1, 46	0, 03	0, 91
6 ... 7	20	0, 50	0, 18	0, 09	19	0, 97	0, 36	0, 34
				8, 29				12, 25
$\frac{1}{3}$ Hauteur du triangle ×				$1 + \frac{1}{8}$				$1 + \frac{1}{8}$
Somme des effets =				10, 00				= 13, 78.

Entre la Tranche X & U.

Entre les lignes d'eau.	Surface des Triangles. N°.	Base.	Force verticale.	Force multipliée par la base	N°.	Base.		
1 & 2	18	2, 39	1, 02	2, 43	17	2, 12	0, 95	2, 01
2 ... 3	18	2, 47	1, 06	2, 61	17	2, 39	1, 06	2, 53
3 ... 4	18	2, 12	0, 98	2, 07	17	2, 47	1, 06	2, 61
4 ... 5	18	2, 50	0, 70	1, 05	17	2, 12	0, 93	1, 97
5 ... 6	18	0, 90	0, 42	0, 37	17	1, 50	0, 69	1, 03
6 ... 7	18	0, 40	0, 20	0, 08	17	0, 90	0, 39	0, 53
				8, 61				10, 50
				$1 + \frac{1}{8}$				$1 + \frac{1}{8}$
				= 9, 69				= 11, 81.

Entre

Entre les Tranches U & S.

Entre les lignes d'eau.	Surfaces Triangulaires. N°.	Baſe.	Force verticale.	Force multipliée par la baſe	N°.	Baſe.		
1 & 2	16	1,90	0,81	1,53	15	1,62	0,75	1,21
2 ... 3	16	2,12	0,89	1,88	15	1,90	0,90	1,71
3 ... 4	16	2,01	0,89	1,78	15	2,12	0,94	1,99
4 ... 5	16	1,58	0,73	1,15	15	2,01	0,83	1,76
5 ... 6	16	0,93	0,48	0,44	15	1,58	0,70	1,10
6 ... 7	16	0,35	0,20	0,07	15	0,93	0,40	0,37
				6,85				8,14
$\frac{1}{2}$ Hauteur du triangle ×				$1+\frac{1}{8}$				$1+\frac{1}{8}$
Somme des effets,				= 7,71.				= 9,16

Entre les Tranches S & Q.

Entre les lignes d'eau.	Surfaces Triangulaires. N°.	Baſe.	Force verticale.	Force multipliée par la baſe	N°.	Baſe.		
1 & 2	14	1,39	0,58	0,80	13	1,07	0,47	0,50
2 ... 3	14	1,73	0,78	1,34	13	1,39	0,68	0,94
3 ... 4	14	1,84	0,81	1,49	23	1,73	0,83	1,43
4 ... 5	14	1,58	9,67	1,05	13	1,84	0,82	1,50
5 ... 6	14	0,97	0,46	0,44	13	1,58	0,64	1,01
6 ... 7	14	0,40	0,22	0,08	13	0,97	0,97	0,42
				5,20				5,80
				$1+\frac{1}{8}$				$1+\frac{1}{8}$
				= 5,85				= 6,52

Entre les Tranches Q & O.

Entre les lignes d'eau.	Surfaces Triangulaires. N°.	Baſe.	Force verticale.	Force multipliée par la baſe	Surfaces Triangulaires. N°.	Baſe.	Force verticale.	Force multipliée par la baſe
1 & 2	12	1,06	0.41	0,43	11	0,72	0,28	0,20
2 ... 3	12	1,34	0.60	0,80	11	1,06	0,51	0,54
3 ... 4	12	1,61	0,71	1,14	11	1,34	0,66	0,88
4 ... 5	12	1,64	0,70	1,14	11	1,61	0,73	1,17
5 ... 6	12	1,10	0,50	0,55	11	1,64	0,71	1,16
6 ... 7	12	0,40	0,22	0,08	11	1,10	0,43	0,43
				4,14				4,38
$\frac{1}{2}$ Hauteur du triangle				$1+\frac{1}{8}$				$1+\frac{1}{8}$
Somme des effets				= 4,66.				= 4,93.

Entre les Tranches O & M.

Entre les lignes d'eau.	Surfaces Triangulaires. N°.	Baſe.	Force verticale.	Force multipliée par la baſe	Surfaces Triangulaires. N°.	Baſe.	Force verticale.	Force multipliée par la baſe
1 & 2	10	0,72	0,23	0,16	9	0,53	0,20	0,10
2 ... 3	10	1,02	0,45	0,45	9	0,72	0,29	0,20
3 ... 4	10	1,29	0,56	0,72	9	1,02	0,50	0,51
4 ... 5	10	1,40	0,59	0,82	9	1,29	0,50	0,76
5 ... 6	10	1,13	0,44	0,49	9	1,40	0,59	0,82
6 ... 7	10	0,40	0,20	0,08	9	1,13	0,41	0,46
				2,72				2,85
				$1+\frac{1}{8}$				$1+\frac{1}{8}$.
				= 3,06.				= 3,20.

Entre M & K.

Entre les lignes d'eau.	Surfaces Triangulaires N°.	Baſe.	Force verticale.	Force multipliée par la baſe	Surfaces Triangulaires. N°.	Baſe.	Force verticale.	Force multipliée par la baſe
1 & 2	8	0,48	0,17	0,08	7	0,33	0,13	0,04
2 ... 3	8	0,67	0,26	0,17	7	0,48	0,20	0,09
3 ... 4	8	0,96	0,42	0,40	7	0,67	0,35	0,23
4 ... 5	8	1,13	0,47	0,53	7	0,96	0,47	0,45
5 ... 6	8	1,08	0,37	0,39	7	1,13	0,51	0,57
6 ... 7	8	0,40	0,18	0,07	7	1,08	0,39	0,24
				1,64				1,80
$\frac{1}{2}$ Hauteur du triangle				$1+\frac{1}{8}$				$1+\frac{1}{8}$
Somme des effets				= 1,84.				= 2,02

Entre K & H.

Entre les lignes d'eau.	N°.	Baſe.			N°.	Baſe.		
1 & 2	6	0,31	0,10	0,03	5	0,25	0,07	0,01
2 ... 3	6	0,47	0,19	0,08	5	0,31	0,13	0,04
3 ... 4	6	0,72	0,31	0,22	5	0,47	0,24	0,11
4 ... 5	6	0,93	0,38	0,35	5	0,72	0,35	0,25
5 ... 6	6	0,90	0,32	0,28	5	0,93	0,43	0,39
6 ... 7	6	0,39	0,16	1,06	5	0,90	0,31	0,27
				1,02				1,07
				$1+\frac{1}{8}$				$1+\frac{1}{8}$
				= 1,14				= 1,20.

Entre H & F.

Entre les lignes d'eau.	Surfaces Triangulaires. N°.	Baſe.	Force verticale.	Force multipliée par la baſe	N°.	Baſe.		
1 & 2	4	0,20	0,08	0,01	3	0,14	0,04	0,00
2 ... 3	4	0,30	0,13	0,03	3	0,20	0,08	0,01
3 ... 4	4	0,46	0,22	0,10	3	0,30	0,15	0,04
4 ... 5	4	0,73	0,31	0,22	3	0,46	0,23	0,10
5 ... 6	4	0,82	0,27	0,22	3	0,73	0,35	0,25
6 ... 7	4	0,35	0,14	0,04	3	0,82	0,28	0,22
				0,62				0,62
$\frac{1}{2}$ Hauteur du triangle				$1+\frac{1}{8}$				$1+\frac{1}{8}$
Somme des effets				= 0,70.				= 0,70.

Entre F & D.

Entre les lignes d'eau.	Surfaces Triangulaires. N°.	Baſe.			N°.	Baſe.		
1 & 2	3	0,15	0,03	0,00	1	0,10	0,02	0,00
2 ... 3	3	0,22	0,08	0,01	1	0,15	0,06	0,01
3 ... 4	3	0,34	0,17	0,05	1	0,22	0,12	0,02
4 ... 5	3	0,55	0,20	0,11	1	0,34	0,16	0,05
5 ... 6	3	0,79	0,27	0,21	1	0,55	0,27	0,14
6 ... 7	3	0,28	0,10	0,02	1	0,79	0,26	0,20
				0,40				0,42
				$1+\frac{1}{8}$				$1+\frac{1}{8}$
				= 0,45.				= 0,47.

Récapitulation des forces verticales & des moments qui proviennent de la multiplication de ces forces par leur distance perpendiculaire à l'étrave.

Entre les Tranches.	Nombre des Triangles.	Somme de l'effet vertical dans tous triangles de même nombre.	Distance du centre de gravité des triangles à la perpendiculaire sur l'Etrave.	Moments des forces relatifs à la perpendiculaire sur l'Etrave.
π & β	24	6,02	5,65	34,10
	23	14,79	7,30	107,97
β.... Z	22	10,74	10,60	113,84
	21	17,55	12,25	214,99
Z.... X	20	10,00	15,55	155,50
	19	13,78	17,20	237,02
X.... U	18	9,69	20,50	198,64
	17	11,81	22,15	261,59
U.... S	16	7,71	24,45	196,22
	15	9,16	27,10	248,24
S.... Q	14	5,85	30,40	177,84
	13	6,52	32,05	208,97
Q.... O	12	4,66	35,35	164,73
	11	4,93	37,00	182,41
O.... M	10	3,06	40,30	123,32
	09	3,20	41,95	134,24
M.... K	08	1,84	45,25	83,26
	07	2,02	46,90	94,74
K.... H	6	1,14	50,20	57,23
	5	1,20	51,85	62,22
H.... F	4	0,70	55,15	38,60
	3	0,70	56,80	39,76
F.... D	2	0,45	60,10	27,04
	1	0,47	61,75	29,02
Somme des effets.	=	147,99	Somme des moments.	3191,40

Entre la perpendiculaire à l'Etrave & la Tranche π.

Entre les lignes d'eau.	Nombre des Triangles.	Forces verticales.	Base.	Effet.	Distance du centre de gravité à la perpendiculaire sur l'Etrave.	Moments.
Premiere & 2e.	25	0,98	2,02	1,97	3,33	6,56
2e. ...... 3e.	26	9,48	1,08	0,51	2,64	1,34
2e. ...... 3e.	25	0,78	1,08	0,84	3,62	3,04
Entre la perpendiculaire à l'Etrave & la Tranche β.						
4e. & 5e.	23	0,58	1,72	0,99	7,55	7,47
4e. ..... 5e.	24	0,28	0,80	0,22	6,07	1,33
5e. ..... 6e.	23	0,39	0,80	0,31	8,00	2'48
				4,84		22,22

$\frac{1}{2}$ Hauteur du triangle .... × $1+\frac{1}{8}$ .... $1+\frac{1}{8}$

Somme des effets .... 5,44 & des moments 25,00.

Le produit des additions précédentes ...... 147,99 .... 3191,40.

Effet vertical sur l'Etrave .... 8,10 ... moments = 48,60.

Effet total & vertical à l'avant de la tranche ⊙. 161,53 ... moment 3265, ou divisant aussi 3265,00 par 161,53, le quotient donnera 20,21 = à la distance du centre de gravité de l'effort vertical à compter depuis la perpendiculaire à l'Etrave.

Il nous reste encore à trouver, avant que la direction moyenne de l'eau puisse être connue, quelle doit être la valeur de la résistance directe ; comme aussi à quelle distance le centre de gravité se trouve au-dessous de la flottaison : cette résistance directe se tire de la table précédente §. 18, & on doit observer une fois pour toutes, que le centre de gravité des forces, soit que celles-ci se trouvent directes, verticales ou latérales, se prend toujours à l'égard du centre de gravité des triangles.

De cette maniere on peut bien ranger dans l'ordre suivant chaque force dont les centres de gravités correspondants se trouvent au-dessous de la flottaison, lesquelles étant multipliées l'une par l'autre donneront les moments comme il suit :

Entre les lignes d'eau.	Force directe.	Distance de la force directe du centre de gravité au-dessous de la flottaison.	Les moments.
1 & 2	19,47	0,75	14,60
	17,01	1,50	25,51
2 ... 3	14,78	3,00	44,34
	10,56	3,75	39,60
3 ... 4	9,38	5,25	49,24
	6,51	6,00	39,06
4 ... 5	5,91	7,50	44,32
	3,56	8,25	29,37
5 ... 6	2,92	9,75	28,47
	1,01	10,50	10,60
6 ... 7	0,83	12,00	9,96
	0,12	12,75	1,53
L'Etrave	13,16	4,40	57,97
Résistance directe.	105,22	Moments.	= 394,57

Divisant la somme des moments 394, 57 par celle de la résistance directe 105, 22, le quotient = 3, 75 = à la distance du centre de gravité à l'égard de la ligne d'eau supérieure ou flottaison.

De la même maniere on trouvera que l'effet vertical à la tranche de l'arriere ⊙ = 134, & que la distance de son centre de gravité à la perpendiculaire de l'étambot sera = 24, 4 : de plus, que la résistance directe à l'arriere = 76, 39, & que son centre de gravité doit être au-dessous de la flottaison d'une quantité égale à 3, 62.

En conséquence de ce qui a été dit au §. 17, on multipliera par 6 les effets de l'avant, & par 7 ceux de l'arriere, ou bien ce qui en pareille occasion revient au même, si l'on admet celles de l'avant telles qu'elles se trouvent & qu'on attribue seulement $\frac{1}{6}$ de plus à celle de l'arriere, les effets se trouveront alors entr'eux dans la proportion suivante.

A la tranche de l'avant ⊙ = à l'effet { direct .... 105, 22. / vertical ... 161, 53.

A la tranche de l'arriere ⊙ = à l'effet { direct ..... 89, 13. / vertical ... 156, 30.

On a trouvé la distance à la perpendiculaire de l'étrave = 20, 21 pieds & sa distance à la ligne d'eau supérieure = 3, 75 pieds ; c'est-à-dire, à l'égard du point A sur le dessein du navire *Pl.* XXXI. Tirant de ce point les lignes AC, AD l'une parallélement & l'autre d'équerre à la flottaison : soit le rapport de leurs longueurs mutuelles, AC, AD comme 105, 22 à 161, 53, achevant à l'ordinaire le parallélogramme ADEC, on aura la diagonale EA pour la direction moyenne de l'effort de l'eau.

De même on trouvera le lieu des moyennes directions à la tranche ⊙ de l'arriere, & on continuera ces directions, achevant de construire comme ci-dessus selon les indications données au §. 19; de sorte qu'on trouvera qu'à la fin le centre de gravité de la voilure sur le navire proposé, n'est qu'à 89, 8 pieds au-dessus de la flottaison, quand il navigue vent-arriere, & que ce lieu doit être ainsi appellé le *Point vélique*.

Si l'on fait une semblable opération au sujet de la frégate qu'on a supposée & dont on a proportionné les voiles au §. 22, on s'appercevra si le centre de gravité de la voilure s'éleve, ou bien s'il est dans le cas de s'abaisser.

Mais puisque ces points véliques ne le sont uniquement que dans le cas où le vaisseau cingle avec vent-arriere, il vaudroit bien mieux ne comprendre dans ces calculs d'autres voiles que celles qui ne sont d'usage que par un vent-arriere ou le vent le plus favorable.

Et puisqu'il a été dit ci-devant au §. 19, que la voile de la plus grande aire, lorsqu'elle se trouve au-dessus ou au-dessous du point vélique, ne sauroit jamais donner au vaisseau la vîtesse qu'il devroit avoir, à proportion de la force de l'aire des voiles d'avant; c'est donc pour cela que dans tous les vaisseaux (ou du moins aux vaisseaux de guerre & autres armés en course) que ces points doivent être parfaitement connus, afin de faire ensorte que dans toutes les occasions, par le secours de certaines voiles dont on fera usage, le centre de gravité de l'aire des voiles se puisse sur-tout rencontrer à très-peu de chose près à ce point vélique qu'on aura calculé.

CHAPITRE VI.

Des dimensions des Vaisseaux, & de la forme que doivent leur donner les Constructeurs.

§. 24.

On entend par dimensions d'un vaisseau, ce qui concerne sa longueur, largeur & profondeur; aussi bien que les plus ou moindres capacités dans sa partie qui est dans l'eau, y compris le lieu où doit répondre sa plus grande largeur.

Si un vaisseau s'avançoit uniquement à rames au travers de l'eau, il n'y auroit pas absolument grande difficulté à déterminer sa forme; il suffiroit alors d'avoir égard à sa capacité ou grosseur, & lui donner l'équivalent d'un des moindres plans de résistance qu'il seroit possible. Mais comme il peut arriver qu'on

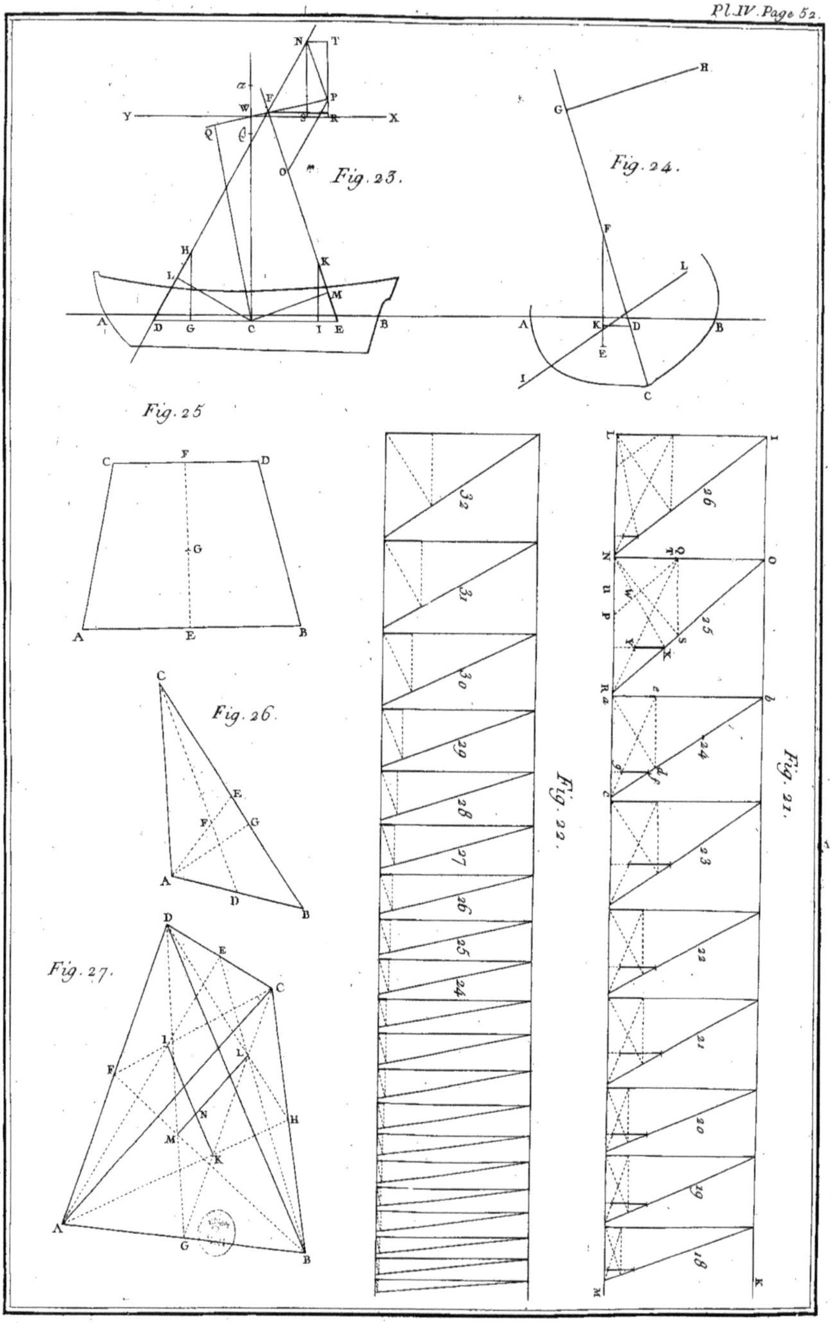
Fig. 23.
Fig. 24.
Fig. 25
Fig. 26.
Fig. 27.
Fig. 22.
Fig. 21.

qu'on ne peut pas même espérer de sillage avec la moindre charge à l'aide du vent, sans avoir auparavant fait mouvoir contre le vent à l'aide des voiles ledit chargement ; c'est-à-dire, sans avoir pu faire effort pour s'élever contre le vent ; c'est alors qu'il faut bien savoir que la forme d'un vaisseau destiné à cette fin est plus difficile à déterminer qu'on ne se l'est d'abord imaginé. Le moins que l'on puisse faire en ce cas, c'est de commencer à voir quelle proportion & quelle forme doit le plus contribuer au sillage le plus avantageux d'un vent largue, avant que de s'attacher à toute autre propriété.

Quand un navire doit faire voile d'un vent largue, non-seulement son plan de résistance à l'égard de l'eau doit être le moindre qu'il sera possible, mais il faut aussi que ce navire ait en même temps un moment des forces des plus considérables, ensorte qu'il puisse porter beaucoup de voiles, sans que son inclinaison n'en soit pas pour cela trop forte ni au-delà des limites ordinaires.

C'est pourquoi supposons deux corps flottants de formes différentes : soit d'abord comme dans la figure 29, un corps formé de deux prismes semblables & triangulaires, savoir AGE, GCE, dont le plan supérieur AGCF qu'on peut considérer comme étant à la surface de l'eau, soit un rhomboïde ; soit aussi l'autre corps, (*Fig.* 30,) formé pareillement de deux coins ABGE & CGED, ensorte que le plan supérieur ABCD qu'on y suppose aussi à la surface de l'eau, soit un rectangle. Maintenant si ces deux corps s'avancent dans l'eau, ce fluide doit nécessairement prendre la voie la plus courte pour pouvoir s'échapper. Ainsi la direction de l'eau doit, quant au premier de ces deux corps, (*Fig.* 29,) se faire par ses côtés ; & quant à l'autre, (*Fig.* 30,) ce sera vers le bas ou bien au-dessous de ce corps.

Faisons maintenant mouvoir dans l'eau ces deux corps à l'aide de voiles, lesquelles seront proportionnées à leur stabilité. Soit leur demi-longueur $= L$, leur demi-épaisseur $= B$, & la moitié de leur profondeur $= D$, on aura aussi le moment des forces pour la *Fig.* 29 $= \frac{B^3 L}{4}$ selon le §. 6, & le plan de résistance $= \frac{B^3 D}{L^2 + B^2}$ selon le §. 13. Mais l'épaisseur doit augmenter la résistance du plan, dans la même proportion que le moment des forces doit s'accroître ; ainsi un corps qui a ce genre de forme, ne doit pas, lorsqu'il est sous voile, recevoir un fort haut degré de vîtesse, & il ne sauroit même devenir bon voilier par un vent largue.

Le moment des forces du corps, (*Fig.* 30,) $= B^3 L$ & le plan de résistance $= \frac{D^3 B}{L^2 + D^2}$. Maintenant puisque les moments des forces augmentent en raison triplée, au lieu que la résistance n'augmente que dans la raison simple de l'épaisseur ; où il arrive delà que ce genre de forme devient la plus avantageuse, eu égard au sillage, par un vent largue. Or aussi-tôt que ce corps s'avance dans l'eau, le quarré de sa vîtesse sera directement comme l'aire de sa voile & réciproquement comme la résistance du plan. Mais le moment des forces est comme le moment de la voilure, & celui-ci comme son aire multipliée par sa hauteur, à compter du lieu qui est donné : cette hauteur peut aussi être prise comme si c'étoit la hauteur de la voilure ; c'est pourquoi l'aire de la voile doit être ainsi comme le moment des forces élevé à la puissance $\frac{2}{3}$; c'est-à-dire comme $\overline{B^3 L}^{\frac{2}{3}}$. Maintenant l'aire de la voile divisée par le plan de résistance $= \frac{\overline{B^3 L}^{\frac{2}{3}}}{B D^3} \times \overline{L^2 + D^2} = B \times \frac{L^{\frac{8}{3}}}{D^3} + \frac{L^{\frac{2}{3}}}{D^3}$, & sa vîtesse par-là, comme $B^{\frac{1}{2}} \times \frac{L^{\frac{4}{3}}}{D^{\frac{2}{3}}} + \frac{L^{\frac{1}{3}}}{D^{\frac{1}{2}}}$; mais $L^{\frac{1}{3}}$ est très-petite à l'égard de $L^{\frac{4}{3}}$; aussi ce dernier terme dans l'expression doit-il être toujours exclus, d'où la vîtesse pourra être prise comme $\frac{B^{\frac{1}{2}} + L^{\frac{4}{3}}}{D^{\frac{3}{3}}}$.

Delà on trouve, que si l'aire de la ligne d'eau supérieure est donnée, un corps quelconque ou navire qui s'avanceroit le plus par un vent largue, doit avoir beaucoup de longueur en comparaison de sa largeur, & le moins de profondeur qu'il sera possible.

Mais d'autant que l'aire de la ligne d'eau supérieure n'est donnée que suivant la longueur seulement, il faut donc que l'épaisseur augmente, puisque la vîtesse croît à proportion comme les quarrés des épaisseurs ; d'un autre côté, si l'épaisseur est donnée, la longueur s'accroîtra, puisque la vîtesse est comme la longueur élevée à la $\frac{4}{3}$ puissance quand la profondeur est la même ; que si tant la longueur que l'épaisseur sont enfin données, mais que l'une ou l'autre d'entr'elles s'accroisse, il y auroit alors plus de prérogatives quant à la vîtesse, que l'augmentation eût lieu plutôt quant à la longueur que pour la largeur ou l'épaisseur.

Ainsi il n'y aura pas à cet égard de proportion constante entre les longueurs, largeurs & profondeurs.

De l'expression où nous sommes parvenus quant à la recherche de la vîtesse, on trouve que les plus grands navires doivent mieux faire voiles que les plus petits, lorsqu'ils seront semblables, & qu'il doit arriver qu'il faudra diminuer de la profondeur pour qu'un plus petit navire puisse faire autant de chemin sous voiles qu'un plus grand ; savoir si la vîtesse $\frac{B^{\frac{1}{2}} L^{\frac{4}{3}}}{D^{\frac{1}{2}}}$ du plus grand $= 12$; comme aussi que la longueur, l'épaisseur & la profondeur du plus petit navire $= l$, b & d ; alors la profondeur (d) sera $= \overline{\frac{b^{\frac{1}{2}} l^{\frac{4}{3}}}{12}}^{\frac{2}{3}}$ pour aller aussi vîte que le grand navire, quand ils seront construits d'après des lignes de même nature.

Quant à la profondeur dont on vient de parler, elle ne se prend de la quille qu'autant qu'on entend par-là, la distance qui est entre la flottaison & le platbord du vaisseau, tout ainsi qu'est la distance AB (*Fig.* 31.) D'autant que l'utilité consiste plus, en ce que le navire ne s'enfonce pas tout-à-fait dans l'eau, ce qui nécessairement doit occasionner une très-grande répulsion, ensorte qu'à ce défaut on peut remédier en pratiquant au-dessous une augmentation telle que DEF, & ce qui fera que la quille (F) plongera cependant moins & que l'impulsion par un vent favorable en sera pour la plus grande partie très-amortie, ou même jusqu'aux moindres rangs des navires, on aura besoin pour les mêmes causes, d'éperons ou pointes aiguës, telles qu'elles sont en usage aux chaloupes & bâtiments à rames.

Une forme de ce genre est très-convenable, eu égard à la direction de l'eau & à la grande capacité qu'a le navire au-dessus de l'eau, & paroîtroit des plus utile dans les vents favorables, si la mer étoit supposée sans vagues; mais puisqu'un navire ne peut jamais faire voile sans un bon frais & que cette fraîcheur du vent occasionne des vagues, il faudroit tellement former la proue à l'avant du navire, que lorsqu'il fera voile d'un vent largue, il puisse résister aux coups des plus fortes vagues. Ainsi le navire & les vagues se portant l'un vers l'autre toujours en sens contraire, il s'ensuit que par une figure semblable la vîtesse du navire en doit être de beaucoup retardée. C'est pourquoi au lieu de donner la figure d'un rectangle à la partie la plus avancée qui est à fleur-d'eau, on doit s'attacher à former quelqu'avance aiguë, contournée en rondeur. Il est vrai que le moment des forces en sera diminué, de même que l'effet des vagues contre le navire, doit en même temps par-là, en devenir moins violent.

Quant à ce qui regarde la pouppe, on ne trouve pas que les formes rectangulaires y occasionent le moindre inconvénient, eu égard aux vagues, mais elles produiront, ce dont on a fait mention au §. 12, donnant lieu à quelques variations ou changements concernant la pouppe.

§. 25.

Puisqu'il n'a pas été possible aux §§. précédents de tirer quelques conclusions fixes & bien certaines sur la proportion qu'on doit observer entre les longueurs, largeurs & profondeurs des navires, & comme ces propriétés dépendent très-fort du rapport qu'ont entr'elles les mêmes dimensions, il est donc nécessaire de développer ici & de parcourir les propriétés qu'un navire marchand doit avoir, & qu'en conséquence on puisse prescrire les proportions de ce navire, qui contribueront le plus à bien constituer les unes & les autres bonnes qualités; savoir, dans un pareil navire marchand, on doit faire ensorte, 1°, d'y admettre un chargement d'autant plus grand, à proportion de sa capacité.

2°, Qu'il porte bien la voile, sur-tout par un vent largue, & qu'il ait en soi de quoi l'empêcher de tourner sens dessus dessous, aussi souvent que lorsqu'il court des bordées en haute mer.

3°, De régler le peu d'équipage, à proportion de la charge du vaisseau.

4°, De faire voiles avec peu de lest.

Un vaisseau qui doit avoir ces propriétés doit être assujetti aux conditions suivantes.

1°, S'il est chargé à proportion de sa capacité, il doit avoir aussi beaucoup de largeur & de profondeur à proportion de sa longueur, en même temps qu'il devroit être large & rempli dans ses fonds. Or un pareil navire doit faire voile avec moins d'équipage à proportion de sa charge ; mais il deviendra mauvais voilier, & ne sera pas pourtant dans le cas d'avoir de la peine à résister à son renversement.

2°. S'il porte bien sa voile d'un vent largue & s'il a assez de force pour résister au renversement, comme aussi de courir ses bordées dans la haute mer, il lui faut nécessairement un grand moment de forces à proportion du plan de résistance, ensorte que par un bon frais, il pourra porter beaucoup de voiles. Il faudroit aussi qu'il eût beaucoup d'épaisseur à proportion de sa longueur & grande capacité à fleur-d'eau, & qu'il fût retréci ou aigu au-dessous. Un pareil navire pourroit aussi en quelque maniere porter très-bien une grande charge à proportion de sa grandeur, mais il demande un équipage nombreux, parce que ses voiles aussi-bien que ses ancres doivent être très-amples.

3°, S'il doit être conduit avec peu d'équipage à proportion de la quantité de sa charge, il doit avoir de plus petites voiles & de moindres ancres, d'où le navire en doit être d'autant plus alongé.

Si le navire est large & rempli dans ses fonds, il doit aussi porter une grande charge à proportion de son équipage. Mais un pareil navire n'étant jamais dans le cas d'être un bon voilier, par un vent largue ou même de l'avant, il doit courir difficilement des bordées dans la haute mer.

4°, Que si un navire doit faire voile avec peu de lest, il doit être très-plein jusqu'à la flottaison, quand son lest y est entretenu : il ne doit être ni médiocre ni élevé au-dessus de l'eau. Un pareil vaisseau peut être un assez bon navire de charge à proportion de sa grandeur, mais il ne peut bien faire voile d'un vent largue, quand il est chargé, sur-tout si c'est un grand vaisseau qui ne peut porter des voiles assez amples à l'avant ; outre qu'il faut qu'il ait néanmoins un fort équipage d'hommes.

Pareillement on n'a pas encore pu déterminer la proportion entre les longueurs, épaisseurs & profondeurs dans un même vaisseau, puisque ces propriétés semblent exiger des proportions qui sont constamment contraires les unes aux autres. On trouve bien que deux propriétés peuvent s'accorder avec des proportions & figures semblables d'un même vaisseau ; mais il devient impossible de pouvoir former des constructions figurées, telles que les quatre qualités dont on a parlé puissent en une même fois se réunir dans un navire jusqu'à quelque degré éminent : il faut nécessairement perdre d'un côté pour gagner quelque point de l'autre.

Fig. 28.

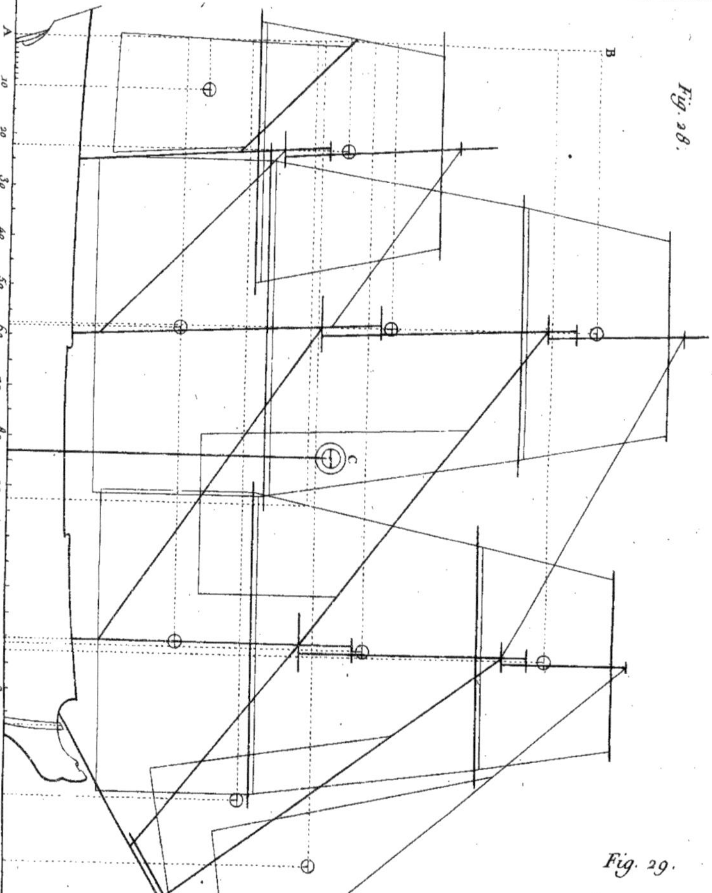

Fig. 29.

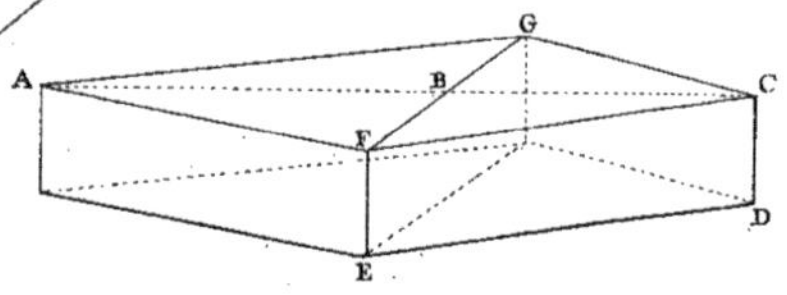

Fig. 31.

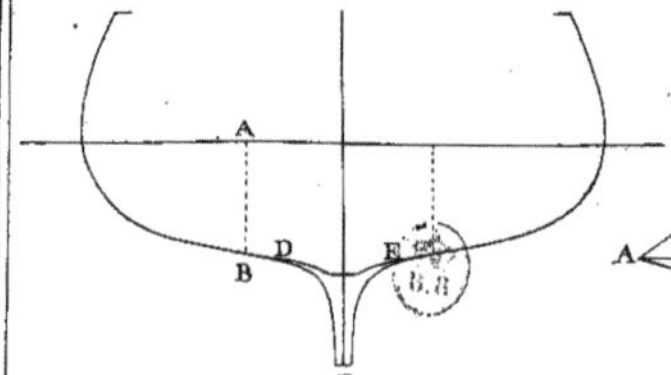

Fig. 30.

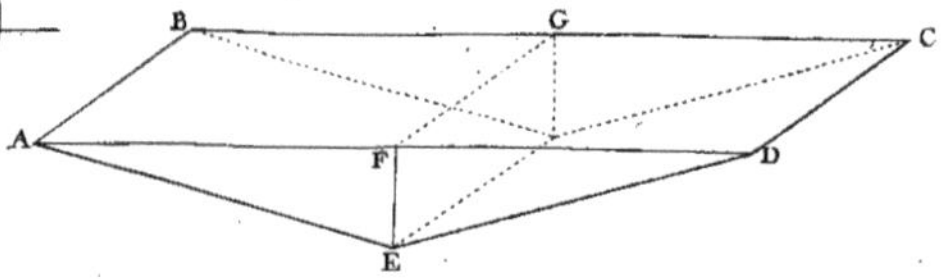

C'est pourquoi il faut proportionner du mieux qu'il sera possible les formes d'un navire marchand, afin qu'il puisse réunir en lui le plus qu'il sera possible de ces propriétés ; telles que de bien porter la voile avec une charge suffisante partagée par le nombre d'équipage & la quantité de lest, & qui puisse produire en effet un *maximum*.

Mais comme certaines spéculations en fait de marchandises demandent qu'on ait quelquefois plus d'égard à une qualité qu'à une autre, ce doit donc être la nature des marchandises ou les circonstances essentielles au trajet, qui détermineront s'il n'y a pas seulement quelqu'une des qualités susdites qui nous doivent entraîner, & cela, abstraction faite de la grandeur qui doit être propre & particuliere au navire.

Il y a encore une circonstance qui doit être observée, puisqu'on doit appercevoir comment on mettra sous les yeux les principales d'entre les propriétés qu'ont les navires grands ou petits, mais qui ont une forme semblable.

Si l'épaisseur est toujours comme B, alors le tirant d'eau du navire étant proportionnel à B^3, la vîtesse pendant le sillage qui est comme $\frac{B^{\frac{1}{2}} L^{\frac{4}{3}}}{D^{\frac{1}{2}}}$, sera comme $B^{\frac{1}{3}}$ &c, le nombre des équipages, qui doit être proportionné à l'aire de la voilure $B^2 L^{\frac{2}{3}}$, sera comme $B^{\frac{8}{3}}$.

C'est pourquoi, si deux navires sont de grandeurs différentes, & qu'un des deux contienne 320 lastes, & l'autre $\frac{1}{8}$ partie ou de 40 lastes plus grand ; que si les plus grandes voiles répondent à une vîtesse comme 10, alors l'autre aura 8 fois moins de sillage ; si le plus grand a d'ailleurs 24 hommes d'équipage, le moindre aura 4 hommes ; d'où l'on trouve qu'en proportion au plus grand navire celui-ci n'aura pas plus de 3 hommes d'équipage. On trouve par-là, que *si un grand & un moindre navires sont de même forme, alors le plus petit navire doit être meilleur voilier, & qu'il doit avoir ainsi plus d'équipage ou en plus grand nombre, à proportion de sa capacité & tirant d'eau, que le plus grand navire.*

On vient de dire il n'y a pas long-temps, qu'un petit navire peut faire autant de voiles qu'un plus grand, quand le moment de sa stabilité augmente & que le plan de résistance y diminue tout au contraire. Mais puisque les voiles par-là deviendroient trop grandes, il faudroit donc aussi augmenter le nombre d'hommes de l'équipage.

Il est bien possible qu'un petit navire puisse faire voile avec un nombre d'équipage, qu'on diminueroit à proportion de son tirant d'eau, & qu'il marcheroit aussi bien qu'un plus grand vaisseau ; mais quoiqu'il faille de la diminution sur la voile, il n'en seroit pas moins encore bon voilier. On peut suppléer en quelque façon à ce qui manque, si le navire devient très-étroit. Mais comme cette nouvelle proportion du navire entraîne avec soi de grands inconvénients, comme on l'a déclaré il n'y a pas long-temps, on a trouvé qu'il seroit plus

P

utile d'y mettre plus de soins & de propriétés ou qualités, afin qu'avec un petit navire on puisse le rendre bon voilier, sans qu'on soit obligé d'en augmenter le nombre de l'équipage.

Puisque la vîtesse pendant qu'on fait voile est comme $\frac{B^{\frac{1}{2}} L^{\frac{4}{3}}}{D^{\frac{3}{2}}}$, il sera donc possible d'augmenter la vîtesse, en diminuant la profondeur, & en même temps qu'on augmentera la longueur ainsi que l'épaisseur. Cette supériorité pourroit s'obtenir en accroissant la longueur ; mais pour la sûreté du sillage, c'est-à-dire, pour ne pas tomber trop vîte sous le vent, sur-tout quand il s'éleve quelques coups de vent, & pour ne pas tourner ou chavirer à la mer, il faut sur-tout augmenter l'épaisseur, afin que par-là le métacentre puisse s'élever beaucoup. Assurément l'aire de la voilure doit être fort grande, mais il ne faut pas négliger d'autant, de multiplier le nombre des matelots par un plus grand équipage.

On trouvera de même que, *soit un grand, soit un petit navire, ne peuvent pas être semblables quant à la forme, s'ils sont avec la même sûreté, l'un & l'autre très-bons voiliers*, & il ne peut manquer au plus petit navire que d'avoir un fort équipage, étant inévitable qu'au lieu de 4 hommes, il doit dans un chargement pareil avoir au moins 6 hommes d'équipage.

Ainsi les plus petits navires ne doivent jamais être aussi avantageux que les grands, si avec ceux-là ou les plus petits, on apporte les mêmes marchandises, qu'avec les plus grands.

Quoique la qualité, eu égard à la bonté de la voilure, soit moindre dans un plus petit navire que dans un autre de même forme, mais plus grand ; cette qualité ne deviendra pas meilleure dans un grand, en ce qu'il auroit la même forme que le plus petit. On pourroit à cette occasion inférer de là qu'on doit donner aux plus grands vaisseaux la même forme qu'aux plus petits, puisqu'on y gagne d'être bons voiliers. Mais un vaisseau marchand (de ceux dont on a besoin pour tenir lieu d'une aussi grande surface de corps dans l'eau qu'il sera possible, étant distingué de ce qu'on appelle un grand vaisseau,) un marchand, dis-je, a rarement de l'avantage, ou n'est peut-être jamais bon voilier, que pour pouvoir se tirer parfaitement de quelques dangers ; outre qu'il doit perdre de sa supériorité, parce qu'ordinairement on le fait naviguer avec un très-petit nombre d'hommes ; & d'autant que les plus grands navires coûtent bien plus à construire, à proportion de leur capacité, que les plus petits, on doit au moins chercher à leur donner tel avantage qu'on ne puisse pas se tromper trop sur l'intérêt des armateurs.

De tous ces raisonnements, on ne peut trop encore rien statuer pour régler les proportions en longueurs, largeurs & profondeurs aux navires, & on n'a pas trouvé non plus à en découvrir suffisamment la théorie : il faut donc recourir à la pratique & s'en aider, afin que par des essais & expériences on puisse enfin connoître comment tel ou tel vaisseau s'est comporté en plusieurs & diverses occasions. Car alors on pourra, à l'aide des expressions déja proposées, produire un navire, soit grand, soit petit, qui aura toutes les qualités possibles qu'on demande, & y faire quelques progrès au plus haut degré possible, par analogie avec les tentatives déja faites.

On voit dans la table annexée au n°. 1, plusieurs sortes de navires marchands, depuis les plus grands qui ont été aux Indes orientales jusqu'aux plus petits, rangés selon leur proportion, fondés sur l'expérience, & qui peuvent servir à rectifier, quand on consulte un plan ou dessein, pour connoître à quelle charge il est possible de le porter.

Mais comme il n'est pas toujours possible de former un corps de navire qui puisse réunir les qualités susdites à leur plus haut degré, cela a donné occasion d'indiquer dans cette Table les proportions pour quatre sortes de navires.

La premiere espece connue sous le nom de *Frégate* est, à proprement parler, bâtie pour servir dans telles circonstances ou occasions où l'on apperçoit les vaisseaux ennemis qui sont à craindre ; c'est pourquoi il ne faut pas seulement s'en rendre certain, mais il faut aussi pouvoir être assuré d'être bon voilier; & d'autant qu'une frégate ou navire qui va à la découverte doit avoir un plus nombreux équipage que ceux qui n'y sont pas destinés, ce navire doit donc avoir aussi de plus amples voiles. Un navire destiné à courir de l'avant dans une flotte, ou ce qui revient au même, un navire qui est de haut-bord & qui déplace beaucoup d'eau, doit aussi porter de l'avant de grandes voiles : il doit avoir son métacentre passablement élevé au-dessus de la flottaison, s'il y a quelque stabilité, il doit s'ensuivre qu'unsemblable vaisseau doit avoir beaucoup de longueur & d'épaisseur proportionnée à l'espace que le corps occupe dans l'eau.

La 3e. espece connue sous le nom de *Barque*, autrement *Kattar*, est un bâtiment qui n'a que très-peu ou point d'artillerie, n'ayant été construit uniquement que pour commercer, & dont le but principal de la construction est de lui faire porter la plus grande charge avec le moins d'hommes d'équipage qu'il sera possible, & dont le propre doit être sur-tout d'avoir les qualités dont on a parlé au commencement de ce paragraphe.

Il ne faut pas oublier de dire ici quelque chose de la 2e. espece de bâtiments, connus sous le nom de *Pinques* (*Haeckt baotar,* bateau quadrangulaire) auquel on se propose de donner des qualités moyennes entre la 1e. & 3e. espece.

La 4e. espece de bâtiments est connue sous le nom de navire qui plonge (*Grund gaoende*) & est de la même espece que ceux de la 3e. sorte; mais afin qu'ils n'enfoncent pas si fort dans l'eau quand ils ont leur charge, ils n'ont pas à beaucoup près besoin d'autant de lest.

Les autres qualités dont ces quatres sortes de bâtiments different & dont il nous resteroit à parler, s'appercevront mieux dans les Tables, ainsi que dans notre Atlas des Plans des vaisseaux.

Si l'on trouvoit nécessaire, pour parvenir à certains buts, de donner à la construction des bâtiments telles ou telles autres qualités, comme de les porter à un plus haut degré que ce qui a été trouvé d'après les proportions qu'on a exposées jusqu'ici, il les faudroit tirer des principes qu'on a d'abord posés, par où l'on appercevroit les variations qui conviennent aux qualités qu'on desire. Mais il ne faut pas manquer d'observer toujours, qu'il s'agit de bien appercevoir si quelqu'une des autres qualités qu'auroit ce bâtiment, n'en pourroit pas souffrir.

La Table même est tellement intelligible, qu'elle n'a nul besoin de plus amples explications, & qu'il suffira d'un seul exemple pour en connoître l'usage. On demande, par exemple, de pouvoir connoître au juste la grandeur & les proportions d'un bâtiment ou *barque* du poids de 200 fortes lastes.

On entend par ces fortes lastes (*Svaor laest*) 18 Skepunds, poids de fer, & le poids de fer Skepund = 320 Skaolpunds; d'où s'ensuit qu'une forte laste = 5760 Skaolpunds. Or un pied cubique d'eau de mer ne pese que 63 Skaolpunds; ainsi le poids d'une forte laste sera tout au plus = 91 pieds cubiques d'eau, & partant 200 fortes lastes = 18200 pieds cubiques d'eau de mer, ou d'eau salée.

Logarithmes.

$P = 18200 = 42600714$
$P^{\frac{22}{21}} = D \ldots = 44676938 = 29350$
$52 \ldots = 17160033$
$3)\ 61836971$
$x = 20612323 = 115,14$
4
$5)\ 82449292$
$x^{\frac{4}{5}} = 16489858$
$1,476 = 01690864$
$z = 14798994 = 30,19$
$x = 20612323$
00687077
$x^{1-\frac{1}{30}} = 19925246$
$7,032 = 08470789$
$h = 11454457 = 13,978$
$x = 20612323$
01030616
$x^{1+\frac{1}{20}} = 21642939$
$1,76 = 02455127$
$D \ldots = 44676938$
47132065
$x^{1+\frac{1}{20}} = 21642939$
$\odot = 25489126 = 353,9$
$x = 20612323$
$x^{\frac{1}{2}} = 10306161$
$8,4 = 09242793$
$k = 01063368 = 1,277$

Logarithmes.

$x = 20612323$
$3)\ 41224646$
$x^{\frac{1}{3}} = 13741548$
$18,8 = 12741578$
$d = 00999960 = 1,259$
$x^{1+\frac{1}{20}} = 21642939$
$z = 14798994$
36441933
$1,5 = 01760913$
$W = 34681020 = 2938$
$x^{\frac{23}{20}} = 23704171$
$43,2 = 16354837$
$V = 07349334 = 5,43$
$x^{\frac{11}{20}} = 11336777$
$2,147 = 03318320$
$S = 08018457 = 6,337$
$x^{\frac{11}{20}} = 11336777$
$30 = 14771213$
$30 \times x^{\frac{11}{20}} = 26107990 = 408,1$
$x^{\frac{23}{20}} = 23704171 = 234,6$
$22392995 = 173,5$
$64 = 18061800$
$L = 04331195 = 2,711$
$x^{3} = 61836969$
66168164
$52 = 17160033$
$M = 49008131 = 79590$

C'est

C'eſt ainſi que le bâtiment ou barque chargée de 200 fortes laſtes aura 29350 pieds cubiques de déplacement d'après l'angle extérieur des couples : la longueur de la pouppe à la proue 115, 14 pieds : l'épaiſſeur juſqu'à l'angle extérieur des couples 30, 19 pieds : depuis la flottaiſon juſqu'à l'angle ſupérieur du bordage proche la tranche ⊙ = 13, 98 pieds : l'aire de la tranche ⊙ 353, 9 pieds quarrés : la hauteur de la quille depuis l'angle extérieur du bordage 1, 277 pieds. Le plus de profondeur à l'arriere qu'à l'avant du navire 1, 259 pieds : l'aire de la ſurface qui termine la flottaiſon 2938 pieds quarrés. La diſtance du centre de gravité de la carene au-deſſous de la flottaiſon 5,43 pieds. $\int \frac{\frac{2}{3}y^3\,dx}{D}$, ou bien les hauteurs du métacentre au-deſſus du centre de gravité de la carene 6, 337 pieds : la diſtance entre le métacentre & le centre de gravité du vaiſſeau & de ſa charge 2, 711 pieds ; ce qui eſt cauſe que le moment des forces & abſolu doit être 79590.

D'après la même regle, on aura les proportions pour un navire marchand, toutes calculées & réduites ſuivant les Tables n°. 2, 3, 4 & 5.

Pour appercevoir une fois comme il faut les bonnes qualités du navire, dont les proportions qui ſe tirent de la Table n°. 1, on a conſtruit la figure 37, qu'il faudra entendre de la maniere qui ſuit. Les n°. 20, 40, 60 expriment la longueur du navire de la pouppe à la proue.

Si l'on prend la ligne AB pour la ligne d'eau ſupérieure, on déterminera le lieu CCB qui ſera la poſition du centre de gravité de la carene, & DDB pour celle du métacentre, de même que la ligne EEB pour le centre de gravité tant du vaiſſeau que de ſa charge, quand le bâtiment eſt une barque ou *Barkskeep* ; mais ſi le navire eſt une *frégate*, ce ſera la ligne FFB qui déterminera le centre de gravité de la carene, & la ligne GGB qui indiquera le lieu du métacentre ; enfin la ligne HHB qui donnera le lieu du centre de gravité tant de la frégate que de ſa charge.

De maniere que pour une barque de 80 pieds de long, ſi la diſtance de la flottaiſon au centre de gravité de la carene = LC, la diſtance du métacentre à la flottaiſon = LD ; en un mot le centre de gravité du navire & de ſa charge ſera abaiſſé au-deſſous de la flottaiſon d'une quantité = LE.

Lorſque le navire eſt une frégate, la diſtance de la ligne d'eau ſupérieure au centre de gravité de la carene = LF, le métacentre eſt élevé au-deſſus de la flottaiſon d'une quantité = LG, & le centre de gravité, tant de la frégate que de ſa charge, eſt abaiſſé au-deſſous de la flottaiſon de la quantité LH. La ligne IIB déterminera la longueur des mâts, quand ils ſeront proportionnés à la force ou ſtabilité que doit avoir la frégate, c'eſt-à-dire, qu'on déterminera la longueur des mâts l'un par l'autre, ſuivant la diſtance qui ſe trouvera entre les lignes IIB, AB.

Mais ſi l'on conſtruit de la même forme, ſoit un grand, ſoit un petit navire, dans la ſuppoſition qu'il y en auroit un de 110 pieds de long, on déterminera dans la ligne droite MB le lieu pour tous les métacentres, & par la ligne KKB la longueur des mâts qui ſeront proportionnés d'après la ſtabilité du navire.

Il n'y a pas de diverſités dans la maniere d'enviſager le centre de gravité du navire & de ſon chargement, ſinon qu'on les ſuppoſe tous chargés d'une même ſorte de marchandiſe; enſorte que ſi une *barque* a 80 pieds de longueur & qu'elle ait ſon centre de gravité en E, le centre de gravité de toutes les autres barques ſera dans la ligne EEB, & celui de toutes les frégates ſera dans la ligne HHB.

§. 26.

La forme d'un navire dépend beaucoup auſſi du lieu où l'on place la plus grande ſection ou tranche ⊙.

Quand on dreſſe un plan ou deſſein d'un bâtiment, on doit, avant toutes choſes, connoître le déplacement du navire, ſa longueur, largeur & profondeur, & auſſi bien que le lieu où doit être ſitué le centre de gravité. Si pour lors la tranche ⊙ telle qu'elle eſt placée dans le plan devient trop éloignée, ſoit pour l'avant, ſoit pour l'arriere, il eſt néceſſaire alors de donner plus de convexité à l'avant, ſoit en l'aminciſſant, ſoit en le groſſiſſant, pourvu qu'on faſſe tout le contraire à l'arriere, afin que le centre de gravité puiſſe par-là ſe retrouver dans le lieu qui en a été déterminé; d'où il arrivera que les aires des tranches l'une à l'égard de l'autre, ſoit au-devant, ſoit à l'arriere de la tranche ⊙, deviendroient ainſi fort différentes.

Le lieu de la plus grande ſection doit dépendre du plus ou du moins de capacité qu'a le navire vers ſes extrémités; car ſi un corps eſt formé de deux coins unis par une baſe qui le compoſe, & ſi la ſituation de leur centre commun de gravité à l'égard d'une des extrémités eſt donnée; qu'outre cela ſi un autre corps de même longueur eſt formé de deux demi-ſphéroïdes dont le centre commun de gravité ſera à même diſtance que l'autre corps, de ſon extrémité, on ne trouvera pas que les coins aient entr'eux une même proportion quant à la longueur, comme les parties du ſphéroïde; c'eſt-à-dire, que la ſituation de la plus grande ſection de ces coins ſera fort différente, relativement à ſa diſtance aux extrémités.

Quand on calcule l'aire des tranches pour différentes ſortes de navires, on trouve que l'aire de chaque tranche pour une frégate allongée en pointe, tant à l'arriere qu'à l'avant de la tranche ⊙, doit à très-peu de choſe près avoir la même proportion l'une à l'égard de l'autre qu'ont entr'elles les ordonnées d'une parabole. Quand ces ordonnées ſont paralleles à ſon axe, de cette maniere la plus grande ſection ſera en ſon ſommet, ou bien on trouvera que les aires des tranches feront l'une à l'égard de l'autre, comme les fections dans le fphéroïde.

Soit ADBI le corps d'un navire, & foit en C le milieu de fa longueur, à compter de la pouppe à la proue : foit E le centre de gravité du navire, F le lieu de la plus grande fection, G le centre de gravité de la partie qui eft avant F, enfin H le centre de gravité de la partie qui eft à l'arriere de F.

Comme dans la parabole on a $AG = \frac{5}{8} AF$, ainfi que $FH = \frac{3}{8} FB$, foit $AB = a$, $FA = x$ & $CE = m$, on aura $FB = a - x$; les aires des efpaces ADI, BDI font l'une à l'autre comme x eft à $a - x$: on aura auffi $\frac{5}{8} x^2 + \overline{x + \frac{3}{8} \times \overline{a - x}} \times \overline{a - x} = a \times \overline{\frac{1}{2} a - m}$; d'où l'on tire $x = \frac{1}{2} a - 4m$; c'eft-à-dire, que la diftance entre le milieu du navire & le lieu où doit fe faire la plus grande fection, fera égale à 4 fois la diftance qui eft entre le milieu & le centre de gravité du navire. Si le corps du vaiffeau eft groffi par les extrémités, enforte que $AG = \frac{7}{12}$ de AF, le lieu de la plus grande fection feroit à la diftance $= 6\,m$, à l'avant du milieu : mais s'il eft encore plus groffi vers les extrémités, enforte que $AG = \frac{9}{16} AF$, la plus grande fection deviendroit ainfi $8\,m$ à l'avant du milieu.

Par-là on trouvera que le lieu des plus grandes fections à l'avant du milieu de la longueur d'un vaiffeau, fera d'abord pour les frégates dont les extrémités font aiguës, de 4 fois, & pour de gros vaiffeaux ayant leurs chargements, ou vaiffeaux marchands, 8 fois la diftance qui s'y trouve entre le milieu de la longueur du vaiffeau prife entre la pouppe & la proue & le centre de gravité du même vaiffeau.

Ces points feront le lieu de la tranche ⊙, quand on en mefurera les hauteurs par rapport à la flottaifon ; mais fi on en mefure les hauteurs depuis le bord de la quille, & fi les tranches font toutes à angles droits avec la quille, alors le lieu de la tranche ⊙ fe trouvera un peu à l'avant de la grande fection, laquelle diftance fera proportionnée d'après la différence qui fe trouve entre la profondeur du navire à l'arriere & celle de l'avant. Il en fera de même de la courbure que le navire a dans fon milieu : cette diftance devient de même & communément en prenant pareillement les différences de profondeur dont on a parlé ci-deffus.

Le lieu qu'on a déterminé ici pour celui de la plus grande fection s'accorde affez avec ce qu'on a dit au §. 16, pour le lieu des mêmes fections de navires de commerce, & qui convient le plus à l'avantage du fillage.

CHAPITRE VII.

Des proportions qu'il faut observer dans la construction des Vaisseaux armés en course ou capres.

§. 27.

Les vaisseaux armés en course, ou corsaires, font partie des navires qu'on n'arme qu'après y être autorisé par le Roi & par les Régences, & dont les Armateurs sont plusieurs intéressés, en temps de guerre, pour la course de ces vaisseaux, soit pour s'assurer de leurs marchandises, soit de celles qui proviennent des autres nations ennemies.

Une branche des vaisseaux marchands consiste en partie en de grands navires & parfaitement bien montés, & l'autre partie en de très-petits navires & qui n'ont presqu'aucunes défenses. Quand il faut vaincre les grands vaisseaux, le capre ou corsaire dont on se sert doit être aussi fort grand & bien monté: il doit être augmenté d'ailleurs d'un fort bon nombre de gens propres à la manœuvre & au combat, qui puissent faire face dans l'action aux soldats du navire qui doit être vaincu & pris.

Pour vaincre les plus petits navires, on n'a besoin pour lors que de petits navires armés en course. Mais comme les petits bâtiments ne peuvent être garnis de gros canons, & qu'avec de plus petits canons on ne peut rien faire de bien extraordinaire, le principal but & succès des moindres navires armés en course consiste en une prompte & vive opiniâtreté, & leurs coups doivent s'accorder sans désordre dans le nombre de ce peuple qui représente ici une espece de garnison.

Si un navire corsaire a la liberté d'exercer sa piraterie & son pillage, il ressemblera pour la plus grande partie à cette espece de navires dont on se sert uniquement pour être très-bien armés. Mais puisqu'on suppose qu'une Puissance ennemie a ses vaisseaux de ligne ou de guerre qui n'ont pas seulement une forte artillerie, mais qui probablement sont bons voiliers, en même temps qu'ils ont assez de forces pour pouvoir employer leur voiles par un vent très-fort; ces vaisseaux corsaires ne seront pas ainsi, assez grands ni assez fortement armés pour pouvoir vaincre ni faire amener à soi les navires marchands les plus formidables; ensorte qu'il n'est pas croyable qu'ils puissent s'hazarder avec de grands vaisseaux de guerre, sans s'être bien consultés s'ils ne fuiront pas plutôt devant eux. C'est pourquoi un vaisseau armé en course doit être excellent voilier, ou du moins, il doit l'être autant qu'un vaisseau de ligne; de maniere qu'il ne doit pas seulement être léger, mais il doit aussi par les plus gros temps pouvoir porter assez de voiles.

Ce n'est pas seulement cette cause-là qui les arrête dans leurs entreprises, puisqu'outre puisqu'outre les vaisseaux de guerre ou flottes ennemies, ils sont encore exposés à se battre contre les frégates & corsaires des ennemis; mais puisque les corsaires sont à peu-près les mêmes d'une nation comme dans l'autre, ils sont destinés à faire la course par leurs armateurs particuliers, & ils n'ont pour but à la fin que d'augmenter leur puissance aux dépens des ennemis, de telle sorte qu'avec de tels principes mercenaires ils n'ont garde de paroître se conformer à l'usage des autres navires, qui s'attaquent rarement l'un l'autre, particuliérement s'ils croyent en quelque maniere être égaux en forces; car il est toujours incertain en ce cas de quel côté penchera la victoire, & par conséquent ils n'ont autre chose à attendre, que de recevoir un dommage à peu près pareil, soit dans le corps de leurs bâtiments, soit dans ses manœuvres. Or il est visible qu'ainsi toute la dépense pour l'expédition doit être absolument perdue, ce qui certainement ne sauroit jetter dans l'erreur sur ce compte-là, quant au bénéfice des armateurs.

Au contraire il y a des Capitaines de frégates de guerre (de celles qui ont une destination fondée sur tout autre principe) qui doivent attaquer & se rendre maîtres de tous les corsaires ennemis. Un corsaire ne doit donc pas se déterminer à fuir vis-à-vis son ennemi, (puisqu'il l'évite difficilement, à cause que les frégates de guerre sont toujours construites pour faire beaucoup de voiles & marcher fort vîte) & il doit se préparer à se défendre. Les qualités & la mâture des bâtiments décident beaucoup dans les combats. Si l'ennemi est fort & bien pourvu d'artillerie, il faut que le corsaire lui soit égal en force, en canons & mousqueterie; que son service de gros canon soit plus prompt, que ne seroit celui d'un plus grand nombre d'un moindre calibre, & cela non pas seulement quant à leur effet, mais aussi pour qu'il y ait plus de place entre les cannoniers, & que les troupes avec leur rames & canons ne soient pas trop dans le passage l'un de l'autre. Ces rames servent dans une action à donner au navire telle situation qui lui sera la plus convenable vis-à-vis de l'ennemi, quand le vent vient à s'abattre. On doit aussi pour la même cause employer, lorsqu'il vente de quelque côté que ce soit, & même en virant de bord, la plus prompte force de voiles. Outre son artillerie, il faut qu'un navire ait plus d'étendue pour bien placer sa mousqueterie, & que ses hauts-bords soient bien bastingués : il faut aussi que quelques-uns des moindres canons ou pierriers, ainsi que plusieurs mortiers à bombes, puissent également faire leur effet.

Quant à ce qui concerne la moindre espece des corsaires, il est plus à propos pour eux de fuir promptement tous les vaisseaux qui sont armés, & leur principale qualité doit toujours être & consiste à être en ce cas d'excellents voiliers.

Outre les qualités susdites qui sont bien nécessaires dans une action, un corsaire doit pareillement occuper un grand espace dans l'eau, pour pouvoir contenir toutes les munitions néceſſaires aux canons & à l'artillerie, ainſi que toutes les proviſions de bouche & futailles d'eau néceſſaires à avitailler ſon équipage au moins pour un certain temps déterminé; autrement ce vaiſſeau corſaire plongeroit trop, faute de cette attention, & plus qu'à une certaine profondeur fixée & déterminée.

De tout ceci on doit établir qu'une prérogative eſſentielle à un vaiſſeau corſaire eſt d'être bon voilier, en même temps qu'il aura une ſtabilité ſuffiſante pour employer toutes ſes voiles par un grand vent & faire un prompt ſillage.

En conſéquence de ce qui a été dit au §. 24, on trouve que la principale prérogative vient ſur-tout de ce que le navire a beaucoup de longueur & d'épaiſſeur à proportion de l'eſpace qu'il occupe dans l'eau; mais parce que les dimenſions en longueur & en largeur d'un gros vaiſſeau coûtent beaucoup plus dans ſa conſtruction & dans ſes manœuvres ou agrès; outre qu'on y a plus beſoin d'un nombreux équipage pour manœuvrer, je ne m'étendrai pas fort au long ſur l'accroiſſement de ces proportions, d'autant qu'il vaut mieux dire ici quelque choſe à l'avantage d'un moindre bâtiment & de ſa principale perfection pour être bon voilier, que de la dépenſe qu'il faut faire pour un vaiſſeau, ſon armement en troupes, marchandiſes ou vivres, ſans monter à un trop haut prix, ni ſans nuire à ſon principal effet. Que ſi un pareil vaiſſeau a été conſtruit pour répondre à quelques effets uniquement, ils doivent être ſur-tout déterminés par ceux du canon; d'où s'enſuit qu'il faut auſſi que les canons ſoient proportionnés à la ſtabilité & aux autres forces qui conviennent à ce vaiſſeau.

Le déplacement d'un navire n'eſt nullement difficile à déterminer, quand on connoît la capacité & le poids de tout ce qu'il renferme; mais on ne ſauroit plus déterminer par la théorie la vraie proportion qu'il doit avoir avec le moment des forces, à moins qu'on ne le découvre par les expériences que nous offre en cela la pratique.

Quand on a comparé entr'eux pluſieurs ſortes de navires, on a remarqué que ceux qui ſont armés en courſe, c'eſt-à-dire les capres, tant les plus grands que les plus petits, ont une force aſſez proportionnée quand il ſe trouve 6 pieds de diſtance entre leur centre de gravité & le métacentre. Or puiſque ſelon le §. 11, le centre de gravité des navires doit être à très-peu de choſe près à la ſurface de l'eau, il doit s'enſuivre que le métacentre ſera, dans tous les navires armés en courſe, élevé de 6 pieds au-deſſus de la ſurface de la mer.

Ainſi les longueurs, épaiſſeurs, profondeurs & déplacements doivent par cette raiſon être proportionnés dans ce navire à ſon artillerie & à ce dont il eſt chargé, afin que ſon centre de gravité puiſſe ſe rencontrer à fleur-d'eau, & par conſéquent que le métacentre s'y éleve de 6 pieds au-deſſus.

Mais comme ces proportions & ce qui s'enſuit, ne peuvent gueres ſe reconnoître que par approximation, cela m'a engagé, pour faciliter désormais le travail, de donner ici une formule générale, afin que d'après le poids de l'armement, sa nature & du chargement, lesquels sont donnés pour tous les capres ou corsaires, on puisse proportionner de la maniere la plus sûre & qu'il est important de ne pas négliger, non-seulement aux plus grandes frégates, mais même jusqu'aux moindres yachts. Dans les plus grands bâtiments, je n'ai rien négligé de ce qui concerne leur armement, & à tel point qu'ils puissent produire les plus grands effets; mais dans les moindres navires, j'ai moins eu égard à tout ce qui concerne leur armement, qu'aux effets qui peuvent provenir du nombre des matelots & soldats volontaires.

Les formules sont tellement ordonnées, que tous les vaisseaux armés en course peuvent devenir bons voiliers, de même que les plus petits navires relativement aux plus grands, qu'ils égaleront quant au sillage.

§. 28.

Or d'autant qu'il est nécessaire que le poids des canons & des autres munitions soient traités ici à l'aide des formules qu'on a déja travaillées & dont on a eu besoin, j'ai cru devoir mettre ici d'avance la Table suivante que j'ai construite.

Poids des canons & autres munitions qui doivent servir & sont proportionnés pour les vaisseaux armés en course.

Pesanteur des canons en livres.	Pesanteur des boulets en livres *d'aver du poids.*	Nombres servant à multiplier le poids des boulets pour en déduire celui des canons.	Poids des canons.		Nombres à diviser par le poids des canons pour trouver le poids des affûts, &c.	Poids des affûts, attaches & poulies.	Poids des boulets, de la poudre, des gargousses du poids de 126 boulets.	Poids des canons, affûts, attaches, boulets, poudre & autres ustensiles de guerre.		Poids des canons, affûts, hacquets & poulies	
			Liv. *d'aver du poids.*	Poids de fer.					A		C
Calibres.	Sklpd.	Livres *d'aver du poids.*	Sklpd.	Sklpd.		Sklpd.	Sklpd.	Skalpd.	Pieds cubiques d'eau de 63 Sklpd. par pied cubique.	Sklpd.	Poids cubiques d'eau de 63 Skaolpd.
24	29	215	6235	19, 48	4,70	1326	3654	11215	178	7561	120
22		216			4,63						
20		218			4,56						
18	21, 75	221	4807	15	4,49	1079	2740	8617	136,77	5877	93,3
16		225			4,42						
14		230			4,35						
12	14, 50	236	3422	10, 69	4,28	799	1817	6048	96	4221	67
10		243			4,21						
8	9, 667	251	2426	7, 58	4,14	586	1218	4230	67,1	3012	47,8
6	7, 25	260	1885	5, 89	4,07	463	914	3262	51,77	2348	37,3
4	4, 883	270	1385	4, 07	4,00	326	609	2240	35,55	1631	25,9
3	3, 625	276	1000	3, 12	3,93	254	457	1711	27,16	1254	20,0
Pierriers. 3	3, 625	70	254	0, 8		60	400	714	11,33	314	5,0
2	2, 416	70	169	0, 53		42	266	477	7,57	211	3,35

Dans la Table ci-dessus on a proportionné les poids des canons d'après celui des boulets; & quant à ce qui concerne les petits canons d'un moindre calibre, ils seront toujours dans une certaine proportion croissante relativement aux balles ou boulets ; ensorte que c'est la loi de progression qui a donné lieu à admettre ici plusieurs sortes de canons & en plus grand nombre que ceux dont on a coutume de faire usage.

Pour proportionner le poids des canons d'après celui de leurs boulets, il ne s'est guere trouvé de meilleure méthode ; d'autant que de faire usage de ces poids, c'est employer un rapport que d'autres conditions doivent déterminer. Mais cependant, & eu égard à cette matiere dont nous avons déja traité, on doit s'appuyer sur ce fondement, sur-tout puisque c'est ce qu'on a trouvé de plus approchant dans la recherche ordinaire du poids des canons.

Cette Table est, outre cela, disposée uniquement pour trouver les poids dans les deux colonnes A & C : on multipliera ces poids par le nombre des canons qui sont sur le corsaire dont il est question, ou bien sur celui dont on aura fait un plan ou dessein, & on y établira dans le calcul le même poids que celui qui est exprimé en A, B.

Un boulet de canon du poids de 24, peut être regardé comme pesant 29 Skaolpunds de la livre *aver du poids* ; ensorte qu'un pied cubique de ce même fer répond à environ 440 Skaolpunds d'aver du poids. Par-là on pourra peser proportionnellement les autres boulets.

Dans le calcul qui suit le poids, que l'on considere comme le poids d'un homme étant de 170 Skaolpunds = 2, 7 pieds cubiques d'eau salée, à raison de 63 Skaolpunds par pied cubique, & le poids d'un homme avec ce qu'il porte = 4 pieds cubiques : les provisions, les bariques ou vaisseaux qui y servent & le bois pour la cuisine, pendant un mois = 189 Skaolpunds = 3 pieds cubiques, ainsi que pour chaque homme, l'eau, les futailles pendant la moitié du mois = 112 Skaolpunds = 1, 78 pieds cubiques d'eau salée.

D = tout le déplacement du navire à compter depuis l'angle extérieur du bordage : B = la pesanteur de la partie qui est hors de l'eau avec la mâture, vergues, cables, haubans : a = la distance du centre de gravité de ce qui pese au-dessus de l'eau : c = la distance du centre commun de gravité des canons au-dessus de l'eau, le centre de gravité de la batterie supérieure du canon, pris au tiers de la hauteur du sabord qui est au milieu, à compter du lieu où il est placé. De la même maniere, on comptera depuis la premiere ouverture du gaillard jusqu'au centre de gravité des canons placés dans celui de l'avant & de l'arriere : pour le centre de gravité des pierriers, on prendra le centre du canon du milieu. z = l'épaisseur du navire, d'après l'angle extérieur du bordage, y = la moitié de l'épaisseur, & x = la longueur de la pouppe à la proue depuis le bord extérieur des tranches, par le milieu des écoutilles ; d = la profondeur de la tranche ⊙, à compter depuis la flottaison jusqu'à l'angle supérieur du bastingage.

Il est reçu aussi que le nombre des soldats & matelots = 3, 763 A $\frac{1}{9}$, quand leur

leur poids $= 10,16\,A^{\frac{5}{9}}$, & que le poids de ces hommes équipés $= 15\,A^{\frac{5}{9}}$, que les provisions pour un mois (k), ainsi que l'eau pour la moitié de ce temps, les vaisseaux d'ustensiles, bois des cuisines, &c. tout bien compté $= 18 \times k\,A^{\frac{5}{9}}$.

Pour maintenir un certain ordre & symmétrie parmi les navires, on supposera ici, que les provisions des plus grands sont destinées pour un plus long-temps, que pour les plus petits navires; ensorte qu'on peut bien supposer $k = \frac{A^{\frac{2}{7}}}{2,756}$, c'est-à-dire, que $18 \times k\,A^{\frac{5}{9}} = 6,534 \times A^{\frac{53}{63}}$. Que si tous les poids sont réunis $15\,A^{\frac{5}{9}} + 6,534\,A^{\frac{53}{63}} + A = K$, on trouveroit ainsi que le déplacement sera bien proportionné quand $D = 6,84 \times c^{\frac{1}{4}} \times K^{\frac{13}{15}}$, & qu'alors on doit prendre le poids $B = \frac{D^{\frac{21}{20}}}{6,281}$, de même que la distance $a = \frac{D^{\frac{1}{3}}}{3,48}$.

Qu'on suppose $C + 10,16\,A^{\frac{5}{9}} = Q$, & que le centre de gravité de la carene soit au-dessous de la flottaison, d'une quantité (m) qui n'est pas encore connue, alors on exprimera le moment des forces conformément au §. 7. par $\int \frac{2}{3} y^3\,dx - \overline{m+a}\,B - \overline{m+c} \times Q$; mais puisque $\int \frac{2}{3} y^3\,dx = \overline{m+6} \times D$; on aura donc, conformément au §. précéd. $\overline{m+6} \times D - \overline{m+a}\,B - \overline{m+c} \times Q = 6 \times D$; d'où l'on tire $m = \frac{a\,B + c\,Q}{D - \overline{B+Q}}$.

On doit aussi faire attention quand on construit les plans ou desseins, que le centre de gravité de la carene n'est point abaissé, mais plutôt plus élevé que ne l'ont représenté les quantités ci-dessus. Car s'il s'abaissoit trop, la force ou stabilité en souffriroit diminution; au lieu que s'il s'éleve, elle recevroit au contraire de l'accroissement.

On a trouvé aussi que $\overline{m+6} \times D$ ou $\int \frac{2}{3} y^3\,dx$ peut être égal à $\frac{z^3 x^{\frac{20}{21}}}{26}$, & que si z peut être $= \frac{x^{\frac{9}{10}}}{2,36}$, alors $\overline{m+6} \times D = \frac{x^{\frac{15}{4}}}{341,8}$, & qu'ainsi $x = \overline{341,8 \times \overline{m+6} \times D}^{\frac{4}{15}}$. L'aire de la ligne d'eau supérieure doit être $= \frac{z\,x^{\frac{24}{23}}}{1,626}$, & l'aire de la tranche $\odot = \frac{2,366}{x^{\frac{13}{12}}} \times D$, de même que $d = \frac{x}{10,5}$: on suppose aussi que le centre de gravité du lest est plus bas que la flottaison d'une quantité $= \frac{x^{\frac{7}{5}}}{95}$, & que le poids du lest est $= \frac{95 \times \overline{1,11 \times \overline{m+a}\,B + \overline{m+c}\,Q - m\,D}}{x^{\frac{7}{5}} - 95 \times m}$.

Le centre de gravité du moment des voiles, c'est-à-dire, à l'égard de la flottaison, a été trouvé par une quantité moyenne, quand sa distance $= \frac{35,56 \times 6 \times D}{x^{\frac{1}{3}}}$

Les voiles dont on a fait usage sont les mêmes que celles des §§. 20 & 22, où on les a spécifiées.

Mais parce que de cette maniere de trouver la longueur x, il se peut faire qu'il y auroit des variétés, soit à cause de la distance entre les canons, soit dans le nombre des ouvertures des rames & dans ce qu'on se réserve au bordage intérieur pour les partages & distributions; cependant on ne doit pas s'étendre bien au long fur de pareilles distances, puisque la valeur de $\int \frac{2}{3} y^3 dx$ doit toujours être constante.

Pour une plus ample correction, je vais rechercher ici la moindre distance qui peut être accordée d'un centre à l'autre des canons; c'est-à-dire, pour du canon de 24, on aura 10 $\frac{1}{3}$ pieds; pour du canon de 18, on aura 9 $\frac{5}{6}$ pieds; pour celui de 12, de 8, de 6, de 4, de 3, on aura 9 $\frac{1}{3}$ pieds, 8 $\frac{5}{6}$, 8 $\frac{1}{3}$, 7 $\frac{11}{12}$ & 7 $\frac{1}{2}$ pieds. Mais deux rames se trouvant entre deux sabords, alors la distance d'un sabord à l'autre ne sauroit devenir moindre que 8 pieds.

Le premier sabord doit se trouver, soit par le bordage de son arriere, au milieu vis-à-vis le centre du mât de misaine, soit par le bordage ou l'angle de son avant un peu en arriere du bord le plus arrieré du mât de misaine.

Le dernier des sabords ou qui est à l'arriere doit être placé à la distance de son ouverture, ou de la largeur d'une de ses ouvertures à la pouppe: pourtant il y doit se trouver quelque chose de moins, quand il s'agit de trouver à bord la place des mortiers.

Les proportions suivantes pour les ouvertures des sabords, sont les plus convenables qui aient été trouvées dans la navigation, & nous avons trouvé nécessaire de les mettre ici pour guider les constructeurs.

Proportions pour les Sabords.

Nombres du poids des canons.	Hauteurs des Sabords fur le plancher.	Hauteur des Sabords	Epaisseur des Sabords.
	Pouces	Pouces.	Pouces.
Poids de 24	28	34	40
18	26	31	36
12	24	28	33
Livres. 8	22	26	30
6	20	22	27
4	18	19	24
3	16	17	21

A l'aide du calcul on en pourroit rédiger un plus grand nombre, & j'en vais mettre sous les yeux les expressions qui seront nécessaires lorsqu'on en fera les calculs.

Formules & proportions pour un Vaisseau armé en course.

$$115\, A^{\frac{5}{9}} + 6,534\, A^{\frac{53}{63}} + A = K$$

$$6,84 \times c^{\frac{1}{4}}\, K^{\frac{13}{15}} = D.$$

$$\frac{D^{\frac{2,1}{2,0}}}{6,281} = B \qquad \frac{D^{\frac{1}{3}}}{3,48} = a \qquad 10,16\, A^{\frac{5}{9}} + C = Q.$$

$$\frac{a B + c Q}{D - \overline{B + Q}} = m$$

$$\overline{341,8 \times m + 6 \times D^{\frac{4}{15}}} = x$$

$\frac{x^{\frac{9}{10}}}{2,36} = z$ $\frac{z\,x^{\frac{24}{24}}}{1,626} =$ l'aire des lignes d'eau supérieures.

$\frac{2,366}{x^{\frac{13}{12}}} \times D =$ à l'aire des tranches $\odot$. $\frac{x}{10,5} = d$.

$3,763 \times A^{\frac{5}{9}} =$ le nombre des soldats & matelots. $\frac{A^{\frac{2}{7}}}{2,756} = k$ provisions du mois.

$\frac{95,\times\overline{1,11\times m + aB} + \overline{m + c\,Q} - m\,D}{x^{\frac{7}{8}} - 95\,m} =$ au poids du lest.

Le centre de gravité du lest au-dessous de la flottaison $= \frac{x^{\frac{7}{8}}}{95}$

La différence dont le navire plonge plus à l'arriere qu'à l'avant $= \frac{x^{\frac{5}{8}}}{14,46}$

Le moment de la voilure à compter de la flottaison $= \frac{35,5\times 6}{x^{\frac{1}{3}}}\,D$.

Pour reconnoître la maniere dont on doit se servir de ces formules & les faire servir pour un certain nombre de canons & de calibres, de même que pour la hauteur des batteries, il faut consulter ce qui a été apprécié en A, C & c pour le 16e. corsaire d'un armement tout différent, & qu'on a eu soin d'insérer dans la Table suivante.

Nombres pour les Vaisseaux.	CANONS. Rangs inférieurs. Nombre.	CANONS. Rangs inférieurs. Calibre. Skp.	CANONS. Rangs supérieurs, gaillards d'avant & d'arriere. Nombre.	CANONS. Rangs supérieurs, gaillards d'avant & d'arriere. Calibre. Skp.	Hauteur de Sabords de la batterie basse au-dessus de l'eau, ou hauteur des batteries. Pieds.	Hauteur des Sabords. Pieds.	Le tiers de la hauteur des Sabords. Pieds.	Distance à la flottaison du centre de gravité de la batterie basse des canons. Pieds.	Distance entre les batteries supérieures & inférieures des canons. Pieds.	Poids de la batterie inférieure, y compris les affûts, taquets & cables, &c. Pi.cub.	Poids de la batterie supérieure, y compris les affûts & cables, &c. Pi.cub.	Quantités. C. Pi. cub.	Centre commun de gravité de tous les canons, à l'égard de c & de la flottaison. Pieds.	Quantités. A. Pi. cub.
1	28	18	12	6	8,5	2,58	0,86	9,35	6,4	2612,4	447,6	3060	10,29	4451
2	26	18	10	6	7	2,58	0,86	7,86	6,3	2425,8	373	2799	8,69	4074
3	26	12	10	4	6,5	2,33	0,77	7,28	6,2	1742	259	2001	8,08	2851
4	24	12	8	4	6	2,33	0,77	6,78	6,1	1608	207,2	1815	7,47	2588
5	24	8	8	3	5,75	2,08	0,69	6,44	6,0	1147,2	160	1307	6,85	1827
6	22	8			5,5	2,08	0,69	6,19		1051,6		1052	6,19	1476
7	22	6			5,25	1,83	0,61	5,86		820,6		821	5,86	1139
8	20	6			5	1,83	0,61	5,61		746,0		746	5,61	1035
9	18	6			4,75	1,83	0,61	5,36		671,4		671	5,36	932
10	16	6			4,5	1,83	0,61	5,11		596,8		597	5,11	828
11	14	6			4,25	1,83	0,61	4,86		522,2		522	4,86	725
12	12	6			4	1,83	0,61	4,61		447,6		448	4,61	621
13	10	6			3,75	1,83	0,61	4,36		373,0		373	4,36	518
14	8	6	Pierrie		3,5	1,83	0,61	4,11		298,4		298	4,11	414
15	1	12	16	3	4			4,5		147,0		147	4,50	277
16	1	8	16	2	3,75			4,0		101,4		101,4	4,00	188

Supposons qu'on dresse un plan pour un navire armé en course qui portera 24 fois 12 livres de canon à sa batterie, de même que 8 fois 4 livres de canon sur les gaillards d'avant & de l'arriere; avec 6 pieds de batterie, ou bien à compter de l'angle le plus abaissé du sabord du milieu, qui aura 6 pieds d'élévation au-dessus de la flottaison. Ce plan convient & sera semblable au corsaire du n°. 4. inséré ici dans la Table, & il aura aussi les valeurs comparables à A, C, c.

$A = 2588$, $C = 1815$ $c = 7,47$, log. 08733206 & le log. de $c^{\frac{1}{4}} = 02183301$.

Logarithmes pour nombres de la résistance.

$A = 2588 =$	3,4129643	
$A^{\frac{5}{9}}$	1,8960913	
15	1,1760913	
$15\,A^{\frac{5}{9}}$	3,0721826	= 1180,8
$A^{\frac{53}{63}}$	2,8712239	
6,534	08151791	= 2588 = A
	3,6864030	= 4858
K	3,9358598	= 8627
$K^{\frac{13}{15}}$	3,4110785	
$c^{\frac{1}{4}}$	0,2183301	
6,84	0,8350561	
D	4,4644647	= 29140
$D^{\frac{20}{21}}$	4,6876879	
6,281	0,7980288	
B	3,8896591	= 7756
$D^{\frac{1}{3}}$	1,4881549	
3,48	0,5415792	
a	0,9465757	= 8,842
B	3,8896591	
aB	4,8362348	= 68590
$A^{\frac{5}{9}}$	1,8960913	
10,16	1,0068937	× C = 1815
$10,16\,A^{\frac{5}{9}}$	2,9029850	= 0790,8
Q	3,4174717	= 2615
c	0,8733206	
cQ	4,2907923	= 19534
$aB + cQ$	4,9450750	= 88124
$D - \overline{B + Q}$ ...	4,2734411	= 18769
m	0,6716339	= 4,695
Q .... =	3,4174717	
$\overline{m + c} \times Q$	4,5025838	= 31810
	5,1361178	= 136810
1,11	0,0453230	
	5,1814408	= 151860
D	4,4644647	
m	0,6716339	
mD	5,1360986	= 136800
	4,1778250	= 15060
95 .... =	1,9777236	
	6,1555486	
$x^{\frac{7}{5}}$	2,9969025	= 992,9
95	1,9777236	
m	0,6716339	
$95 \times m$ ...... =	2,6493575	= 446
	2,7379079	= 546,9
Le lest ...... =	3,4176407	= 2616

Logarithmes pour nombres de la résistance.

D .... =	4,4644647	
$m + 6$	1,0291808	= 10,695
$\int \frac{2}{3} y^3\, dx$	5,4936455	= 311600
341,8	2,5337721	
	8,0274176	
x	2,1406447	= 138,24
$x^{\frac{9}{16}}$	1,9265803	
2,36	0,3729120	
z	1,5536683	= 35,78
$x^{\frac{24}{21}}$	2,2337162	
	3,7873845	
1,626	0,2111205	
l'aire de la flotta.	3,5762640	= 3769
d .... =	$\frac{138,24}{10,5}$	= 13,16
D	4,4644647	
2,366	0,3740147	
	4,8381794	
$x^{\frac{13}{12}}$	2,3190317	
L'aire ⊙	2,5194477	= 330,7
$A^{\frac{5}{9}}$	1,8960913	
8,763	0,5755342	
Les troupes	2,4716255	= 296
$A^{\frac{2}{7}}$	0,9751326	
2,756	0,4402792	
Le mois k	0,5348534	= 3,426
$m + a$	1,1315224	= 13,537
B	3,8896591	
$\overline{m + a} \times B$	5,0211815	= 105000
$m + c$	1,0851121	= 12,165
$x^{\frac{7}{5}}$	2,9969025	
95	1,9777236	
Lest sous la flotta.	1,0191789	= 10,45
$x^{\frac{5}{8}}$	1,3379029	
14,46	1,1601683	
Différ. du fond.	0,1777346	= 1,506
$6 \times D$	5,2426408	= 174840
35,56	1,5509618	
	6,7936026	
$x^{\frac{1}{3}}$ .... =	0,7135482	
Mom. de la voile.	6,0800544	— 1202400

De

De cette maniere on trouve qu'un vaisseau armé en course qui portera 24 fois 12 livres, de même que 8 fois 4 livres de canon, & dont les sabords sont élevés ou plutôt la batterie de 6 pieds au-dessus de la flottaison; que ce vaisseau, dis-je, aura 29140 pieds cubes de déplacement à compter depuis l'angle extérieur du bois, la quille, l'étrave & l'étambot n'y étant pas compris.

Le centre de gravité de la carene sous la flottaison = 4,695 pieds.
$\int y^{\frac{2}{3}} dx$. . . . . 311600.
La longueur de la pouppe à la proue. . . . . . . 138,24 pieds.
L'épaisseur d'après l'angle extérieure du bordage. . . . 35,78 pieds.
L'aire qui correspond à la ligne d'eau supérieure. . . 3769 pieds quarrés.
La profondeur de la tranche ⊙, à compter de la flottaison. 13,16 pieds.
L'aire de la tranche ⊙ . . . . 330,7 pieds quarrés.
Le nombre des soldats & matelots. . . . . 296 hommes.
Provisions de bouche pour un mois. 3,43
Poids du lest en pieds cubiques d'eau salée. . . . . 2616.
Centre de gravité du lest, sous la flottaison. . . . . 10,45 pieds.
Quantité dont l'arriere plonge plus que l'avant. . . . 1,51 pieds.
Moment de la voilure à compter du centre de gravité du vaisseau, ou bien au-dessus de la flottaison. . . . . . 1202400.

D'après la même regle, on proportionnera semblablement les calculs pour les 16 navires armés en course de la Table n°. 6. & selon les §§. 12 & 26, on trouvera la situation du centre de gravité, eu égard à la longueur; de même que le lieu des tranches ⊙ à l'avant du milieu du navire, à compter de la proue à la pouppe : on suppose ici que toutes les tranches ayent été prises à angles droits avec la quille.

Si le contretiré du plan est entiérement projetté, ou bien si la batterie se trouvoit plus haute ou plus basse, alors il faudroit que les proportions du navire fussent aussi toutes autres. Cependant on doit entrevoir ici que la hauteur des batteries ne doit gueres différer de celles qui ont été jusqu'ici en usage.

ABC est (*Fig.* 34) la tranche ⊙ pour un corsaire de 138 $\frac{1}{4}$ pi. de longueur sur 35 $\frac{1}{4}$ pi. de largeur. ADC est la tranche ⊙ pour un petit bateau ou capre de 44 $\frac{1}{2}$ pieds de long sur 13 pieds de large. AC représente la flottaison. Or quand la longueur est prise à proportion de la largeur, on a EFG pour la flottaison ou ligne d'eau supérieure qui convient au plus grand vaisseau corsaire; mais pour le plus petit, HFI sera la ligne d'eau supérieure. Or d'autant que ces données sont connues, il ne sera pas difficile par-là, puisque c'est chose connue dans les chantiers de construction, ou pour ceux qui sont accoutumés à ce genre de constructions, de dresser leurs plans en conséquence. Ainsi on donnera pour lors toute l'attention possible à ce que ces plans ou desseins ne soient pas trop dissemblables, comme on le peut voir dans mon Architecture Navale. Car les formules se trouvent ici disposées d'après ces plans déja construits ; ou bien ils sont tirés également bien de plusieurs autres dont on a eu besoin pour trouver les expressions relatives à ces formules.

On ne pense pas non plus qu'il faille toujours suivre ces proportions ; car il se trouve des circonstances qui semblent exiger d'y réformer très-bien d'une façon ou de l'autre. Par exemple, pour devoir être un navire qui fréquente les hautes mers & celles qui ont peu de profondeur, les plus petits navires sur-tout doivent avoir beaucoup de largeur, eu égard à leur longueur.

Semblablement si on demande différentes sortes de gréements ou cordages, ainsi que différentes formes de constructions, les moins dispendieux des gréements s'accommodent aux navires qui ont beaucoup de longueur relativement à leur largeur ; & pour que la voilure devienne assez grande, eu égard à la stabilité, il faut au contraire de ce que l'on demande, pour les cordages & gréement des *Yachts*, qu'ils aient plus de largeur à proportion de leur longueur.

Ce qui empêche aussi qu'un corsaire ne puisse se concerter pour ses prises à 100 milles autour de lui, quand d'autres n'ont jamais besoin d'aller en course à beaucoup près si loin, c'est qu'il est obligé par-là de s'approvisionner pour un temps aussi différent ; que cela semble exiger aussi une plus grande capacité du corps du vaisseau dans l'eau, qu'un autre qui auroit la même force pour se défendre, ce qui nécessairement occasionneroit quelques changements & même dans les principales dimensions ; si l'on peut s'en tenir à ce principe, & si ce n'est point un empêchement que le centre de gravité tant du vaisseau que de son chargement, doit toujours être dans la flottaison & que le métacentre soit élevé de 6 pieds au-dessus du plan de cette ligne d'eau.

Quant à ce qui concerne l'établissement particulier & dans l'intérieur de ces navires, on peut en tirer partie des connoissances à l'aide des plans & desseins publiés dans l'Architecture Navale. Mais la masse & grandeur des navires d'un même climat, déterminera, pour la meilleure partie, comment doivent se faire ces sortes d'établissements ou dispositions.

Un navire pour peu qu'il soit grand & qu'il ait besoin d'une assez grande stabilité, doit avoir un pont fort large à son milieu au-dessus des canons, pour y placer sa mousqueterie, ainsi que tout ce qui est nécessaire pour y être bien bastingué.

Dans les climats chauds, les navires peuvent être plus ouverts, principalement si les expéditions sont de peu de durée ; mais dans les climats froids, on doit faire ensorte que tout l'équipage soit ramassé, ensorte que pour un grand navire corsaire, au lieu d'un pont fort large, on doit disposer tout le tillac tellement que, malgré le caillebotis, le passage puisse être libre à la fumée de la poudre pendant l'action, ces caillebotis recouverts & mis l'un ſur l'autre en ſe preſſant, lorſqu'il vient du gros temps ou quelque tempête.

Une nation a ſes ancres & cables placés dans un lieu, & une autre les place ſur le tillac d'avant : toutes les deux manieres ont leur avantage & toutes les deux ont auſſi leurs inconvénients. Différentes nations ont auſſi leurs réglements particuliers ou ordonnances pour la nourriture des Officiers & Matelots. L'un veut faire cuire trois fois par jour, & l'autre ſe réduit à une fois uniquement. De tous ces uſages, ſoit de l'une, ſoit de l'autre nation, il doit s'enſuivre des diſpoſitions toutes différentes dans un vaiſſeau, enſorte qu'on ne peut rien apprécier, puiſque ce qui eſt avantageux à une nation, devient extraordinaire pour une autre, & même quelquefois lui ſeroit nuiſible.

On peut trouver par-là, de quelle utilité il peut être de bien connoître en général comme auſſi particuliérement, pluſieurs de ces ſortes de circonſtances, toutes les fois qu'on en dreſſera quelques plans ou deſſeins : cela demande auſſi en pareille matiere un bon jugement, outre une routine ordinaire, afin de diſpoſer parfaitement tout ce qui dépend des conditions requiſes & diſtribuer les uns après les autres pour atteindre ce qui convient le mieux autant qu'il ſera poſſible, & enſuite la réduction relative à toutes les manœuvres, comme auſſi de ſortir preſqu'en même temps de tous les embarras imprévus.

CHAPITRE VIII.

Maniere de proportionner ſur un Vaiſſeau marchand les bois arrondis.

§. 29.

PUISQUE les extrémités des bois arrondis ſont diſpoſées pour l'uſage des voiles, il faut donc dans un navire marchand déterminer d'abord l'aire de la voilure & ſon moment, de la même maniere qu'on vient de le pratiquer ſur un navire armé en courſe où l'on avoit en vue d'y proportionner les mâts, les huniers & les vergues ; car comment fixer dans un vaiſſeau marchand, le moment des forces, eu égard à ce que différentes charges varient à chaque voyage ; ces moments, dis-je, pourroient-ils être ſemblables à tel point qu'on y ſuppoſeroit ſans riſque un certain lieu déterminé pour le centre de gravité tant du navire que de ſon leſt, eu égard à ſa hauteur ; comment trouver par-là le moment de ſa voilure, à quoi même on aura occaſion de proportionner par des regles les navires marchands, ainſi que les Tables n°. 2, 3, 4 & 5 là où les longueurs des mâts ſeront comme les racines cubiques des moments des forces. Mais avant que de parler plus amplement des proportions des bois arrondis, il convient ſur-tout de bien prendre en conſidération de quelle regle on s'eſt ſervi juſqu'ici, & ſi l'on peut faire quelque fondement ſur une même regle, & juſqu'à quel point les proportions en uſage peuvent ou doivent être regardées comme très-bonnes ou défectueuſes.

La longueur de la mâture ſe proportionne ordinairement d'après la largeur du navire, & les vergues d'après la longueur; d'où il arrive que deux vaiſſeaux de même longueur & largeur, mais d'une ſtabilité bien différente, ſe trouvent, nonobſtant cela, avoir leurs grandes voiles ſemblables, quand ils devroient pareillement, par l'étendue de leurs voiles, garder une certaine proportion avec leur ſtabilité. Mais juſqu'à quel degré de juſteſſe cette regle, toute vulgaire qu'elle eſt, peut-elle s'étendre; comment en proportionner d'après la ſtabilité donnée, les bois arrondis pour un navire armé en courſe; il ne doit pas s'enſuivre pareillement dans le cas que différentes cauſes donnent d'après cela une même regle, il faille l'appliquer à proportionner les bois arrondis des navires marchands.

Si l'on obſerve auſſi que le poids des ancres d'un vaiſſeau eſt proportionné à lalong ueur & à la largeur, ou bien aux quarrés des larg eurs; que pour que les ancres, &c. ſoient élevées au cabeſtan, on a beſoin d'un certain nombre d'agents, ainſi qu'en pareil cas pour hiſſer des voiles d'une grandeur donnée; que la plus grande voilure demande, pour y manœuvrer, un plus nombreux équipage, & que ce nombreux équipage eſt plus ſomptueux que facile à ſoutenir; qu'on trouve, d'ailleurs, que pour un navire marchand, il lui eſt plus avantageux d'avoir le moins d'hommes pour ſon équipage qu'il lui ſera poſſible, ou bien qu'il convient beaucoup mieux à une bonne économie, que le nombre des gens de l'équipage ſoit tout au plus ſuffiſant pour le ſervice qui conviendra à la grandeur tant des voiles que des ancres.

On trouvera donc par-là qu'il y a un nombre déterminé de gens formant tout l'équipage pour le ſervice des voiles, & qu'il ne peut excéder certaines limites.

Il n'y a pas non plus d'autre voie pour employer les mêmes fondements à l'égard des bois arrondis que ce qui ſe proportionne à l'égard des ancres, puiſque le nombre des gens de l'équipage doit toujours en dépendre.

Mais de quelle maniere doit-on travailler le bois arrondi pour qu'il réuſſiſſe ou non? Cela ſe trouve en ce que ſi deux navires ont une même & ſemblable longueur & largeur & que leur voilure (d'après leurs proportions connues) ſoit également étendue; mais qu'un des deux navires puiſſe ſupporter plus de voiles que l'autre, alors on ne ſauroit dire que la voilure ſoit déterminée par défaut ou par excès, à moins qu'un de ces navires n'ait en effet de la ſtabilité, & que l'autre ne la puiſſe acquérir. Il doit s'enſuivre auſſi de-là, qu'on doit trouver encore plus d'avantage, lorſqu'on s'aſſurera du défaut de la voilure relativement à la ſtabilité (car alors il vaut mieux ſuivre les proportions ordinaires & uſitées) que d'augmenter le nombre des gens de l'équipage au-delà du nombre qui eſt en uſage, afin de pouvoir par ce moyen monter un voilure plus ample.

Que

Fig. 33.

Fig. 32.

Fig. 34.

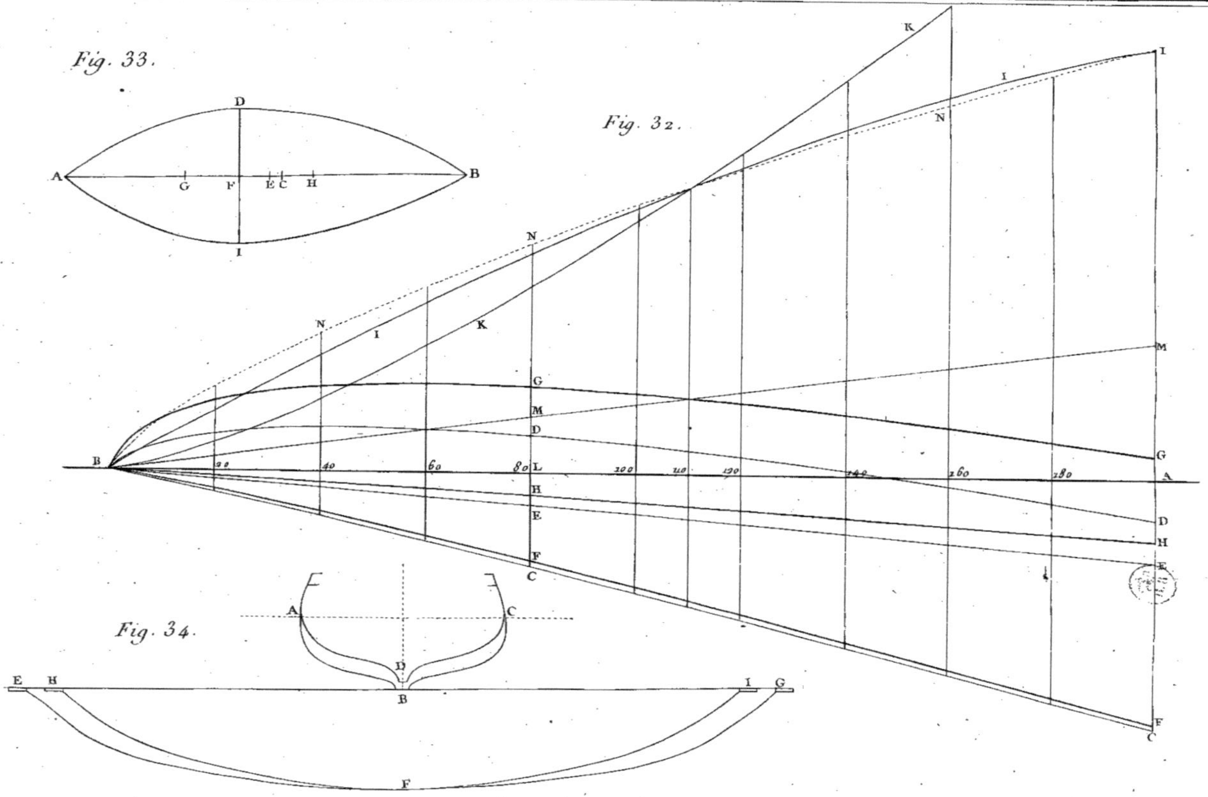

Que ſi la voilure d'après les proportions uſitées, ſe trouve un peu en excès, eu égard à la ſtabilité, il vaudroit peut-être mieux, en ce cas, abaiſſer le poids du chargement, que de diminuer en quelque choſe l'étendue des voiles; ſurtout puiſque le nombre des gens de l'équipage eſt réglé, eu égard au poids des ancres, & qu'on ne peut plus le réduire.

Il arrive auſſi pareillement qu'en certaines occaſions cela s'accommode également bien, eu égard à un vaiſſeau qui a toute ſa ſtabilité, qu'à un autre qui en manque; ſur quoi on pourra augmenter l'étendue de la voilure d'un navire par ce qui eſt abrié ou par la voile d'étai, & pour l'autre navire en diminuant l'aire de la voilure, prenant des ris ou repliant ces voiles, ſelon que le vent s'affoiblit, ou ſelon qu'il devient plus fort.

On a auſſi des raiſons très-fortes d'établir tellement des regles pour proportionner les bois arrondis aux navires marchands, qu'en ce qu'on a récemment donné les proportions de ces bois arrondis; puiſque l'expérience a toujours fait connoître que la choſe avoit été établie pour le mieux.

C'eſt pourquoi on ne peut donc pas fonder d'après la ſtabilité d'un navire, les proportions des bois arrondis de ceux des marchands, puiſque les grands navires ſe trouvent avoir de plus grands mâts, & les moindres au contraire de plus petits mâts, que de ce qu'on pourroit en déduire d'après les proportions uſitées.

§. 30.

Soit donc la largeur ainſi que la longueur d'un navire, ſur le fondement ſuppoſé & de la maniere ſuivante, pour proportionner les bois arrondis.

D'abord puiſque la largeur a une très-grande influence ſur la ſtabilité ſelon le §. 5, il eſt donc néceſſaire que les mâts, les huniers, &c. ſoient proportionnés ſur l'épaiſſeur du navire, afin que ce ne ſoit pas ſeulement la hauteur des voiles, mais auſſi leur centre commun de gravité en hauteur, qui ſoit proportionné à la largeur du navire. Mais la largeur des voiles, c'eſt-à-dire, celle des vergues, peut être proportionnée ſur la longueur du navire; d'où s'enſuit que le moment de la voilure doit toujours être en raiſon du quarré de la largeur du navire, multiplié par ſa longueur. Dans les plus petits navires, on trouve un plus grand moment de voilure relativement à leur moment de ſtabilité, qu'on ne l'admettroit dans les plus grands navires relativement à leur moment de ſtabilité; ce qui s'accorde avec ce qui a été dit au §. 20. concernant l'étendue de la voilure pour des moindres navires; outre que c'eſt un uſage reçu qu'il faut augmenter la longueur de la mâture aux moindres navires, d'autant plus qu'on y accourcira les huniers, &c; enſorte que la longueur du grand mât pour un navire marchand à trois mâts, la largeur étant B, ſera $3, 23\ B \frac{11}{12}$; & pour la longueur du grand hunier, à compter de l'angle supérieur de la grande croix ou traversin, quand la longueur du mât = L, on aura $L\frac{\frac{11}{10}}{2,73}$ pour une frégate, & $L\frac{\frac{11}{10}}{2,84}$ pour une barque. Sur quoi la longueur de la mâture proportionnée de cette maniere, se rapporte à la longueur que doivent avoir les mâts, quand ils sont proportionnés d'après la stabilité des navires. On peut voir à ce sujet la Fig. 32, là où la ligne BNN détermine la longueur des mâts, quand ils seront proportionnés d'après $B^{\frac{11}{11}}$.

La longueur du mât de beaupré à, compter de l'étrave à la proue, pour les frégates, est de 1,115 fois la largeur du navire, & pour les barques elle est de 1,1 fois × ladite largeur.

Mais il devient nécessaire de bien considérer ici que les bois arrondis ne doivent pas seulement avoir une certaine proportion relative à la grosseur du navire, mais qu'ils doivent aussi avoir entr'eux une proportion telle que toute la manœuvre par-là puisse avoir un aspect agréable.

On tient en effet pour constant, que les manœuvres & gréements d'un vaisseau seront bien disposés, quand 1°, la voile d'avant & l'étai du grand mât de hune, le grand étai, l'étai du mât de hune de l'artimon, se trouvent tous dans la ligne droite, l'étai de la misaine se trouve à un 1 ou $\frac{1}{7}$ du bord ultérieur ou extrémité du beaupré. 2°, Que les trois mâts de hune & de perroquet soient semblables, ou du moins que les côtés de la voile aient une même inclinaison. 3°, Que quand le navire présentera l'une ou l'autre de ses extrémités, on ne manque pas d'y appercevoir les haubans des trois mâts le plus parfaitement paralleles entre eux; que les cables d'étai & ceux de l'arriere le soient aussi entr'eux. Cela doit arriver à l'épaisseur de la coëffure du mât qui y doit être aussi ajustée. C'est pourquoi si la longueur du perroquet du grand mât, à compter depuis sa base, est $\frac{1}{16}$ × la longueur du mât, ce qu'on fera = T, alors le perroquet de la misaine qui est plus abaissé que l'autre, sera à distance = $2,22 \times T^{\frac{1}{3}}$ pour les frégates, & $2\,T^{\frac{1}{4}}$ pour les barques, le perroquet du mât d'artimon pouvant être égal à celui du grand mât.

Si la longueur du grand hunier = S, celle de l'hunier d'artimon = $1,3\,S^{\frac{6}{7}}$ pour les frégates & pour les barques, $1,316\,S^{\frac{6}{7}}$. La longueur des mâts de perroquet sera dans la même proportion qu'aux autres mâts; mais si celui de perroquet s'alonge, il faudra avoir égard à cette différence.

La longueur du mât de perroquet d'artimon doit être les $\frac{1}{4}$ de celle du grand hunier, & celle de la misaine de $\frac{9}{10}$: l'hunier de la misaine sera $\frac{9}{10}$ de l'hunier du grand mât, & le perroquet de $\frac{1}{9}$ ou bien $\frac{2}{17}$ de la longueur du grand hunier. La distance ou longueur du perroquet aux bases des haubans sera 0,54 × par ce mât.

Les grandes vergues auront de longueur 0,52 × par la longueur du vaisseau prise de la pouppe à la proue: celle de la vergue du grand hunier aura de longueur 0,79 × par la longueur de la grande vergue pour les frégates; mais pour les barques, la longueur de la grande vergue de hunier ne sera que de 0,45 × par leur longueur de pouppe en proue, & celle de la vergue du grand mât de hune sera 0,81 × par la longueur de sa grande vergue. La longueur de la grande vergue de perroquet sera 0,7 × par la longueur de celle du grand hunier, & les vergues à la misaine seront $\frac{9}{10}$ des vergues du grand mât.

Comme le grand hunier a rapport à la vergue du hunier, de même celui de la misaine doit se rapporter à la vergue du hunier de la misaine & d'artimon. La longueur initiale des vergues est 1,22 × celle de la vergue d'artimon pour les frégates; mais pour les barques, on aura 1,18 × par celle de la vergue d'artimon : celle de beaupré = celle du hunier de la misaine, enfin celle de l'avant-voile de beaupré = celle de la misaine.

Les extrémités des vergues ou alonges, tant de celle qui est inférieure que de la vergue du hunier, sont de $\frac{1}{11}$ de la longueur de la vergue; mais quant à ce qui concerne celles des huniers, elles ne doivent avoir que $\frac{1}{7}$ de la longueur de ces vergues.

Le centre du mât de la misaine se trouve à $\frac{4}{31}$ de la longueur de la pouppe à la proue, à compter depuis la perpendiculaire à l'étrave : le centre du grand mât à $\frac{2}{31}$ de la longueur du navire de la pouppe à la proue & à l'arriere du milieu de cette longueur du navire : enfin le centre de l'artimon vers le tillac supérieur 0,182 × la longueur du navire, depuis la perpendiculaire à l'étambot.

Le grand mât penche à l'arriere d'un pied sur 30, & celui d'artimon se trouve pencher au double : la misaine est parfaitement d'à-plomb : le beaupré à la proue s'éleve de 4 pieds sur 7 pour les frégates, & dans les barques de 3 pieds sur 7.

D'après ces proportions, les bois arrondis ont été calculés tels qu'ils se trouvent dans les Tables n°. 7 & 8. Il est pareillement nécessaire que, lorsqu'il faut proportionner les bois arrondis d'un navire, de faire un dessein exact des manœuvres ou agrêts, afin de pouvoir adapter l'un à l'autre, de telle sorte que toute la manœuvre ait un coup d'œil de belle apparence.

Quant à ce qui concerne l'épaisseur des bois arrondis, cela a été déterminé par expérience : ainsi parce que le grand mât, la grande vergue & le grand hunier ont été déterminés, quant à leur longueur, par des expressions représentées par L, R & S, il s'ensuit que l'épaisseur du grand mât en pouces $= \frac{LR^{\frac{1}{3}}}{13}$, celle du grand hunier $\frac{S^{\frac{11}{10}}}{4,68}$; que l'épaisseur du mât de misaine sera $\frac{1}{10}$ moindre que celle du grand mât; que le grand hunier de misaine sera $\frac{1}{10}$ moindre que celui du grand hunier : pareillement que le mât de perroquet aura son épaisseur $= 0,3 \times$ la distance du mât de perroquet jusqu'aux haubans.

L'épaisseur du mât de beaupré tient un milieu entre celle du grand mât & de la misaine : celle de la bomme ou mât élevé est les $\frac{3}{4}$ de celle du grand hunier : le mât d'artimon aura les $\frac{4}{5}$ de celle du grand mât, & le hunier du mât d'artimon les $\frac{4}{5}$ de l'épaisseur du grand hunier.

La grosseur de la longue piece de bois qui traverse, haut & bas est en pouces $\frac{1}{4}\times$ la longueur de la vergue du hunier — $\frac{1}{2}$ pouce : celle de la même piece à la misaine est $\frac{1}{15}$ moindre qu'à celle du grand hunier : enfin celle du hunier d'artimon est $\frac{3}{5}$ de la grosseur de celle du grand hunier. Quant à celles du mât de perroquet, elle est de $\frac{3}{7}$ de la grosseur de celle qui est au-dessous : les largeurs de ces pieces haut & bas sont les $\frac{5}{7}$ ou $\frac{3}{4}$ de leurs grosseurs.

La grosseur du chouquet doit être $\frac{4}{5}$ de celle des huniers.

La longueur des mâts de perroquet est environ $\frac{1}{4}$, & leur largeur environ $\frac{5}{5}$ de celle des huniers.

Comme les bois arrondis doivent être amincis par leurs extrémités, il n'est pas absolument requis qu'on en connoisse la grosseur en cet endroit-là, à moins qu'il ne soit nécessaire de donner une progression pour les amincir, telle que ce bois arrondi acquierre par-là la proportion & la forme qu'on a trouvé par expérience, pour leur donner une force suffisante & capable de répondre aux fractures qu'ils éprouveroient sans cette précaution. La distance qui doit être entre le lieu des plus larges & moindres, se partage communément en quatre parties égales. & la grosseur de chacune de ces parties sera comme il suit.

On a trouvé que le mât doit avoir une force proportionnée au-dessus & au-dessous de la piece de bois qui le croise, quand il est en ce lieu d'un $\frac{1}{8}$ moins gros que sur le tillac ; que si la grosseur sur le tillac est 128, on trouve en s'élevant 127 à la premiere division ; à la 2e, 124 ; à la 3e, 119, & à la 4e. tant au-dessus qu'au dessous de la piece qui croise 112 ; qu'au milieu à la croisée il y aura $\frac{7}{8}$, & tout au haut du mât $\frac{5}{8}$ de la grosseur qu'il aura sur le tillac.

Tous les mâts de hune ne portent que $\frac{1}{5}$ de moins au-dessus & au-dessous de la douille qu'à l'endroit du chouquet. Si la grosseur en cet endroit est 80, on aura pour la grosseur dans la premiere partie 79 ; pour la deuxieme, 76 ; 71 pour la 3e ; & 64 pour la 4e. ou sous la hune : la grosseur au milieu vis-à-vis la traverse $\frac{4}{5}$, & au sommet $\frac{5}{9}$ de l'épaisseur du chouquet.

Si la grosseur de la vergue d'en bas & celle de la misaine est 27, on aura pour grosseur de la premiere partie 26, pour celle de la deuxieme 23, pour la 3e. 18, & à la fin 11 seulement.

Si la grosseur de la vergue de perroquet est 32, on aura pour la grosseur de la premiere partie, 31 ; pour celle de la deuxieme, 28 ; pour la 3e, 23 ; & à la fin 16 seulement.

Le beaupré se réduit pareillement à la moitié de sa grosseur par son extrémité qui est vis-à-vis la pouppe à l'endroit qui le soutient, & la grosseur en ce lieu est 60, la grosseur dans la premiere partie ou division est 59, dans la deuxieme 55, dans la 3e, 46, & à la fin 30.

§. 32.

§. 32.

Sur les brigantins & senau, il est ordinaire que la misaine & les bois arrondis qui en dépendent, ainsi que le beaupré, doivent avoir les mêmes proportions qu'aux frégates ; mais le grand mât des brigantins doit être d'autant plus long que le grand hunier s'approche de l'égalité avec celui de la misaine, & que le perroquet du grand mât s'égalise à celui de la misaine. Le grand hunier devenant aussi long que celui de la misaine, alors les grandes vergues, tant du grand mât que du hunier, seront semblables à celles de fock ou vergues de la misaine.

Quant au *senau*, la longueur de son grand mât devient moyenne entre celle du grand mât des frégates & des brigantins, ainsi qu'à l'égard de ses huniers ; mais la vergue de la grande voile, ainsi que celle de la misaine s'y trouvent de même force qu'aux frégates.

A l'égard des skones * ou *galleasses*, le grand mât a de longueur jusqu'aux dormans des haubans = 3 × son épaisseur. Mais aux moindres navires de course & de transport (*Hukare jagter*) Yack-houckre, la longueur de tous les grands mâts sera 3 × l'épaisseur ou largeur de ces navires.

Les proportions pour ce qui reste des bois arrondis, sont les mêmes que celles qui conviennent aux bois arrondis des petits navires: on les peut déduire des desseins réduits qui se trouvent & qu'on a tirés de la planche LXII, là où les vergues se présentent avec la moitié de leur longueur.

Quant aux grands vaisseaux destinés pour les Indes Orientales, la longueur du grand mât est de 2,43 × leur épaisseur ; celle du grand hunier 0,586 × la longueur du grand mât ; celle de la grande vergue 0,54 × la longueur du vaisseau de pouppe en proue ; la vergue du grand hunier 0,8 × par la longueur de la grande vergue ; la vergue de perroquet 0,7 × la longueur du grand hunier : le hunier de l'artimon doit être les $\frac{3}{4}$ de celui de la misaine.

Le hunier de la misaine doit être de $\frac{6}{7}$ de la longueur de celui du grand mât & plus bas que le haut du grand mât. Le hunier d'artimon égal au hunier du grand mât ; quant à ce qui concerne le reste des bois arrondis, il vaut mieux s'en tenir aux proportions qui sont données pour ceux qui concernent les frégates du Commerce.

La longueur des bois ronds d'un navire armé en course se trouve, en commençant cette recherche, en conservant les mêmes proportions relativement à la grandeur des navires, que celle qui s'observe dans ceux qui vont aux grandes Indes : si on en examine les desseins des manœuvres & gréements, & qu'on compare aussi les voilures, lesquelles, suivant ce qui a été dit d'ailleurs au §. 20, deviennent comparables au moment des forces, & opérant de la même maniere qu'au §. 22, alors les bois ronds se trouveront proportionnés d'après la grandeur du navire.

* Goëlettes.

CHAPITRE IX.

Des variétés qui se trouvent dans la pratique, aux différentes parties de la construction des Vaisseaux.

§. 33.

Proportions des matériaux pour les Vaisseaux.

Pour proportionner toutes les pieces de bois qui doivent entrer dans la construction d'un vaisseau, cela dépend entiérement de la pratique.

Un vaisseau qui doit être chargé de fer, de sel ou d'autres marchandises, & qui tantôt par son arimage, navigueroit très-mal à la mer, ou bien qui d'autres fois auroit trop de surcharge, à laquelle il résisteroit à peine non sans s'arquer ou rompre ; un tel vaisseau, dis-je, seroit toujours plus solidement construit, que ne le sont ordinairement les navires qui n'ont d'autres charges que des marchandises en bois, telles que des planches ou bois de sapins, &c. Il doit y avoir une préférence dans le choix des matériaux qui serviront à le construire, & cette construction exige aussi des dimensions toutes différentes des vulgaires, afin de parvenir à lui donner toujours une même force.

La force d'un navire ne dépend pas seulement de la qualité grossiere des matériaux, mais encore du choix & de la qualité qu'on doit chercher particuliérement parmi les bois de charpente & les planches : il faut aussi que dans toutes les parties de la construction, elles soient parfaitement bien jointes & avec soin, & que certaines pieces soient bien & duement placées là où il convient de les y forcer.

Quant à la proportion des matériaux qui conviennent à un vaisseau armé en course, qui doit être construit pour servir pendant toute la guerre, ils ne doivent être solides ni aussi matériels, que d'autres qui doivent souffrir à la mer pendant un temps beaucoup plus long, que dans toute probalité la guerre ne le demande. C'est pourquoi sur-tout afin de diminuer la dépense, on y ménage la matiere le plus qu'il est possible, principalement en ce qui n'est pas absolument nécessaire au volume du corps, qui par-là n'enfonceroit pas moins dans l'eau ; ensorte que les fonds du navire en soient en quelque maniere plus maniables, & par-là plus disposés à l'effet de la voilure.

Cela doit arriver lorsqu'un habile praticien s'en mêlera, & qu'il s'appliquera à donner successivement & l'une après l'autre, l'attention nécessaire à toutes les circonstances.

Les proportions suivantes pour les diverses matieres sont pareillement celles qu'on emploie communément en chêne pour la construction des vaisseaux.

Dimensions des bois de chêne, qui entrent dans la construction d'un Navire Marchand, pied Suédois.

Longueur de la Pouppe a la Proue	160	150	140	130	120	110	100	90	80	70	60	50
Largeur de dehors en dehors des Membres	42	39¼	37½	35¾	33	30¼	28½	26¼	24	21½	19	16½
	39¼	37¼	36¼	35¼	31¼	29¼	27	24¼	22½	20¼	18	15½
Largeur de la Quille	18	17¼	16½	15½	14½	13½	12½	11½	10½	9½	8	6
Les Varangues équarries	14	13¼	12½	11¼	11	10¼	9½	8¾	8	7¼	6⅜	5½
Les Genoux & Allonges, *idem*	13	12½	12	11¼	10½	9¾	9	8¼	7½	6½	5½	5
Allonges de Revers, *idem*	12	11¼	11¼	10¼	10	9¼	8½	7¼	7	6	5¼	5
Echantillons des Couples à hauteur des Galeries	12¾	12	11⅛	10½	10	9¼	8½	7¼	7	6	5	4½
Idem, à la premiere Préceinte	10¼	10⅛	9½	8⅞	8¼	7½	6⅝	6⅛	5½	4⅜	4¼	3½
Idem, à la Liſſe du Plat-bord	5½	5¼	5	4¼	4½	4¼	4	3¾	3½	3¼	3	2½
Epaiſſeur de la premiere Préceinte	7¼	7⅜	7	6½	6	5½	5	4½	4	3⅜	3¼	2¼
Idem, des Bordages du fond	4¼	4	3¾	3½	3½	3	2⅞	2¼	2⅝	2½	2	1½
Idem, de la ſeconde Préceinte	5¼	5⅜	5	4⅜	4¼	3⅞	3½	3¼	3	—	—	—
Epaiſſeur des Bordages entre les deux Préceintes	3¼	3⅜	3½	3⅜	3¼	3	2⅞	2¼	2⅛	2⅜	2	1½
Celle des Bordages juſqu'au Plat-bord	3	3	2⅞	2¼	2⅜	2½	2⅝	2¼	2⅛	2	1¼	1¼
Epaiſſeur de la Carlingue en quarré	17	16½	15¾	15	14	13	12	11¼	10¼	9½	8	6
Celle de la Ceinture des Vaigres	6	5⅜	5⅞	5	4⅝	4¼	3⅞	3½	3¼	3	2¾	2¼
Les Vaigres	4	3¼	3½	3¼	3	2¼	2⅞	2½	2⅛	2¼	1⅞	1½
Les Bauquierres du Pont	7	6⅝	6¼	5⅜	5½	5⅞	4¼	4⅛	4	3⅜	3¼	2¼
Les Baux du premier Pont — Epaiſſeur	18	17	16	15	14	12¾	11¼	10	9	8	7	5½
Les Baux du premier Pont — Largeur	19	18	17	16	15	13¾	12¼	11	10	9	8	6
Les Courbes diminuent, juſqu'à	11½	10¼	10	9¼	8½	7⅞	7¼	6⅝	6	5⅜	4¼	4
Epaiſſeur des Barottins	5¼	5½	5⅜	4¼	4⅜	4	3⅜	3¼	3	2⅞	2¾	2½
Celle des Barottins ou Lattes	5	4½	4⅞	4	3¼	3½	3¼	3	2¾	2½	2¼	2
Epaiſſeur des Iloires	6	5¼	5½	5¼	5	4¼	4½	4½	4	3¼	3½	2
Celle des Bordages du Pont	4	3¾	3½	3¼	3	2⅞	2¼	2⅝	2½	2¼	2	1½
Les Serres d'Empâtures	5¼	5⅝	5	4⅜	4⅜	4⅛	3⅜	3⅜	3⅜	3⅛	2¼	1¼
Epaiſſeur des Bauquierres du ſecond Pont	5¼	5¼	5	4⅜	4¼	4⅞	3½	3⅜	3⅞	3	2¼	1¾
Idem, les Baux — Epaiſſeur	12½	11½	10¾	10⅛	9½	8⅞	8¼	7½	6¼	6	5	4
Idem, les Baux — Largeur	13	12½	11¾	11	10½	10	9¼	8½	7¾	7	6	5
Les Courbes diminuent, juſqu'à	8	7½	7	6½	6	5½	5	4⅜	4½	4	3¾	3¼
Epaiſſeur des Parottins	4	4	3⅞	3¼	3⅜	3⅓	3¼	3⅜	2⅞	2¼	2½	2
Celle des Barottins ou Lattes	3¼	3¼	3⅞	3	3	2⅞	2¼	2⅞	2½	2¼	2	1½
Epaiſſeur des Bordages du Pont	3½	3¼	3⅞	3	2⅞	2¼	2⅜	2½	2¼	2	1¾	1½
Celle des Serres	4	3¼	3½	3¼	3	2⅝	2¼	2⅜	2½	2¼	2	1⅜
Les Bauquierres du Gaillard d'Arriere	4	3¼	3½	3¼	3⅛	3	2⅞	2¼	2⅜	2⅛	2⅛	1⅞
Epaiſſeur des Barrots	8¼	8	7¼	6⅞	6½	6⅛	5¼	5½	4¾	4¼	3⅜	3
Les Courbes diminuent, juſqu'à	6½	6	5½	5¼	4¾	4⅞	4	3¾	3½	3¼	3	2¼
L'épaiſſeur du bordage du Gaillard d'Arriere	3	2⅞	2¾	2½	2¼	2	2	2	2	1¾	1¼	1½
Les cornieres de la Voûte diminuent, juſqu'à	10	9½	9	8½	8	7½	7	6½	6	5½	5	4
L'épaiſſeur de la tête du Gouvernail	23	21⅝	20¼	19⅝	18½	17⅛	15⅞	14⅞	14	12	11	8
Celle de la barre du Gouvernail	10½	10	9¼	8½	8	7½	7	6½	6	5½	5	4
La grandeur de la Mortaiſe	9	8⅜	8¼	7¾	7¼	6¾	6¼	5¾	5¼	4⅞	4½	3

L'extrémité antérieure de la quille ſera $\frac{11}{12}$, & l'autre extrémité à l'arriere $\frac{5}{6}$ de l'épaiſſeur qu'elle a dans ſon milieu. L'épaiſſeur de l'étambot vis-à-vis la liſſe de hourdy, celle de l'étrave vis-à-vis la premiere préceinte, ſe trouvent aſſez ſemblables à celle de la quille dans ſon milieu; mais l'extrémité la plus élevée de l'étrave, eſt plus épaiſſe de $\frac{1}{6}$ partie.

La Table qui ſuit, eſt pour un Navire armé en courſe.

Proportions des bois de chêne, qui entrent dans la construction d'un Navire armé en course, pied Suédois.

LONGUEUR, DE POUPPE A PROUE	160	150	140	130	120	110	100	90	80	70	60	50
LARGEUR	41	38	36	34	32	29	27	25	22	19	17	15
Epaisseur de la Quille	15½	14¼	14⅛	14⅛	12½	11¾	11	10	9	8	7	5½
Celle de l'Etambot à la hauteur de la lisse de Hourdy	16	15½	15	14¼	13½	12½	11¼	10½	9¼	8	7	5½
L'épaisseur de l'Etrave à hauteur de la 1re Préceinte	15½	14¾	14⅛	13¾	12½	11¼	11	10	9	8	7	5½
L'extrémité supérieure de l'Etrave, *idem*	21	20	19	18	16¼	15¼	14¼	13¼	12½	11¼	9½	7
Les Varangues & les genoux équarris, *idem*	11¾	10½	10	9½	9	8½	7⅞	7¼	6⅝	6	5½	5
L'épaisseur de tous les autres couples	10¾	10	9½	9	8½	8	7⅛	6¼	6⅛	5½	5	4½
Idem, à la flottaison	11	10¼	9½	8¼	8	7⅜	6¼	6½	5½	5	4½	4
Idem, à la hauteur du Pont	9	8	7¼	6½	5¼	5⅜	4⅞	4⅜	3¼	3½	3¼	3
Idem, au Plat-bord	5	4¼	4½	4¼	4	3¾	3½	3¼	3	2⅞	2¼	2¼
Epaisseur de la premiere Préceinte	7	6⅛	6¼	5⅞	5½	5	4½	4¼	3⅞	3½	3¼	2¼
Celle des bordages du Fond	4	3¾	3½	3¼	3	2¾	2⅝	2½	2⅛	2¼	2	1½
Les Bordages au-dessus de la Précente, près la Préceinte	3½	3¼	3	2⅞	2¾	2⅝	2½	2⅜	2¼	2⅜	1⅜	1⅝
Les Bordages au-dessus de la Précente, proche le Plat-bord	3	2¾	2½	2⅞	2¼	2⅛	2	1⅞	1¾	1½	1⅜	1¼
Ceinture des Vaigres	5	4¼	4⅜	4	3¾	3½	3¼	3	2⅞	2½	2	1¾
Les Baux du faux Pont	9½	8¼	8¼	7¾	7¼	6¾	6½	—	—	—	—	—
Les Vaigres	3	2⅞	2¼	2⅜	2½	2⅛	2¼	2⅜	2	1⅞	1½	1¼
Les Bauquierres	6	5⅝	5¼	4⅜	4½	4⅛	3¾	3⅜	3	2¾	2½	2
Epaisseur des Baux	14	13	12	11	10	9	8½	7½	6¼	6	5	4
Leur largeur	16	15	14	13	11¼	10½	9¾	9	8¼	7½	6¾	5
Courbes du Pont	9¾	8¼	7¼	6¼	6¼	5¼	5¼	4⅜	4½	4	3¼	2¾
Les Serres d'Empâtures	4¾	4⅛	4	3¼	3½	3¼	3	2¾	2½	2¼	2	1½
Les Bauquieres du Gaillard	4	3¾	3½	3¼	3	2⅞	2¼	2⅜	2½	2¼	2	1½
Epaisseur des baux du Gaillard d'arriere	8½	7⅞	7¼	6⅛	6	5	5	4¼	4¼	4	3½	3
Celle des Courbes	6	5½	5	4⅛	4¼	4	3¾	3½	3¼	3⅛	3	2¾
Epaisseur des Barrots de la Dunette	5	—	—	—	—	—	—	—	—	—	—	—
Largeur des mêmes barots	7	—	—	—	—	—	—	—	—	—	—	—
Les Serres de la Dunette	3	2¼	2½	2¼	2	—	—	—	—	—	—	—
L'épaisseur de la tête du Gouvernail	20	19½	18¾	17¾	16½	15¼	14¼	13½	12	11	9¼	7
Celle de la barre du Gouvernail	10	9¼	9¼	8½	7⅞	7¼	6½	5⅞	5⅛	4¾	4¼	3½
L'épaisseur des Bittes en quarré	17	16	15	12¼	11½	10¼	9	8	7½	7	6½	5

Toutes les pieces du navire n'ont pas été ici généralement présentées; parce que les premieres dont on a besoin pour bâtir les navires, n'entraînent après elles d'autres difficultés que selon les circonstances. Celles-là seules nous doivent diriger, si l'on veut trouver proportionnellement ce qu'il en faut saisir d'une maniere qui soit propre à bien exécuter ce qui regarde la construction, pour que la pesanteur du corps en soit pour lors parfaitement calculée. Il doit être même à desirer, que relativement à cette derniere circonstance, on fût en état de présenter, sans exception & généralement ici, comment on trouve dans la préparation, ce qu'il doit entrer de pieds cubiques, des différentes sortes de bois qu'il faut façonner, pour la construction d'un vaisseau.

§. 34.

La maniere usitée de trouver en pieds cubes, ce qu'on emploie en bois de charpente, ne sauroit être assez exacte, soit dans l'achat, soit dans la vente; mais quand le contenu en pieds cubes sera calculé dans la vue uniquement d'en découvrir le poids, cela pour lors doit être censé nécessaire d'en connoître le travail & la solidité. Pourquoi on a trouvé suffisant ce qui a été déduit des deux formules suivantes. La premiere a été tirée des Fluxions de Simpson, *Tom. I. Art.* 154.

Pour

Premiere Formule.

Soit *Fig.* 35, AEGB un corps solide, dont les quatre côtés AH, AF, CH, CF soient un simple plan, & leurs extrémités ADCB, EFGH des rectangles paralleles entr'eux.

Soit supposé que la longueur ou la distance perpendiculaire entre les deux extrémités $= a$, on aura donc la solidité de ce corps. . . . . $= AB \times AD + EH \times EF + \overline{AB \times EH} \times \overline{AD + EF} \times \frac{1}{6} a$. Que si $EF = 0$, alors le corps sera semblable à un coin, mais de moindre épaisseur par une de ses extrémités que par l'autre ; d'où l'on en tirera la solidité $= \overline{2AB + EH} \times AD \times \frac{1}{6} a$; mais si $EF = EH$, ou bien si $AD = AB$, en ce cas le corps sera une pyramide tronquée, ensorte que sa solidité $= \overline{AB^2 + AB \times EH + EH^2} \times \frac{1}{3} a$: enfin si EH a pour sa derniere expression $= 0$, alors la pyramide sera entiere & non tronquée, & sa solidité $= AB^2 \times \frac{1}{3} a$.

Soit, par exemple, $AB = 18$ pouces, $AD = 12$ pouces & $EH = 10$ pouces, ainsi que $EF = 8$ pouces : soit aussi la longueur $a = 20$ pieds, d'où l'on en déduit la solidité $= 18 \times 12 + 10 \times 8 + \overline{18 + 10} \times \overline{12 + 8} \times \frac{1}{6} \times 20 = 2853,33$. Mais les moyens dont on se sert pour prendre les largeurs & épaisseurs, se trouvent usités ordinairement en pouces, il faudra donc diviser par 144 pour avoir la quantité cubique qui y sera contenue, ce qui indique ici $= 19,814$ pieds cubes.

Seconde Formule.

Soit FACDE, *Fig.* 36, un corps solide rond engendré par une ligne courbe ABC, qu'on suppose entraînée autour de la ligne GH comme axe : soit cette ligne génératrice ABC une parabole, qui a son sommet en C : soit aussi la ligne AI une ordonnée parallele à l'axe GH & CI l'abscisse de la même ordonnée ; sa soutangente sera IK. On fera $KI : CI :: m : n$, le parametre étant $= 1$; en sorte que l'équation de la ligne ou parabole, sera $CI^n = AI^m$. Soit la longueur $GH = a$, le diametre $CE = b$, & le diametre $AF = c$.

La quadrature du diametre du cercle nous donne aussi son aire à très-peu de chose près comme 14 à 11, en sorte que la solidité du corps peut très-bien s'exprimer par $\frac{11}{14} a \times \frac{\overline{m+n} \times nc^2 + 2mnbc + 2m^2b^2}{\overline{m+n} \times n + 2mn + 2m^2}$.

Que si la ligne ABC est une parabole conique, on auroit en ce cas $m = 2$, $n = 1$ & la solidité $= \frac{11}{14} a \times \frac{3c^2 + 4bc + 8b^2}{15}$: mais si $c = 0$, la solidité seroit en ce cas $= \frac{11}{14} a \times \frac{8}{15} b^2$.

Que si la ligne ABC est une parabole cubique de la premiere espece, on aura $m = 3$, $n = 1$, & enfin la solidité $= \frac{11}{14} a \times \frac{4c^2 + 6bc + 18b^2}{28}$. Mais si $c = 0$, alors la solidité $= \frac{11}{14} a \times \frac{9}{14} b^2$.

Dans le cas où la ligne parabolique cubique seroit de la deuxieme espece, on auroit $m = 3$, $n = 2$ & la solidité $\frac{11}{14} a \times \frac{10c^2 + 12bc + 18b^2}{40}$; mais lorsque $c = 0$, alors la solidité $= \frac{11}{14} a \times \frac{9}{20} b^2$.

Que si ABC est une ligne droite, en ce cas le corps sera un cône tronqué, & alors $m : n :: 1 : 1$, ainsi que la solidité $= \frac{11}{14} a \times \frac{c^2 + bc + b^2}{3}$: enfin si $c = 0$, le cône cessera d'être tronqué & devient complet, sa solidité $= \frac{11}{14} a \times \frac{b}{3}$.

On demande, par exemple, les pieds cubiques contenus dans une vergue, laquelle a 68 pieds de long, & dans son milieu 17 pouces d'épaisseur, au lieu qu'il n'y a plus que 7 pouces aux extrémités : cela étant, on aura $a = 68$, $b = 17$ & $c = 7$. Que si la ligne dont la vergue a pris sa forme est une parabole cônique, sa solidité sera $= \frac{11}{14} a \times \frac{3c^2 + 4bc + 8b^2}{15}$ $= \frac{11}{14} 68 \times \frac{3 \times 7^2 + 4 \times 17 \times 7 + 8 \times 17^2}{15} = 10454$: mais les épaisseurs 17 & 7 sont en pouces; d'où s'ensuit qu'il faut diviser 10454 par 144, pour avoir la solidité de la vergue $= 72 \frac{6}{10}$ pieds cubiques.

On sait aussi combien pese un pied cubique du même bois dont on a coutume de construire les vergues; en sorte que sa pesanteur suivant les dernieres recherches, a été trouvée, par exemple, de 40 Skaolpunds, & que tel est le poids d'un pied cubique de ce bois. Multipliant cette valeur par 72,6 = 2904 Sklpd, on aura aussi ce produit = 9 Skepunds poids de fer, ou bien si l'on divise 2904 Sklpd. par 63, on doit trouver aussi le poids = 46,1 pieds cubiques d'eau salée.

Cette formule servant à nous faire connoître la solidité renfermée dans un bois arrondi, peut très-bien servir pour la calculer ou jauger les vases les plus renflés par le ventre; car alors on prendra chaque tranche ou section de ce vase pour une des lignes paraboliques mentionnées ci-dessus, & la mesure des sections de la maniere suivante.

On prend en-dedans le diametre de la tonne ou vase, tant au milieu qu'aux deux extrémités : or puisque CE (b) & AF (c) ont une différence, on en supposera donc la moitié entre les données $= n$.

Pour connoître chacune des tranches paraboliques qu'il faut employer dans les calculs, soit employée un canne ou baguette fort droite, qu'on placera sur le vase, & qui puisse le toucher par une de ses extrémités comme en A, ce qui représentera AK de la *Fig.* 36.

Par le point C milieu du vase, faites passer une ligne à plomb, & mesurez-en très-exactement la partie comprise CK entre le vase & la canne ou baguette inflexible : on pourra ſuppoſer, ſi le vaſe eſt uniforme, que toutes les tranches ſont de même épaiſſeur. Cette derniere meſure ou valeur jointe à n ſera une ſomme $= m$: meſurez auſſi en-dedans la longueur du vaſe qu'on ſera $= a$.

Ainſi, dans cet exemple, on aura $a = 4{,}04$, $b = 3{,}4$ pieds, & $c = 2{,}6$ pieds, c'eſt-à-dire, $\frac{b-c}{2} = 0{,}4 = n$. Suppoſons qu'à la diſtance C K depuis l'ouverture de la tonne juſqu'à la baguette, on ait meſuré A K $= 0{,}15$; on aura donc $0{,}4 + 0{,}15 = 0{,}55 = m$.

D'après la formule précédente, on aura le contenu du vaſe ou de la barique $= \frac{11}{14} \times 4{,}04 \times \frac{0{,}95 \times 0{,}4 \times \overline{2{,}6}^2 + 2 \times 0{,}22 \times 8{,}84 + 2 \times 0{,}3025 \times \overline{3{,}4}^2}{0{,}95 \times 0{,}4 + 2 \times 0{,}22 + 2 \times 0{,}3025}$ $= \frac{11}{14} \times 4{,}04 \times \frac{13{,}432}{1{,}425} = \frac{11}{14} \times 4{,}04 \times 9{,}44 = 30$ pieds cubiques ou 300 cannes.

On peut auſſi trouver d'après cette formule, ſoit le diametre, ſoit la ſituation en longueur des tonnes ou barriques, quand la valeur de ce qui y eſt contenu, eſt connue en pouces cubiques.

On veut ſavoir, par exemple, combien s'étend en longueur, une tonne qui renferme 33 pieds cubiques ou 330 cannes.

Soit ſuppoſé (a) pour la longueur & ſon diametre par le milieu (b), mais à ſes extrémités (c) pris en dedans & qu'ils ſont dans le rapport de l'un à l'autre comme 6, 5 & 4, quand on a $b = \frac{5}{6}a$, $c = \frac{4}{6}a$, & ſi les courbures des tranches ſont priſes d'après la parabole cubique de la ſeconde eſpece ; on aura $m = 3$ & $n = 2$, d'où l'on tirera $\frac{11}{14}a^3 \times \frac{10\frac{16}{36} + 12\frac{20}{36} + 18\frac{25}{36}}{10 + 12 + 18} = 33$, c'eſt-à-dire, $a^3 = \frac{33 \times 14 \times \overline{36 \times 10 + 12 + 18}}{11 \times 10 \times \overline{16 + 12 \times 20 + 18 \times 25}} = \frac{665280}{9350} = 70{,}83$, & enfin $a = 4{,}123$, & alors $b = 3{,}436$, & $c = 2{,}749$ pieds.

§. 35.

Comment on doit dreſſer un deſſein en grand, ſur le profil des contours obliques, pour en faire enſuite d'autres meſures obliques.

ON a, par exemple, un vaiſſeau armé en courſe tel qu'eſt celui du n°. 7. *Planche* XXXVIII (de l'Architecture navale marchande de notre Atlas) & qu'il a fallu conſtruire.

Or tant à l'avant qu'à l'arriere, entre les tranches P, Ş, W, ainſi que celles qui ſont déſignées par 21, 24 à l'étrave & à l'étambot, on voit s'élever diverſes tranches, du nombre deſquelles ſont U & R pour l'avant, & 26, 25 & 23 pour l'arriere : voyez auſſi la *Pl.* 10. *Fig.* 37 ; lequel deſſein ſera toujours le même pour le corſaire n°. 7 ; mais pour plus d'évidence, on l'a dreſſé d'après une très-grande échelle.

Un vaiſſeau de cette eſpece ne doit pas avoir plus de varangues pour naviguer, que ceux qui reſtent à ſec, lorſqu'il y a peu d'eau dans l'ébe ou dans le juſant; mais il doit les avoir ſi longues dans ſon milieu, que lorſque ce vaiſſeau panche par un de ſes côtés ſur ſes fonds, alors les extrémités de la varangue s'élevent d'un pied, ſavoir bien au-delà du lieu où elle touche à fond. Mais puiſque le navire avec un fond aigu tel qu'il l'a, ne doit jamais toucher le fond; il eſt donc libre d'accourcir, autant qu'on le voudra, les varangues du fond.

C'eſt pourquoi ſi la maniere ou le bois dont on a conſtruit le vaiſſeau, eſt telle qu'on en peut conſidérer d'abord la forme, ainſi que la longueur, on s'en ſervira facilement pour en marquer le lieu ſur les deſſeins des tranches; d'où ce bois doit être conſidéré comme I, II, III, ou dont les longueurs des varangues ſont ſemblables à IBBI, celles des courbes étant allongées depuis B juſqu'à II, & la premiere ouverture étant depuis I juſqu'à III, la ſeconde depuis II juſqu'à C, & le bordage qui recouvre, ſera depuis III juſqu'à C.

Pareillement on trouve que chaque tranche eſt compoſée des varangues, de deux membres ou courbes, quatre pour les bordages ſupérieurs, & deux pour ce qui recouvre le bordage. Mais puiſque la matiere eſt diſpoſée de maniere qu'il n'eſt pas poſſible de trouver des bois auſſi longs qu'on les a marqués, on doit, dans la ſéparation, faire quelque réforme, & faire plus courts ceux qui ſont de rebut, afin que le nombre des pieces ſupérieures en puiſſe augmenter de part & d'autre; au lieu qu'un bois plus court, ne peut être employé de la même maniere qu'à des courbes de rebut, lorſque les varangues ont ſix pieds, & que d'autres pieces de rebut de $4\frac{1}{2}$ pieds ne pourroient plus ſervir pour un navire de cette force.

Or puiſque toutes les pieces de rebut ſont notées de cette maniere, il reſte à tracer ſur le deſſein des tranches toutes les lignes diagonales 1, 2, 3, 4, 5, 6 & 7 légérement & ſelon la direction des planches; & après ces diagonales on ponctuera de longues traces, à meſure que les tranches s'approcheront de la quille.

Pour trouver la forme du bordage ſupérieur, on tirera une ligne entre la hauteur de celle des épaiſſeurs & celle des ouvertures des rames, de telle maniere que ſur les deſſeins, tant du plan que de l'élévation, cette ligne y ſoit marquée par 8, 9, qui eſt la hauteur de la ligne d'épaiſſeur ou largeur, 10 la ligne des vergues & 11 celle des ſabords.

Dès que cela eſt fait, on marquera les diſtances & autres valeurs dans l'ordre ſuivant.

Diſtribution

baguette inflexible : on pourra fuppofer, fi le vafe eft uniforme, que toutes les tranches font de même épaiffeur. Cette derniere mefure ou valeur jointe à n fera une fomme $= m$: mefurez auffi en-dedans la longueur du vafe qu'on fera $= a$.

Ainfi, dans cet exemple, on aura $a = 4{,}04$, $b = 3{,}4$ pieds, & $c = 2{,}6$ pieds, c'eft-à-dire, $\frac{b-c}{2} = 0{,}4 = n$. Suppofons qu'à la diftance C K depuis l'ouverture de la tonne jufqu'à la baguette, on ait mefuré A K $= 0{,}15$; on aura donc $0{,}4 + 0{,}15 = 0{,}55 = m$.

D'après la formule précédente, on aura le contenu du vafe ou de la barique $= \frac{11}{14} \times 4{,}04 \times \frac{0{,}95 \times 0{,}4 \times \overline{2{,}6}^2 + 2 \times 0{,}22 \times 8{,}84 + 2 \times 0{,}3025 \times \overline{3{,}4}^2}{0{,}95 \times 0{,}4 + 2 \times 0{,}22 + 2 \times 0{,}3025}$ $= \frac{11}{14} \times 4{,}04 \times \frac{13{,}432}{1{,}425} = \frac{11}{14} \times 4{,}04 \times 9{,}44 = 30$ pieds cubiques ou 300 cannes.

On peut auffi trouver d'après cette formule, foit le diametre, foit la fituation en longueur des tonnes ou barriques, quand la valeur de ce qui y eft contenu, eft connue en pieds cubiques.

On veut favoir, par exemple, combien s'étend en longueur, une tonne qui renferme 33 pieds cubiques ou 330 cannes.

Soit fuppofé (a) pour la longueur & fon diametre par le milieu (b), mais fes extrémités (c) pris en dedans & qu'ils font dans le rapport de l'un à l'autre comme 6, 5 & 4, quand on a $b = \frac{5}{6} a$, $c = \frac{4}{6} a$, & fi les courbures des tranches font prifes d'après la parabole cubique de la feconde efpece ; on aura $m = 3$ & $n = 2$, d'où l'on tirera $\frac{11}{14} a^3 \times \frac{10\frac{16}{36} + 12\frac{20}{36} + 18\frac{25}{36}}{10 + 12 + 18} = 33$, c'eft-à-dire, $a^3 = \frac{33 \times 14 \times \overline{36 \times 10 + 12 + 18}}{11 \times 10 \times \overline{16 + 12 \times 20 + 18 \times 25}} = \frac{665280}{9350} = 70{,}83$, & enfin $a = 4{,}123$, & alors $b = 3{,}436$, & $c = 2{,}749$ pieds.

§. 35.

Comment on doit dreffer un deffein en grand, fur le profil des contours obliques & falle des gabarits, pour en faire enfuite d'autres mefures obliques & gabarits.

ON a, par exemple, un vaiffeau armé en courfe tel qu'eft celui du n°. 7. (*Planche* XXXVIII de l'Architecture navale marchande de notre Atlas) & qu'il a fallu conftruire.

Or tant à l'avant qu'à l'arriere, entre les tranches P, S, W, ainfi que celles qui font défignées par 21, 24, à l'étrave & à l'étambot, on voit s'élever diverfes tranches, du nombre defquelles font U & R pour l'avant, & 26, 25 & 23 pour l'arriere : voyez auffi la *Pl.* VII *Fig.* 37 ; lequel deffein fera toujours le même comme pour le corfaire n°. 7 ; mais pour plus d'évidence, on l'a dreffé d'après une très-grande échelle.

Un vaiſſeau de cette eſpece ne doit pas avoir plus de varangues pour naviguer, que ceux qui reſtent à ſec, lorſqu'il y a peu d'eau dans l'ébe ou dans le juſant; mais il doit les avoir ſi longues dans ſon milieu, que lorſque ce vaiſſeau panche par un de ſes côtés ſur ſes fonds, alors les extrémités de la varangue s'élevent d'un pied, ſavoir bien au-delà du lieu où elle touche à fond. Mais puiſque le navire avec un fond aigu tel qu'il l'a, ne doit jamais tirer beaucoup d'eau; il eſt donc libre d'accourcir, autant qu'on le voudra, les varangues du fond.

C'eſt pourquoi ſi la matiere ou le bois dont on a conſtruit le vaiſſeau, eſt telle qu'on en peut conſidérer d'abord la forme, ainſi que la longueur, on s'en ſervira facilement pour en marquer le lieu ſur les deſſeins des tranches; d'où ce bois doit être conſidéré comme I, II, III, ou dont les longueurs des varangues ſont ſemblables à IBBI, celles des courbes en genouil étant allongées depuis B juſqu'à II, & la premiere allonge doit s'étendre depuis I juſqu'à III, la ſeconde depuis II juſqu'à C, & l'allonge de revers ſera depuis III juſqu'à C.

Pareillement on trouve que chaque couple ou tranche eſt compoſée d'une varangue, de deux genoux & quatre allonges, & deux allonges de revers. Mais puiſque la matiere eſt d'une telle qualité ou condition qu'il n'eſt pas poſſible de trouver des bois auſſi longs qu'on les a marqués, on doit, dans la diſtribution, faire quelque réforme, & faire plus courts les genoux qui ſont de rebut, afin que le nombre des allonges en puiſſe augmenter d'autant de part & d'autre; au lieu qu'un bois plus court ne peut être employé, à moins que les genoux de rebut, ainſi que les varangues n'aient ſix pieds, & que les autres pieces de rebut ſoient de $4\frac{1}{2}$ pieds pour un navire de cette force.

Or puiſque toutes les pieces de rebut ſont notées de cette maniere, il reſte à tracer ſur le deſſein des tranches toutes les liſſes ou lignes diagonales 1, 2, 3, 4, 5, 6 & 7 légérement & ſelon la direction des planches; & après ces liſſes viennent tous les bordages à clous, à meſure que les coupples s'éleveront de la quille.

Pour trouver la forme des allonges de revers, on tirera une ligne entre le plus haut de la ligne du fort & celle de la liſſe du platbord, de telle maniere que ſur les deſſeins, tant du plan que de l'élévation, cette ligne y ſoit marquée par 8. 9 eſt la hauteur de la ligne d'épaiſſeur, ou du fort, 10 la ligne de la liſſe du platbord, & 11 celle de la liſſe d'acaſtillage.

Dès que cela eſt fait, on marquera les diſtances & autres valeurs dans l'ordre ſuivant.

Diſtribution

Distribution des Tranches ou Couples.

	Pieds	Pouc.	$\frac{1}{8}$
Depuis l'Etambot jusqu'à 26	2	4	4
de 26 à 25	1	3	2
25 . . . 24	2	6	3
24 . . . 23	3	1	2
23 . . . 21	3	1	2
21 . . . 18	6	2	4
18 . . . 15	6	2	4
15 . . . 12	6	2	4.
12 . . . 9	6	2	4
9 . . . 6	6	2	4
6 . . . 3	6	2	4
3 . . . ⊙	6	2	4
⊙ . . . C	6	2	4
C . . . F	6	2	4
F . . . I	6	2	4
I . . . M	6	2	4
M . . . P	6	2	4
P . . . R	3	1	2
R . . . S	3	1	2
S . . . U	3	1	2
U . . . W	3	1	2
De W à la perpendic. à l'étrave.	3	2	3

Longueur de l'étrave à l'étambot 102 ·6
Entre les Perpendiculaires.

Tranche ⊙.

	Hauteur depuis la Rablure.			Demi-largeur.		
	Pieds	Pouc.	$\frac{1}{8}$	Pieds	Pouc.	$\frac{1}{8}$
Premiere Diagonale où lisse.	1	2	1	2	3	7
Seconde.	1	10	5	4	4	3
Entre la premiere & seconde.	2	2	6	5	8	4
Troisieme diagonale.	2	8	2	7	2	2
Entre la troisieme & quatr	3	3	1	8	6	4
Quatrieme diagonale	3	11	6	9	9	4
Entre la quatrieme & cinq.	4	10	6	10	11	7
Cinquieme diagonale.	5	11	6	12	0	1
Entre la cinquieme & sixieme	7	2	3	12	10	3
Sixieme diagonale.	8	5	6	13	5	4
Septieme.	10	4	0	13	10	1
Hauteur de la ligne du fort.	11	11	2	13	10	5
Entre la ligne du fort & platbord	14	6	7	13	1	3
Et le Platbord.	17	2	1	13	9	5

Hauteurs des Lisses ou diagonales sur la ligne du milieu.

	A l'Avant.			A l'arriere.		
	Pieds	Pouc.	$\frac{1}{8}$	Pieds	Pouc.	$\frac{1}{8}$
Premiere Diagonale.	3	10	1	5	10	3
Seconde.	5	10	3	7	10	5
Troisieme.	8	2	4	10	4	2
Quatrieme.	10	9	2	13	6	5
Cinquieme.	13	3	2	16	4	5
Sixieme.	15	9	4	18	5	1
Septieme.	17	3	.1	20	3	4

Le Maître-couple de l'arriere.

	Hauteur depuis la Rablure.			Demi-largeur.		
	Pieds	Pouc.	$\frac{1}{8}$	Pieds	Pouc.	$\frac{1}{8}$
A la Tranche. 3	12	0	0	13	10	1
6	12	1	3	13	8	2
9	12	4	1	13	5	6
12	12	7	7	13	1	7
15	13	1	0	12	8	4
18	13	7	5	12	1	4
21	14	3	6	11	4	3
23	14	8	6	10	11	5
24	15	2	4	10	5	4
25	15	7	2	10	0	4
26	15	9	6	9	10	0
Estains.	16	1	0	9	6	3
Allonges de Corniere.	16	9	1	8	9	7

Le Maître-couple de l'avant.

	Hauteur depuis la Rablure.			Demi-largeur.		
	Pieds	Pouc.	$\frac{1}{8}$	Pieds	Pouc.	$\frac{1}{8}$
A la Tranche. C	11	11	6	13	10	1
F	12	1	4	13	9	—
I	12	4	5	13	6	4
M	12	10	3	13	—	5
P	13	6	5	12	1	—
R	13	11	6	11	1	6
S	14	5	7	9	8	—
U	15	1	2	7	5	5
W	15	9	7	3	11	6
à l'Etrave.	16	4	6			

Entre la ligne du Fort & le Platbord.

A l'arriere.

	Hauteur depuis la Rablure.			Demi-largeur.		
	Pieds	Pouc.	$\frac{1}{8}$	Pieds	Pouc.	$\frac{1}{8}$
A la Tranche. 3	14	7	4	13	1	—
6	14	8	4	13	—	—
9	14	10	6	12	9	6
12	15	1	4	12	6	3
15	15	4	7	12	1	6
18	15	8	7	11	7	6
21	16	2	0	11	—	2
24	16	8	0	10	3	1
Estains.	17	3	0	9	4	5
Allonges de Corniere.	17	8	0	8	8	6

A l'avant.

	Hauteur depuis la Roblure.			Demi-largeur.		
	Pieds	Pouc.	$\frac{1}{8}$	Pieds	Pouc.	$\frac{1}{8}$
A la Tranche. C	14	7	3	13	1	3
F	14	8	—	13	—	3
I	14	10	—	12	10	4
M	15	—	7	12	5	4
P	15	4	7	11	7	4
R	15	7	3	10	9	7
S	15	10	7	9	6	4
U	16	2	2	7	5	5
W	16	7	0	3	11	6
à l'Etrave.	16	10	3			

La Diagonale ou lisse de Platbord de l'arriere.

	Hauteur depuis la Rablure.			Demi-largeur.		
	Pieds	Pouc.	⅛	Pieds	Pouc.	⅛
A la Tranche 3	17	2	5	11	9	3
6	17	3	7	11	8	3
9	17	5	7	11	6	3
12	17	8	5	11	3	2
15	17	11	7	10	10	6
18	18	4	—	10	5	2
21	18	8	7	9	10	1
24	19	3	4	9	1	6
Estains.	19	10	5	8	3	6
Allonges de Corn.	20	4	2	7	7	6

La Diagonale de Platbord de l'avant.

	Hauteur depuis la Rablure.			Demi largeur.		
	Pieds	Pouc.	⅛	Pieds	Pouc.	⅛
A la Tranche..... C	17	2	5	11	9	1
F	17	3	3	11	8	—
I	17	5	—	11	5	5
M	17	7	7	11	1	3
P	17	11	6	10	5	—
R	18	2	3	9	10	1
S	18	5	2	8	11	7
U	18	9	4	7	8	4

La Diagonale d'Accastillage de l'arriere.

	Hauteur depuis la Rablure			Demi-largeur.		
	Pieds	Pouc.	⅛	Pieds	Pouc.	⅛
A la Tranche 15	19	3	1	10	4	2
18	19	7	1	9	11	—
21	19	11	7	9	4	4
24	20	6	1	8	8	3
Estains.	21	1	7	7	10	1
Allonges de Corn.	21	8	—	7	2	3

La Diagonale d'Accastillage de l'avant.

	Hauteur depuis la Rablure.			Demi-largeur.		
	Pieds	Pouc.	⅛	Pieds	Pouc.	½
A la Tranche.. . M	18	8	7	10	9	6
P	19	—	7	10	2	—
R	19	4	—	9	8	—
S	19	7	2	8	11	2
U	19	11	2	7	10	7

Partages pour les Lisses ou Diagonales de l'arriere.

Premiere Diagonale.

	Pi.	Po	⅛
Depuis ☉ à 3	—	—	7
☉. ... 6	—	3	3
9	—	6	7
12	—	10	7
15	1	4	3
18	1	10	6
21	2	7	7
23	3	1	6
24	3	8	—
25	4	3	2
26	4	6	4
Jusqu'au milieu. ou ligne du milieu.	5	3	—

Seconde Diagonale.

	Pi.	Po	⅛
Depuis ☉ à 3	—	1	3
6	—	5	1
9	—	10	4
12	1	5	3
15	2	2	2
18	3	—	7
21	4	1	7
23	4	10	—
24	5	7	3
25	6	4	—
26	6	8	5
Jusqu'au milieu.	7	5	1

Troisieme Diagonale.

	Pi.	Po	½
Depuis ☉ à 3	—	2	—
6	—	7	4
9	1	3	—
12	2	—	5
15	3	—	4
18	4	2	2
21	5	7	2
23	6	5	7
24	7	6	3
25	8	8	—
26	9	4	5
Jusqu'au milieu.	10	6	—

Quatrieme Diagonale.

	Pi.	Po	⅛
Depuis ☉ à 3	—	2	4
6	—	7	7
9	1	4	—
12	2	2	3
15	3	3	4
18	4	6	4
21	6	—	5
23	6	11	6
24	8	1	6
25	9	4	4
26	10	3	4
Jusqu'à la lisse de hourdy.	11	5	6
Jusqu'au milieu.	13	8	2

Cinquieme Diagonale.

	Pi.	Po	⅛
Depuis ☉ à 3	—	2	—
6	—	5	6
9	1	1	—
12	1	10	4
15	2	10	—
18	4	—	3
21	5	6	2
23	6	5	1
24	7	5	6
25	8	6	1
26	9	1	5
Jusq. lisse de hourdy.	9	8	6
Jusqu'au milieu..	15	11	—

Sixieme diagonale.

	Pi.	Po	⅛
Depuis ☉ à 3	—	1	4
6	—	4	1
9	—	9	2
12	1	1	1
15	2	1	3
18	3	1	4
21	4	5	4
23	5	2	4
24	6	1	2
25	6	10	6
26	7	3	7
Jusq. lisse de hourdy.	7	9	5
Jusqu'au milieu.	16	8	7

Septieme Diagonale.

	Pi.	Po	⅛
Depuis ☉ à 3	—	—	6
6	—	3	3
9	—	7	4
12	1	—	7
15	1	8	2
18	2	6	2
21	3	7	4
23	4	3	2
24	5	—	1
25	5	7	7
26	5	11	7
Jusqu'au milieu	17	—	6

Lisse du fort sur la Préceinte.

	Pi.	Po	⅛
Depuis la Rabl[re]. à 3	11	11	6
6	12	—	6
9	12	3	—
12	13	5	6
15	12	9	2
18	13	1	6
21	13	7	2
23	13	10	3
24	14	2	—
25	14	5	1
26	14	6	5
Jusqu'aux Estains.	14	8	3

Partage pour les Diagonales de l'avant.

	1re. Diagonale.			2de. Diagonale.			3me. Diagonale.			4me. Diagonale.		
	Pieds.	Pouces	$\frac{1}{8}$	Pieds.	Pouces	$\frac{1}{8}$	Pieds.	Pouces	$\frac{1}{8}$	Pieds.	Pouces	$\frac{1}{8}$
Depuis ⊙ jusqu'à C	—	—	—	—	—	4	—	1	6	—	1	7
F	—	—	4	—	2	1	—	5	2	—	6	—
I	—	2	1	—	6	1	1	—	7	1	2	3
M	—	5	5	1	—	7	1	11	5	2	3	4
P	1	—	—	1	11	5	3	2	3	3	10	—
R	1	4	3	2	6	6	4	—	1	4	10	1
S	1	9	5	3	2	7	4	11	7	6	1	—
U	2	4	5	4	—	7	6	2	3	7	8	—
W	—	—	—	5	—	7	7	7	4	9	8	—
Jusqu'au milieu. . .	3	6	5	5	11	1	9	1	—	11	11	4

5me. Diagonale.				6me. Diagonale.				7me. Diagonale.				L'angle sup. de la Lisse du fort.			
Depuis ⊙ à C	—	1	—	Depuis ⊙ à C	—	—	5	Depuis ⊙ à C	—	—	4	Depuis la Rabl. en C	11	11	5
F	—	4	2	F	—	3	—	F	—	2	2	F	12	—	3
I	—	11	7	I	—	8	4	I	—	5	7	I	12	2	1
M	2	—	2	M	1	6	4	M	1	2	1	M	12	4	7
P	3	8	—	P	3	—	4	P	2	5	6	P	12	9	—
R	4	9	6	R	4	2	—	R	3	6	6	R	12	11	5
S	6	3	1	S	5	8	1	S	5	1	1	S	13	3	—
U	8	2	6	U	7	11	5	U	7	6	—	U	13	7	1
W	10	11	2	W	11	3	7	W	11	1	5	W	13	11	6
Jusqu'à la ligne du milieu. . .	14	—	6	Jusqu'à la ligne du milieu. . . .	15	4	—	Jusqu'à la ligne du milieu. . . .	15	6	1	Vis-à-vis les côtés de l'étrave, &c.	14	3	3

D'après ces mesures s'éleve ensuite en grand au modéle des gabarits (d'après la mesure ordinaire en pieds) tout ce que l'on peut tirer de ces desseins ou plans. Les couples & toutes les lignes courbes s'élevent d'après de grandes & menues planches d'équerres & autres courtes pratiques abrégées, afin que celles-là s'y prêtent par tous les points.

La quille, l'étrave & l'étambot ont leur demi-épaisseur marquée à chaque côté de leurs lignes du milieu, sur les plans ou desseins des tranches : pareillement on a tiré les lignes ponctuées *a a* qui indiquent la profondeur de la rablure de la quille ; de même on aura la ligne *b b* qui désignera la demi-largeur de la rablure vers les tranches de la proue & la pouppe.

De plus, l'angle au-dessus & au-dessous de la préceinte est marqué par 12 & 13. Ainsi, pour pouvoir connoître si les desseins des tranches sont bien représentés, comme aussi pour trouver les angles obliques, on doit tirer toutes les lisses ou diagonales depuis l'étrave & l'étambot jusqu'à la tranche ⊙ ; c'est pourquoi sur toutes les diagonales 1, 2, 3, &c, on aura soin de prendre la distance de la ligne du milieu à chacune de toutes les tranches ou couples sur le dessein qui les représente, & on l'appliquera depuis la ligne du milieu DD sur les lignes des couples ou tranches correspondantes du plan ou dessein, d'où l'on reconnoîtra les lignes diagonales ou lisses 1,1 . 2,2 . 3,3, &c.

Il y a aux bois de constructions ceux qui sont à chaque extrémité intérieure du navire, & qui ne sauroient s'y trouver à angles droits avec la ligne du milieu DD ; car alors la courbure y doit être très-grande, & on y aura toujours besoin d'une grande épaisseur du bois, pour se prêter aux angles obliques. C'est pourquoi il est usité dans les constructions de leur donner la situation verticale, mais pour se tourner de part & d'autre, eu égard soit au plan d'élévation, soit aussi pour que jusqu'à la ligne du milieu D D, ainsi que sont K E, F F, G G & H H : ces trois dernieres peuvent s'appeller bois contourné & incliné, on doit appeller K E ou tout ce qui est l'arriere-bois de rançon, ce qui déterminera la longueur de toutes les barres d'arcasses & du Pont.

La largeur I K de la lisse de hourdy, à son extrémité supérieure, déterminera la situation de l'angle le plus en arriere du bois de rançon, relativement à la lisse de hourdy : on tirera de K la ligne K E; en sorte que l'angle le plus en arriere du bois de rançon, doit donner la place ou situation de ce bois, pour que par ses angles obliques il puisse se retrouver au plutôt & au-dedans à angles droits.

On doit aussi pareillement porter l'extrémité E fort loin de l'étambot ; d'autant que les parties inférieures de la lisse de hourdy en deviennent par-là plus longues, & puisqu'en même temps elles en doivent être d'autant plus courbes, il en naît de la difficulté pour trouver le bois qu'il y faudroit employer. Le bois dévoié se contourne comme on le demande, mais non pas trop, puisqu'autrement l'avant-bois deviendroit trop pointu en dessous.

Pour trouver la forme de ces bois, tirez sur le dessein des tranches, la ligne de flottaison ; d'abord d'après l'angle supérieur de toutes les barres d'arcasse L, M, N, O; comme aussi d'après plusieurs qui sont au-dessous telles que *c*, *d*, *e*, *f*, *g* selon ce qu'on exige, de même qu'au dehors *h*, *i*, *k*, *l*, *m* & *n*. Or d'après ces lignes, on les formera depuis la flottaison dans les desseins ou plans, qu'on aura soin de marquer par les mêmes lettres.

Si les lignes M, N, O se trouvent avoir pris leur forme de l'angle supérieur des barres d'arcasse & de la lisse de hourdy, en ce cas celles des barres supérieures prendront leur obliquité I K vers leurs extrémités.

Sur tous les lieux où la flottaison dans les desseins ou plans, coupe la ligne K E ou l'angle en arriere du bois de rançon, prenez-en la distance à E, & appliquez-la à la même distance de la ligne du milieu sur le dessein des tranches chacun sur sa ligne d'eau correspondante, & alors une ligne tirée par tous ces points, fera naître une ligne *q q*, qui indiquera la forme du bois de rançon.

A une distance de la ligne K E pareille à l'épaisseur du bois de rançon, tirez une ligne *p r* parallele à la ligne K E, de E tirez E *p* à angles droits avec K E : dans tous les lieux où les lignes d'eau coupent la ligne *p r*, prenez-en prenez-en la distance *a p*, & appliquez la même distance comme ci-dessus, depuis la ligne du milieu sur le dessein des plans, chacune sur sa ligne d'eau correspondante : tirez par tous ces points la ligne *s s*, ce qui sera naître la ligne de l'angle d'avant du bois de rançon, & ce qui, par conséquent donne la distance entre les lignes *q q* & *s s*, dont la grande obliquité du bois se retrouvera à angles droits soit au-dedans soit au-dehors.

Pour trouver quelles sont les diagonales qui coupent le bois de rançon *q q*, prenez les distances, là où les lignes d'eau coupent la ligne K E à angles droits avec la ligne du milieu D D, & appliquez-les depuis la ligne du milieu sur le dessein, sur leurs lignes d'eau correspondantes : par tous ces points tirez la ligne *t t*, en sorte qu'elle représente l'angle de l'arriere du bois de rançon, telle qu'il se présente à l'arriere.

Des points *u u* où cette ligne est coupée diagonalement, tirez la ligne horisontale *w u ;* & là où ces petites lignes coupent la ligne *q q*, comme en *w w*, ce sera le lieu sur le bois qui sera traversé diagonalement.

Pour trouver le lieu sur le bois de rançon rencontré par les diagonales.

De tous les points sur le dessein des tranches, là où les diagonales 1, 1 . 2, 2 . 3, 3, &c. coupent la tranche, prenez à angles droits leur distance à la ligne du milieu, & appliquez sur la ligne des tranches correspondantes sur le dessein ou plan, à prendre depuis la ligne du milieu D D ; il en proviendra ce que l'on nomme les lignes horisontales & diagonales 1, 2, 3, &c. lesquelles sont ici ponctuées.

Des points *x x*, là où ces lignes coupent la ligne K E, tirez les petites lignes *x y*, *x y* à angles droits sur la ligne du milieu D D, & là où ces lignes couperont les diagonales 1, 1 . 2, 2 . 3, 3, &c. tels qu'en *y* ; ce sera le lieu où le bois de rançon doit être coupé diagonalement.

L'obliquité qui se trouve vers l'extrémité des pieces qui traversent à la pouppe, peut se déduire par celle des bois de rançon ; mais celle qui est entre le milieu & les bouts des pieces susdites, se trouvera comme il suit.

Sur le dessein des plans, tirez les lignes IV, V, VI, telles qu'on les demande, pourvu qu'elles demeurent paralleles à la ligne du milieu D D, & là où ces lignes couperont les lignes d'eau, prenez-en la distance à la perpendiculaire ou tranche qui passe par l'étambot : appliquez-là depuis la même perpendiculaire sur les lignes d'eau correspondantes sur le plan d'élévation : tirez par ces points les lignes IV, V, VI ; ce qui en indiquera l'obliquité relativement aux pieces ou traversins : l'inclinaison des poutres les plus basses des traversins se prend d'après les tranches 25 & 26.

Pour trouver la forme & l'inclinaison, sur l'angle du bois de la pouppe & de la proue, on opérera de la même maniere que sur le bois de rançon, ce qui est évident d'ailleurs, puisqu'on peut le tirer aussi des plans ou desseins.

Après toutes ces tranches dont on vient de parler, celles des angles du bois, celles des pieces de traverse, & autres, se présentent d'abord les mesures des ouvrages en sapin, sur lesquelles seront marqués les places de toutes les diagonales, la hauteur de la grande épaisseur, l'ouverture des rames, les bandes ou montées & le tillac, si on l'exige.

La derniere courbe qui se trouve à l'avant ou à l'arriere, donne après qu'on l'a relevée sur le plan ou dessein, les diagonales 1, 1 . 2, 2 . 3, 3, &c. de deux pouces d'épaisseur en planches de sapin, jusqu'à ce qu'on ait suffisamment trouvé la force qui doit être de les doubler l'une sur l'autre.

Une couple des avant-proues tient au-devant des bandes : elles peuvent être situées ou bien horisontalement, ou bien suivant un ligne droite qui devient, autant qu'il est possible, parallele aux lisses.

Les mesures des varangues & membres les font si larges à leur milieu, parce qu'il les faut faire beaucoup plus hautes.

Les obliquités où le bois doit être recoupé, sont désignées soit par leurs propres mesures, soit par les mesures ordinaires de leurs plans.

Il est nécessaire de procéder à tout cela avec la plus grande exactitude possible, y réfléchissant & agissant de concert avec les mesures, & cela non pas seulement eû égard aux soins qu'on apporte en construisant à l'aide des plans; mais aussi sans négliger l'épargne ou l'économie des travaux journaliers, parce que dans la collection des tranches, & à mesure qu'on s'élevera sur la quille, on n'a pas seulement besoin d'égaliser plus en détail, pour ajuster l'une après l'autre, mais aussi afin de pouvoir couper aussi tous les bouts de la charpente, d'après les mêmes mesures aussi-tôt qu'elles seront numérotées.

§. 36.

Échelle pour dresser les Desseins & Élévations.

Supposons qu'on doive élever une échelle de desseins pour le corsaire du n°. *6. Pl.* XXXII, dont le déplacement a été calculé au §. 4.

Le calcul, pour former cette échelle, est fondé sur ce qu'elle tire son commencement de la ligne d'eau supérieure ou flottaison, afin que toute la solidité qui se trouve au-dessous de la ligne d'eau supérieure, jusqu'aux autres lignes d'eau plus abaissées, puisse être par-là connue ; & voici l'opération de la maniere suivante.

Trouver la solidité entre la premiere & la seconde ligne d'eau.

$\frac{1}{2}$ aire de la ligne d'eau supérieure §. 4.	1293,91
Celle de la seconde ligne d'eau.	1178,03
2)	2471,94
Moitié qu'il faut multiplier par la distance qui est entre les lignes d'eau.	1235,97
	1,62
$\frac{1}{2}$ solidité entre la 1re. & la 2de. ligne d'eau. =	2002,27
Pour le franc-bord.	50,73
A l'étrave & à l'étambot.	2,00
Pieds cubiques.	2055,00
Déplacement pour la profondeur de 1,62 pieds.	2
Donc au-dessous de la flottaison. =	4110,00 = 45,16 lastes.

Trouver la solidité entre la premiere & la troisieme ligne d'eau.

$\frac{1}{2}$ aire de la premiere ligne d'eau.	1293,91	1	= 1293,91
Celles de la seconde.	1178,03	4	= 4712,12
troisieme.	1030,69	1	= 1030,69
Qu'il faut multiplier par le $\frac{1}{3}$			7036,72
de la Distance entre les tranches.			= 0,54
$\frac{1}{2}$ solidité entre la premiere & troisieme ligne d'eau.			3799,83
Pour le bordage.			104,17
A l'étrave & à l'étambot.			4,00
Pieds cubiques.			3908,00
Déplacement pour 3,24 pieds de profondeur.			2
Donc au-dessous de la ligne d'eau supérieure.			7816,00 = 85,89 lastes.

Pour trouver la solidité entre la premiere & la quatrieme ligne d'eau.

$\frac{1}{2}$ aire de la troisieme ligne d'eau.	1030,69
Celle de la quatrieme ligne d'eau.	856,93
Diviseur. . . . 2)	1887,62
La moitié.	943,81
A multiplier par la distance, entre les lignes d'eau.	1,62
Moitié de la solidité, entre la troisieme & 4me. ligne d'eau.	1528,97
$\frac{1}{2}$ solidité, entre la premiere & troisieme ligne d'eau.	3799,83
$\frac{1}{2}$ solidité, entre la premiere & quatrieme ligne d'eau.	5328,80
Le bordage.	165,20
A l'étrave & à l'étambot.	6,00
Pieds cubiques.	5500,00
Déplacement pour 4,86 pieds.	2
Donc au-dessous de la flottaison ou ligne d'eau supérieure.	11000,00 = 120,88 lastes.

Pour trouver la solidité, entre la premiere & cinquieme ligne d'eau.

$\frac{1}{2}$ aire de la premiere ligne d'eau. . . .	= 1293,91	1 =	1293,91
Celle de la seconde.	= 1178,03	4 =	4712,12
troisieme.	= 1030,69	2 =	2061,38
quatrieme.	= 856,93	4 =	3427,72
cinquieme.	= 662,38	1 =	662,38
			12157,51
A multiplier par le $\frac{1}{3}$ de la distance, entre les tranches. . . .			0,54
$\frac{1}{2}$ solidité, entre la premiere & la cinquieme ligne d'eau. . .			6565,05
Le bordage.			239,95
A l'étrave & à l'étambot.			9,00
Pieds cubiques. . . .			6814,00
Déplacement pour 6,48 pieds.			2

Donc au-dessous de la flottaison ou lig. d'eau supérieure. = 13628,00 = 149,75 lastes.

Pour trouver la solidité, entre la premiere & sixieme ligne d'eau.

$\frac{1}{2}$ aire de la cinquieme ligne d'eau.	662,38
Celle de la sixieme.	434,83
Diviseur. . . . 2)	1097,21
La moitié.	548,60
A multiplier par la distance, entre les lignes d'eau.	1,62
$\frac{1}{2}$ solidité, entre la premiere & sixieme ligne d'eau. . . .	888,73
$\frac{1}{2}$ solidité, entre la premiere & cinquieme ligne d'eau. . . .	6565,05
$\frac{1}{2}$ solidité, entre la premiere & sixieme ligne d'eau.	7453,78
Le bordage.	335,22
A l'étrave & à l'étambot.	12,00
Pieds cubiques. . . .	7801,00
Déplacement pour 8,1 pieds.	2

Donc au-dessous de la flottaison ou lig. d'eau supérieure. = 15602,00 = 171,45 lastes.

Pour trouver la solidité, entre la premiere & septieme ligne d'eau.

$\frac{1}{2}$ solidité, entre la premiere & septieme ligne d'eau.	7957	*Voyez* §. 4.
Le bordage.	426	
A l'étrave & à l'étambot.	16	
Pieds cubiques.	8399	
Déplacement pour 9, 72 pieds.	2	

Donc au-dessous de la flottaison ou ligne d'eau supérieure. . = 16798 = 184,6 lastes.

Solidité depuis la premiere ligne d'eau jusqu'à la quille.

$\frac{1}{2}$ solidité, entre la premiere ligne d'eau & la quille.	8105
Le bordage.	500
A l'étrave & à l'étambot.	20
Pieds cubiques.	8625
Déplacement pour 11, 2 pieds.	2

Donc au-dessous de la flottaison ou ligne d'eau supérieure. = 17250 = 189,56 lastes.

Pour

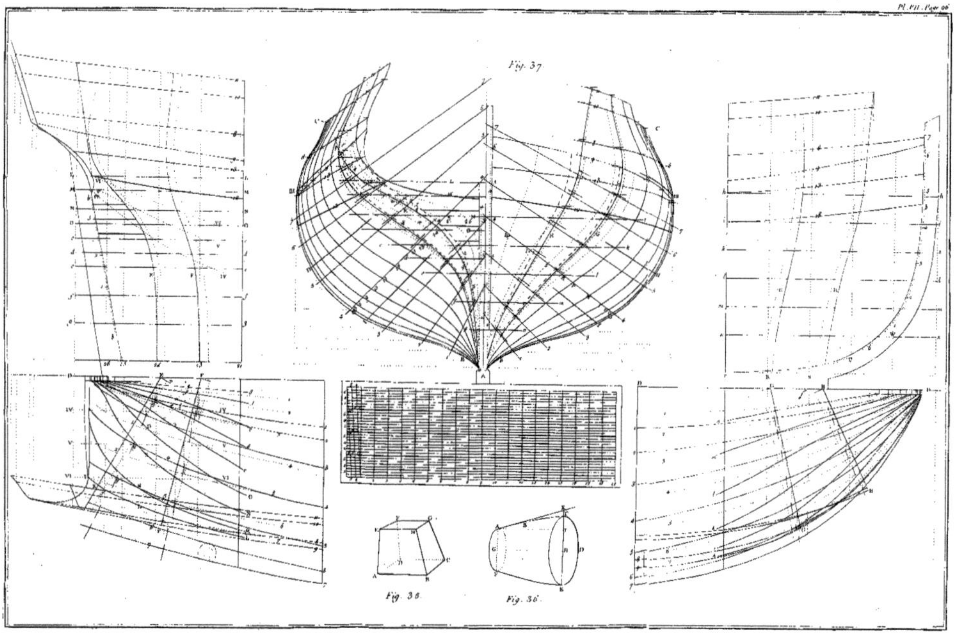
Fig. 37
Fig. 35
Fig. 36

Pour en former une échelle des Plans ou Desseins.

Tirez deux lignes à angles droits l'une fur l'autre, dont l'une fera horizontale & l'autre verticale : élevez fur la ligne horizontale, d'après ce qu'on demande, une échelle des dixmes ou de décimales, afin qu'elles désignent les plus forts lastes; & fur la ligne verticale, appliquez aussi une échelle qui nous donnent les pieds, & qui réponde aussi à ce que l'on demande, comme cela se voit à la *Pl.* XXXII.

Au-dessous de la ligne horizontale, tirez d'autres lignes qui lui soient paralleles, & dont la distance à la ligne supérieure soit comme 1, 62 . 3, 24 . 4, 86 . 6, 48 . 8, 1 . 9, 72 & 11, 2 pieds.

Sur l'échelle où l'on se propose de vérifier & relever les lastes, prenez chacun des lastes numérotés 45, 16 . 85, 89 . 120, 88 . 149, 75 . 171, 45 . 184, 6 & 189, 56, & appliquez-les à compter depuis la ligne verticale fur leurs correspondantes à la ligne horizontale.

Faites passer aussi une ligne par tous les points, en sorte qu'à ce moyen l'échelle des plans & desseins sera achevée.

L'échelle qu'on trouvera dessinée fur la *Pl.* IV, a été faite de la même maniere que celle qu'on vient de construire.

Sur les échelles horizontales, on a marqué en *François*, *Tonneaux*; en *Anglois*, *Tons* & en *Suédois*, *Forts-lastes*.

Les échelles verticales marquées S, E, F, qui sont à angles droits avec les précédentes, sont des pieds *Suédois*, *Anglois* & *François*; les lignes courbes n°. 1, n°. 2, &c. qui toutes concourent pour se réunir à la corne *e*, déterminent ainsi les contretirés ou desseins des navires n°. 1, 2, 3, &c. fur les *Planches* I, II, III, IV, V, VI & VII, & de-là provient l'échelle dont on a besoin pour les opérations suivantes.

La ligne *a b* fur le plan d'élévation est la ligne d'eau supérieure ou de flottaison, jusqu'où le navire n°. 4 doit porter sa charge. Supposons que le chargement intérieur du navire soit completté d'après la ligne *c d*; alors on mesurera les distances *a c* & *b c*, lesquelles portées fur l'échelle des plans seront de 4 pieds 1 ½ pouces, & de 5 pieds 1 ½ pouces : les ajoutant toutes les deux & prenant la moitié, elle donnera 4 pieds 7 ½ pouces; alors fur l'échelle des contretirés, on prendra ces 4 pieds 7 ½ pouces, tels qu'est *e g*, & on les appliquera à angles droits depuis la ligne *e f*, pour qu'elle coupe la ligne courbe n°. 4 *e*; comme, par exemple, en *h* (d'après les nombres du dessein qui sont 4) : or de *h*, tirez la ligne *h i*, qu'il faudra prolonger à angles droits fur la ligne *f e*, ou bien parallélement à *e g*; cette ligne désignera fur l'échelle, le poids qui devient ici nécessaire pour faire baisser ou plonger le navire jusqu'à la ligne *a b*; savoir, de 175 forts *lastes* Suédois, ou 420 *Tons* d'Angleterre, ou enfin 435 *Tonneaux* François.

Lorsque le navire est vuide & sans charge, il sera facile de trouver de la même maniere que ci-dessus la pesanteur de tout le chargement qu'on y doit mettre, c'est-à-dire, que si on observe une fois la situation du navire, & qu'on réitere une seconde fois l'observation lorsqu'il sera chargé, eu égard à sa profondeur; alors, à l'aide de la même échelle que ci-dessus, on trouvera quel a dû être le poids de tout ce qui est entré dans le navire, ou bien la quantité de ce qu'on en a ôté, de tout ce qui le faisoit enfoncer par son creux au-dessous de la surface de l'eau, ou de tout ce qui tendoit à l'élever ou à l'alléger.

Si on applique de pareilles échelles à tous les vaisseaux ou navires (de celles dont on se sert dans le cas de leur construction), alors les Armateurs ou Capitaines des navires peuvent toujours empêcher qu'on ne porte trop loin leur chargement ou cargaisons, & même doivent trouver au plus juste, qu'aux plus grands navires, on ne sauroit jamais manquer son objet quant à la charge, lorsque la mesure de la profondeur, ou le terme jusqu'où ils doivent plonger, est une fois déterminée.

A l'égard des frégates de guerre ou corsaires, on doit tenir cette échelle plus haute, afin de trouver ainsi la juste quantité de son lest, & que quand les provisions, les munitions, & tout ce qu'on y doit faire entrer y seront chargées, ce navire ne puisse pas enfoncer dans l'eau au-delà de ce qui a été déterminé relativement à son creux.

CHAPITRE X.

Sur la disposition des Navires à se tourner au lof.

§. 37.

LORSQU'ON navigue par un vent largue, souvent un navire est plus ou moins ardent, & d'autrefois il n'est que trop disposé à se tourner au vent, c'est-à-dire, que le navire se trouve tantôt plus ou tantôt moins en état de tourner au lof. Or plus ou moins de dispositions à tourner au lof, peut provenir de ce qu'à un vaisseau on donne à une des extrémités plus d'augmentation dans l'aire de la voilure, & qu'on diminue l'aire de la voilure vers l'autre extrémité de ce vaisseau; en un mot, en faisant varier le centre de gravité de la voilure plus d'un côté ou vers une extrémité que vers l'autre.

Quelquefois certains navires sont pareillement de nature pour qu'aussi-tôt que le centre de gravité de la voilure ſe porte à l'avant, alors ils deviennent beaucoup trop ardents; au lieu que d'autres navires ont la propriété qu'auſſi-tôt que le centre de gravité de la voilure ſe porte tout-à-coup à l'arriere, alors ils n'en deviennent que rien moins qu'ardents à venir au lof, & à ſe relever contre le vent.

Au reſte, rien ne donne plus de force à un navire pour ſe tourner au lof, que le vent ou courant d'air & que l'eau, ſavoir, l'action du vent ſur les voiles, & celle de l'eau ſur le corps du navire; en ſorte que quand la voilure ne peut pas entiérement effectuer ni empêcher de venir au lof, on doit alors faire naître tel effet, qui occaſionne & faſſe agir l'effort de l'eau ſur le navire.

Conſidérons pour un moment le vaiſſeau uniquement quant à ſa peſanteur, & ſuppoſons que ce ſoit un corps d'une forme indéterminée, dont le poids eſt réuni autour de ſon centre de gravité : ſuppoſons que ce corps s'avance dans l'eau avec certains degrés de vîteſſe, & qu'il y ait auſſi au-deſſous une autre force qui agiſſe ſelon une direction contraire ſur ce même corps & non pas tout-à-fait directement oppoſée au milieu de l'autre, mais obliquement & tantôt d'un côté & tantôt de l'autre; en ce cas, il faudra que ce corps, en s'avançant, tourne autour de ſon centre de gravité, ou bien autour de quelque point, qui n'en eſt pas bien éloigné. Mais alors l'effet de la force qui agira pour contourner ou faire virer le corps, ſera proportionnelle à la diſtance qui doit s'y trouver juſqu'à la direction de la force principale, qui paſſe par ſon centre de gravité : ce n'eſt pas ici le cas d'en donner la preuve, puiſque cela ſuit des loix ſi connues de la méchanique.

Quand donc un navire fait voile d'un vent largue, ſi pour lors le centre de gravité de ſa voilure, ainſi que la direction moyenne de la force du vent paſſent préciſément au milieu & au centre de gravité du navire, alors l'eau fait le même effort contre ce navire, que la force ſuſdite qu'il a en doit produire à ſon égard, ſelon ce qui a été ſuppoſé, quant à ce corps; en ſorte que ſi la moyenne direction de la réſiſtance de l'eau paſſe pour lors ſoit d'un côté ſoit de l'autre à l'égard du centre de gravité, en ce cas le navire doit être ardent & tourner au lof, ou au contraire; c'eſt-à-dire, qu'il ſera ardent pour tourner au lof, ſi cette direction moyenne paſſe au lof du centre de gravité; & que ce ſera le contraire ſi elle paſſe vers l'autre côté oppoſé, à l'égard de ce même centre de gravité.

Cet effort qu'a le navire pour ſe tourner vers un côté ou vers l'autre à l'égard de ſa route, doit ſe produire en entier, de telle ſorte que ſi l'on s'arrange pour que le centre & que la direction de l'effort du vent ſur la voilure ſe trouvent préciſément au-deſſus, & dans la même ligne que la direction moyenne de l'effet de l'eau, alors il faut que la voilure ſoit toujours dans la même ſituation. Mais auſſi-tôt que le centre de gravité de la voilure s'échappe & ſe tranſporte principalement vers l'une ou vers l'autre extrémité du navire, cela doit, pour d'autres cauſes, être renfermé dans certaines bornes ou limites. Et il faut encore que le lieu de la moyenne direction de l'eau ait auſſi ſes limites certains, au-delà deſquels il ne doit pas s'avancer; & parce qu'il peut arriver que ces circonſtances décident des autres qualités du vaiſſeau, il eſt donc néceſſaire de recourir à quelque méthode connue, qui, à l'aide des plans ou deſſeins du navire, nous induiſe à déterminer le lieu où ſe trouve la direction moyenne de la réſiſtance de l'eau. En conſéquence de ce que nous venons de dire, d'autres formes dans la conſtruction du navire ne ſeroient pas dans ce cas avoir une place bien marquée, ni qui réponde à cette direction moyenne.

Car cette direction moyenne ne ſauroit jamais être connue autrement que par les effets des forces directes, latérales & verticales de la réſiſtance de l'eau; ſavoir, contre la partie entiere du navire qui eſt dans l'eau; mais ſur cela on doit remarquer que quand l'effort, pour tourner au lof, eſt la ſeule choſe que l'on demande, on ne doit ſeulement avoir égard qu'aux deux premieres forces, ſavoir, la force directe & latérale, leſquelles ſont les ſeules juſqu'ici qui doivent y concourir.

Tant qu'un vaiſſeau fera voile d'un vent arriere ou favorable, les forces latérales ſeront en ce cas égales des deux côtés de ce vaiſſeau: elles ne doivent donc pas en ce cas entrer ici en conſidération. Mais par un vent largue, lorſque ce vaiſſeau fait voiles, celles-ci ont pour lors une poſition oblique eu égard à la ligne du milieu du vaiſſeau; d'où s'enſuit que le courant d'air doit employer ſa force tant à le faire avancer de côté, qu'à le pouſſer auſſi de l'avant. Or le vaiſſeau a une forme qui eſt telle que la réſiſtance de l'eau eſt moindre ſelon la direction de ſa quille ou de l'avant, que lorſqu'il préſente le flanc à l'eau qui lui réſiſte. Ainſi la direction du vaiſſeau pour s'avancer ne ſauroit reſter en ce cas directe ou parallele à ſa ligne du milieu. Elle ne ſauroit être non plus tranſverſale ou à angles droits avec ſa ligne du milieu; il faut donc qu'il change la direction ſelon laquelle on gouvernoit le vaiſſeau. Or cette déviation ſera préciſément ce qu'on nomme la *Dérive*.

La force latérale de l'eau n'eſt plus, à beaucoup près, la même des deux côtés du vaiſſeau, mais elle eſt toujours bien plus forte du côté oppoſé au vent, qu'à celui qui eſt ſous le vent. D'où il doit s'enſuivre que ſi l'on retranche celui-ci de l'autre, il doit reſter la réſiſtance latérale qui agit contre le vent de toute ſa force de l'un à l'autre côté. C'eſt pourquoi ſi l'on forme un rectangle des réſiſtances directes & latérales, & ſi l'on a trouvé pareillement leur ſituation, tant à l'égard de la ligne du milieu du navire, qu'à qu'à l'égard de l'une de ses extrémités ; alors la diagonale de ce rectangle indiquera la direction moyenne & horizontale de l'eau. Or la force de cette direction est celle qui contraint le vaisseau à se tourner, soit d'un côté soit de l'autre, autour de son centre de gravité, comme cela a été dejà expliqué ci-devant.

§. 38.

On peut savoir par-là ce qui peut être cause d'un plus grand ou moindre effort pour tourner au lof, & quant à la force directe, aussi bien qu'à celle qui est latérale, on la peut même connoître, en suivant ce qui a été enseigné au §. 17 ; & cela devroit s'ensuivre, s'il ne restoit pas quelque difficulté à trouver la direction moyenne de l'eau. Mais parce qu'un navire qui fait voile, d'un vent largue, ne doit pas seulement par l'effort de l'air dans ses voiles qui tend à l'incliner de l'un ou de l'autre côté, mais aussi de la maniere qu'il a été dit au §. précédent, parce qu'il doit nous donner quelque dérive, il ne sera donc pas possible de trouver autrement la direction moyenne susdite, qu'en y employant la construction des forces variables, ou bien encore à l'aide de la construction des autres lignes du vaisseau ; savoir pour que la chose se présente dans une autre situation.

Je vais donc montrer d'abord pour cet effet, comment on peut trouver la moyenne direction de l'eau, en y employant la construction des forces variables ; ou bien comment par une construction différente de celle qu'on a enseignée au §. 17, on trouvera les forces susdites, afin de découvrir par-là la direction moyenne de l'eau.

Soit (*Fig.* 38) A G H un plan incliné, & son angle inférieur A D parallele à l'horizon.

Soit A B la force absolue qui frappe horizontalement le même plan, B D une perpendiculaire à A D, B C une autre perpendiculaire au même plan, C E perpendiculaire à B D, de même que C F & E F à A B, & de la même maniere qu'au *Paragraphe* 17, & *Fig.* 17; alors on aura C F, C E & E F sur le dessein des tranches, & on propose de trouver l'angle D A B, que la force absolue A B forme avec la ligne horizontale A D; c'est-à-dire, de trouver A D qui est le cosinus, ou bien B D qui est le sinus de l'angle B A D.

Tirez (*Fig.* 39) deux lignes droites I L, K M paralleles entr'elles, & supposons que leur distance mutuelle I K = A F = à la distance entre les tranches.

Prenez (*Fig.* 38 & 39) K P = C F, tirez I P, & P N à angles droits sur I P, on aura pour lors I P K = A C F, & par conséquent F C B = K P N, de même que F B = K N & A B = I N.

Sur I N considérée comme diametre, décrivez l'arc de cercle N P O, &

BIBLIOTHEQUE ROYALE

de K tirez K Q = F E ; du point N & par le point Q menez N O, & joignez I O, on aura I O = A D, N O = B D = au sinus de l'angle B A D & Q O = E D.

Que si un vaisseau a de la dérive, en ce cas la ligne de sa résistance absolue n'est pas parallele avec la ligne du milieu du vaisseau; & d'autant que l'angle de sa dérive est connu, on peut proposer de trouver tant la résistance directe B F (K N) que sa latérale F E (K Q) ainsi que la verticale C E.

Tirez (*Fig.* 39 & 40) les deux lignes R T, R S à angles droits l'une sur l'autre, & du point R comme centre & pour rayon R S = I N, décrivez le quart de cercle S U T : faites l'angle U R T = à l'angle N I O : du point U tirez U W qu'il faudra prolonger & à angles droits sur R T; on aura U W = N O & R W = I O.

Tirez aussi la ligne R Z pour que l'angle U R Z devienne semblable aux variations de la premiere direction, ou bien qu'il soit égal à celui de la dérive, d'où s'ensuit que R Z deviendra présentement la direction de la force absolue sur le plan d'inclinaison : tirez Z β à angles droits avec R T, on aura ainsi Z β, à R S, comme le sinus de l'angle (que la direction variable de la force absolue fait avec la base) est au rayon.

On doit remarquer ici que si la direction de la force absolue varie, alors la force relative, qui est à angles droits sur le plan incliné, décrira par son extrémité, sur le même plan, une ellipse $p C q$: cela va être détaillé de la maniere qui suit.

Parce que le plan A G H est comme incliné tout d'un côté, il doit arriver que toutes les forces relatives qui sont à angles droits sur ce plan, sont paralleles entr'elles. C'est pourquoi, soit élevé le cercle S U T sur le plan horizontal A B D, alors toutes les forces qu'on peut tirer des points dans le cercle S U T, & qui sont à angles droits au plan incliné, se trouveront comprises dans un cylindre incliné, dont le quart de la base S U T se trouve être le quart d'un cercle, & dont l'inclinaison avec le plan de l'horizon = l'angle E B C. Mais d'autant que dans le cylindre même, sa position n'est pas un cercle rond, à moins qu'on n'y fasse une section qui doit être à angles droits avec son axe, & que d'ailleurs toutes les sections doivent devenir elliptiques; il doit s'ensuivre que tous les plans dans un même cylindre, qui ne seront pas paralleles à l'horizon & même situés tout au contraire de la situation horizontale, seront ainsi des ellipses.

Toutes les perpendiculaires C E de l'ellipse $p C q$, au plan de l'horizon, doivent conserver entr'elles la même proportion, que les ordonnées C D dans l'ellipse; c'est pourquoi toutes ces forces C E doivent être, par leur extrémité C, censées décrites dans un plan vertical, qui est une ellipse.

Par les mêmes raisons, il arrivera que toutes les lignes D E déterminées par leur ellipse, seront censées être dans l'horizontale.

C'est pourquoi, si l'on prend W X = C E = à la force verticale sur les tranches, il doit s'ensuivre du rapport qui est entre le cercle & l'ellipse, que U W : Z β : : W X : β &; & qu'ainsi on auroit une nouvelle force verticale β &.

Prenez W γ = O Q = D E, & l'on aura U W : β Z : : W γ : β α. De α tirez α ς perpendiculaire à R Z, & l'on aura α ς nouvelle force latérale, ainsi que Z ς nouvelle force directe, (γ δ = K Q & U δ = N K.). On trouvera de la même maniere les forces, si les variations de direction ont été faites d'un autre côté de R U.

Du même côté du flanc qui est à l'opposite du vent, l'angle de la derniere devient U R Z pour être mis à la place de l'autre angle précédent T R U; mais sur le flanc au lof du côté du vent, l'angle de la dérive doit être retranché de l'angle qui l'a précédé, tel que l'angle T R ξ.

Pour trouver les effets de l'eau à l'arriere de la plus grande largeur du vaisseau, quand on supposera constamment que la direction comme ci-dessus vient de l'avant.

Soit (*Fig.* 41.) *a g b d* un des côtés ou flanc du vaisseau, *a b c* la ligne qui est parallele à celle du milieu : *f b e* la direction du sillage ou de la route : *g b d* sa forme ou la somme de toute sa partie à l'arriere. Alors l'angle *e b c* = l'angle que la ligne du milieu fait avec la route; l'angle *g b f* = l'angle *e b d* = l'angle *e b c* — l'angle *d b c* que le flanc ou côté du vaisseau fait avec l'axe ou ligne *a c*.

C'est pourquoi (*Fig.* 40 & 41) quand on cherchera la valeur du nouvel angle à l'arriere, qui est au-delà de sa plus grande épaisseur, alors on tirera la ligne R Ψ, en sorte que l'angle Ψ R T = l'angle *e b c* = à l'angle que l'axe du vaisseau ou *a c*, fait avec la route *b f*. Or quand on a trouvé l'angle *c b d*, que la ligne du milieu ou *a c* fait avec les côtés du vaisseau *b g* ou *b d*, alors il faut tirer cet angle de l'angle constant T R Ψ; c'est pourquoi on ne peut pas se servir d'un autre angle que de l'angle *d b e* qui est moindre que l'angle *e b c* ou que Ψ R T.

Quand les forces sont telles que le vaisseau fait voile d'un vent largue, on ne doit pas considérer seulement la dérive, mais aussi lui supposer une certaine inclinaison.

Soit, *Fig.* 42, *a e t q* une partie d'une même tranche suivant laquelle le vaisseau a été construit, *a b* la ligne d'eau supérieure, quand il est redressé. Sur les desseins de la même tranche, tirez une ligne *c d*, qui représentera la même ligne d'eau supérieure, dans la situation inclinée du vaisseau : tirez aussi parallelement à cette ligne une autre ligne d'eau inférieure. Partagez tout l'espace compris entre la tranche & les lignes d'eau en triangles, y employant les lignes qs, qui ſont dejà données ſelon le §. 17. Des points q & s, tirez des lignes perpendiculaires ſur la ſurface de la tranche, ainſi que de-là des lignes à angles droits ſur les lignes d'eau les plus avancées ou poſtérieures; ce ſeront-là les lignes dont on a beſoin pour la conſtruction de celles qui repréſenteront les forces.

Mais pour en connoître l'effet, qui n'eſt autre choſe que la force multipliée dans ſon triangle correſpondant, on auroit ainſi le triangle $p\,q\,s$ (plan de projection incliné ſur lequel la force, qui doit être multipliée, réſide) qui n'a pas la vraie grandeur qui lui convient, à moins qu'on ne lui donne toujours une baſe $p\,q$ qui augmentera du côté oppoſé au vent, & qui diminuera d'autant au lof, ainſi qu'on va le voir par ce qui ſuit.

Soit (*Fig.* XLII) f A D g qui repréſente le plan $t\,c$ de la ligne d'eau, $g\,f$ la ligne du milieu du vaiſſeau, A g une tranche ou ordonnée, D g une ligne à angles droits avec $f\,g$ & ſemblable à $q\,t$, $p\,t$.

Du point A, tirez la ligne A B, parallele à la ligne du milieu $f\,g$, on aura donc ainſi B D = à $p\,q$ = à la ligne de projection A D, quand la route du vaiſſeau eſt parallele à la ligne du milieu $f\,g$; mais quand cette route ceſſe d'être parallele à cette ligne du milieu, alors la diſtance B D ne ſera plus dans le plan de projection de la ligne A D.

C'eſt pourquoi on tirera la ligne A C, afin que l'angle B A C ſe trouve égal à l'angle de la dérive, dans le cas où la route du vaiſſeau ſera parallele à la ligne A C.

Du point D, tirez D E perpendiculaire à la ligne A C, & en ce cas la ligne D E ſera la projection de la ligne A D.

Puiſque la diſtance entre la tranche & l'angle de la dérive eſt invariable, il faudra donc, en ce cas, que A C, A B & B C ſoient conſtantes : on doit donc dire qu'à cauſe des triangles A B C, D E C qui ſont ſemblables, $\frac{AB}{AC} \times \overline{BD \pm BC} = DE$, qui devient ainſi la baſe du triangle $p\,q\,s$, quand la route du vaiſſeau devient parallele à la ligne A C.

Quand il s'agit de trouver la réſiſtance qu'éprouve l'avant du vaiſſeau, il faudra reconnoître par le ſigne + le côté ſous le vent, & par le ſigne — celui qui eſt au lof ou au vent du vaiſſeau; mais alors pour connoître la réſiſtance qu'éprouve l'arriere du vaiſſeau, il faudra tout au contraire déſigner par + le côté qui eſt au lof, & par — celui qui lui eſt oppoſé.

§. 39.

En conſéquence de ce que nous venons de dire au Paragraphe précédent, on connoîtra les forces directes, latérales & verticales, à l'aide de la conſtruction ſuivante.

Tirez (*Fig.* 43, 44 & 45) deux lignes AB, CD = I L, K M paralleles entr'elles, en ſorte que leur diſtance ſera la même que celle qui ſe trouve entre

entre les tranches : voyez les trois figures, là où la *Fig.* 43. donne la construction des forces pour le côté qui est sous le vent, & *Fig.* 44. pour celui qui est au vent ou au lof ; enfin la *Fig.* 45. donne la construction des forces de la partie du vaisseau qui est à l'arriere de sa plus grande largeur, quand on suppose que la direction de l'eau vient de l'avant.

On tirera perpendiculairement aux lignes *AB*, *CD*, la ligne *AE* qu'il faudra prolonger & qu'on fera = IK : prenez *EF* = KP & tirez *AF* = IP : du point *F* à angles droits sur *AF*, tirez *FG* = PN. Sur *AG* = IN pris pour diametre, & du point *H* pour centre, décrivez l'arc de cercle *GFI* = NPO. Au point *E*, prenez la distance *EK* = KQ, & par les points *G*, *K*, tirez *KG* = NO qu'il faudra prolonger de part & d'autre. Du point *A*, tirez la ligne *AM* pour que l'angle *GAM* = à l'angle URZ = à l'angle que la route du vaisseau fait avec la ligne du milieu, ou ce qui revient au même, égal à la dérive. Du point *A* comme centre & du rayon *AG* = RS, décrivez l'arc *GN* = UZ : par les points *N*, *G*, tirez une ligne indéterminée *NGO* : du point *A* par *L*, là où la ligne *GK* coupe l'arc de cercle *GFI*, tirez la ligne *ALO*. Par les points *O* & *K*, tirez la ligne *OP* : du point *N* & parallélement à la ligne *GK*, tirez la ligne *NP*, qu'il faudra prolonger. Du point *P*, tirez la ligne *PQ* perpendiculairement sur la ligne *AM*, & on aura ainsi *PQ* = $\alpha\varsigma$ qui sera la nouvelle force latérale, de même que la distance *NQ* = Zς = à la nouvelle force directe, quand la force absolue = *AG* = RS.

Pour trouver la nouvelle force verticale, du point *L*, on aura *Lp* = CE = à la force verticale, qu'on trouvera sur les desseins des tranches = WX. Du point *O* & par le point *p*, tirez la ligne *Op*, alors coupez cette ligne & la ligne *NP* en *n* ; on aura pour lors *mn* pour la nouvelle force verticale β&, quand la force absolue = *AG*.

Mais cette force absolue est toujours prise = *AE* = à la distance entre les tranches ; c'est pourquoi il faudroit diminuer les forces *PQ*, *NQ* & *mn* dans la même proportion : prenez la distance *PQ*, & appliquez-là de *I* à *x* : prenez aussi la distance *NQ*, & l'appliquez de R à *u*, comme aussi la distance *mn* qu'on appliquera de S à *w*, étant toutes paralleles à la ligne *AE* ; on aura ainsi la force directe = *Ix*, celle qui est latérale = *Ru*, & enfin celle qui est verticale = *Sw*.

Ainsi *AG* : *AE* :: *IX* : *Ix* :: *RU* : *Ru* :: *SW* : *Sw*.

On fera la même opération pour chacun des triangles *pqs* de la *Fig.* 42, sur le dessein des tranches, entre toutes les tranches & entre toutes les lignes d'eau, sur toute la partie qui est dans l'eau, & cela non-seulement sur la partie de l'avant, mais aussi conformément au §. 14, sur toute la partie de l'arriere du vaisseau. Ayant soin pareillement de distinguer que la même force de construction qui nous conduit à trouver les forces du côté qui est sous le vent & à l'avant de la plus grande largeur du vaisseau, les donne aussi pour le côté qui est au lof ou bien au vent à l'arriere de cette plus grande largeur; c'est-à-dire, que l'angle *E A L* doit augmenter en même temps que l'angle de la dérive *E A M*; qu'enfin le même genre de construction qui aura lieu pour la partie de l'avant du navire qui est au lof, conviendra très-bien à la partie de l'arriere du vaisseau qui est sous le vent; & qu'ainsi l'angle de la dérive *E A M* doit être retranché de l'angle *E A L*. Quand donc on multipliera les forces dans leurs triangles correspondants ou projettés, on aura ainsi tout leur effet.

Conformément à ce qui a été dit aux §. 16 & 17, il faudra ajouter sept fois l'effet des forces directes à l'arriere, à six fois l'effet des forces directes à l'avant, & leur somme sera tout l'effet de la force directe de la résistance en la divisant par 13.

Pareillement si l'on ajoute six fois l'effet de la force latérale à l'avant du navire (immédiatement après qu'on aura retranché celles qui sont au lof de l'effet des forces latérales qui sont dans la partie opposée) à sept fois l'effet des forces latérales de l'arriere (ayant pareillement retranché celles qui sont du côté opposé au lof, des forces latérales qui sont en effet au lof) leur somme représentera tout l'effet de la résistance latérale, qui doit agir d'un des côtés opposé sur celui qui est au lof, ayant soin de la diviser par 13. Or conformément à ce qui a été dit au §. 17, quand la situation du centre commun de gravité de toutes les forces directes, à l'égard de la ligne du milieu du vaisseau est connue, & pareillement la situation du centre commun de gravité de tous les effets latéraux à l'égard de l'une & l'autre extrémité du vaisseau; alors on formera de ces effets des forces directes & latérales (ayant eu soin de les multiplier par leurs coëfficients) un rectangle, dont la diagonale sera la moyenne direction de l'eau, laquelle doit passer de l'un ou de l'autre côté du centre de gravité du vaisseau, ce qui fera connoître par-là, si le vaisseau devient trop ardent ou disposé à venir au lof, ou bien à arriver ou se porter à une direction toute contraire.

C'est ainsi qu'il faut trouver la moyenne direction de l'eau, en faisant varier la construction des forces, & doit par-là s'ensuivre une démonstration. Mais parce que par la construction des forces, il devient nécessaire de trouver séparément & d'une maniere distincte, toutes les figures qui la doivent précéder, j'ai songé, pour abréger ici, qu'il n'étoit pas besoin de plus ample démonstration.

J'avouerai que dans cette maniere de trouver la moyenne direction de l'eau, l'opération ne me paroît pas seulement fort longue & compliquée, mais aussi qu'il y faudra employer bien du temps; mais je suis intérieurement convaincu que pour ce qu'il faut bien ſavoir ici, je rends l'opération facile; & qu'auſſi-tôt qu'on ſera exercé ſur les conſtructions, on s'y conduira mieux qu'on ne l'aura fait d'abord. J'ai bien fait moi-même tout le détail de ces conſtructions, & juſqu'ici je les ai calculées, à ce qu'il m'en ſouvient, pour plus d'un vaiſſeau.

L'autre maniere, dont il a été parlé au §. précédent, de trouver la moyenne direction de la réſiſtance de l'eau, à l'aide d'autres lignes dans la conſtruction du vaiſſeau, ou qui nous les repréſente dans une autre poſition, eſt moins pénible, & en même temps plus diſtincte ou évidente que l'autre. C'eſt pourquoi j'en vais donner un exemple, & inſérer ici tout le calcul qu'on a pratiqué juſqu'ici.

§. 40.

Pour trouver la direction moyenne de la réſiſtance de l'eau d'un vent largue, pour le Corſaire n°. 1. Planche XXXI. *de mon Architecture Navale marchande.*

Pour trouver la moyenne direction en ce cas, il faut que le navire ſoit dreſſé & mis de telle maniere que faiſant voile d'un vent largue, il ſe montre pour un ſpectateur qui ſeroit dans la route du vaiſſeau ou ligne & trace de ſa dérive.

Quand un navire fait voile d'un vent largue, il s'incline par l'effort du vent d'un côté ou de l'autre, & cette inclinaiſon eſt quelquefois plus & quelquefois moindre, ſelon que la force du vent ſur les voiles devient plus ou moins grande. Ainſi cela doit être recherché ou donné d'après la premiere ſuppoſition ou demande. Soit donc alors l'inclinaiſon de ſept degrés, & la dérive de la moitié d'un rumb ou de cinq degrés $37'\frac{1}{2}$.

Pour repréſenter un vaiſſeau dans une ſemblable ſituation inclinée, tendant à le faire tourner, il vaut mieux y procéder à l'aide de pluſieurs lignes d'eau qu'on aura ſoin de tracer ſur le deſſein ou profil, afin d'obtenir par-là, tant ce qui concerne la conſtruction des forces, que les diverſes meſures, à l'aide de l'échelle; & on peut voir que j'ai employé la plus grande exactitude à conſtruire les *Fig.* 46 & 47 (qui donnent ici la ſituation ſuſdite inclinée & en tournant) des doubles forces exprimées ſur les plans ou deſſeins du vaiſſeau, ſelon leſquelles on les a conſtruites. La *Figure* 46 repréſente, à compter de l'avant, tous les fonds du vaiſſeau : T eſt le centre de gravité, W le centre de gravité de la carene, quand le navire eſt redreſſé.

La *Fig.* 47 repréſente tout ce qu'on peut appercevoir des fonds du vaiſſeau, à le voir de l'arriere. Les tranches *a a*, *b b*, *c c*, &c. ainſi que $\beta\beta$, $\zeta\zeta$, *y y*, &c. (*Fig.* 46 & 47), ne ſont pas ſituées ſeulement à angles droits à l'égard de la ligne du milieu du vaiſſeau, mais auſſi à angles droits à l'égard de la ligne C C de la dérive, comme on le voit *Fig.* 48. Or les diſtances entre les tranches ou les ſections tranſverſales doivent être telles qu'on aura nombres égaux, en les divisant par 3, pour la situation qu'aura le centre de gravité des triangles.

Sur les *Figures* 46 & 47, il faut tirer les lignes d'eau II, III, IV, V & VI conformément aux demandes, ainsi qu'au dessous de la flottaison ou ligne d'eau supérieure I. Mais on a fait ensorte que leur distance mutuelle est telle, quelle sera divisible par 2 ou 3, afin d'éviter trop de chiffres dans le calcul, quand il s'agira de rechercher les aires des triangles & les moments des forces.

Tous les espaces tels que *α a p q*, sont partagés en deux ou en triangles par la diagonale *α p* : on a tiré ensuite entre les tranches & les lignes d'eau, toutes les lignes *a m*, *m n*, &c. dont on a besoin pour trouver les forces, & pour noter visiblement, sur tous les triangles *α p q*, *α a p*, leur centre de gravité, de la même maniere qu'on l'a pratiqué au §. 18. & à la *Fig.* 20.

On tirera aussi à part & hors du dessein une ligne B B, perpendiculairement aux lignes d'eau, relativement à laquelle on mesurera la distance du centre de gravité de chacun des triangles.

Prenez aux mêmes *Fig.* 46 & 47, les distances *α m*. *m n* & *α n*, & l'appliquez (*Fig.* 49) entre les deux lignes paralleles H H, I I, dont la distance de l'une à l'égard de l'autre sera la même que celle qui est entre les tranches, c'est-à-dire, égale à deux fois la distance entre les tranches *a a*, *b b*, &c. (*Fig.* 48). Appliquez-y aussi, en les construisant, les forces directes *α* K, latérales K L, & verticales M N, de la même maniere qu'on a construit les forces dans la *Fig.* 20.

Les nombres des triangles 1, 2, 3, 4, &c. correspondent aux nombres des triangles 1, 2, 3, 4, &c. de la *Fig.* 46. La *Fig.* 49 a rapport au côté opposé au lof; & dans la *Fig.* 50. on a aussi, pour le côté du lof, employé la même construction des forces.

L'aire des triangles, la quantité des forces & en même temps ce qu'elles produisent ou leurs effets; comme aussi les distances du centre de gravité des triangles relativement à une certaine position déterminée, de même que le produit des effets, leurs distances ou leurs moments, s'y trouvent toujours placés dans un même ordre, & on aura soin d'opérer comme il suit.

Calculs

Fig. 38.

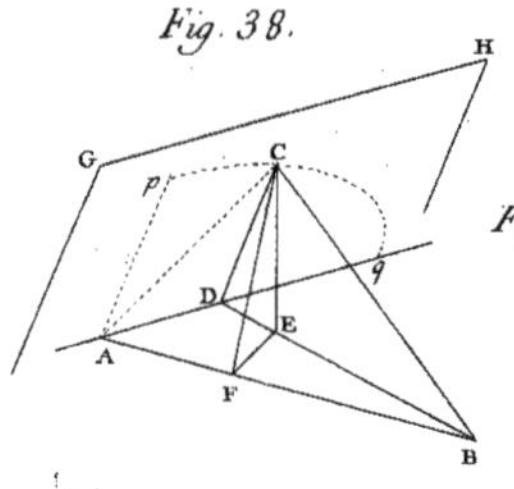

Fig. 39.

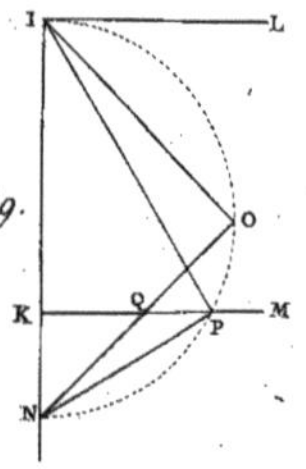

Fig. 40.

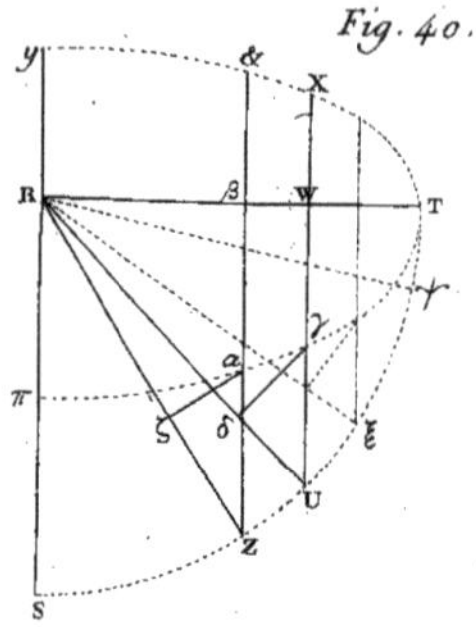

Fig. 41.

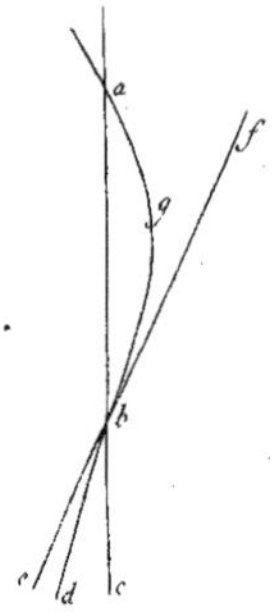

Fig. 44.

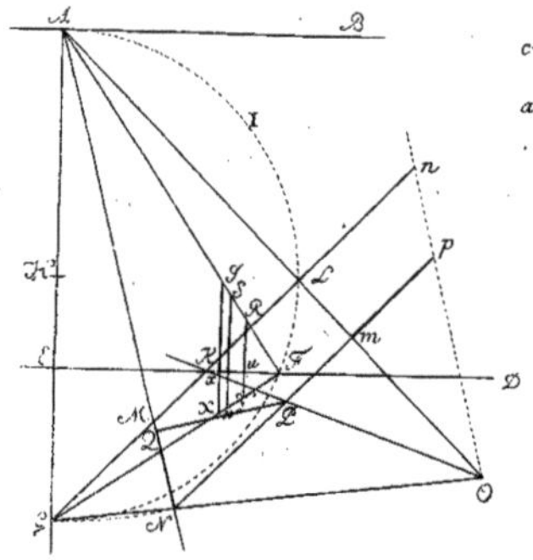

Fig. 42.

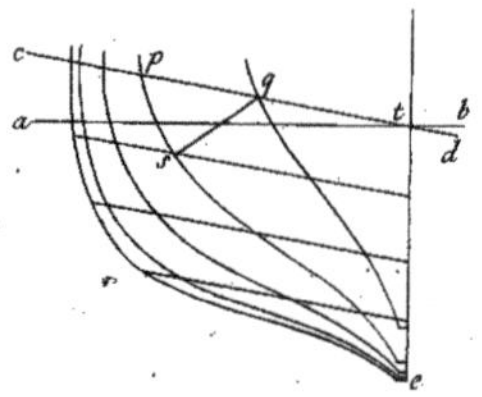

Fig. XLII.

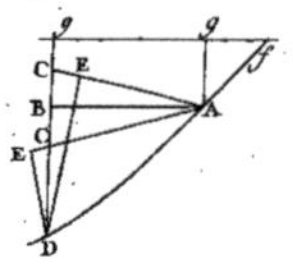

Fig. 43.

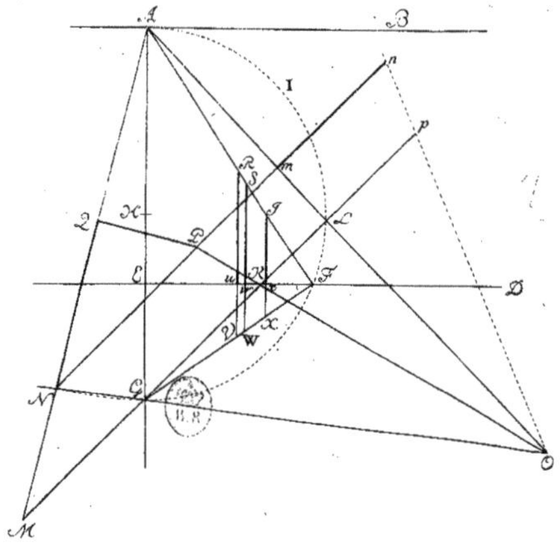

Fig. 45.

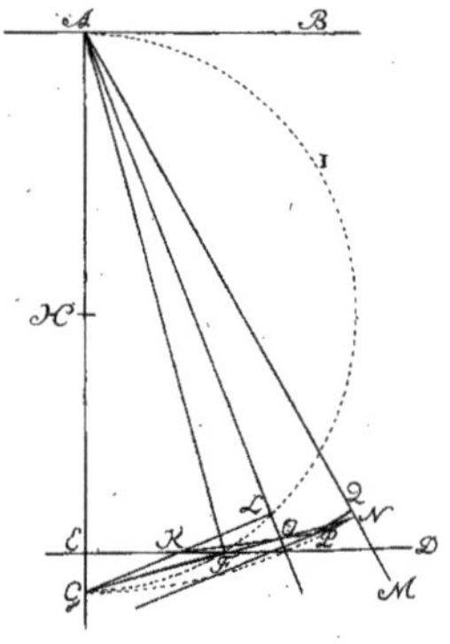

Calculs pour la partie de l'avant du Vaisseau, représenté *Fig.* 46.

Forces directes & leur distance à la ligne BB *à l'opposite du lof.*

Entre les lignes d'eau I & II.

N°.	Aires des Triangles.	Forces directes.	Effets.	Centre de Gravité depuis B B.	Moments.
1	8,87	1,82	16,14	16,75	270,34
2	13,14	2 43	31,93	19,28	615,61
3	9,37	1,68	15,74	22,24	350,05
4	11,12	1,73	19,23	25,58	491 90
5	8,35	1,10	9,18	27,64	253,73
6	7,03	1,15	8,08	30,59	247,16
7	6,42	0,74	4,75	31,79	150,00
8	4,33	0,66	2 85	33,90	96,61
9	4,50	0,51	2,29	34,60	79,23
10	3,21	0,45	1,44	36,09	51,96
11	3,20	0,35	1,12	36,58	40,96
12	2,23	0,26	0,58	37,82	21,81
13	2,35	0,24	0,56	38,02	21,29
14	1,80	0,19	0,34	38,81	13,19
15	1,76	0,17	0,30	39,09	11,72
16	1,58	0,15	0,24	39,75	9 54
17	1,49	0,13	0,19	40,00	7,60
18	1,33	0,11	0,14	40,57	5,67
19	1,33	0,09	0,12	40,72	4,88
20	1,22	0,08	0,09	41,30	3,71
21	1,20	0,07	0,08	41,43	3,31
22	1,09	0,07	0,07	41,94	2,93
23	0,99	0,06	0,06	42,07	2,52
24	1,06	0,06	0,06	42,54	2,55
25	0,88	0,05	0,04	42,62	1,70
26	0,99	0,05	0,05	43,10	2,15
27	0,68	0,04	0,03	43,09	1,29
28	0,93	0,04	0,04	43,57	1,74
29	0,61	0,03	0,02	43,50	0,87
30	0,81	0,03	0,02	44,04	0,88
31	0,43	0,03	0,01	43,88	0,43
32	0,70	0,02	0,01	44,44	0,44
		Effet	115,80	Moment =	2767,77

Entre les lignes d'eau II & III.

1	2,80	1,24	3,47	15,65	54,30
2	8,87	1,64	14,54	17,02	247,47
3	6,30	1,19	7,49	18,61	139,38
4	9,37	1,40	13,11	21,29	279,11
5	6,53	0,82	5,35	22,75	121,71
6	8,35	0,93	7,76	25,83	200,44
7	6,91	0,69	4,76	26,80	127,56
8	6,43	0,73	4,69	29,96	140,51
9	6,31	0,52	3,28	30,57	100,26
10	4,50	0,53	2,38	33,19	78,99
11	4,80	0,39	1,87	33,55	62,73
12	3,20	0,38	1,21	35,44	42,88
13	3,58	0,30	1,07	35,65	38,14
14	2,36	0,26	0,61	37,16	22,66
15	2,50	0,20	0,50	37,24	18,62
16	1,76	0,19	0 33	38,39	12,66
17	2,05	0,15	0,30	38,37	11,51
18	1 49	0,12	0,18	39,33	7,07
19	1,67	0,11	0,18	39 30	7,07
20	1,33	0,10	0,13	40,15	5,21
21	1,26	0,08	0,10	40,10	4,01
22	1,21	0,09	0,10	40,85	4,08
23	0,93	0,06	0,05	40,77	2,03
24	0,99	0,06	0,05	41,49	2,07
25	0,70	0,04	0,02	41,29	0,82
26	0,88	0,05	0,04	41,98	1,67
27	0,63	0,04	0,02	41,71	0,83
28	0,68	0,05	0,03	42,39	1,27
		Effet =	73,62	Moment =	1735,06

Entre les lignes d'eau III & IV.

1	0,43	0,40	0,17	15,01	2,55
2	2,34	1,03	2,41	15,55	37,47
3	3,39	0,64	2,17	16,36	35,50
4	5,25	0,89	4,67	17,95	83,82
5	3,67	0,56	2,05	19,08	39,11
6	5 44	0,68	3,70	21,10	78,44
7	4,00	0,44	1,76	21,98	38,68
8	5,76	0,56	3,22	24,59	79,17
9	4,54	0,37	1,68	25,22	42,37
10	5,26	0,48	2,52	28,19	71,03
11	4,69	0,32	1,50	28,51	32,76

Forces directes & leur distance à la ligne BB *à l'opposite du lof.*

Entre les lignes d'eau III & IV.

N°.	Aires des Triangles.	Forces directes.	Effets.	Centre de Gravité à la lig. BB.	Moments.
	Transp.	Effets.	1,50	Moments.	32,76
12	4,00	0,38	1,52	31,36	47,66
13	4,08	0 27	1,10	31,86	34,60
14	2,98	0,27	0,80	33,80	27,04
15	3,15	0,20	0,63	33,74	21 25
16	2,08	0,20	0,41	35,59	14,59
17	2,44	0,14	0,34	35,39	12,03
18	1,71	0,13	0,22	36,95	8,12
19	1,95	0,12	0,23	36,69	8,43
20	1,39	0,11	0,15	38,09	5,71
21	1,26	0,09	0,11	37,78	4,15
22	1,05	0,09	0,09	38,97	3,50
23	0,82	0,04	0,03	38 54	1,15
24	0,78	0,05	0,03	39,58	1,18
25	0 51	0,03	0,01	39,02	0,39
26	0,58	0,04	0,02	40,04	0,80
		Effet	31,54	Moment =	731,50

Entre les lignes d'eau IV & V.

3	1,17	0,30	0,35	15,26	5,34
4	2,71	0,53	1,43	16,10	23,02
5	1,80	0,30	0,54	16,82	9,08
6	2,94	0,42	1,23	18,18	22,36
7	1,92	0,24	0,46	18,67	8,58
8	3,20	0,31	0,99	20,40	20,19
9	2,13	0,20	0,42	20,70	8,69
10	3,63	0,29	1,06	22,89	24,26
11	2,30	0,16	0,36	22,94	8,25
12	3,75	0,25	0,94	25,67	24,12
13	2,55	0,13	0,33	25,48	8,40
14	3,29	0,16	0,62	28,57	17,71
15	2,77	0,13	0,36	28,09	10,11
16	2,52	0,19	0,48	31,11	14,93
17	2,59	0,09	0,23	30,36	6,98
18	1,95	0,12	0,23	33,05	7,60
19	2,25	0,08	0,18	32,29	5,81
20	1,56	0,10	0,15	34,59	5,18
21	1,51	0,06	0,09	33,77	3,03
22	1,00	0,07	0,07	35,67	2,49
23	0,88	0,04	0,03	34,65	1,03
24	0,66	0,05	0,03	36,42	1,09
		Effet	10,58	Moment =	238,25

Entre les lignes d'eau V & VI.

4	0,88	0,29	0,25	15,22	3,80
5	0,82	0,15	0,12	15,58	1,86
6	1,35	0,21	0,28	16,36	4,58
7	0,79	0,09	0,07	16,70	1,16
8	1,44	0,17	0,24	17,76	4,26
9	0,80	0.08	0,06	17,79	1,06
10	1,60	0,13	0,21	19 05	4,00
11	0,90	0,08	0,07	18,98	1,32
12	1,73	0,10	0,17	20,59	3,50
13	0,83	0,05	0,04	20,29	0.81
14	1,92	0,07	0,13	22,21	2,88
15	0,85	0.03	0,02	21,57	0,43
16	2,08	0,06	0,12	24,00	2,88
17	0,99	0,03	0,03	22,96	0,66
18	1,94	0,04	0,07	26,00	1,82
19	0,98	0,02	0,01	24,63	0,24
20	1,69	0,03	0,05	27,94	1,39
21	0,79	0,02	0,01	26,14	0,26
22	1 13	0,02	0,02	29,49	0,58
23	0,65	0,02	0,01	27,42	0,27
24	0,66	0,02	0,01	30,48	0,30
	Transp.	Effet	1,99	Moment =	38,06

Forces directes & leur distance à la ligne BB *à l'opposite du lof.*

Au-dessous de la VI ligne d'eau.					
N°.	Aires des Triang.	Forces directes.	Effets.	Centres de Gravité depuis BB.	Moments.
6	0,39	0,14	0,05	15,46	0,77
7	0,27	0,09	0,02	15,89	0,31
8	0,40	0,11	0,04	16,33	0,65
9	0,29	0,09	0,02	16,64	0,33
10	0,43	0,09	0,03	17,10	0,51
11	0,31	0,07	0,02	17,27	0,34
12	0,52	0,07	0,03	17,82	0,53
13	0,33	0,05	0,01	17,93	0,17
14	0,51	0,05	0,02	18,75	0,37
15	0,35	0,04	0,01	18,58	0,18
16	0,55	0,04	0,02	19,48	0,38
17	0,37	0,04	0,01	19,20	0,19
18	0,67	0 04	0,02	20,36	0,40
19	0,38	0,04	0,01	19,80	0,19
20	0,69	0,03	0,02	21,27	0,42
21	0,41	0,04	0,01	20,43	0,20
22	0,45	0,03	0,01	21,72	0,21
23	0,44	0,04	0,01	21,05	0,21
24	0,46	0,03	0 01	22,33	0,22
25	0,46	0,04	0,01	21,64	0,21
26	0,36	0,03	0,01	22,98	0,22
27	0,48	0,04	0,01	22,29	0,22
28	0,38	0,03	0,01	23,59	0,23
29	0,48	0,04	0,01	22,86	0,22
30	0,38	0,03	0,01	24,17	0,24
31	0,47	0,04	0,01	23,47	0 23
32	0,37	0,03	0,01	24,67	0,24
33	0,47	0,04	0,01	24,06	0,24
34	0,37	0,03	0,01	25,13	0,25
35	0,48	0,04	0,02	24,58	0,49
36	0,36	0,03	0,01	25,56	0,25
37	0,48	0,04	0,02	25,17	0,50
38	0,36	0,03	0,01	25,95	0,25
39	0,49	0,05	0,02	25,68	0,51
40	0,40	0,04	0,01	26,39	0,26
41	0,50	0,05	0,02	26,26	0,52
42	0,41	0,04	0,01	26,82	0,26
43	0,53	0,05	0,02	26,79	0,53
44	0,45	0,04	0,01	27,29	0,27
45	0,56	0,05	0,02	27,35	0,54
46	0,43	0,04	0 01	27,72	0,27
37	0,59	0 05	0,02	27,88	0,55
48	0,47	0,04	0,01	28,15	0,28
49	0,62	0,05	0,03	28,45	0,85
50	0,56	0 04	0,02	28 62	0,57
51	0,50	0,01	0,00	28,91	0,00
à la quille	26,16	0,07	1,83	21,50	39,34
à l'étamb.	0,83	0,07	0,05	29,25	1,46
aux côtés	2,00	0,07	0,14	29,43	4,12
à l'étrave	9,80	0,14	1,37	14,75	20,20
obliq. . .	7,50	6,00	45,00	14,26	641,70
	Tr.	Effets.	49,12	Mom. =	722,60

Forces directes & leur distance à la ligne BB *à l'avant, du côté du lof.*

Entre la I & II ligne d'eau.					
1	3,78	1,07	4,04	13 64	55,10
2	6,98	1,57	10,95	12,40	135,78
3	4,30	0,72	3,09	10,84	33,49
4	5,92	1,02	6,03	9,23	55,65
5	3,72	0,45	1,67	8,28	13,82
6	4,53	0,59	2,67	6,59	17,59
7	3,26	0,34	1,11	6,14	6,81
8	3,33	0,35	1,16	4,48	5,19
9	2,70	0,25	0,67	4,35	3,01
10	2,28	0,22	0,50	2,89	1,44
11	2,07	0,14	0,08	3,00	0,24
12	1,33	0,10	0,13	1,86	0,24
13	1,26	0,07	0,08	2,06	0,16
14	0,61	0,04	0,02	1,22	0,02
15	0,54	0,03	0,01	1,60	0,01
	Tr.	Effets	4,70	Mom. =	61.94

Forces directes & leur distance à la ligne BB *du côté du lof.*

Entre la II & III ligne d'eau.					
N°.	Aires des Triangles.	Forces directes.	Effets.	Centres de Gravité depuis BB.	Moments.
1	1,26	0,37	0,46	13,88	6,38
2	3,78	0,89	3,35	13,28	44,48
3	2,62	0 34	0,89	12,46	11,08
4	4,30	0,61	2,62	11,30	29,60
5	2,61	0,29	0,75	10,69	8,01
6	3,72	0,41	1,52	9,33	14,18
7	2,43	0,23	0,55	9,08	4,99
8	3,29	0,32	1,05	7,53	7,90
9	2,25	0,19	0,42	7,57	3,17
10	2,70	0,26	0,70	6,00	4,20
11	2,07	0,14	0,29	6,29	1,92
12	2,07	0,16	0,33	4,68	1,54
13	1,49	0,08	0,11	5,16	0,56
14	1,26	0,08	0,10	3,71	0,37
15	1,06	0,05	0,05	4,38	0,21
16	0,54	0,04	0 02	3.17	0,06
17	0,61	0,03	0,01	3,90	0,03
	Transp.	Effets	13,22	Mom. =	138,68

Entre la III & IV ligne d'eau.					
2	1,05	0,37	0,38	13,75	5,22
3	1,08	0,13	0,14	13,48	1,88
4	2,19	0,30	0,65	12,78	8,30
5	1,06	0,10	0,10	12,48	1,24
6	2,17	0,23	0,50	11,59	5,79
7	1,02	0,07	0,07	11,54	0,80
8	2,02	0,18	0,36	10,40	3,74
9	0,94	0,06	0,05	10,65	0,53
10	1,87	0,14	0,26	9,32	2,42
11	0,85	0,05	0,04	9,82	0,39
12	1,72	0,12	0,20	8,26	1,67
13	0,76	0,04	0,03	9,00	0,27
14	1,34	0,08	0,10	7,42	0,74
15	0,61	0,03	0,01	8,38	0,08
16	0,88	0,05	0,04	6,77	0 27
17	0,39	0,02	0,01	7,91	0,07
18	0,51	0,03	0,01	6,31	0,06
		Effets	2,95	Mom. =	33,47

Entre la IV & V ligne d'eau.					
4	0,86	0,08	0,06	13,60	0,81
6	0,85	0,08	0,06	13,11	0,78
8	0,81	0,07	0,05	12,57	0,62
10	0,75	0,06	0,04	12,15	0,48
12	0,68	0,05	0,03	11,76	0,35
14	0,61	0,04	0,02	11,40	0,22
16	0,49	0,03	0,01	11,14	0,11
18	0,31	0,02			
		Effets	0,27	Mom. =	3,37

Somme des forces directes & leurs moments, eu égard à la ligne BB.

Effets.	Moments.
115,80	2767,77
73,62	1735,06
31,51	731,50
10,58	238,25
1,99	38,06
49,12	722,60
32,21	328,55
13,22	138,68
2,95	33,47
0,27	3,37
331,30	6737,31

Forces laterales & leur moment à l'égard de A A du côté opposé au lof.

Entre les lignes d'eau.	Δ N°.	Aires des Triangles.	Forces latérales.	Effets.	Δ N°.	Aires des Triangles.	Forces latérales.	Effets.	Δ N°.	Aires des Triangles.	Forces latérales.	Effets.
Entre I & II	3	9,37	1,84	17,24	4	11,12	1,69	18,78	5	8,35	1,43	11,94
II & III	3	6,30	1,91	12,03	4	9,37	1,54	14,43	5	6,53	1,36	8,88
III & IV	3	3,39	1,68	5,69	4	5,25	1,51	7,92	5	3,67	1,33	4,88
IV & V	3	1,17	1,18		4	2,71	1,37	3,71	5	1,80	1,07	1,92
V & VI	3				4				5	0,82	0,78	0,64
Effets. . . .				34,96				44,84				28,26
Distance du centre de gravité à la ligne A A				8				10				14
Moments				279,68				448,40				395,64
Entre I & II	6	7,03	1,65	11,59	7	6,42	1,20	7,70	8	4,33	1,55	6,71
II & III	6	8,35	1,20	10,02	7	6,91	1,05	7,25	8	6,43	1,20	7,71
III & IV	6	5,44	1,15	6,25	7	4,00	0,96	3,84	8	5,76	0,90	5,18
IV & V	6	2,94	1 02	3,00	7	1,92	0,76	1,46	8	3,20	0,73	2,33
V & VI	6	1,35	0,84	1,13	7	0,79	0,59	0,46	8	1,44	0,59	0,85
Effets. . . .				31,99				20,71				22,78
Distance du centre de gravité à la ligne A A				16				20				22
Moments.				511,84				414,20				501,16
Entre I & II	9	4,50	1,24	5,58	10	3,21	1,35	4,33	11	3,20	1,17	3,74
II & III	9	6,31	0,90	5,68	10	4,50	1,23	5,53	11	4,80	0,91	4,36
III & IV	9	4,54	0,74	3,36	10	5,26	0,77	4,05	11	4,69	0,59	2,76
IV & V	9	2,13	0,59	1,15	10	3,63	0,58	2,10	11	2,80	0,39	0,89
V & VI	9	0,80	0,43	0,34	10	1,60	0,42	0,67	11	0,90	0,33	0,29
Effets. . . .				16,11				16,68				12,04
Distance du centre de gravité à la ligne A A				26				28				32
Moments.				418,86				467,04				385,28
Entre I & II	12	2,23	1,04	2,32	13	2,35	1,02	2,39	14	1,80	0,89	1,60
II & III	12	3,20	1,10	3,52	13	3,58	0,87	3,11	14	2,36	0,94	2,21
III & IV	12	4,00	0,81	3,24	13	4,08	0,51	2,08	14	2,98	0,75	2,23
IV & V	12	3,75	0,47	1,76	13	2,55	0,31	0,79	14	3,26	0,40	1,30
V & VI	12	1,73	0,29	0,50	13	0,83	0,22	0 18	14	1,92	0,23	0,44
Effets. . . .				11,34				8,55				7,78
Distance du centre de gravité à la ligne A A				34				38				40
Moments.				385,56				324,90				311,20
Entre I & II	15	1,76	0,83	1,46	16	1,58	0,80	1,26	17	1,49	0,72	1,04
II & III	15	2,50	0,76	1,90	16	1,76	0,78	1,37	17	2,05	0,69	1,41
III & IV	15	3,15	0,55	1,73	16	2,08	0,63	1,31	17	2,44	0,53	1,29
IV & V	15	2,77	0,25	0,69	16	2,52	0,40	1,00	17	2,59	0,22	0,56
V & VI	15	0,85	0,15	0,12	16	2,08	0,17	0,35	17	0,99	0,13	0,12
Effets. . . .				5,90				5,29				4,42
Distance du centre de gravité à la ligne A A				44				46				50
Moments. . . .				259,60				243,34				221,00
Entre I & II	18	1,33	0,71	0,94	19	1,33	0,69	0,91	20	1,22	0,65	0,79
II & III	18	1,49	0,66	0,98	19	1,67	0,64	1,06	20	1,33	0,60	0 79
III & IV	18	1,71	0,59	0,98	19	1,95	0,47	0,91	20	1,39	0,58	0,80
IV & V	18	1,95	0,35	0,68	19	2,25	0,22	0,49	20	1,56	0,36	0,56
V & VI	18	1,94	0,15	0,29	19	0,98	0,09	0,08	20	1,69	0,13	0,22
Effets.				3,87				3,45				3,16
Distance du centre de gravité à la ligne A A				52				56				58
Moments.				201,24				193,20				183,28
Entre I & II	21	1,20	0,65	0,78	22	1,09	0,60	0,65	23	0,99	0,53	0,52
II & III	21	1,26	0,54	0,68	22	1,21	0,57	0,69	23	0,93	0,39	0,36
III & IV	21	1,26	0,35	0,44	22	1,05	0,43	0,45	23	0,82	0,26	0,21
IV & V	21	1,51	0,17	0,25	22	1,00	0,27	0,27	23	0,88	0,11	0,09
V & VI	21	0,79	0,07	0,05	22	1,23	0,10	0,11	23	0,55	0,06	0,03
Effets				2,20				2,17				1,21
Distance du centre de gravité à la ligne A A				62				64				68
Moments.				136,40				138,88				82,28
Entre I & II	24	1,06	0,58	0,61	25	0,88	0,46	0,40	26	0,99	0,53	0,52
II & III	24	0,99	0,46	0,45	25	0,70	0,36	0,25	26	0,88	0,45	0,39
III & IV	24	0,78	0,35	0,27	25	0,51	0,16	0,08	26	0,58	0,25	0,14
IV & V	24	0,66	0,19	0,12	25	0,18	0,02	0,01	26	0,38	0,15	0,05
V & VI	24	0,66	0,07	0,04	25							
Effets. . . .				1,49				0,74				1,10
Distance du centre de gravité à la ligne A A				70				74				76
Moments.				104,30				54,76				83,60

Forces latérales & leurs moments à l'égard de A A du côté opposé au lof.

Entre les lignes d'eau.	Δ N°.	Aires des Triangles.	Forces latérales.	Effets.	Δ N°.	Aires des Triangles.	Forces latérales.	Forces.	Δ N°.	Aires des Triangles.	Forces latérales.	Effets.
Entre I & II	27	0,68	0,37	0,25	28	0,93	0,47	0,43	29	0,61	0,31	0,19
II & III	27	0,63	0,30	0,18	28	0,68	0,39	0,26	29	0,27	0,10	0,02
III & IV.	27	0,16	0,03	0,01	28	0,51	0,24	0,12				
Effets. . . .				0,44				0,81				0,21
Distance du centre de gravité à la ligne A A.				80				82				86
				35,20				66,42				18,06
Entre I & II	30	0,81	0,40	0,32	31	0,43	0,19	0,08	32	0,70	0,36	0,25
II & III	30	0,61	0,30	0,18	31	0,08	0,01	0,00	32	0,37	0,16	0,05
Effets. . . .				0,50				0,08				0,30
Distance du centre de gravité à la ligne A A.				88				92				94
Moments.				44,00				7,36				28,20
Entre I & II	33	0,28	0,10	0,02	34	0,61	0,30	0,18				
Effets. . . .				0,02				0,18				
Distance du centre de gravité à la ligne A A.				98				100				
Moments.				1,96				18,00				

Forces latérales & leurs distances à la ligne A A du côté opposé au lof, au-dessous de la sixieme ligne d'eau.

	Δ N°.	Aires des Triangles.	Forces latérales.	Effets.	Distance à la ligne A A.	Moments.
	7	0,27	0,49	0,13	20	2,60
	9	0,29	0,45	0,13	26	3,38
	11	0,31	0,38	0,11	32	3,54
	13	0,33	0,31	0,10	38	3,80
	15	0,35	0,25	0,08	44	3,52
	17	0,37	0,26	0,09	50	4,50
	19	0,38	0,22	0,08	56	4,48
	21	0,41	0,22	0,09	63	5,67
	23	0,44	0,27	0,11	69	7,59
	25	0,46	0,25	0,11	75	8,25
	27	0,48	0,26	0,12	81	9,72
	29	0,48	0,27	0,12	87	10,44
	31	0,47	0,28	0,13	93	12,09
	33	0,47	0,30	0,14	99	13,86
	35	0,48	0,34	0,16	105	16,80
	37	0,48	0,36	0,17	111	18,87
	39	0,49	0,44	0,21	117	24,57
	41	0,50	0,42	0,21	123	25,83
	43	0,53	0,52	0,27	129	34,83
	45	0,56	0,49	0,27	135	36,45
	47	0,59	0,54	0,31	141	43,71
	49	0,62	0,59	0,36	147	52,92
	51	0,50	0,59	0,04	151,4	6,05
A la quille. . .	. . .	26,16	0,59	15,43	82	1265,26
A l'étambot. .	. . .	0,83	0,59	0,49	154,4	75,65
Côtés. . . .	. . .	2,00	0,59	1,18	157,8	186,20
Côté d'avant.	. . .	9,80	1,00	9,80	1,76	17,24
			Effets	30,44	Mom. =	1897,82

Δ N°.	Aires des Triangles.	Forces latérales.	Effets.	Distance à la ligne A A.	Moments
6	0,39	0,74	0,28	16	4,48
8	0,40	0,54	0,21	22	4,62
10	0,43	0,41	0,17	28	4,76
12	0,52	0,33	0,17	34	5,78
14	0,51	0,22	0,11	40	4,40
16	0,55	0,20	0,11	46	5,06
18	0,67	0,17	0,11	52	5,72
20	0,69	0,15	0,10	58	5,80
22	0,45	0,14	0,06	63	3,78
24	0,46	0,17	0,07	69	4,83
26	0,36	0,18	0,06	75	4,50
28	0,38	0,17	0,06	81	4,86
30	0,38	0,16	0,06	87	5,22
32	0,37	0,21	0,07	93	6,51
34	0,37	0,23	0,08	99	7,92
36	0,36	0,25	0,09	105	9,45
38	0,36	0,28	0,10	111	11,10
40	0,40	0,32	0,12	117	14,04
42	0,41	0,34	0,13	123	15,99
44	0,45	0,38	0,17	129	21,93
46	0,43	0,41	0,17	135	22,95
48	0,47	0,44	0,20	141	28,20
50	0,56	0,52	0,29	147	42,63
58	0,09	0,09	0,01	93	0,93
60	0,09	0,10	0,01	99	0,99
62	0,10	0,11	0,01	105	1,05
64	0,13	0,12	0,01	111	1,11
66	0,15	0,18	0,02	117	2,34
68	0,17	0,20	0,03	123	3,69
70	0,20	0,27	0,05	129	6,45
72	0,24	0,30	0,07	135	9,45
74	0,25	0,33	0,08	141	11,28
76	0,32	0,43	0,13	147	19,11
	Transp.	Effets	3,41	Mom. =	300,93

Forces latérales & leur distance à la ligne AA *sur le côté opposé au lof, au-dessous de la sixieme ligne d'eau.*

Entre les lignes AA *& la tranche 2 du côté opposé au lof.*

Entre les lignes d'eau.	Δ N°.	Aires des Triangles.	Forces latérales.	Effets.	Distanc. à la lig. I. I.	Moments.
La premiere & seconde.	1	8,87	2,76	24,48	2,00	48,96
	2	13,14	2,00	26,28	4,00	105,12
seconde & troisieme.	1	2,80	2,37	6,63	2,75	18,23
	2	8,87	2,03	18,00	4,35	78,30
troisieme & quatrieme.	1	0,43	1,46	0,62	3,88	2,40
	2	2,34	2,04	4,77	4,95	23,61
quatrieme & cinquieme.	3	1,17	1,18	1,38	7,35	10,14
cinquieme & sixieme.	4	0,88	1,16	1,02	9,64	9,83
				83,18		296,59

Sommes des forces latérales du côté opposé au lof.

Effets.	Moments.	Effets.	Moments.
34,96	279,68	3,16	183,28
44,84	448,40	2,20	136,40
28,26	395,64	2,17	138,88
31,99	511,84	1,21	82,28
20,71	414,20	1,49	104,30
22,78	501,16	0,74	54,76
16,12	419,12	1,10	83,60
16,68	467,04	0,44	35,20
12,04	385,28	0,81	66,42
11,34	385,56	0,21	18,06
8,55	324,90	0,50	44,00
7,78	311,20	0,08	7,36
5,90	259,60	0,30	28,20
5,29	243,34	0,02	1,96
4,42	221,00	0,18	18,00
3,87	201,24	30,44	1897,82
3,45	193,20	3,41	300.93
3,16	183,28	83,18	296,59

Eff. 410,62 Mo 9460,44

Forces latérales & leur distance à la ligne AA *du côté du lof.*

Entre les lignes d'eau.	Δ N°.	Aires des Triang.	Forces latéral.	Effets.	Δ N°.	Aires des Triang.	Forces latéral.	Effets.	Δ N°.			Effets.	Δ N°.			Effets.
I & II	3	4,40	1,76	7,56	4	5,92	1,86	11,61	5	3,72	1,31	4,87	6	4,53	1,37	6,20
II & III	3	2,62	1,25	3,27	4	4,30	1,54	6,62	5	2,61	1,06	2,76	6	3,72	1,23	4,57
III & IV	3	1,08	0,73	0,78	4	2,19	1,14	2,49	5	1,06	0,58	0,61	6	2,17	0,	1,97
IV & V	3				4	0,86	0,60	0,51	5				6	0,85	0,54	0,46
				11,61				20,63				8,24				13,20
				8				10				14				16
				92,88				206,30				115,36				211,20
I & II	7	3,29	1,05	3,45	8	3,33	1,12	3,72	9	2,70	0,85	2,29	10	2,28	0,83	1,89
II & III	7	2,43	0,80	1,94	8	3,29	0,95	3,12	9	2,25	0,66	1,48	10	2,70	0,79	2,13
III & IV	7	1,02	1,02	0,48	8	2,02	0,71	1,43	9	0,94	0,37	0,34	10	1,87	0,57	1,06
IV & V	7				8	0,81	0,42	0,34	9				10	0,75	0,28	0,21
				5,87				8,61				4,11				5,29
				20				22				26				28
				117,40				189,42				106,86				148,12
I & II	11	2,07	0,66	1,36	12	1,33	0,58	0,77	13	1,26	0,43	0,54	14	0,61	0,28	0,17
II & III	11	2,07	0,56	1,15	12	2,07	0,59	1,22	13	1,49	0,39	0,58	14	1,26	0,42	0,14
III & IV	11	0,85	0,27	0,23	12	1,72	0,45	0,77	13	0,76	0,19	0,14	14	1,34	0,35	0,46
IV & V	11				12	0,68	0,22	0,14	13				14	0,61	0,20	0,12
				2,74				2,90				1,26				0,89
				32				34				38				40
				87,68				98,60				47,88				35,60
I & II	15	0,54	0,19	0,10	16				17				18			
II & III	15	1,06	0,30	0,31	16	0,54	0,17	0,09	17	0,61	0,18	0,10	18			
III & IV	15	0,61	0,17	0,10	16	0,88	0,25	0,22	17	0,39	0,10	0,03	18	0,51	0,15	0,07
IV & V	15				16	0,49	0,14	0,06	17				18	0,31	0,07	0,02
				0,51				0,37				0,13				0,09
				44				46				50				52
				22,44				17,06				6,50				4,68

Forces latérales & leur distance à la ligne AA *du côté du lof.*

Entre la ligne AA *&* *la tranche* 2.

Entre les lignes d'eau.	Δ N°.	Aires des Triang.	Forces latéral.	Effets.	Distanc. de la lig. ' . '.	Moments
La premiere & seconde.	1	3,78	2,28	8,61	2,00	17,22
	2	6,98	2,36	16,47	4,00	65,88
seconde & troisieme.	1	1,26	1,42	1,78	2,75	4,89
	2	3,78	1,97	7,44	4,35	32,36
troisieme & quatrieme.	2	1,05	1,21	1,27	4,95	6,28
				35,57		126,63

Sommes des forces latérales du côté du lof.

	Effets.	Moments.
	11,61	92.88
	20,63	206,30
	8,24	115,36
	13,20	211,20
	5 87	117,40
	8,61	189,42
	4,11	106,86
	5,29	148,12
	3,74	87,68
	2,90	98,60
	1,26	47,88
	0.89	35,60
	0,51	22,44
	0,37	17,02
	0,13	6,50
	0,09	4,68
	35,57	126,63
Au lof.	122,02	1634,57
A l'opposite. .	410,62	9460,44
Tout l'effet latéral. . . =	288,60.	Momens 7825,87

Calcul pour la partie de l'arriere du même Vaisseau. *Fig. 47.*

Forces directes & leur distance à la ligne BB *du côté du lof.*

Entre la I & II ligne d'eau.

N°.	Aires des Triangles.	Forces directes.	Effets.	Centre de gravité à la lig. L B.	Moments.
20	0,72	0,01	0,01	1,30	0.01
21	0,72	0,02	0,01	2,17	0,02
22	0,90	0,04	0,04	1,65	0,07
23	0.95	0,05	0,05	2,68	0,13
24	1,08	0,06	0,06	2,16	0,13
25	1,30	0,07	0,09	3,36	0,30
26	1,26	0,07	0,09	2,80	0,25
27	1,48	0,10	0,15	4,08	0,61
28	1,35	0 10	0,13	3,51	0,46
29	1,62	0,11	0,18	4,90	0,88
30	1,48	0,12	0,18	4,30	0,77
31	2,16	0,19	0 41	5,90	2,42
32	1,73	0,18	0,31	5,20	1,61
33	2,30	0,22	0,51	7,11	3,63
34	1,98	0,22	0,44	6,25	2,75
35	2,70	0,25	0,67	8,35	5,59
36	2,03	0,25	0,43	7,40	3,18
37	3,06	0,29	0,89	9,90	8,81
38	2,66	0,29	0,77	8,80	6,78
39	3,60	0,36	1,30	11,70	15,21
40	2,81	0,35	0,98	10,85	10,14
41	4,01	0,42	1,68	13,68	22,98
42	3,38	0,42	1,42	12,15	17,25
43	4,57	0,47	2,15	15,93	34,25
44	3,64	0,44	1,60	14,26	22,82
45	5,17	0,56	2,89	18,67	53,96
46	4,32	0,52	2,25	16,53	37,19
47	5,45	0,70	3,81	21 68	82,60
48	5,89	0,69	4,06	19,36	78 60
49	5,94	1,16	6,89	25,20	173,63
50	7,04	0,94	6,62	22,80	150,94
51	4,55	0,95	4,32	29,11	125,75
52	11,11	2,00	22,22	27,30	606,61
		Effets	67,61	Mom.	1470,33

Entre la II & III ligne d'eau.

22	0,72	0,04	0,03	3,20	0,10
23	0,90	0,07	0,06	4,54	0,27
24	0,95	0,10	0,09	3,60	0,32
25	1,35	0,10	0,13	5,25	0,68
26	1,30	0,12	0,16	4,20	0,67
27	1,87	0,12	0,22	6,15	1,35
28	1,48	0,12	0,18	4,94	0,89
29	2,05	0,13	0,25	7,14	1,78

Entre la II & III ligne d'eau.

N°.	Aires des Triangles.	Forces directes.	Effets.	Centre de gravité à la lig. B B.	Moments.
		Effets.		Moments.	1,78
30	1,62	0,14	0,23	5,80	1,33
31	2,48	0,16	0,40	8,37	3,35
32	2,16	0,20	0,43	6,92	2,98
33	2,88	0,20	0,58	9,80	5,68
34	2,30	0,20	0,46	8,30	3,82
35	3,06	0,20	0,61	11,40	6,95
36	2,70	0,29	0,78	9,80	7,64
37	3,40	0,29	0,99	13,20	13,07
38	3,06	0,30	0,92	11,40	10,49
39	3,67	0,30	1,10	15,16	16,68
40	3,60	0,38	1,37	13,26	18.17
41	2,21	0,38	0,84	17,40	14,62
42	4,01	0,40	1,60	15,35	24,56
43	2,21	0,42	0,93	19,77	18,39
44	4.57	0,50	2,28	17.75	40,47
45	3,78	0,50	1,39	22,18	30,83
46	5,17	0,61	3,15	20,30	63,94
47	3,65	0,59	2,15	24,60	52,89
48	5,45	0,75	4,09	22,90	93,66
49	3,82	0,68	2,60	27,00	70,20
50	5,94	1,10	6,53	25,80	168,47
51	2,34	0,38	0,89	29,00	25,81
52	4,55	1,05	4,78	28,37	135,61
		Effets	40,22	Mom.	835,67

Forces directes & leur distance à la lig. BB. *à l'arriere du côté du lof.*

Entre la III & IV ligne d'eau.

23	0,55	0,01	0,01	8,00	0,08
24	0,75	0,03	0,02	6,53	0,13
25	1,25	0,03	0,04	8,80	0,35
26	1,12	0,06	0,07	7,15	0,50
27	1,65	0,07	0,11	9,85	1,08
28	1,53	0,08	0,12	8,08	0,97
29	1,78	0,07	0,12	11,00	1,32
30	1,71	0,10	0,17	9,20	1,56
31	2,13	0,12	0,26	12,30	3,20
32	2,07	0,17	0,35	10,30	3,60
33	2,17	0,17	0,37	13,96	5,16

Forces directes & leur distance à la ligne BB, à l'arriere du côté du lof.

Entre la III & IV ligne d'eau.

N°.	Aires des Triangles.	Forces directes.	Effets.	Centre de gravité à la lig. B B.	Moments.
		Effets.		Moments.	5,16
34	2,40	0,20	0,48	11,95	5,74
35	2,29	0,18	0,41	15,45	6,33
36	2,55	0,20	0,51	13,60	6,94
37	2,40	0,20	0,48	17,20	8,26
38	2,83	0,20	0,57	15,30	8,72
39	2,31	0,20	0,46	19,00	8,74
40	3,06	0,29	0,89	17,16	15,27
41	2,31	0,30	0,69	20,80	14,41
42	1,85	0,35	0,65	19,17	12,46
43	2,29	0,34	0,78	22,60	17,63
44	1,85	0,38	0,70	21,20	14,84
45	2,19	0,34	0,74	24,33	18,00
46	3,15	0,44	1,39	23,10	32,11
47	2,07	0,34	0,70	25,90	18,13
48	3,04	0,45	1,37	25,10	34,39
49	2,07	0,34	0,70	27,50	19,25
50	3,18	0,62	1,97	26,85	52,89
51	1,20	0,22	0,26	28,80	7,49
52	1,95	0,50	0,97	28,50	27,64
		Effets	16,38	Mom. =	347,19

Entre la IV & V ligne d'eau.

26	1,00	0,02	0,02	11,70	0,23
27	0,96	0,02	0,02	14,52	0,29
28	1,32	0,04	0,05	12,60	0,63
29	1,12	0,04	0,04	15,60	0,62
30	1,43	0,06	0,09	13,70	1,23
31	1,30	0,05	0,06	16,80	1,01
32	1,70	0,08	0,14	14,90	2,09
33	1,28	0,10	0,13	18,00	2,34
34	1,74	0,10	0,17	16,22	2,76
35	1,27	0,10	0,13	19,25	2,50
36	1,84	0,12	0,22	17,62	3,88
37	1,28	0,11	0,14	20,50	2,87
38	1,92	0,18	0,35	19,00	6,65
39	1,20	0,14	0,17	21,70	3,69
40	1,85	0,19	0,35	20,50	7,17
41	1,32	0,15	0,20	22,90	4,58
42	1,85	0,20	0,37	21,90	8,10
43	1,32	0,20	0,26	24,10	6,27
44	1,84	0,28	0,51	23,30	11,88
45	1,26	0,19	0,24	25,35	6,08
46	1,75	0,28	0,49	24,64	12,07
47	1,20	0,19	0,23	26,50	6,09
48	1,66	0,30	0,50	25,95	12,97
49	1,24	0,18	0,22	27,60	6,07
50	1,66	0,29	0,48	27,25	13,08
51	0,67	0,28	0,19	28,43	5,40
52	0,96	0,41	0,39	28,30	11,04
		Effets	6,16	Mom. =	141,59

Entre la V & VI ligne d'eau.

28	0,72	0,01	0,01	17,20	0,17
29	0,56	0,02	0,01	19,24	0,19
30	0,84	0,03	0,02	17,90	0,36
31	0,56	0,03	0,02	20,10	0,40
32	0,97	0,05	0,05	28,90	1,44
33	0,56	0,06	0,03	20,80	0,62
34	0,96	0,07	0,07	19,90	1,39
35	0,56	0,06	0,03	21,60	0,65
36	0,95	0,05	0,05	20,75	1,04
37	0,56	0,06	0,03	22,40	0,67
38	0,96	0,10	0,10	21,60	2,16
39	0,67	0,10	0,07	23,20	1,62
40	0,90	0,08	0,07	22,50	1,57
41	0,67	0,07	0,05	24,10	1,20
42	0,99	0,12	0,12	23,50	2,82
43	0,67	0,09	0,06	25,00	1,50
44	0,99	0,17	0,17	24,40	4,15
45	0,67	0,08	0,05	25,80	1,29
46	0,94	0,17	0,16	25,40	4,06
47	0,67	0,10	0,07	26,70	1,87
48	0,90	0,19	0,17	26,40	4,49
49	0,67	0,10	0,07	27,60	1,93
50	0,93	0,18	0,17	27,30	4,64
51	0,45	0,29	0,13	28,25	3,67
52	0,50	0,31	0,15	28,10	4,21
		Effets	1,93	Mom. =	48,11

Au-dessous de la VI ligne d'eau.

N°.	Aires des Triangles.	Forces directes.	Effets.	Centre de gravité à la lig. B B.	Moments.
8	0,28	0,06	0,02	14,70	0,29
10	0,48	0,06	0,03	15,10	0,45
11	0,49	0,06	0,03	15,60	0,47
14	0,54	0,03	0,02	16,20	0,32
16	0,63	0,02	0,01	16,70	0,17
18	0,67	0,02	0,01	17,30	0,17
20	0,72	0,02	0,01	17,80	0,18
22	0,76	0,02	0,01	18,40	0,18
24	0,76	0,02	0,01	19,00	0,19
26	0,81	0,02	0,02	19,50	0,39
28	0,95	0,03	0,03	20,10	0,60
30	0,95	0,03	0,03	20,80	0,62
32	0,95	0,03	0,03	21,40	0,64
34	0,95	0,03	0,03	22,00	0,66
36	0,95	0,04	0,04	22,60	0,90
38	0,95	0,04	0,04	23,30	0,93
40	1,29	0,05	0,06	24,00	1,44
42	1,36	0,08	0,11	24,60	2,71
44	1,36	0,10	0,14	25,30	3,54
46	1,43	0,10	0,14	26,00	3,64
48	1,43	0,10	0,14	26,70	3,74
50	1,50	0,10	0,15	27,40	4,11
52	1,03	0,10	0,10	28,00	3,88
		Effets	1,21	Mom. =	29,22
A la quille.	20,85				
A l'étambot.	10,00	0,07	1,46	21,30	31,10
Aux côtés...		0,10	1,00	29,40	29,40
A l'étrave...	3,85	0,04	0,15	14,00	2,15
		Effets	2,61	Mom. =	62,65

Forces directes & leur distance à la ligne BB à l'arriere, à l'opposite du lof.

Entre la I & II ligne d'eau.

39	1,01	0,02	0,02	44,40	0,89
41	1,84	0,07	0,13	43,70	5,68
42	0,40	0,01	0,00	45,00	
43	2,63	0,10	0,26	42,80	11,13
44	0,65	0,02	0,01	44,44	0,44
45	4,23	0,23	0,97	41,20	3 96
46	1,53	0,08	0,12	43,50	5,22
47	5,47	0,35	1,91	38,70	73,92
48	3,24	0,20	0,65	41,70	27,10
49	5,04	0,59	2,97	35,00	103,95
50	7,65	0,48	3,67	38,70	142,03
51	2,25	0,42	0,94	32,80	29,89
52	11,88	1,34	15,92	33,80	538,10
		Effets	27,57	Mom. =	978,31

Entre la II & III ligne d'eau.

35	1,03	1,01	0,01	42,00	0,42
37	1,60	1,03	0,05	41,50	2,07
39	2,47	0,08	0,20	40,50	8,10
40	1,01	0,03	0,03	42,20	1,27
41	3,27	0,14	0,46	39,00	17,94
42	1,84	0,08	0,15	41,30	6,19
43	3,27	0,12	0,39	37,20	14,51
44	2,63	0,12	0,32	39,80	12,74
45	2,90	0,22	0,64	35,20	22,53
46	4,23	0,26	1,10	37,80	41,58
47	2,28	0,22	0,50	33,20	16,60
48	5,47	0,40	2,19	35,40	77,53
49	1,89	0,12	0,23	31,60	7,27
50	5,04	0,48	2,42	33,00	79,86
52	2,25	0,50	1,13	31,40	35,48
		Effets	9,82	Mom. =	344,09

Forces directes & leur distance à la ligne BB *à l'arriere, à l'opposite du lof.*

Entre la III & IV ligne d'eau.

N°.	Aires des Triangles.	Forces directes.	Effets.	Centre de Gravité depuis B B.	Moments.
31	0,71	0,01	0,01	39,30	0,39
33	1,29	0,02	0,03	38,80	1,16
35	1,86	0,04	0,07	37,80	2,65
36	0,85	0,02	0,02	39,70	0,79
37	1,89	0,05	0,09	36,50	3,28
38	1,33	0,05	0,07	38,70	2,71
39	1,72	0,05	0,09	35,20	3,17
40	2,05	0,10	0,20	37,40	7,48
41	1,39	0,06	0,08	33,80	2,70
42	2,75	0,18	0,49	36,00	17,64
43	1,25	0 07	0,09	32,50	2,92
44	2,72	0,20	0,54	34,40	18,58
45	0,90	0,04	0,04	31,40	1,26
46	2,41	0,18	0,43	32,80	14,10
47	0,57	0,02	0,01	30,70	0,31
48	1,90	0,14	0,27	31,70	8,56
50	1,57	0,12	0,19	30,80	5,85
		Effets	2,72	Mom. =	93,55

Entre la IV & V ligne d'eau.

N°.	Aires des Triangles.	Forces directes.	Effets.	Centre de Gravité à la lig. BB.	Moments.
31	1,06	0,01	0,01	34,40	0,34
32	0,56	0,01	0,01	36,30	0,36
33	1,06	0,01	0,01	33,10	0,33
34	1,03	0,02	0,02	35,40	0,71
35	0,72	0,01	0,01	31,90	0,32
36	1,49	0,03	0,04	34,30	1,37
38	1,79	0,03	0,05	32,40	1,62
40	1,52	0,02	0,03	31,90	0,96
42	1,14	0,02	0,02	31,30	0,63
44	0,77	0,02	0,01	30,80	0,31
46	0,38	0,02	0,01	30,50	0,30
		Effets	0,22	Mom. =	7,25
Côtés & angle l'arriere =	10,00	5,80	58,00	30,15	1748,70

Forces latérales & leur distance à la ligne AA *du côté du lof.*

Entre les lignes d'eau.	Δ N°.	Aires des Triang.	Forces latér.	Effets.	Δ N°.	Aires des Triang.	Forces latér.	Effets.	Δ N°.	Aires des Triang.	Forces latér.	Effets.	Δ N°.	Aires des Triang.	Forces latér.	Effets.
I & II	20	0,72	0,37	0,27	21	0,72	0,36	0,26	22	0,90	0,40	0,36	23	0,95	0,40	0,38
II & III									22	0,72	0,28	0,20	23	0 90	0,23	0,21
III & IV													23	0,55	0,11	0,06
Effets. . . .				0,27				0,26				0,56				0,65
Centre de gravité à la lig. AA.				56				64				62				70
Moments. . . .				15,12				16,64				34,72				45,50
I & II	24	1,08	0,55	0,59	25	1,30	0,56	0,73	26	1,26	0,63	0,79	27	1,48	0,62	0,92
II & III	24	0,95	0,38	0,36	25	1,35	0,35	0,47	26	1,30	0,51	0,66	27	1,87	0,47	0,89
III & IV	24	0,75	0,21	0,16	25	1,25	0,21	0,26	26	1,12	0,30	0 34	27	1,65	0,30	0,49
IV & V									26	1,00	0,20	0,20	27	0,96	0,18	0,17
V & IV													27	0 53	0,16	0,08
Effets. . . .				1,11				1,46				1,99				2,55
Centre de gravité à la lig. A A. .				68				76				74				82
Moments. . . .				75,48				110,96				147,26				209,10
I & II	28	1,35	0,70	0 94	29	1,62	0,70	1,13	30	1,48	0,76	1,12	31	2,16	0,81	1,75
II & III	28	1,48	0,63	0,93	29	2,05	0,50	0,02	30	1,62	0,65	1,05	31	2,48	0,60	1 49
III & IV	28	1,53	0,44	0,67	29	1,78	0,30	0,53	30	1,71	0,42	0,72	31	2,13	0,40	0,85
IV & V	28	1,32	0,12	0,16	29	1,12	0,19	0,20	30	1,43	0,32	0,46	31	1,30	0,27	0,35
V & VI	28	0,72	0,12	0,09	29	0,56	0,29	0,16	30	0,84	0,19	0,16	31	0,56	0,29	0,16
Effets. . . .				2,79				3,04				3,51				4,60
Centre de gravité à la lig AA. .				80				88				86				94
Moments. . . .				223,20				267,52				301,86				432,40
I & II	32	1,73	0,90	1,56	33	2,30	0,91	2,09	34	1,98	0,94	1,86	35	2,70	0,93	2,51
II & III	32	2,16	0,73	1,58	33	2,88	0,64	1,84	34	2,30	0,77	1,77	35	3,06	0,67	2,05
III & IV	32	2,07	0 47	0,91	33	2 17	0,47	1,02	34	2,40	0,55	1,32	35	2,29	0,50	1,14
IV & V	32	1,70	0,31	0,54	33	1,28	0,31	0,40	34	1,74	0,33	0,57	35	1,27	0,33	0,42
V & VI	32	0,97	0,28	0,27	33	0,56	0,33	0,18	34	0,96	0,33	0,32	35	0,56	0,39	0,22
Effets. . . .				4,86				5,53				5,84				6,34
Centre de gravité à la lig. AA.				92				1,00				98				106,
Moments. . . .				447,12				553,00				572,32				672,04
I & II	36	2,03	0,90	1,83	37	3,06	1,08	3,30	38	2,66	1,16	3 09	39	3,60	1,11	4,00
II & III	36	2,70	0,83	2,24	37	3,40	0,74	2,52	38	3,06	0,88	2,69	39	3 67	0,83	3,05
III & IV	36	2,55	0,60	1,53	37	2,40	0,60	1,44	38	2,83	0,66	1,87	39	2,31	0,74	1,71
IV & V	36	1,87	0.41	0,77	37	1,28	0,49	0,63	38	1,92	0,53	1,02	39	1,20	0,53	0,64
V & VI	36	0,95	0,34	0,34	37	0,56	0,46	0,26	38	0,96	0,44	0,42	39	0,67	0,56	0,37
Effets. . . .				6,69				8,15				9,09				9,77
Centre de gravité à la lig. AA. .				104				112				110				118,
Moments. . . .				695,76				912,80				999,90				2152,86

Forces latérales & leur distance à la ligne AA *du côté du lof.*

Entre les lignes d'eau.	Δ N°.	Aires des Triang.	Forces latéral.	Effets.	Δ N°.	Aires des Triang.	Forces latéral.	Effets.	Δ N°.	Aires des Triang.	Forces latéral.	Effets.	Δ N°.	Aires des Triang.	Forces latéral.	Effets.
I & II	40	2,81	1,14	3,20	41	4,01	1,08	4,23	42	3,38	1,15	4,89	43	4,57	1,14	5,21
II & III	40	3,60	0,94	3,38	41	4,01	0,94	3,77	42	4,01	1,00	4,01	43	4,01	1,12	4,49
III & IV	40	3,06	0,73	2,23	41	2,31	0,88	2,03	42	3,33	0,84	2,80	43	2,29	1,09	2,50
IV & V	40	1,85	0,52	0,96	41	1,32	0,69	0,91	42	1,85	0,68	1,26	43	1,32	0,95	1,15
V & VI	40	0,90	0,49	0,44	41	0,67	0,58	0,39	42	0,99	0,66	0,65	43	0,67	0,70	0,47
Effets. . .				10,21				11,43				13,61				13,82
Centre de gravité à la ligne AA				116				124				122				130
Moments. . .				1184,36				1417,32				1660,42				1756,60
I & II	44	3,64	1,15	4,19	45	5,17	1,15	5,94	46	4,32	1,14	4,92	47	5,45	1,39	7,57
II & III	44	4,57	1,12	5,12	45	3,78	1,32	4,99	46	5,17	1,21	6,26	47	3,65	1,54	5,62
III & IV	44	3,33	1,04	3,46	45	2,19	1,22	2,67	46	3,15	1,21	3,81	47	2,07	1,30	2,69
IV & V	44	1,84	1,01	1,86	45	1,26	1,01	1,27	46	1,75	1,12	1,96	47	1,20	0,96	1,15
V & VI	44	0,99	0,97	0,78	45	0,67	0,78	0,52	46	0,94	0,83	0,78	47	0,67	0,79	0,53
Effets. . . .				15,41				15,39				17,73				17,56
Centre de gravité à la ligne AA				128				136,				134				142
Moments. . . .				1972,48				2093,04				2375,82				2493,52
I & II									50							
II & III	48	5 89	1,24	7,30	49	5,94	1,77	8,57	50	7,04	1,49	10,49	51	4,55	2,16	9,83
III & IV	48	5,45	1,48	8,07	49	3,82	1,85	7,07	50	5,94	1,94	11,52	51	2,34	1,46	3,42
IV & V	48	3,04	1,44	4,38	49	2,07	1,28	2,45	50	3,18	1,70	5,41	51	1,20	1,18	1,42
V & VI	48	1,66	1,20	1,99	49	1,24	1,00	1,24	50	1,66	1,30	2,16	51	0,67	1,22	0,82
	48	0,90	0,89	0,80	49	0,67	0,75	0,50	50	0,93	0,98	0,91	51	0,45	1,32	0,59
Effets. . . .				22,54				19,83				30,49				16,08
Centre de gravité à la lig. AA. .				140				148				146,				153
Moments.				3155,60				2934,84				4451,54				2460,24
	52	11,11	2,04	22,66												
	52	4,55	2,11	9,60												
	52	1,95	1,65	3,22												
	52	0,96	1,40	1,34												
	52	0,50	1,37	0,68												
Effets. . . .				37,50												
Centre de gravité à la ligne AA. .				151												
Moments. . .				5662,50												

Forces latérales & leur distance à la lig. AA *du côté du lof.*

Entre la V & VI ligne d'eau.

N°.	Aires des Triangles.	Forces latérales.	Effets.	Centre de Gravité à la lig. AA.	Moment.
7	0,45	0 11	0,05	21,00	1,05
9	0,45	0,11	0,05	27,00	1,35
11	0,45	0,11	0,05	33,00	1,65
13	0,45	0,13	0,06	39,00	2,34
15	0,45	0,10	0,04	45,00	1,80
17	0,45	0,08	0,04	51,00	2,04
19	[illegible]	0,10	6.04	57,00	2,28
21	0,45	0,10	0,04	63,00	2,52
23	0,81	0,10	0,08	69,00	5,52
25	0,90	0,11	0,10	75,00	7,50
			Effets = 0,55	Mom. =	28,05

Au-dessous de la VI ligne d'eau.

8	0,28	0,53	0,15	21,00	3,15
10	0,48	0 46	0,22	27,00	5,94
12	0,49	0,40	0,20	33,00	6,60
14	0,54	0,30	0,16	39,00	6,24
16	0,63	0,30	0,19	45,00	8,55
18	0,67	0,30	0,20	51,00	10,20
20	0,72	0,30	0,22	57,00	12,54
22	0,76	0,30	0,23	63,00	14,49
24	0,76	0.30	0,23	69,00	15,87
26	0,81	0,30	0,24	75,00	18,00
28	0,95	0,35	0,33	81,00	26,43
30	0,95	0,37	0,35	87,00	30.45
32	0,95	0,36	0,34	93,00	31,62
34	0,95	0,39	0,37	99,00	36,63
36	0,95	0,38	0,36	105,00	37,80
38	0,95	0,40	0,38	111,00	42,18
40	1,29	0,53	0,68	117,00	79,56
42	1,36	0,53	0,72	123,00	88,56
44	1,36	0,56	0,76	129,00	98,04
46	1,43	0,60	0,86	135,00	116,10
48	1,43	0,69	0,99	141,00	139,59
50	1,50	0,70	1,05	147,00	154,35
52	1,03	0,70	0,72	151,00	108,72
			Effets = 9,95	Mom. =	1091,61
A l'étrave =	3,85	0,44	1,69	9,00.	15,21
A la quille =	20,85	0,58	12,09	80,00.	967,20
A l'étambot à côté =	10,00	0,70	7,00	156,00.	1092,00
			20,78		2074,41

Somme des forces directes & leurs moments à l'égard de la ligne BB.

Effets	Moments.
67,61	1470,33
40,22	835,67
16,38	347,19
6,16	141,59
1,93	48,11
1,21	29,22
2,61	62,65
27,57	978,31
9,82	344,09
2,72	93,55
0,22	7,25
58,00	1748,70
234,45	6106,66

Somme des forces latérales & leurs moments à l'égard de la ligne AA *du côte du lof.*

Effets.	Moments.
0,27	15,12
0,26	16,64
0,56	34,72
0,65	45,50
1,11	75,48
1,46	110,96
1,99	147,26
2,55	209,10
2,79	223,20
3,04	267,52
3,51	301,86
18,19	1447,36

à transporter à la page suiv.

Forces latérales & leur distance à la ligne A A *à l'arriere & à l'opposite du lof.*

Entre les lignes d'eau.	Δ N°.	Aires des Triang.	Forces latéral.	Effets.	Δ N°.	Aires des Triang.	Forces latéral.	Effets.	Δ N°.	Aires des Triang.	Forces latéral.	Effets.	Δ N°.	Aires des Triang.	Forces latéral.	Effets.
III & IV	31	0,17	0,23	0,16					33	1,29	0,23	0,30				
IV & V	31	1,06	0,10	0,11	32	0,56	0,24	0,13	33	1,06	0,25	0,26	34	1,03	0,20'	0,20
Effets. . . .				0,27				0,13				0,56				0,20
Centre de gravité à la ligne AA. .				94				92				100				98
Moments. . .				25,38				11,96				56,00				19,60
II & III	35	1,03	0,20	0,20					37	1,60	0,35	0,56	38	0,45	0,12	0,05
III & IV	35	1,86	0,23	0,43	36	0,85	0,23	0,19	37	1,89	0,30	0,57	38	1,33	0,32	0,43
IV & V	35	0,72	0,10	0,07	36	1,49	0,19	0,28					38	1,79	0,19	0,34
Effets. . . .				0,70				0,47				1,13				0,82
Centre de gravité à la ligne A A. .				106				104				112				110
Moments. . . .				74,00				48,88				126,56				90,00
I & II	39	1,01	0,27	0,34					41	1,84	0,44	0,81	42	0,40	0,12	0,05
II & III	39	2,47	0,37	0,91	40	1,01	0,32	0,32	41	3,27	0,49	1,60	42	1,84	0,47	0,86
III & IV	39	1,72	0,32	0,55	40	2,05	0,39	0,80	41	1,39	0,38	0,53	42	2,75	0,44	1,21
IV & V					40	1,52	0,19	0,29					42	1,14	0,28	0,32
Effets. . . .				1,80				1,41				2,94				2,44
Centre de gravité à la ligne A A..				118				116				124				122
Moments. . . .				212,40				163,56				364,56				297,68
I & II	43	2,63	0,45	1,18	44	0,65	0,25	0,16	45	4,23	0,49	2,07	46	1,53	0,41	0,63
II & III	43	3,27	0,56	1,83	44	2 63	0,49	1,29	45	2,90	0,62	1,80	46	4,23	0,57	2,41
III & IV	43	1,25	0,43	0,54	44	2,72	0,53	1 44	45	0,90	0,44	0,40	46	2,41	0,60	1,45
IV & V					44	0,77	0,38	0,29					46	0,38	0,38	0,14
Effets. . . .				3,55				3,18				4,27				4,63
Centre de gravité à la ligne A A. .				130				128				136				234
Moments. . . .				461,50				407,04				580,72				620,42
I & II	47	5,47	0,65	2,27	48	3,24	0,53	2,25	49	5,04	0,94	4,74	50	7,65	0,70	5,35
II & III	47	2,28	0,79	1,80	48	5,47	0,80	4,38	49	1,89	0,80	1,51	50	5,04	1,12	5,64
III & IV	47	0,57	0,18	0,10	48	1,90	0,70	1,33	49				50	1,57	0,70	1,10
Effets. . . .				4,17				7,96				6,25				12,09
Centre de gravité à la ligne A A. .				142				140				148				146
Moments. . . .				592,14				1114,40				925,00				1765,14
I & II	51	2,25	1,20	2,70	52	11,88	[illegible]38	16,39								
	51				52	2,25	[illegible]	3,26								
Effets. . . .				2,70				19,65								
Centre de gravité à la ligne A A.				153				151								
Moments. . .				413,10				2967,15								

Forces latérales & leurs moments à l'égard de la ligne AA *du côté du lof.*

Effets.	Moments.	
18,19	1447,36	Transport de la page 117.
4,60	432,40	
4,86	447,12	
5,53	553,00	
5,84	572,32	
6,34	672,04	
6,69	695,76	
8,15	912,80	
9,09	999,90	
9,77	1152,86	
10,21	1184,36	
11,43	1417,32	
13,61	1660,42	
13,82	1796,60	
15,41	1972,48	
15,39	2093,04	
17,73	2375,82	
17,56	2493,52	
22,54	3155,60	
19,83	2934,84	
30,49	4451,54	
16,08	2460,24	
37,50	5662,50	
0,55	28,05	
9,95	1091,61	
20,78	2074,41	
351,94	44737,91	

Somme des forces latérales & leurs moments à l'égard de la ligne A A *à l'opposite du lof.*

Effets.	Moments.	
0,27	25,38	
0,13	11,96	
0,56	50,00	
0,20	19,60	
0,70	74,00	
0,47	48,88	
1,13	126,56	
0,82	90,00	
1,80	212,40	
1,41	163,56	
2,94	364,56	
2,44	297,68	
3,55	461,50	
3,18	407,04	
4,27	580,72	
4,63	620,42	
4,17	592,14	
7,96	1114,40	
6,25	925,00	
12,09	1765,14	
2,70	413,10	
19,65	2967,15	
81,32	11330,59	à l'opposite.
351,94	44737,91	au lof.
270,62	33407,32	

D'après les calculs on a les effets & leurs moments, ſavoir :

Contre la partie de l'avant du Navire. Fig. 46.

Effet direct.	331,30
Son moment à l'égard de la ligne BB.	6737,31
Effet latéral.	288,60
Son moment à l'égard de la ligne AA, *Fig.* 48. . . .	7825,87

Contre la partie de l'arriere du Navire. Fig. 47.

Effet direct.	234,45
Son moment à l'égard de la ligne BB.	6106,66
Effet latéral.	270,62
Son moment à l'égard de la ligne AA, *Fig.* 48. . . .	33407,32

En conſéquence de ce qui a été dit au §. précédent, l'effet contre la partie de l'avant du navire doit être multiplié par 6; & l'effet contre la partie de l'arriere du Navire doit être multiplié par 7; d'où s'enſuit qu'il faut enfin multiplier le moment de leur réſiſtance par le même nombre.

L'effet direct de l'avant	= 331,30 × 6 =	5987,80
L'effet direct de l'arriere	= 234,45 × 7 =	1641,15
	Effet direct. . . .	3628,95

Le moment pour l'avant . . .	6737,31 × 6 =	40423,86
Le moment pour l'arriere. . .	6106,66 × 7 =	42746,62
	Et les moments. . .	83170,48

Ainſi on aura $\frac{83170,48}{3628,95} = 22,91$ = à la diſtance de la ligne BB, au centre de gravité de l'effet direct; de même que $\frac{3628,95}{13} = 279,15$ = à l'effet direct ou à la réſiſtance.

L'effet latéral pour l'avant. . . .	288,60 × 6 =	1731,60
L'effet latéral pour l'arriere. . .	270,62 × 7 =	1894,34
	Effet latéral. . . .	3625,94

Le moment pour l'avant. = . .	7825,87 × 6 =	46955,22
Le moment pour l'arriere = . .	33407,32 × 7 =	233851,24
	Et les moments.	280806,46

Ainſi on aura $\frac{280806,46}{3625,94} = 77,44$ = à la diſtance de la ligne AA, au centre de gravité de l'effet latéral; de même que $\frac{3625,4}{13} = 278,92$ = à l'effet latéral ou à ſa réſiſtance, quand la force abſolue eſt la même pour la diſtance entre les tranches ou ſections *aa*, *bb*, *cc*, &c.

De la ligne BB à la ligne CC ſur la ligne d'eau ſupérieure (*Fig.* 46, 47 & 48) on a la diſtance = 22,3, & ſouſtrayant celle-ci de 22,91 il reſte 0,68 qui repréſente la diſtance de la réſiſtance directe du côté oppoſé au lof à la ligne CC; c'eſt pourquoi (*Fig.* 48) tirez une ligne FD = 0,68 relativement à la ligne CC, & qui lui soit parallele : à la distance de 77,44 pieds de la ligne AA, tirez une ligne FE parallele aux sections; & de F à D, ainsi que F à E portez d'après quelque échelle les quantités 279,15 & 278,92 qui représenteront, l'une la résistance directe, & l'autre celle qui est latérale : on achevera le parallélogramme FDGE, & on tirera la diagonale FG, laquelle doit ainsi représenter la direction moyenne de l'eau.

Mais si on retourne en arriere, & si l'on fait ce qui est nécessaire pour que les forces soient multipliées par 6 & 7, on trouvera, à l'aide du §. 14, que les directions contraires de l'eau donnent tout ce qu'il faut pour employer ces coëfficients; savoir, que l'eau qui est à l'avant de la plus grande largeur, suit la même voie jusqu'à une certaine partie; & que l'eau qui est à l'arriere de la plus grande largeur, a un mouvement tout contraire à l'égard du Navire, & c'est ce qui occasionne l'élévation de l'eau à l'avant, & son abaissement à l'arriere de cette plus grande largeur du Vaisseau. Ainsi on regarde que cette hauteur doit être de l'avant un demi-pied plus haut & à l'arriere de la plus grande épaisseur d'un demi-pied plus bas, que ne devoit être la hauteur ordinaire de l'eau à l'égard du Navire.

C'est pourquoi, si sur la *Fig.* 46, qui représente la partie de l'avant du Navire, on donne un accroissement d'un demi-pied, relativement à la ligne d'eau supérieure, & que sur la *Fig.* 47, qui représente la partie de l'arriere du Navire, on fasse amincir ou diminuer sa profondeur d'un demi-pied pareillement, on trouvera pour lors que la force latérale se transporte 1,5 pieds plus loin à l'avant, & que la force directe se transporte 0,3 pieds plus près au-dedans de la ligne CC.

On exprimera cette variation par *fe* & *fd* de la *Fig.* 48, & si l'on en forme un rectangle, la ligne *fg* exprimera la direction moyenne horizontale de l'eau.

Sur cela on doit faire cette remarque, savoir que la moyenne direction (de l'eau) ne sauroit être à la surface même de l'eau ni à la même hauteur que celle qu'on suppose que doit avoir le centre de gravité du Vaisseau, mais quelques pieds plus bas; ensorte que cette moyenne direction de l'eau ne passant pas par le centre de gravité, doit au moins se trouver au-dessous; d'où s'ensuit que le Vaisseau avec 7 degrés d'inclinaison, n'en doit pas être plus ardent; mais que quand l'inclinaison s'accroît au-delà, alors le centre de gravité se transporte à l'opposite du lof selon la moyenne direction de l'eau, ce qui doit en ce cas le rendre de plus en plus trop ardent.

Que si le Navire, quant à sa forme, présente à l'avant des parties trop aiguës relativement à celles de l'arriere qui sont trop obtuses ou gonflées, ensorte que le centre de gravité de la carene en soit porté 2 pouces plus loin en arriere; en ce cas, les forces latérales se trouveroient transportées un peu trop loin à l'avant.

l'avant. Or, dans cette supposition, il faut que la moyenne direction de l'eau soit portée de quelques pouces à l'avant du centre de gravité, parce que le Navire contractera par-là assez de force pour porter au lof.

Voyons maintenant ce que peut produire la moyenne direction de l'eau, quand les effets n'ont pas été multipliés par 6 ni par 7.

Les effets directs de l'avant & de l'arriere $= 331{,}30 + 234{,}45 = 565{,}75$: leurs moments seront $= 6737{,}31 + 6106{,}66 = 12843{,}97$; ainsi on aura $\frac{12843{,}97}{565{,}75} = 22{,}70$; d'où en soustrayant 22,3, il ne restera que 0,40 pour représenter la distance de l'expression de la résistance directe, à la ligne CC.

Les effets latéraux de l'avant & de l'arriere $= 288{,}6 + 270{,}62 = 559{,}22$; leurs moments $= 7825{,}87 + 33407{,}32 = 41233{,}19$; ainsi on aura $\frac{41233{,}19}{559{,}22} = 73{,}73$; que si on les retranche de 77,44, il restera 3,71 : on ne peut pas supposer autre chose, même en ce cas, sinon que l'eau s'éleve & s'abaisse comme auparavant, & qu'ainsi le centre des effets des forces latérales parvient en *km* ou bien 3,71 pieds plus à l'avant que dans son premier état. Quand on observe aussi cette élévation, eu égard à l'effet direct, alors le centre de ces effets se transporte aussi de plus en plus du côté du lof, comme dans la ligne *kl*, par où la moyenne direction de l'eau se porte en *kn* ; ensorte que cette moyenne direction doit alors passer à la distance *fp* qui peut se trouver $2\frac{1}{4}$ pieds à l'avant & du côté du lof à l'égard du centre de gravité du Vaisseau ⊙.

Semblablement on trouvera deux lieux ou situations pour la moyenne direction de l'eau, savoir *fg*, *kn*; & sur cela il s'agit d'éprouver laquelle des deux est celle qui convient.

D'après la maniere usitée de gréer un Navire, le centre commun de gravité de la voilure, eu égard à la longueur du bâtiment, parvient en P, savoir 13 pieds à l'avant au-dessus du centre de gravité, & en hauteur il y a au moins 78 pieds au-dessus de la flottaison. Quand le Navire incline de 7 degrés, alors le centre de gravité de la voilure s'éleve de $9\frac{1}{2}$ pieds à l'opposite du lof sur la ligne du milieu (ce qui répond à la flottaison) mais eu égard à l'épaisseur du mât & des vergues & la flexion des mâts, cette distance augmente assurément de $2\frac{1}{2}$ pieds, d'où l'on voit que le centre de gravité de la voilure doit parvenir en Q, savoir 12 pieds au-dessus de la ligne du milieu du Navire pris à la flottaison.

Considérant aussi la route CC du Navire supposée libre & sans empêchement, il seroit nécessaire, quant à la voile, que QR soit tellement située qu'elle se trouve à angles droits avec la moyenne direction de l'eau. C'est pourquoi si du point Q on tire la ligne QT perpendiculairement à QR, alors la ligne QT sera parallele à *kn*; & comme cela arrive justement ici, que Q T ſe trouve dans la même ligne que *k n*, alors le Navire préſente ſon flanc C C de l'avant, ſans qu'on ait beſoin de tourner la barre du gouvernail ſoit d'un côté ſoit de l'autre, ce qui ne s'entend que quand la voile eſt ſuppoſée ſans courbure, ou devenir plane.

Mais quand le vent 1°. relativement à cette force vient à courber les voiles, on ne ſauroit les regarder comme abſolument planes, & en ſecond lieu, eu égard à leur direction, ſavoir du lof à ſon oppoſite, leur courbure doit être plus grande à ce même oppoſite que du côté du lof; ainſi le centre de l'effet du vent ſur la voile, ne doit plus ſe trouver au milieu de la voile, mais ſe tranſporter à la diſtance Q R vers le côté oppoſé au lof, & par-là cette diſtance ſera plus ou moins grande ſelon la plus grande ou moindre étendue des voiles. Ainſi prenant un milieu pour ces navires, je pourrois répondre qu'il n'y a pas plus de 6 pieds, dont l'effet du vent ſur la voilure nous donne l'eſpace compris dans la ligne SR. Ainſi le navire pourra donc aller au lof, dont le moment autour du centre de gravité $\Theta = \int p \times$ par l'effet de la réſiſtance du navire (ſelon la direction *k n*); & parce que le navire s'avance directement d'après la ligne CC, l'action du gouvernail devient alors d'autant plus néceſſaire, que ce moment s'accorde avec l'effet latéral de l'eau ſur le gouvernail, multiplié par ſa diſtance au centre de gravité Θ du navire : auſſi ces moments deviennent-ils ſemblables, quand le gouvernail fait un angle d'environ 15 degrés avec la ligne du milieu du navire.

Tout navire de la même forme que celle-ci, & dont le centre de gravité eſt près de $2\frac{1}{2}$ pieds à l'avant du milieu de ſa longueur, de pouppe en proue, & dont les diagonales ſur les parties de l'avant ſe prolongent comme cela doit en effet ſe préſenter ſur des courbures égales; un pareil navire, d'après l'expérience même, ne ſauroit jamais être trop ardent pour venir au lof. Pareillement il n'eſt pas poſſible que le navire vienne ainſi au lof, & qu'il ſente ſi peu ſon gouvernail, à moins qu'il n'ait plus de 7 degrés d'inclinaiſon : il doit continuellement faire agir ſes rames 15 degrés au lof de la ligne du milieu du navire; d'où l'on peut tirer auſſi cette concluſion, ſavoir : *que la moyenne direction de l'eau ne doit pas toujours être dans la ligne* k n, *mais ſur-tout en-dedans du centre de gravité* Θ *du navire, comme en* f g, & peut-être à l'oppoſite du lof, eu égard à ce même centre.

Outre cela, on ſuppoſe encore que l'eau qui ſe trouve à l'arriere de la plus grande ſection, dans la ſituation actuelle du navire, n'y doit produire aucun effet pour porter au lof, à moins que la partie de l'avant n'y réuniſſe en même temps ſon effort. L'effet direct à l'avant $= 331,3$, ſon moment $= 6737,31$; on auroit donc ainſi $\frac{6737,31}{331,3} = 20,33$: or les ſouſtrayant de

22,3 il restera la résistance directe à l'égard de C C du côté du lof = 1,97 pieds, d'où provient aussi la ligne $q\,r$. L'effet latéral à l'avant = 288,6, son moment = 7825,87; ainsi on auroit $\frac{7825,87}{288,6}$ = 27,11 pieds, ce qui est égal à la distance de la force latérale du centre de gravité, eu égard à la ligne A A, d'où provient la ligne $q\,s$. Si l'on construit le rectangle des effets, la diagonale $q\,t$ de ce rectangle indiquera la moyenne direction de l'eau. Or sur le prolongement de cette ligne & par le centre de gravité Θ, on tirera $\Theta\,u$, perpendiculairement sur $q\,u$. Du point R on tirera une autre ligne R S qui sera perpendiculaire à $\Theta\,u$, ou bien parallele à $q\,u$. Or un navire doit ainsi porter au lof, quand son moment autour de son centre de gravité $\Theta = \int u \times$ par la résistance qu'éprouve le navire selon la direction $q\,t$.

Il n'est pas possible que ce trop d'ardeur pour porter au lof, soit combattu ou détruit par le gouvernail, tant que le centre de gravité des voiles sera en R, ni à moins que l'effet de la voilure ne soit porté fort loin à l'avant, afin que la direction de l'effet de l'air sur les voiles se trouve soit dans la ligne $t\,q$, soit même quelques pieds à son arriere. Et si enfin le centre de la voilure pouvoit être tellement porté à l'avant qu'il ne seroit pas même en état de relever le navire contre le vent; alors quand il y aura inclinaison, la partie de l'avant du navire (par la force du vent sur la voilure) sera dans le cas de s'enfoncer : la moyenne direction de la résistance de l'eau sera dans le cas par-là de se porter aussi fort à l'avant; ensorte qu'il ne sera plus possible de relever du vent le navire.

C'est pourquoi il seroit absurde de prendre pour principe, que l'eau qui est à l'arriere de la plus grande section, puisse jamais produire quelque effet, ni contribuer à faire tourner au lof.

On peut retirer cette utilité de ce Chapitre, & on y trouve la preuve la plus complette, *qu'on ne sauroit errer en prenant pour principe, que pour calculer la résistance de l'eau contre un navire, il faut que le calcul ne soit pas seulement fait pour la partie antérieure, mais qu'on puisse aussi exprimer l'effet de l'effort de l'eau sur la partie de l'arriere, qu'il sera nécessaire de multiplier toujours par un coëfficient d'autant plus grand, que le sera celui sur lequel l'expression qui s'exerce à l'avant, par l'effet de l'effort de l'eau, doit être multiplié.*

On peut aussi trouver l'aire de la résistance du plan pour le navire, quand il fait voile d'un vent largue, y compris la dérive & l'inclinaison qui lui conviennent.

On a trouvé jusqu'ici que la somme des effets directs pour l'avant & pour l'arriere, ayant soin de les multiplier par 6 & 7 se trouve = 3628,95; & comme la distance entre les sections $a\,a$, $b\,b$, &c. dont on a fait usage pour trouver la force absolue, s'est trouvée = 6 pieds, on en a conclu, relativement aux §§. 16 & 17, que l'aire de la réſiſtance du plan $= \frac{3628,95}{6 \times 13} = 46,52$ pieds quarrés. On trouve auſſi ſelon le §. 18, que le même plan de la réſiſtance du navire, quand il marche vent arriere, eſt $= 36,24$; d'où s'enſuit enfin que ſi un navire fait autant de voiles avec force égale des deux côtés, le vent doit agir ſur une bien plus grande aire de voile quand il marche d'un vent largue, que lorſqu'il marche vent arriere; & qu'il ne faut pas ſeulement conſidérer la choſe relativement à un plus grand plan de réſiſtance, mais auſſi eu égard à la ſituation oblique de la voile relativement au vent.

Dans la *Figure* 46, la ligne P Q repréſente la réſiſtance latérale, P R celle qui eſt verticale, & P S leur direction moyenne, le tout en ne calculant que cette partie du navire uniquement.

CHAPITRE XI.

Du Jaugeage & Arimage des Vaiſſeaux, & Inſtructions dont on doit avoir eu beſoin juſqu'à ce jour; ainſi que de la plus grande importance dont il eſt de donner toute l'attention, quand on approviſionne le bâtiment, pour la diſtribution intérieure qu'on y doit faire.

§. 41.

Du Jaugeage des Navires.

ON entend par meſurer ou jauger un navire, dont on peut connoître la forme & les dimenſions, quel doit être & à combien on doit évaluer ſa peſanteur, afin qu'avec ce poids il puiſſe marcher, & faire voile d'un lieu à un autre.

L'uſage a introduit en Suede une maniere de jauger ou de reconnoître de combien de fortes laſtes un navire doit être rempli, comme cela va être détaillé par ce qui ſuit.

La longueur du navire de la pouppe à la proue ſur le tillac ou pont ſupérieur, l'épaiſſeur en-dedans des bordages ainſi que ſur le plancher le plus abaiſſé, & la profondeur depuis le tillac ſupérieur juſqu'au plancher d'en-bas, ſe multiplient l'un par l'autre : on en diviſe le produit par 200, les $\frac{5}{6}$ du quotient donnent en fortes laſtes de 18 Skepunds poids de fer, la valeur en laſtes. On tire de-là, ainſi qu'en additionnant certains produits, tout ce qui concerne la meſure des navires tant de peu de capacité, que de ceux qui en ont une grande dans leur fonds, ainſi que de ceux qui ont plus ou moins d'artillerie, & on s'arrête au produit de la charge du vaiſſeau en fortes laſtes.

Or il arrive de cette maniere de meſurer, que de deux navires qui ſont conſtruits d'après un même plan ou deſſein, mais dont le tillac ou pont ſupérieur

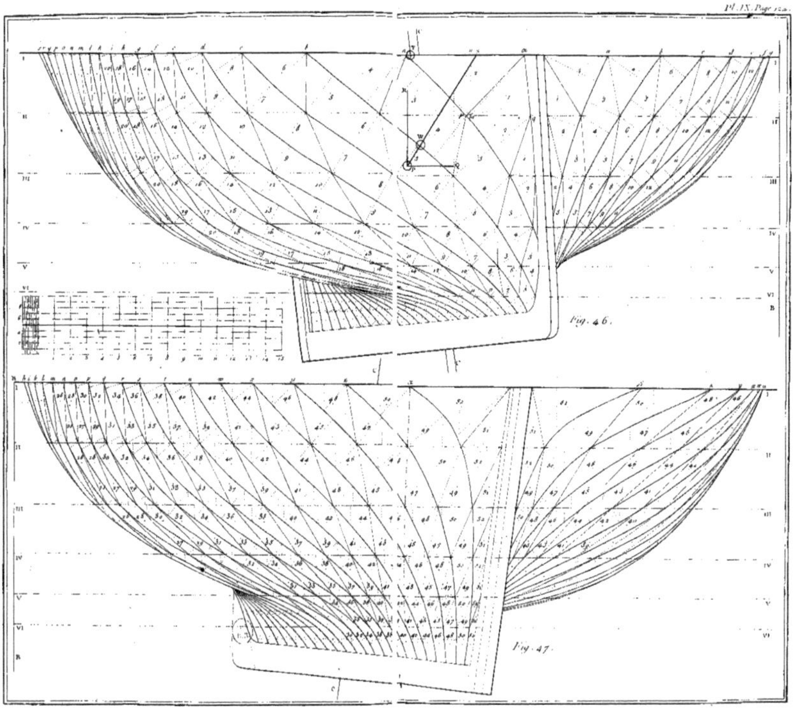
Fig. 46.
Fig. 47.

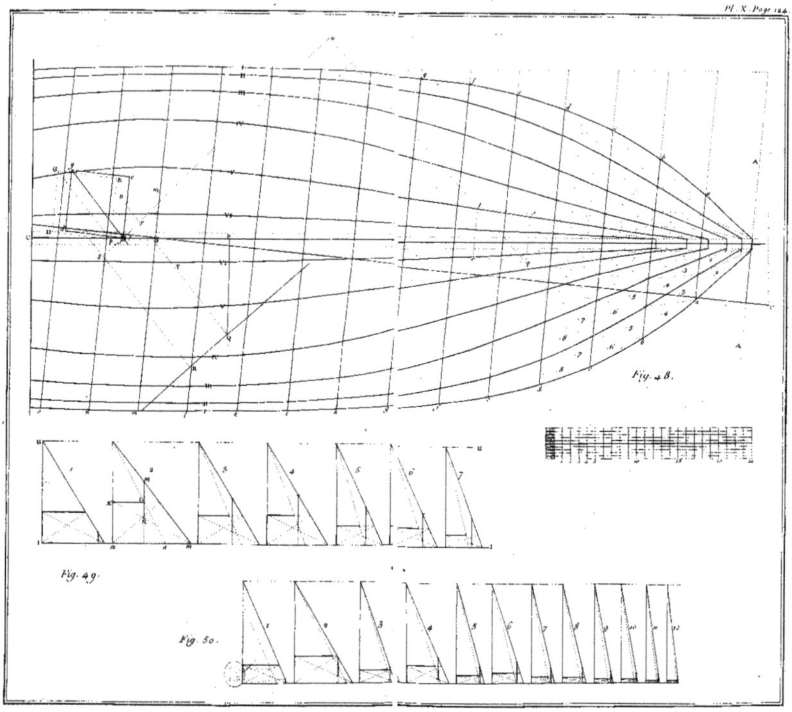
Fig. 48.
Fig. 49.
Fig. 50.

ſupérieur eſt, par exemple, d'un pied plus élevé dans l'un que dans l'autre, le premier portera un plus grand nombre de laſtes que le ſecond ; que le contraire doit auſſi arriver, puiſque le premier portera d'autant moins de laſtes, lorſque le poids des matériaux & bois qui conſtituent les côtés du navire, eſt d'un pied plus élevé, quoique l'un & l'autre ſoient chargés à une même profondeur. De même on peut demander où eſt le défaut, lorſqu'un navire paroît toujours d'une étendue ou capacité plus ou moins grande, pour un obſervateur qui l'examine en bas ſur les lieux ; car il doit s'enſuivre qu'il doit y avoir ſouſtraction ou addition pour l'excès comme pour le moins ; ſans parler de pluſieurs autres difficultés qui rendent cette maniere de meſurer & conjecturale & trop peu sûre dans tous les cas.

Si un laſte ſignifie un certain *eſpace*, on pourroit cependant, en quelque maniere, employer cette méthode de meſurer ; mais dès qu'on entend par-là un certain *poids*, cette maniere de meſurer devient alors abſurde.

Il y a en Angleterre une autre maniere uſitée de jauger les navires, qui ne ſe borne pas ſeulement à faire connoître de combien de laſtes un vaiſſeau eſt chargé, mais auſſi à faire trouver par ce moyen la capacité qui correſpond à la groſſeur ou volume du navire, afin qu'on en puiſſe payer les droits qui en ſont dûs.

On trouve ainſi cette groſſeur : le produit de la longueur de la quille multipliée par la largeur ou épaiſſeur du navire (pris entre les bords ou angles extérieurs du bordage de part & d'autre), & multipliant de rechef ce produit par la demi-largeur, diviſant toujours par 94, donne au quotient la capacité du navire en tonnes ; le navire porte-t-il plus que d'après ces meſures, on aſſure alors que le navire porte au-delà de ſes meſures : mais s'il comprend moins, on dit qu'il porte moins que ſuivant ſes meſures.

Sur cela il n'y a rien à ſe rappeller ſpécialement, puiſqu'il ne s'agit pas d'imiter un parfait chargement ou cargaiſon d'un navire, mais de s'attacher à déterminer la longueur de la quille, & de s'aſſurer ainſi du défaut du calcul, ſur lequel on ſe fonde.

Dans leurs opérations ils prennent $\frac{3}{5}$ parties, ainſi que $\frac{1}{8}$ partie de l'épaiſſeur du navire, & là où manquent l'étrave & l'étambot, on ſouſtrait ces deux quantités de la longueur de pouppe en proue priſe du milieu de la traverſe du timon, & ce qui reſte doit paſſer pour la longueur de la quille. On va voir ce qui doit manquer à ce qui en provient par ce qui ſuit.

Soit la longueur de pouppe en proue $= m$, la largeur ou épaiſſeur $= n$; on aura donc la quille égale à $m - \overline{\frac{3}{5} + \frac{1}{8}} \times n$; mais puiſque $\frac{3}{5} + \frac{1}{8}$ égalent preſque $\frac{3}{4}$, on aura donc le chargement du navire en tonnes, d'après la regle ci-deſſus, $= \frac{\overline{m - \frac{3}{4} n}}{24} \times \frac{1}{2} n^2$: faiſant le tout $= Q$, on auroit donc le chargement = o, ou bien il ne se trouveroit plus aucuns lastes, lorsque l'épaisseur est les $\frac{3}{4}$ de la longueur, ce qui est absurde.

Il est encore usité, que lorsqu'il s'agit de bâtir un navire par Entrepreneur, il faut payer quelque chose pour chaque tonne qui surpasse au-delà de cette maniere de mesurer, & qu'il y a toujours ainsi quelque avantage pour celui qui entreprend de bâtir un navire, de lui donner plus de largeur à proportion de la longueur.

Puisque ces deux manieres de jauger les navires sont toujours défectueuses, on en va donc proposer une autre qu'on pourra dire plus exacte. Je dois faire voir ici par cette unique méthode, comment on doit mesurer exactement un navire, & de convenir par-là quels poids il porte, ou combien il contient de lastes.

On sait assez que le poids dont un vaisseau peut être chargé, est toujours égal au poids d'un volume d'eau pareil à celui que le navire déplace relativement à sa charge, ainsi qu'il a été détaillé au §. 1 : cela nous fournit ainsi un moyen de mesurer, par la partie du navire qui enfonce dans l'eau, qui indiquera le poids dont on le charge : cette maniere de mesurer peut être pratiquée avec plus ou moins d'exactitude. Et j'en vais produire ici une plus simple, & au moins aussi exacte.

Puisqu'on suppose le navire d'abord vuide, lorsqu'il s'agit des mesures, on aura donc pu marquer son tirant d'eau à l'avant & à l'arriere dans ce cas-là, & lorsqu'il aura été déchargé; d'où l'on aura été en état de conclure de combien de pieds chaque extrémité aura dû s'abaisser dans l'eau par le chargement. Ajoutant ces deux distances l'une à l'autre, & prenant moitié, on connoîtra 1°, de combien de pieds par le poids de son chargement il enfonce par son milieu. En second lieu, il faudra mesurer la longueur de pouppe en proue au milieu & par le traversin du timon; en troisieme lieu son épaisseur ou largeur d'après l'angle extérieur du bordage. Or ces trois mesures, savoir longueur, épaisseur & hauteur dont le chargement a fait enfoncer, étant multipliées l'une par l'autre, donneront un produit, lequel, quand la partie du navire que le chargement a fait enfoncer est pleine ou très-complette vers ses extrémités, sera divisé par 110; ou bien si ses extrémités sont aiguës par 115, & le quotient donnera le chargement en fortes lastes. Mais si le navire a la forme d'un flibot ou flûte, en ce cas l'épaisseur sera presque la même parallele dans toute la longueur, étant aussi large aux extrémités, & le diviseur en ce cas sera 105.

Soit pris un navire, pour exemple, dont la longueur de pouppe en proue, à compter du milieu de la traverse du timon, est de 134 pieds, & l'épaisseur de l'angle extérieur des bordages de 34 pieds.

Supposons que sa coque, lorsqu'il est vuide, ait pour tirant d'eau à l'arriere 12 pieds, & à l'avant 8 pieds 7 pouces; mais que quand il est chargé, le tirant d'eau à l'arriere soit de 19 pieds & à l'avant de 18 pieds seulement: on doit ainsi soustraire 12 de 19, & il reste 7 pieds; de même qu'ôtant 5 pieds 7 pouces de 18, il reste 9 pieds 8 pouces: ceci ajouté à 7 pieds donne une valeur de 16 pieds 5 pouces, dont la moitié 8 pieds $2\frac{1}{2}$ pouces, représente ce dont le chargement fait enfoncer tout le corps du navire: enfin multipliant 134 pieds, 34 pieds, 8 pieds $2\frac{1}{2}$ pouces l'un par l'autre, on aura pour produit total 37400.

Que si le navire n'est qu'une simple barque, ou s'il est gros par les deux bouts, on divisera par 110, & le quotient sera 340 fortes lastes; quand c'est une frégate ou bâtiment aigu par ses extrémités, alors divisant par 115, le quotient indiquera environ $325\frac{1}{5}$ fortes lastes; mais si le navire n'est pas trop gros ni aigu par ses extrémités, on pourra prendre 112 pour diviseur, & alors on aura pour son chargement $333\frac{13}{14}$ fortes lastes.

Cette maniere de mesurer dépend aussi pour la plus grande partie du coup d'œil, afin de pouvoir juger s'il est rond ou aigu: mais puisque cette étendue est toujours des plus grandes, la grande habitude fait qu'on ne sauroit gueres s'y tromper, selon qu'il sera rond ou aigu, afin de se décider à choisir le diviseur; ensorte que d'après cette maniere de mesurer, on ne sauroit se tromper de 5 lastes; au lieu que si l'on emploie pareillement la maniere usitée de mesurer, il est possible de s'y tromper de 40 fortes lastes, sur un navire de pareille capacité.

On peut encore mesurer plus exactement un navire, si on veut se donner tous les soins pour mesurer sa largeur en plusieurs endroits, autres qu'à son milieu: or en ce cas, on ne pourroit plus gueres se tromper dans le calcul que d'un laste tout au plus. Mais comme cela semble exiger beaucoup de temps & de travail dans les mesures qui doivent être faites avec soin, avant que d'employer le calcul, il paroît superflu de s'y attacher plus long-temps.

Quand on entreprend les mesures, on ne doit pas oublier de considérer soigneusement s'il y a plus ou moins de poids à bord que ce qu'il doit y avoir pour que le navire fasse de la voile.

Si, par exemple, le lest est déja dans le navire, lorsqu'on entreprend cette mesure, le poids du lest doit être ajouté au chargement que l'on aura trouvé, & par-là si les provisions, l'eau, le canon, munitions, &c. ne sont point encore à bord; de même que si les cables à ancres, les voiles & autres de ce genre y sont censées comprises, il en faudra tenir compte pour déduire leur poids du poids total qu'on aura trouvé

Pour expliquer même plus amplement ceci, on doit concevoir que les provisions, les vaisseaux, le bois de chauffage pour un mois pese par tête 186 Skaolpunds ou livres; que pareillement le poids de l'eau sera 217; ainsi que le poids de chaque homme avec son nécessaire sera 260 livres.

Quand on connoît le nombre des soldats de Marine, & pour combien de temps il les faut approvisionner & fournir d'eau, alors il n'y a plus de difficultés à découvrir le poids total de toutes les provisions, de l'eau & des hommes destinés au service ou de l'équipage.

Le poids d'un canon de 12 livres de bale avec ses affûts & cordages pese environ 13 scheppunds, & 10 seulement s'il n'a que 8 livres de balle : de même s'il n'a que 6 livres de balle, il pesera 8 scheppunds, 6 pour 4 livres de balle & pour 3 livres, 4 $\frac{1}{2}$ Skeppunds : enfin pour 2 livres, 3 $\frac{1}{2}$ Skeppunds de fer. La poudre, les boulets & ustensiles pour bourrer les canons s'évaluent à $\frac{1}{8}$ du poids des canons y compris leur affût ; ce qui s'entend en temps de guerre, autrement cela diminue. La cuisine & les ustensiles qui en dépendent (si on l'y comprend) est évaluée à 30 Skaolpunds par tête de l'équipage.

Semblablement on doit connoître, dans l'estimation des cables à ancres, d'autres cables, ainsi que ceux des vergues ou autres ouvrages sortis de la corderie, que si la circonférence de chacune est élevée à la seconde puissance ou quarré, & qu'on divise les produits par 4 ; on connoîtra, dis-je, combien pese une aulne de chaque cordage en Skaolpunds ou livres.

On veut savoir, par exemple, le poids de 15 pouces de tour de cordages : le quarré de 15 est 225 ; & divisant par 4, on aura 56 $\frac{1}{4}$ Skaolpunds pour le poids d'une aulne, & le poids de 100 aulnes sera 5625 Skaolpunds ou liv. c'est-à-dire environ 14 Skeppuns d'aver du poids, ou 17 Skepunds, 10 Lispunds poids de fer.

Si l'on y comprend tout le gréement, on peut assurer que le poids de tous les cables & cordages, même en l'étendant jusqu'aux frégates à trois mâts, est comme le chargement divisé par 1,88 ; mais que pour une simple barque qui a moins de manœuvre relativement à ce dont elle est chargée, il y faudra diviser par 1,98 ; de même que pour un houkre*, galiotte, ou bienjack-houkcre, on peut diviser par 2,5 ; ce qui sera d'une exactitude suffisante eu égard au sujet qu'on se propose.

* La figure de ces divers bâtiments, ainsi que leur gréement, se trouve représentée dans la derniere Planche, ou LXII de l'Architecture Navale publiée en 1768 en forme d'Atlas.

Outre le poids de la voilure qu'on veut savoir, il est encore nécessaire de connoître quel genre de voiles on doit employer pour les grands & les moindres Navires.

VOLUME DU NAVIRE EN LASTES.	400	200	100	50	25
La grande Voile & le Fock........	A A	A A	A	B	B
Les deux Huniers...............	A	A	B	C	T : D
La Voile de Perroquet............	T : D	T : D	T : D	———	
Celle d'Artimon...............	A A	A A	A	B	
La Voile de Perroquet de Fougue.....	C	C	T : D	T : D	
Bonnetes....................	T : D	T : D	H : D	H : D	
L'avant-Voile d'Etai du Hunier de Misaine.	A A	A A	A	B	B
La grande Voile d'Etai (Apan).......	A	A	B	C	
La grande Voile d'Etai du Hunier....	C	C	T : D	T : D	
	Pouces.	*Pouces.*	*Pouces.*	*Pouces.*	
Epaisseurs égales { Grande Voile & Pacfi.	4½ — 4¼	4 — 3¼	3½ — 3¼	3 — 2¼	
Epaisseurs égales { Grande Voile de Misaine.	4¼ — 4	3¾ — 3½	3¼ — 3	2¼ — 2½	

T : D *signifie Toile de Tente*, & H : D *Toile de Helsingor.*

Toiles de Stokholm.

Caractere des Toiles.	Longueur totale.	Epaisseur	Poids total.	Poids d'un Quart d'Aune.
	Aunes.	*Le Quart.*	*Skaolpund.*	*Skaolpund.*
A A	56	5	57	0,814
A	56	5	52	0,743
B	56	5	47	0,672
C	56	5	42	0,597
T : D	72	4	40	0,555

Quand la largeur & profondeur de la voilure est connue, on trouvera ; ayant égard au §. 22. l'aire contenue en aunes quarrées : or quand cette aire sera multipliée par le poids d'une aune quarrée de la toile, on connoîtra pour lors le poids de la voilure : on ajoutera ainsi un pareil poids à la masse déja trouvée.

Quand on aura pareillement trouvé le poids de tout ce que l'on présume être renfermé dans le navire, on soustraira ce poids de celui de toute la charge du navire, & il restera pour lors la vraie quantité dont doit s'enfoncer la coque du navire.

Mais pour faciliter le travail de la mesure des navires, un Jaugeur, en ce genre, doit être pourvu, & s'y préparer par des Tables toutes calculées, afin de se disposer de cette maniere à éviter spécialement tout l'embarras qui en naîtroit, sans cela, dans la recherche du poids total que doit contenir un navire.

§. 42.

De l'arimage des Navires, ou de quelle maniere on doit trouver la charge dont un Navire est susceptible, comme aussi comment on doit découvrir par expérience, combien un Navire doit recevoir de marchandises, tant d'un genre que de diverses autres especes.

QUAND on doit charger un navire, il faut d'abord connoître la quantité de marchandises qu'on veut y introduire : c'est pourquoi on doit ainsi savoir d'avance que 15 tonneaux de poix liquide de Finlande, 17 tonneaux de gaudron en morceaux, $15\frac{1}{6}$ tonneaux de ſel de Cagliari, $16\frac{1}{2}$ tonnes de ſel de ſaint Ybes, peſent à très-peu de choſe près autant qu'un laſte de Suede; que $3\frac{1}{3}$ ou $3\frac{2}{3}$ tonnes de ſel équivalent un *Salme* & $4\frac{1}{2}$ tonneaux un moj ou meſure, quelquefois plus, quelquefois moins. Une forte laſte de gaudron ou de poix liquide doit occuper auſſi un eſpace de 144 pieds cubiques.

On trouvera par la Table ſuivante, combien une douzaine de planches de ſapin de pluſieurs ſortes, valent en fortes laſtes, quand elles ſont médiocrement brutes.

Epaiſſeur en Pouces.	Aunes. Longueur.	Epaiſſeur des Planches en pouces.				
		1 Pouce.	$1\frac{1}{4}$ Pouc.	$1\frac{1}{2}$ Pouc.	$1\frac{3}{4}$ Pouc.	2 Pouces.
8	6	$18\frac{1}{2}$	$14\frac{3}{4}$	$12\frac{1}{4}$	$10\frac{1}{2}$	$9\frac{1}{4}$
	7	$15\frac{3}{4}$	$12\frac{2}{3}$	$10\frac{1}{2}$	9	8
9	6	$16\frac{1}{3}$	$13\frac{1}{6}$	11	$9\frac{1}{3}$	$8\frac{1}{6}$
	7	14	$11\frac{1}{4}$	$9\frac{1}{3}$	8	7
10	6	$14\frac{5}{6}$	$11\frac{3}{4}$	$9\frac{5}{6}$	$8\frac{1}{2}$	$7\frac{1}{3}$
	7	$12\frac{1}{3}$	$10\frac{1}{6}$	$8\frac{1}{2}$	$7\frac{3}{4}$	$6\frac{1}{3}$
11	6	$13\frac{1}{3}$	$10\frac{3}{4}$	9	$7\frac{1}{4}$	$6\frac{2}{3}$
	7	$11\frac{1}{2}$	$9\frac{1}{6}$	$7\frac{3}{4}$	$6\frac{7}{12}$	$5\frac{3}{4}$
12	6	$12\frac{1}{4}$	$9\frac{5}{6}$	$8\frac{1}{6}$	7	$6\frac{1}{6}$
	7	$10\frac{1}{2}$	$8\frac{1}{2}$	7	6	$5\frac{1}{4}$

On doit entendre ce que renferme cette Table, de la maniere qui ſuit.

On veut ſavoir combien pluſieurs douzaines de planches de $1\frac{1}{2}$ pouce d'épaiſſeur, de 10 pouces de largeur & 7 aunes de long, valent en fortes laſtes. Dans la colonne ſous $1\frac{1}{2}$ pouce, vis-à-vis 7 aunes qui répondent, à gauche, vis-à-vis 10 pouces d'épaiſſeur, on trouve $8\frac{1}{2}$: ainſi autant de douzaines de planches de cette ſorte, répondent à autant de fortes laſtes : on remarquera qu'une forte laſte de ces planches occupe auſſi la place de 148 pieds cubiques.

Mais ſi les planches ſont fort brutes, en ce cas le poids doit ſe réduire à 8 au plus, mais non pas plus haut. Ainſi une forte laſte de ſemblables planches peut occuper la place de 137 pieds cubiques.

Que ſi on n'apperçoit pas l'utilité de tout ceci, on y procédera comme il ſuit.

Suppoſons qu'un navire arrive au port avec un chargement de ſel, on doit faire note pour lors, de combien de pieds il plonge avec ſa charge, ainſi que lorſqu'on l'a déchargé. Qu'on trouve, par exemple, qu'il contient 5157 tonneaux de ſel de Cagliari, les diviſant par $15\frac{1}{6}$, le quotient ſera 340, ce qui repréſentera le chargement du navire en fortes laſtes; d'où s'enſuit que quand il ſera de rechef chargé à enfoncer d'une pareille profondeur, le poids de tout ce qu'il doit renfermer, doit toujours égaler celui de 340 fortes laſtes.

Mais si le navire est chargé d'autres marchandises, & qui occupent beaucoup de place, à proportion de leur poids, alors le navire se trouvera plein totalement, sans qu'il soit possible de le faire enfoncer à la profondeur requise ; ensorte qu'il est nécessaire, en ce cas, de connoître l'espace qu'occupe ce navire.

Il faut donc en conséquence que l'on connoisse en pieds cubiques la capacité ou l'étendue de ce lieu, à quoi on pourra procéder comme il suit.

Quand un navire est chargé avec des marchandises d'un poids leger, il faut pour lui procurer une force suffisante pour qu'il puisse bien porter la voile, le lester en fer, sable ou autre matiere capable d'y pourvoir.

Aussi-tôt que le fer ou autre genre de lest est rangé dans la cale, de maniere que sa hauteur, à l'égard du pont au-dessus, soit la même par-tout, alors on en mesurera l'espace en trois à divers endroits ; savoir, dans le milieu sous le mât d'artimon, quelques pieds aussi à l'arriere de la misaine, & pareillement au milieu de l'espace entre ceux-ci : or l'épaisseur ou largeur qu'on aura eu soin de mesurer en ces trois lieux, est censée élevée sous le pont ou plancher qui avoisine le lest ; c'est-à-dire, au milieu de l'espace compris entre ce plancher & le lest.

Ayant donc trois mesures pour chacun de ces trois lieux ou sections dans ce lieu même, il faudra rechercher l'aire de chacune ; après quoi on ajoutera ensemble la moitié de la largeur de ce qui est élevé immédiatement sous le plancher d'en bas, la moitié de celle qui convient au lest, & celle du milieu toute entiere, & l'on multipliera la somme par la moitié de la hauteur dans ce lieu.

Pour trouver ensuite par-là les pieds cubiques qui s'y rapportent, il faudra de rechef ajouter ensemble la demi-aire de la premiere section ou de l'avant, la demi-aire de celle de l'arriere & l'aire totale de la section du milieu : on multipliera la somme par la moitié de la distance qui se trouve entre les sections de l'avant & de l'arriere, & l'on aura par ce moyen la solidité de la partie de l'espace qui est entre ces sections.

Il y faudra ajouter celui qui est entre les sections & les tranches de l'avant & de l'arriere.

Que si l'on considere ces espaces comme autant de conoïdes, il faudra multiplier, en ce cas, les aires de ces sections par la moitié de leur distance, aux extrémités de ce lieu, & le produit en exprimera la solidité.

Si de la somme de ces trois quantités on en retranche l'archipompe, il en doit rester en pieds cubiques la capacité de tout l'espace.

On mesurera les espaces entre les ponts, ainsi que la plus grande partie de ce qui doit recevoir des marchandises, & cela s'ajoutera à ce qui aura déja été trouvé.

Tous ces espaces ou solidités doivent être ensuite divisés par autant de pieds cubiques qu'il s'en trouve dans une forte laste, de la nature des marchandises dont on aura chargé le navire.

Un vaisseau, par exemple, est chargé & son lest bien distribué, de maniere que la hauteur du lieu entre la surface du lest & les baux du plancher soit par-tout de 12 pieds. Or d'après les mesures qu'on aura prises sur le lieu en trois différentes places, on connoîtra donc ainsi celle de l'arriere jusqu'au mât d'artimon, celle de l'avànt jusqu'à 3 à 4 pieds à l'arriere du mât de misaine; enfin celle qui est intermédiaire & au milieu du navire.

C'est pourquoi si on suppose qu'à la section de l'arriere, l'épaisseur au-dessous des ponts $= 27\frac{1}{2}$ pieds & l'autre 3 pieds au-dessous du lest, comme aussi qu'à la demi-hauteur ou qu'à *6* pieds au-dessous des poutres des ponts, on ait $19\frac{1}{2}$ pieds; la moitié de $27\frac{1}{2} = 13\frac{3}{4}$, celle de $3 = 1\frac{1}{2}$; d'où s'ensuit que $13\frac{3}{4} + 19\frac{1}{2} + 1\frac{1}{2} = 34\frac{3}{4}$, ce qui étant multiplié par *6* ou par la demi-hauteur dans le lieu, le produit $= 208\frac{1}{2}$ pieds quarrés égales à l'aire de la section de l'arriere.

La largeur des sections du milieu en-dessus & sous les ponts $= 30\frac{1}{2}$ pieds & au-dessous à l'endroit du lest égal $18\frac{1}{2}$ pieds & à la demi-hauteur égale 29 pieds : la moitié de $30\frac{1}{2} = 15\frac{1}{4}$, celle de $18\frac{1}{2} = 9\frac{1}{4}$; ainsi $15\frac{1}{4} + 29 + 9\frac{1}{4} = 53\frac{1}{2}$ qu'il faudra multiplier par *6*, pour avoir un produit égal 321 pieds quarrés, ce qui indiquera l'aire de la section du milieu.

L'épaisseur des sections de l'avant, prise au-dessus, mais au-dessous du pont ou plancher, égal $29\frac{1}{2}$ pieds; celle qui est plus bas vis-à-vis le lest égale 5 pieds, & pour la demi-hauteur égale $25\frac{1}{2}$ pieds; la moitié de $29\frac{1}{2} = 14\frac{3}{4}$, la moitié de $5 = 2\frac{1}{2}$; ainsi $14\frac{3}{4} + 25\frac{1}{2} + 2\frac{1}{2} = 42\frac{3}{4}$, ce qui multiplié par *6*, donne $256\frac{1}{2}$ pieds quarrés, pour l'aire de la section de l'avant.

Pour trouver par-là le contenu cubique de ce lieu, on prendra la moitié de $208\frac{1}{2} = 104\frac{1}{4}$, la moitié de $256\frac{1}{2} = 128\frac{1}{4}$; ensorte que $104\frac{1}{4} + 321 + 128\frac{1}{4} = 553\frac{1}{2}$.

Soit la distance entre les sections de l'avant & de l'arriere = 87 pieds, dont la moitié sera $43\frac{1}{2}$ pieds : les multipliant par $553\frac{1}{2}$, le produit donne $24077\frac{1}{4}$ pieds cubiques, pour la partie de l'entrepont qui est entre les sections de l'avant & de l'arriere.

Supposant la distance de l'extrémité de la section antérieure à celle de l'arriere dans l'espace proposé = 18 pieds, dont la moitié = *9* : les multipliant par $208\frac{1}{2}$, on a $1876\frac{1}{2}$ pieds cubiques : ce sera le lieu ou l'espace qui convient à l'arriere du mât d'artimon. Soit la distance de la premiere section à l'extrémité antérieure du même lieu, égale 16 pieds, dont la moitié est 8 pieds : les multipliant par $256\frac{1}{2}$, le produit égale 2052 pieds cubiques pour l'espace qui sera à l'avant de la section antérieure.

Nous

Nous pouvons actuellement ajouter ensemble $24077\frac{1}{4}$, $1876\frac{1}{2}$ & 2052 : la somme totale sera $28005\frac{3}{4}$ pieds cubiques.

Soit d'abord l'archipompe de 5 & ensuite de 4 pieds avec la hauteur de 12 pieds, on aura donc pour le contenu de l'archipompe $= 5 \times 4 \times 12 =$ 240 pieds cubiques : les soustrayant de $28005\frac{3}{4}$, il restera $27765\frac{3}{4}$ pieds cubiques pour le contenu cubique de l'entre-pont.

Il n'y a rien à retrancher pour les courbes en genouils dans l'entre-pont, mais au contraire une partie de la charge est renfermée entre les baux ou poutres, au cas que ce soient des planches.

Si la charge qui survient entre les ponts, s'étend en longueur de soixante pieds, & que la hauteur sous les baux soit de $5\frac{3}{4}$ pieds, de même que l'épaisseur de l'un à l'autre côté intérieurs des genouils soit $=$ 28 pieds, on aura $60 \times 5\frac{3}{4} \times 28 = 9660$ pieds cubiques : réunissant ces valeurs, avec $27765\frac{3}{4}$ pieds cubiques, on aura $37425\frac{3}{4}$ pieds cubiques, ce qui sera représenté par l'espace que le chargement du navire doit occuper.

Si un navire a sa charge en planches, on doit diviser cette charge ou par 148, ou bien par 137, suivant qu'elles sont d'une sorte plus ou moins seche de vieux ou de nouveau bois. Dans le premier cas le produit est $= 252\frac{129}{148}$, & dans le second cas $= 273\frac{25}{137}$ fortes lastes; ensorte qu'un navire, eu égard à l'espace qu'il renferme, n'y contiendra en planches qu'autant que leur poids $=$ 252 ou 273 fortes lastes, suivant qu'elles seront d'une espece de bois plus ou moins sec.

Mais comme le navire peut bien supporter le poids de ce chargement, & qu'il ne le doit faire plonger dans l'eau, jusqu'à la profondeur qui doit être déterminée, il convient présentement de rechercher qu'elle doit en être la quantité.

Supposons que le navire soit tellement lancé qu'ayant déja reçu son lest, on ait pour la distance qui le fait enfoncer $= 5\frac{3}{4}$ pieds à l'arriere & $8\frac{1}{4}$ pieds à l'avant, on en tire la distance moyenne pour sa situation actuelle $=$ 7 pieds.

Soient aussi les longueurs & largeurs qui lui conviennent, de 134 & 34 pieds; ensorte que son poids soit, eu égard à ce qui a été dit au § précédent $= \frac{134 \times 34 \times 7}{110} = 290$.

Si maintenant les planches qu'on doit charger sont de bois neuf, ensorte que le poids soit $=$ 273 fortes lastes, il est visible que le chargement du navire ne doit pas être porté, à le faire enfoncer plus bas, qu'à ce qui répond à un poids tel qu'il provienne de cet enfoncement une quantité $= \frac{273 \times 110}{134 \times 34} = 6\frac{3}{4}$ pieds ; ce qui est à un quart de pied moins, qu'à la profondeur qui a été déterminée.

Que si le chargement est de l'espece de bois qui est plus sec, on trouveroit de la même maniere qu'un navire ainſi chargé n'enfonceroit que de $6\frac{1}{9}$ pieds ſur toute ſon aſſiette; c'eſt-à-dire $\frac{8}{9}$ de pieds moins qu'il n'a été déterminé pour la profondeur requiſe.

Si on veut reconnoître ainſi combien il faudra prendre de douzaines de planches, il ſera néceſſaire de ſavoir quel eſt le genre de planches dont il s'agit de prendre charge.

Suppoſons que le poids conſiſte en quatre ſortes de planches, dont pluſieurs d'une même eſpece & toutes de deux pouces d'épaiſſeur; qu'il y en ait une partie longue de 6 aunes & large de dix pouces, on aura $7\frac{1}{3}$ douzaines pour un poids; que ſi l'autre genre eſt de 7 aunes en longueur, 10 pouces en largeur, on aura $6\frac{1}{3}$ douzaines pour poids. Que ſi la troiſieme ſorte eſt de 7 aunes en longueur & de 11 pouces d'épaiſſeur, cela doit donner $5\frac{1}{4}$ douzaines pour poids : en quatrieme lieu celles de 7 aunes de long ſur 12 pouces de large, donneront $5\frac{3}{4}$ douzaines pour le 4e poids.

Ainſi le nombre des douzaines de planches de chaque ſorte étant connu, alors le poids de 253 étant diviſé par $\frac{1}{7\frac{1}{3}}$, $\frac{1}{6\frac{1}{3}}$, $\frac{1}{5\frac{3}{4}}$, $\frac{1}{5\frac{1}{4}}$, ce qu'on peut réduire à de ſimples fractions, on aura $\frac{3}{22}$, $\frac{3}{19}$, $\frac{4}{23}$, $\frac{4}{21}$, qu'on peut auſſi transformer en une ſeule fraction $= \frac{132977}{201894}$. Et diviſant 253 par cette derniere fraction, le quotient ſera $= 384$ douzaines de chaque ſorte; d'où s'enſuit que toute la charge ſera de 1536 douzaines de planches, ſelon qu'elles ſeront plus ſeches ou plus fraîchement débitées.

Que ſi la charge du navire eſt de poix liquide, il faudroit ainſi diviſer $37425\frac{3}{4}$ par 144 & multiplier par 15, ce qui produira 3898 tonnes.

Mais on ne peut pas toujours calculer la charge en tonnes de cette même maniere; car ſi la hauteur qui eſt variable en ces lieux, ſuivant que les couches ſupérieures des tonnes ſont de quelques pouces ſeulement plus abaiſſées, on perdroit ainſi tout l'ancien lit ou rang de la charge, & cela arrivera pareillement entre les ponts; enſorte que la largeur n'y ſuffira nullement ou jamais, pour y contenir de pareilles charges; & que le calcul qu'on en fera, ſera ſujet à manquer par les 16 procédés & même davantage.

Quand un navire eſt chargé de diverſes ſortes de marchandiſes, & qu'on veut ſavoir la quantité de celles qui doivent en effet le remplir, il faut obſerver que l'eſpace eſt occupé au-dedans par les marchandiſes, & qu'on doit connoître par-là combien le vaiſſeau doit être enfoncé par le poids de ces marchandiſes, & qu'ainſi on peut, avec cette hauteur de même qu'avec la longueur & largeur du vaiſſeau, opérer comme on vient de le preſcrire dans la recherche du poids total qu'il faut connoître, & qui ſera le même que le poids des marchandiſes qu'on y aura fait entrer. Si c'eſt, par exemple, du bitume ou poix liquide; diviſant donc le poids total par 17 ou par 15, on connoîtra par-là le nombre des tonnes qui doit lui correſpondre.

On peut ſavoir de la même maniere de combien, ſoit d'une, ſoit de pluſieurs fois, il doit être déchargé dans ſon intérieur, ce qui pourra très-bien s'obſerver auſſi-tôt après cette décharge.

§. 43.

Comme le poids de certaines marchandiſes dont un vaiſſeau eſt chargé, vient d'être tout récemment recherché, on va rapporter ici les poids des différentes peſanteurs ſpécifiques qui varient, ainſi que quelqu'autre choſe qu'il faut ſavoir quand on veut dreſſer les plans ou deſſeins de divers navires : on pourra par-là parfaitement connoître tout ce qui concerne l'arimage des navires.

Poids en pieds cubes & en Skaolpund d'aver du Poids.

Plomb...........	672	Pain du Vaiſſeau.......	26
Fer malléable.........	475	Bled................	44,5
Fer fondu............	440	Seigle de Finlande.....	42,6
Sable aride...........	83	Seigle étuvé..........	40,25
Brique cuite..........	116	Orge...............	39,5
La Chaux............	42	Orge moulu..........	36,18
Sel marin diſſous.......	63	Aveine..............	31
Eau fraîche..........	61,6	Aveine moulue........	30
Bois de Chêne........	53	Orge préparée malt.....	28,9
Bois de Sapin.........	38	Poids...............	52,25

Poids d'une Tonne en Liſpounds, aver du Poids.

Sel de Cagliari........	19	Bitume.........	brut	16,9
Sel de Saint-Ubes......	17½		préparé	15,4
Sel à ſaler les Viandes..	13			
de Poiſſons.... de 15 à	18	Poix de Finlande.	brute	19,2
Farine de Seigle.......	12		préparée	14,8.

Dimenſions des Corps en Pieds & Pouces.

Muid de cent Pouces cubes = Kanne.	Face extérieure.			Face extérieure.	
	Long. totale.	Diametre Milieu.		Long. totale.	Diametre. Milieu.
La Glace d'eau de 300 Kannes....	4 : 7	3 : 6	Toiles d'Embalages............	3 : 5	2 : 8
Muid ordinaire de 72 Kannes.....	2 : 9	2 : 2	Muid d'Eau-de-vie de Cette de 3 grands muids..............	4 : 1	3 —
Centner ou quintal de Poudre.....	2 : 1	1 : 6	Muid de Tabac de Virginie d'environ 1200 Sklp. tout brut....	4 —	3 —
Tonne de Poix liquide..........	2 : 8	1 : 12	Muid de Sucre d'environ 1700 Skaolpunds...............	4 : 6	3 : 4
Tonnes de Salaiſons, chairs & Poiſſons, Seigle & Bitume........	2 : 6	1 : 10			
Vin de Bordeaux, grand Muid..	3 : 1½	2 : 4			

Dimenſions des groſſes marchandiſes ſuivantes en Pieds & Pouces.

	Longueur.	Largeur.	Hauteur.
Rouleau de Toiles de Pétersbourg de 5 ½ Skepunds. . . .	8 —	4 : 6	4 —
Balle de Coton de Smyrne de 300 à 320 Skaolpunds. . .	7 —	2 : 10	2 —
Boîte complette de Thé.	2 : 11	2 : 5	2 —
Quart de Boîte de 60	1 : 11	1 : 5	1 : 8
autre de. . . . 25	1 : 5	1 : 1	1 : 3
autre de. . . . 10	1 : 1	0 : 10	0 : 11
Boîte de Porcelaine.	3 : 4	2 : 6	1 : 8

Une forte laſte de toile occupe une place d'environ 340 pieds cubiques, & une de coton occupe environ 640 pieds cubes.

Le bois coupé de bouleau de Finlande, ayant 6 quarts de long d'une meſure qui eſt de 4 aunes de long, de 3 aunes de hauteur, peſe environ 9 Skepunds, aver du poids.

Les murs de pierre de Stockholm de 12 . 6 . 3 peſent entre 14 & 15 Skaolpunds & 8 parties donnent un pied cubique.

Toutes ces marchandiſes & effets n'ont pas toujours conſtamment le même poids, mais varient un peu ſuivant leur qualité; enſorte qu'elles peſent tantôt plus & tantôt un peu moins.

Une tonne pour les marchandiſes ſeches = 5,6 pieds cubiques: on a auſſi 56 Kannes par tonnes, & une tonne contient auſſi 32 *Kappars*, ſorte de muid qu'on emploie pareillement; au lieu que la Kanne eſt un muid de 100 pouces cubiques.

Une tonne pour les marchandiſes non ſeches, contient 48 Kannes, & il y a 8 quarts par Kanne.

Un fort laſte = 18 Skepunds de fer & 5 Skepunds poids de fer = 4 Skepunds aver du poids : il y a 20 Liſpunds dans un Skepund & 20 Skaolpunds dans un Liſpund. Il y a 16 onces au Skaolpund & 32 Lod au Skaolpund.

1000 Skaolpunds de Suede = 863,8 Skaolpunds ou livres de France = 932,4 Skaolpunds d'Angleterre.

100 fortes laſtes de Suede = 248 $\frac{4}{5}$ tonneaux François = 239 $\frac{3}{4}$ tonnes d'Angleterre.

Le pied Anglois = 12 $\frac{5}{16}$ pouces de Suede.
François = 13 $\frac{1}{8}$ pouces de Suede.
du Rhin ou Hollandois = 11 $\frac{9}{20}$
Celui d'Hambourg = 11 $\frac{11}{20}$
Le Pik & meſure en uſage à Conſtantinople = 34 $\frac{1}{4}$ pouces de Suede.

Diametres des calibres aux Canons, en $\frac{1}{8}$ de pouces (Verk-tum) *d'après les expériences les plus approchées.*

24 liv. de balle = $6\frac{1}{4}$	18 liv. de balle = $5\frac{11}{16}$	12 liv. de balle = 5	8 liv. de balle = $4\frac{3}{8}$
6 = $3\frac{15}{16}$	4 = $3\frac{7}{16}$	3 = $3\frac{1}{8}$	2 = $2\frac{1}{4}$

la longueur pour les coups accélérés, avec le boulet = $3\frac{1}{2}$ diametres du boulet, & avec les grosses balles de plomb. . . . . = 4 diametres de ces balles.

Table qui indique combien la longueur en pouces des poids suivans en fer, pese en Skaolpunds d'aver du poids.

Diametre du Fer.	Quarré.	Octogone.	Rond.	Diametre du Fer.	Quarré.	Octogone.	Rond.
Pouces.	*Skaolpund.*	*Skaolpund*	*Skaolpund.*	*Pouces.*	*Skaolpund.*	*Skaolpund.*	*Skaolpund.*
3	29,45	24,27	23,14	$1\frac{1}{4}$	5,11	4,14	4,02
$2\frac{1}{2}$	20,45	16,85	16,07	$1\frac{1}{8}$	4,14	3,41	3,25
$2\frac{1}{4}$	16,56	13,65	13,02	1	3,27	2,70	2,57
2	13,09	10,79	10,29	$0\frac{7}{8}$	2,51	2,06	1,97
$1\frac{7}{8}$	11,50	9,48	9,04	$0\frac{3}{4}$	1,84	1,52	1,45
$1\frac{3}{4}$	10,02	8,26	7,87	$0\frac{5}{8}$	1,28	1,05	1,00
$1\frac{5}{8}$	8,64	7,12	6,79	$0\frac{1}{2}$	0,81	0,67	0,64
$1\frac{1}{2}$	7,36	6,07	5,78	$0\frac{3}{8}$	0,46	0,38	0,36
$1\frac{3}{8}$	6,19	5,10	4,86	$0\frac{1}{4}$	0,20	0,17	0,16

On voit d'abord cette Table formée de maniere qu'à la longueur de o pied $1\frac{1}{8}$ pouce d'épaisseur de fer quarré, le poids a été de $4\frac{14}{100}$ Skaolpunds, qu'à l'égard du fer octogone on a $3\frac{41}{100}$ Skaolpunds; & qu'enfin, eu égard au fer rond, on ait $3\frac{25}{100}$ Skaolpunds ou bien $3\frac{1}{4}$ Skaolpunds d'aver du poids.

Depuis l'année 1759, les Ordonnances pour les vivres des vaisseaux de la Marine marchande de Suede, ont été qu'on approvisionneroit pour un mois ou 30 jours à chaque homme.

Orge moulu.	$23\frac{1}{2}$ Quarts.	Biscuit.	$21\frac{1}{2}$ Skaolpunds.
Pois.	45	Beurre.	$4\frac{1}{3}$
Viande.	13 Skaolpunds.	Mais y compris	
Merluche Stock-Fisch. .	$8\frac{1}{3}$ Skaolpunds.	Huile.	$4\frac{2}{3}$ Quarts.
ou bien Lard.	$8\frac{1}{3}$ Skaolpunds.	Vinaigre.	$2\frac{1}{4}$ Quarts.

15 Kannes en boissons, autant qu'elles dureront, ou autrement 6 quartaux de vin, s'il y a moyen d'en trouver, & le poisson sous le bon plaisir des Capitaines.

On compte communément $1\frac{1}{3}$ kanne d'eau fraîche pour chaque homme par jour; mais quant à l'eau qu'on embarque, on suppose qu'elle doit durer aussi long-temps que les autres provisions.

Ces données seront toujours nécessaires suivant les différents cas, comme, par exemple, quand on dresse les plans & desseins d'un navire, & qu'on n'est pas à portée d'employer les proportions qui sont données aux §§. 25 & 28 (puisqu'un navire a bien d'autres besoins que ce qui tend au but qu'on s'y propose, soit pour le commerce soit pour la course,) ensorte qu'on doit savoir le poids des œuvres diverses, du fer & autres dont un navire est composé; ainsi que de plusieurs additions faites à un navire, qu'il faut rechercher pour ajouter au poids qu'aura en partant ce navire, afin d'en découvrir tout le déplacement qu'auroit donné sur cela le plan & les desseins, & qu'il y faut ainsi faire entrer.

Que si les plans & desseins sont pour un navire chargé de bled, mais qu'il faille en charger d'une telle qualité que tout l'espace en soit rempli d'une ou d'autre genre de bled, alors ce navire sera chargé jusqu'à une certaine profondeur; auquel cas on pourra, à l'aide de la quantité & pesanteur spécifique du bled & autres choses ajoutées, trouver la proportion convenable au navire & à l'espace qu'il renferme pour les contenir, jusqu'à ce qu'on y ait fait entrer le nombre de muids (ou *Kappar* de 32 pour une tonne) qui sont nécessaires pour compléter chaque tonne.

Que si un navire est chargé avec des marchandises renfermées dans des tonnes, ce ne sera gueres que de viandes salées ou poisson, vins & autres de ce genre; ensorte qu'il ne sera pas difficile, eu égard au nombre de ceux qui sont employés à la consommation, leur grosseur, poids, &c. de trouver la capacité du navire, ainsi que la profondeur du lieu qui y convient & la hauteur entre les ponts, afin qu'il n'y ait pas trop d'espace perdu, en arimant le navire.

Quand les cloisons ou séparations doivent être faites pour approvisionner le vaisseau, savoir en pain ou biscuit, poids, farines & autres, & lorsqu'on connoît en même temps à combien se monte l'équipage, comme aussi pour combien de temps il le faut approvisionner; il n'y a pas en ce cas grandes difficultés à trouver quelle doit être l'étendue de l'espace où doit être le pain, les poids, gruau ou farines. Il est d'autant plus nécessaire de savoir dans un vaisseau la juste étendue des cloisons ou séparations, qu'à peine y a-t-on quelques places suffisantes pour tout ce dont on a besoin, & cela sur-tout dans un vaisseau de guerre. Que si l'on prend d'abord trop d'étendue pour une certaine chose, on ne sauroit le plus souvent recouvrer de places suffisantes pour d'autres.

On veut, par exemple, savoir quelle étendue une masse de pain ou biscuit occupe dans un navire, telle qu'elle puisse servir à 24 hommes d'équipage, & qu'il faille approvisionner pour six mois.

D'après cette demande, il vient pour la dépense $21\frac{1}{2}$ Skaolpunds de pain ou biscuit pour chaque homme par mois, ce qui produit 129 Skaolpunds en 6 mois; on aura donc ainsi 3096 Skaolpunds de pain pour tout l'équipage en 6 mois. Or puisqu'un pied cubique de pain pese 26 Skaolpunds, divisant la quantité ci-dessus par 26, le quotient indiquera 119 pieds cubiques; le lieu qu'occupera le pain, contiendra donc autant de pieds cubiques, si le pain ou biscuit est bien disposé quant à l'arimage.

De la même maniere il est facile de découvrir l'espace que les pois doivent occuper; car d'après 45 quarts de pois qui conviennent par mois pour un seul homme, on auroit en six mois 270 quarts; comme aussi 6480 quarts pour tout l'équipage en 6 mois; c'est-à-dire, 810 kannes ou $14\frac{1}{2}$ tonnes. Mais puisque chaque tonne s'arime à 5,6 pieds cubiques, multipliant ce dernier nombre par $14\frac{1}{2}$, le produit sera 81; ainsi il sera nécessaire que cette quantité de pois occupe un espace de 81 pieds cubiques.

Il faut que le lieu soit toujours un peu plus grand, que ce qui vient de la supputation des pieds cubiques; d'autant que l'augmentation d'espace dépend de la situation & de la grandeur des ouvertures pour chaque lieu. Semblablement, si le même navire doit porter de l'eau pour 3 mois ou 91 jours; d'autant que $1\frac{1}{3}$ kannes d'eau est dépensée par homme à chaque jour, il lui en faudra donc $121\frac{1}{3}$ en 3 mois, & partant pour tout l'équipage 2912 kannes: divisant ce dernier nombre par 300, le quotient donne 9 tonneaux d'eau & 3 muids de 60 par kanne. Il sera donc nécessaire de trouver les dimensions du lieu dont on doit soustraire ce vuide.

On découvrira de la même maniere, eu égard aux vuides de la poudre à canon, pour chaque longueur & diametre connus des gargousses, la grandeur absolue du magasin à poudre, ainsi que les sacs, tas & partitions qui lui conviennent.

CHAPITRE XII.

*Description des Plans & Desseins gravés qu'on trouve dans l'*Architecture Navale Marchande, *publiée en forme d'Atlas à Stockholm en* 1768.

Pour plus de facilité dans les opérations, soit qu'il s'agisse de construire un navire, soit qu'il en faille dresser des plans, s'il est question d'abord d'y prévoir & déterminer le port & la charge, les proportions ou dimensions doivent être transportées des plans principaux en Tables, afin qu'on en puisse déduire promptement, ce qu'il importe le plus de découvrir dans les rapports de la charge apparente du navire. On doit observer aussi en même temps, ce qui a été dit au §. 25, ainsi qu'à la page 59; qu'on ne doit entreprendre aucune sorte de bâtiments de construction, qu'autant qu'ils s'accommodent le mieux au but qu'on s'est proposé.

Dans ces Tables, les rapports du chargement du vaiſſeau doivent être calculés d'après ſon déplacement ou tirant d'eau, & cela d'après la profondeur, ou d'après la flottaiſon & lignes d'eau déja tracées ſur les plans. Or il ſe trouve déja des regles pour trouver les rapports du chargement dans la Table N°. 1, & dont on s'eſt ſervi juſqu'à préſent; mais puiſque la plus grande partie de ces vaiſſeaux ne ſauroit être chargée au-delà de ce qui eſt preſcrit par les lignes d'eau déja tracées ſur les plans ou deſſeins, il convient d'expoſer ici juſqu'à quelle profondeur il eſt poſſible de charger ce bâtiment; enſorte que s'il y a quelques additions dans le nombre des quantités peſantes qu'on y doit charger, & qui aient ainſi leur effet, on puiſſe les reconnoître à l'aide de l'Echelle des Plans. Car en ce cas la ſomme de toutes ces quantités réunies indiquera les rapports du chargement, & qu'on trouvera dans les Tables ſuſdites.

Les rapports du poids ou de la charge dans un navire armé en courſe, ainſi que dans un yack de poſte, doivent être encore déterminés de la même maniere & inſérés pour faire bien connoître (au défaut de ce qu'on les voudroit appliquer aux navires marchands) juſqu'à quel point peut être leur chargement ou ce qu'ils doivent porter, lorſque ce chargement les fait enfoncer juſqu'à une certaine profondeur.

Pour le ſervice de ceux qui voudront y travailler & s'occuper de cette ſcience, on doit d'abord expoſer également bien tant le déplacement du vaiſſeau, que les aires du maître bau ⊙, ainſi que celles des lignes d'eau ſupérieures, & cela d'après le tirant d'eau qui ſera (à l'aide de la ligne d'eau ſupérieure) indiqué ſur le plan général.

A l'égard du poids ou des chargements qui ſont inſérés dans la Table que donne l'indication des deſſeins ou plans renfermés dans l'Atlas, ils ne ſont pas ſemblables à ce qu'on trouvera dans ce Livre-ci; ce qui eſt arrivé par une mépriſe des vraies quantités qu'il a fallu ajouter enſemble. Cela a pu ſe remarquer auſſi-tôt que la Table en a été imprimée; mais il étoit trop tard pour y faire les changements, ainſi que pour réimprimer la même Table, ſongeant d'ailleurs que cela ſeroit d'autant moins néceſſaire, qu'on avoit déja formé la Table qui ſuit.

Quant aux autres navires qui ne s'y trouvent pas inſérés, on les trouvera dans une Table qui en expoſe les plans ou deſſeins dans l'Atlas.

État

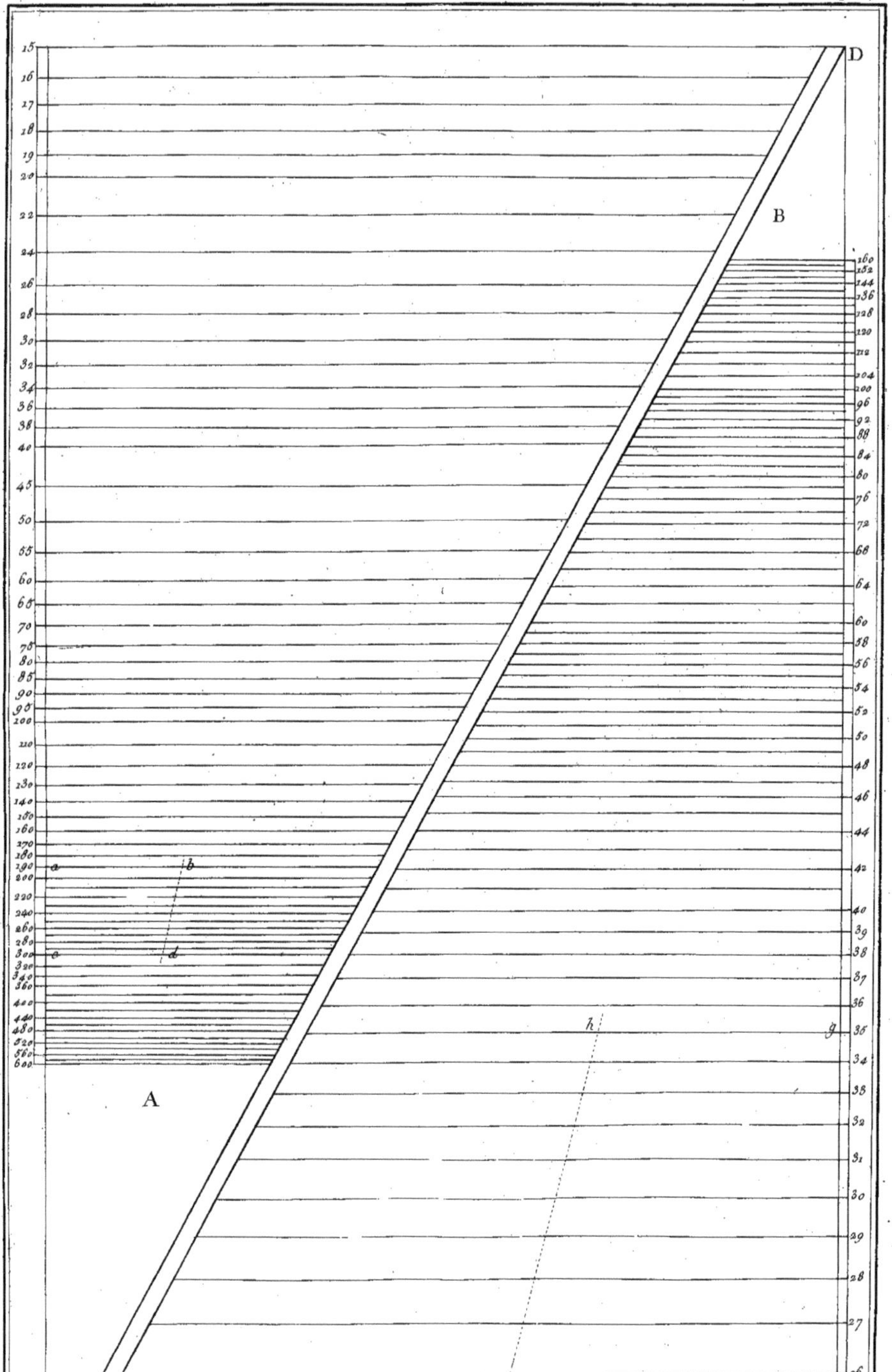
A
B
C
D
a
b
c
d
e
f
g
h

État & condition des Navires concernant la forme, & l'armement qui leur convient.	Nombres relatifs aux Planches.	Nombres des Plans.	Longueur de l'étrave à l'étambot entre les perpendiculaires.	Largeur de bord en bord au dehors des Couples.	Tirant d'eau.	Additions de Poids au tirant d'eau.	Le Port ou la Charge.	Aire des maîtres couples ⊙	Aire de la ligne d'eau supérieure.	Déplacement d'après l'angle supérieure des Couples.
Classe des Frégates.	Planches.	N°.	Pieds.	Pieds.	Pi. Pouc.	Pi. Pouc.	Fortes Lastes.	Pieds quarrés.	Pieds quarrés.	Pieds cubiques.
Armemens des Frégates....	I.	1	164	42 1/2	12 : 8	1 : 3	532	713	5691	78090
Idem......*idem*.........	II.	2	152 1/2	40	21 : 3	1 : 3	437	615	4959	62191
Idem, &c..............	III.	3	140	37	19 : 6	1 : 3	354	516	4263	49012
Idem, &c..............	IV.	4	128	34 1/2	18 :	1 : 3	276	438	3593	37282
Idem, &c..............	V.	5	115 1/2 1/8	32	16 : 6	1 : —	207	357	3033	27627
Idem, &c..............	V.	6	103 1/2	29 1/2	14 : 6	1 : —	149	286	2444	19459
Idem, &c..............	VI.	7	92 1/2 1/4	26 1/4	13 : 4	— 9	105	229	1965	13862
Armemens d'un Senau......	VI.	8	80	23 1/2 1/8	11 : 8	— 9	71	173	1515	9042
Armemens de Goëlettes....	VII.	9	82	21 5/8	8 : 4	— 9	53	122	1333	6150
Armemens d'un Yacht......	VII.	10	56	18 1/8	8 : 7	— 9	29	89	800	3173
Haeck-Bot.										
Armemens de Frégates.....	VIII.	11	160 1/2	40	21 : 9	—	483	676	5510	77216
Idem......*idem*.........	IX.	12	148 1/4	37 5/8	20 : 4	—	389	594	4727	61498
Idem, &c..............	X.	13	137	35 1/4	20 : 9	— 6	324	500	4030	47026
Idem, &c..............	XI.	14	125	33	17 : 3	— 3	243	417	3387	35866
Pinques.										
Armemens de Frégates.....	XII.	15	113	30 1/2	15 : 9	—	181	351	2854	27406
Idem......*idem*.........	XII.	16	101	27 1/2	14 : 3	— 6	138	270	2271	18790
Armemens d'un Senau......	XIII.	17	89	25	12 : 9	— 6	99	215	1789	12946
d'un Brigantin....	XIII.	18	77	22 1/4	11 :	— 6	67	161	1369	8380
Idem......*idem*.........	XIV.	19	65	19 1/4	9 : 6	— 6	40	112	980	4872
Armemens d'un Yacht......	XIV.	20	53	17	8 :	— 6	24	81	698	2784
Chattes.										
Armemens de Frégates.....	XV.	21	157	38 1/2	20 :	—	467	611	5295	70682
Idem......*idem*.........	XVI.	22	146	36 1/2	19 :	—	374	530	4595	51903
Idem, &c..............	XVII.	23	134	34	18 :	— 6	326	468	3902	45228
Idem, &c..............	XVIII.	24	122	31 1/2	16 : 6	— 9	261	396	3565	34494
Idem, &c..............	XVIII.	25	110	28 1/4	15 : 4	— 6	191	329	2634	25186
Idem, &c..............	XIX.	26	98	26 1/4	13 : 8	— 6	142	261	2194	18404
Armemens de Senau........	XIX.	27	86	23 1/2	12 : 3	— 6	99	205	1696	12478
de Brigantin......	XX.	28	74	20 1/4	10 : 6	— 9	67	149	1268	7590
d'Yacht..........	XX.	29	62	18 1/2	9 :	— 9	45	111	939	4768
Idem......*idem*.........	XX.	30	45	15 1/4	7 : 4	— 3	22	68	650	2488
Barques.										
Armemens de Frégates.....	XXI.	31	155	39	20 : 6	— 9	521	636	5185	71772
Idem......*idem*.........	XXII.	32	142 1/2	34 3/4	19 :	1 : —	426	531	4338	56172
Idem, &c..............	XXIII.	33	131	33	17 : 9	— 9	335	467	3791	44864
Idem, &c..............	XXIV.	34	119	30 1/2	16 : 6	— 6	244	387	3116	32972
Idem, &c..............	XXIV.	35	107	27 1/2	14 : 7	— 6	182	310	2541	23909
Idem de Senau..........	XXV.	36	95	24 1/8	13 : 2	— 6	131	246	2019	16632
de Brigantin.......	XXV.	37	83	22 1/4	11 : 6	— 3	89	194	1582	11583
Idem......*idem*........	XXVI.	38	71	20	10 :	— 3	57	144	1202	7096
Idem d'Yacht...........	XXVI.	39	59	18 1/4	6 : 6	— 3	35	107	859	4310
Idem......*idem*.........	XXVI.	40	47 1/4	15 1/2	6 : 10	— 3	19	69	584	2146
Heu.										
Flûte, armemens de Frégates.	XXVII.	1	132 1/4	30 1/2	12 :	2 : 9	292	278	3335	25907
Barque....*idem* de Frégates.	XXVIII.	2	112	27	10 :	2 : 6	191	199	2531	15999
Celle de Senau......*idem*..	XXVIII.	3	96	24	9 :	2 :	129	159	1898	10415
Idem de Goëlette....*idem*.	XXVII.	4	82	22	8 : 3	— 9	76	135	1487	7514
Idem de Galéasse....*idem*.	XIV.	5	70	20	8 :	— 9	50	115	1139	5526
Idem d'Yacht.......*idem*.	VII.	6	60	18	7 : 9	— 6	40	108	891	4343
Idem de Brigantin...*idem*.	XXIX.	7	74 1/4	21	8 : 6	— 9	65	135	1319	6841
Idem de Barque. *Kreyare*.	XXIX.	8	74	19	6 : 9	— 3	41	96	1150	4721
Idem d'Yacht.......*idem*.	XXIX.	9	46	15	5 : 6	—	13	60	555	1773
Idem.............*idem*.	XXIX.	10	38 1/4	14	4 : 9	—	7 1/2	43	428	1060
Pinque, armemens de Houcre.	XXX.	11	80	26	11 :	—	63	213	1597	8630
Galiotte, armemens de Heu.	XXX.	12	68	18	7 :	— 9	44	97	—	4360
Barque, armemens de Galéasse.	XXX.	13	68	22	8 :	—	39	128	1230	5510
Idem ....*idem* ..	XXVIII.	14	64	17 1/2	6 : 6	— 9	33	83	897	3579
Canot....................	XXX.	15	50	14—16	5 : 6	—	15	—	—	—
Navire Corsaire.										
Frégate..................	XXXI.	1	160	40 5/8	18 : 6	2 : 9	396	451	5021	46488
Frégate..................	XXXIII.	2	150	39	17 : 6	1 : 6	290	411	4613	39828
Frégate..................	XXVIV.	3	138	35 1/2	16 :	1 : 9	233	342	3803	29412
Frégate..................	XXXV.	4	128 1/2	33 1/4	15 :	1 : 9	196	298	3279	24023
Frégate..................	XXXVI.	5	120	31 1/2	14 : 8	1 : 6	161	264	2904	20000

État & condition des Navires concernant la forme, & le grément qui leur conviennent.	Nombres relatifs aux Planches.	Nombres des Plans.	Longueur de l'étrave à l'étambot entre les perpendiculaires.	Largeur de bord en bord au-dehors des Couples.	Tirant d'eau.	Additions de Poids & du tirant d'eau.	Le Port ou la Charge.	Aire des maîtres couples ⊙	Aire de la ligne d'eau supérieure.	Déplacement d'après l'angle supérieur des Couples.
Navire Corsaire.	Planches.	N°.	*Pieds.*	*Pieds*	*Pi. Pouc.*	*Pi. Pouc.*	*Fortes Lastes.*	*Pieds quarrés.*	*Pieds quarrés.*	*Pieds cubiques.*
Frégate..................	XXXVII.	6	112	30	13 : 3	1 : 6	135	228	2587	16210
Frégate..................	XXXVIII.	7	103	$27\frac{1}{2}$	11 : 6	1 : 3	96	180	2171	11674
Senau..................	XXXVIII.	8	93	25	10 : 6	1 : 3	74	147	1752	8502
Houcre *ou* Dogre.........	XXXIX.	9	85	23	9 : 8	1 :	54	124	1457	6572
Houcre..................	XXXIX.	10	76	21	8 : 9	1 :	42	99	1226	4786
Goëlette..................	XL.	11	96	$23\frac{1}{4}$	10 :	1 :	66	123	1675	7400
Goëlette..................	XL.	12	72	19	7 : 4	— 9	27	72	991	3088
Yacht..................	XL.	13	64	21	8 :	1 :	30	82	995	3272
Pacquebot ou *Yacht de Poste*										
Frégate..................	XLI.	1	$83\frac{1}{4}$	$23\frac{1}{8}$	11 :	— 9	55	—	—	7122
Goelette..................	XLI.	2	$75\frac{3}{8}$	19	8 : 9	— 6	28	—	—	3517
Yacht...... { plus creux...	XLII.	3	62	18	{ 8 : 4	— 6	23	—	—	2952
{ moins creux..	XLIII.				6 :	— 6	20	—	—	2598
Goëlette..................	XLII.	4	56	16	7 : 3	— 6	16	—	—	1909
Yacht..................	XLII.	5	40	$13\frac{7}{12}$	5 : 8	— 6	8	—	—	819
Navires d'agrémens.										
Frégate..................	XLIII.	1	$77\frac{1}{3}$	23	$8\frac{1}{2}$	—	—	—	—	4210
Goëlette..................	XLIII.	2	$73\frac{1}{4}$	19	7	—	—	—	—	2830
Yacht..................	XLIV.	3	54	$17\frac{1}{2}$	$6\frac{1}{2}$	—	—	—	—	1410
Goëlette..................	XLIV.	4	64	17	6	—	—	—	—	1594
Yacht..................	XLV.	5	$43\frac{1}{8}$	$15\frac{1}{4}$	5	—	—	—	—	742
Yacht..................	XLV.	6	$35\frac{3}{4}$	$13\frac{1}{2}$	$4\frac{1}{2}$	—	—	—	—	474
Yacht..................	XLIV.	7	32	$10\frac{1}{3}$	$3\frac{1}{12}$	—	—	—	—	250
Yacht..................	XLV.	8	30	$11\frac{7}{12}$	4	—	—	—	—	280
Yacht..................	XLV.	9	$26\frac{1}{12}$	10	$3\frac{7}{12}$	—	—	—	—	175
Yacht..................	XLIV.	10	24	$75\frac{1}{8}$	$2\frac{1}{2}$	—	—	—	—	100
Galere d'agrément.........	XLVI.	11	124	$18\frac{7}{12}$	7	—	—	—	—	4476
Divers Navires.										
Ceux des Indes Orientales....	LI.	1	$135\frac{1}{2}$	$34\frac{1}{2}$	$19\frac{1}{4}$	—	314	—	—	52333
des Indes Occidentales..	LII.	2	102	$27\frac{1}{2}$	$16\frac{1}{4}$	—	140	—	—	22896
Yacht des Indes..........	LII.	3	$58\frac{1}{2}$	$18\frac{1}{4}$	$10\frac{1}{2}$	—	39	—	—	5708
La Sirene, Frégate.........	LV.	9	$131\frac{1}{4}$	$34\frac{1}{2}$	$15\frac{1}{2}$	—	—	—	—	27222
La Licorne, Frégate.......	LV.	10	$125\frac{1}{4}$	$34\frac{1}{8}$	$17\frac{1}{4}$	—	—	—	—	27742
Jaramas, Frégate.........	LVI.	11	$126\frac{1}{4}$	33	$17\frac{1}{8}$	—	—	—	—	27648
Hiéron-bleu, Frégate......	LVI.	12	$89\frac{1}{5}$	$23\frac{1}{2}$	$12\frac{1}{8}$	—	—	—	—	9785
Le Neptune, Frégate......	LVII.	14	82	$23\frac{1}{4}$	$11\frac{1}{4}$	—	—	—	—	7477
Bateau des Bermudes........	LVII.	15	$65\frac{1}{2}$	$21\frac{1}{4}$	$12\frac{2}{3}$	—	—	—	—	4751

De quelque maniere que ce ſoit, dans ce genre de travail, on y ait voulu choiſir ſur un nombre conſidérable de plans, on en peut encore augmenter le nombre par le changement d'échelles, pour conſtruire de moindres navires d'après les plans des plus grands, & au contraire pareillement. Que s'il faut conſtruire d'après les mêmes plans ou deſſeins, un plus grand ou un plus petit navire, en ce cas leurs longueurs ſeront comme les racines cubiques du port ou de la charge, & on réglera d'après cela, les échelles. Mais il faut tomber ſur une échelle qui puiſſe s'accommoder, ſoit à un port de navire des plus grands, ſoit à un des moindres, & même pour qu'une ſemblable pratique ne puiſſe manquer d'être miſe en uſage & qu'elle ſoit reconnue, peut-être y pourra-t-on employer les figures *A* & *B de la Pl. 16.*

La figure *A* donne les échelles proportionnelles, quand les navires ſouffrent des variétés à un chargement plus grand ou à un moindre du navire, & la figure *B* donne les échelles proportionnelles, quand les navires éprouvent des variétés d'une plus grande longueur à une moindre, &c. Cela doit s'entendre comme il suit.

Un vaisseau, par exemple, doit avoir une charge de 300 lastes, & doit être construit d'après un plan qui ne conviendroit qu'à un autre de 190 lastes: prenez sur l'échelle des plans un certain nombre de pieds, par exemple 8 pieds (ce nombre pouvant toujours être divisé par moitié), & l'appliquez sur la ligne qui exprimera 190 lastes, savoir de *a* à *b* *Fig. A.* Du point C par le point *b*, tirez un trait leger ou ligne obscure C*b*; pour lors la distance de *c* à *d* sera de huit pieds, quand le navire aura la charge de 300 lastes; & par conséquent, si sur le plan qui représente un navire de 190 lastes, on a 110 pieds de longueur, on doit trouver sur le même plan, d'après les huit pieds qu'on compte de *c* à *d*, qu'il doit y avoir 128 pieds de long, quand il sera chargé de 300 lastes.

Semblablement, si on a un plan pour une barque qui ait, par exemple, 25 pieds de longueur, & que pour 35 pieds de longueur, il en faille construire une autre d'après le même plan ou dessein, on prendroit en ce cas 4 ou bien 8 pieds sur l'échelle des plans, & on les portera de *e* à *f* *Fig. B.* Du point D par le point *f*, tirez la ligne obscure D*f*, & on aura *g h* de 4 ou de 8 pieds, quand le bâtiment qu'il faut construire, aura 35 pieds de long.

Jusqu'ici on a dû faire attention à ce qui a été dit au §. 25, qu'il est toujours plus sûr de bâtir un grand navire d'après les plans & desseins d'un plus petit, que de construire au contraire un petit navire d'après ceux d'un plus grand, & cela pour que l'un & l'autre soient d'égale bonté dans leur genre; car si deux navires sont construits d'après un seul & même plan, mais que l'un soit plus grand que l'autre, il faudra toujours que le plus grand navire soit d'une qualité supérieure, eu égard à la force ou stabilité, comme aussi pour bien porter la voile, que ne le sera le plus petit navire. Mais il est temps de continuer ici la description des plans gravés.

L'échelle qu'on voit à la Planche IV, est l'échelle des plans pour dix vaisseaux marchands compris sous le nom de Frégates, & dont on a déja donné la description au §. 36.

L'échelle des plans de la Planche XI, se rapporte aux haecquebots & aux pinques, & celle qu'on voit sur la Planche XVII, se rapporte aux navires de transport qu'on nomme *chattes* qui ont leur avant-fort renflé, &c. L'échelle des plans de la Planche XXIII sert pour les bâtimens qu'on nomme *Barques*, & celle de la Planche XXIX se rapporte aux navires tirant peu d'eau: l'échelle des plans de la Planche XXXVII, est destinée pour les Corsaires ou navires armés en course.

Or sur tous ces plans ou desseins, on a placé de la même maniere que sur la frégate N°. 4. Planche IV, le centre de gravité de la carêne en *k*, ainsi que l'élévation du métacentre en *l*.

On a d'ailleurs remarqué jusqu'à présent, que quoiqu'un navire ait ses fonds plus ou moins aigus, néanmoins le métacentre *l* n'y sauroit s'élever ou s'abaisser considérablement, tant que l'inclinaison ne pourra être portée qu'à 10 ou 12 degrés; ensorte qu'on peut statuer, sans commettre d'erreurs sensibles dans la pratique : *que si un navire prend une inclinaison plus ou moins grande, son métacentre se trouvera constamment à la même place, tant que le déplacement d'eau s'y trouvera le même.*

Les lettres S, E & F qu'on a placées aux extrémités des échelles, désignent les mesures en pieds de ces échelles, savoir, *Suédois*, *Anglois* & *François*.

Les desseins en perspectives qui occupent une partie des Planches, n'y sont insérés que dans la vue de remplir les vuides qui s'y trouvent : chacun d'eux représente ce qui a rapport aux plans correspondants sur ces planches. Il en faut excepter le dessein en perspective de la *fig. 9.* qu'on voit sur la Pl. XXXVI qui nous fait voir la charpente de l'arriere ou de la pouppe d'un vaisseau dont le genre de forme convient au Corsaire n°. 9.

Sur les desseins de la Planche XI, n°. 14, les lignes ponctuées qu'on voit à l'arriere, ainsi que sur les plans & élévations des tranches ou gabarits; ces lignes, dis-je, nous font connoître comment par la forme d'un Haec-bot, on peut, à l'aide des barres & courbes d'arcasse, le changer dans la forme d'une Frégate.

Dans la Planche XXI, A est le métacentre, lorsque le navire est chargé jusqu'à la ligne A A, & B sera le métacentre, si on le suppose qu'il n'est gueres enfoncé que jusqu'à la ligne BB.

Planche XXIII : on a marqué sur ce dessein, le lieu où se trouve le point vélique, ainsi que la moyenne direction de l'eau, en supposant que l'eau qui se trouve à l'arriere de la plus grande largeur, ne sauroit contribuer à une plus grande ou moindre résistance quant à la marche du navire.

La ligne AB est prise pour exprimer la résistance qu'un plan semblable à celui de la tranche ou maître couple ⊙, doit éprouver si cette surface est frappée à l'avant par l'eau, qu'elle rencontre avec une certaine vîtesse. A C exprime la résistance directe à la proue du navire, quand la vîtesse est supposée la même que celle du plan susdit, au lieu que A L en exprimera la résistance verticale. On tire de-là l'expression D A qui sera la moyenne résistance de l'eau, quand on fait voile vent arriere; ensorte que cette moyenne résistance sera toujours la même quelle que soit sa vîtesse ou son plus grand sillage.

F est le centre de gravité de la flottaison, & la ligne F E lui est perpendiculaire. Prolongeant la ligne D A, on en retranchera la ligne FE en E, ce qui indiquera au point E la hauteur dont le centre de gravité de la voilure doit être au-dessus de la flottaison, pourvu que le navire ne soit pas porté

porté tout-à-coup trop bas, mais qu'il s'éleve par sa proue, étant porté & navigeant vent arriere.

Quand le navire dévire & s'enfonce par un vent largue, supposons que ce soit d'un demi-rhumb, & que l'inclinaison soit de sept dégrés, alors la moyenne direction de la résistance de l'eau peut être regardée comme concentrée au point G : sa propre direction est suivant la ligne G H, & le point H est le lieu là où la moyenne direction rencontre un plan qu'on peut imaginer, & faire passer par la ligne du milieu, qui traverse la quille, l'étambot & l'étrave.

Il s'ensuit de-là que si on grée le navire en la maniere accoutumée, il doit arriver en premier lieu qu'il ne pourra jamais s'élever au vent, & en second lieu qu'il se plongera ou s'abaissera toujours par un de ses côtés. Mais l'expérience a fait voir qu'il ne peut ainsi se soutenir, ni d'un côté ni de l'autre, ce qui est un argument encore plus fort, & prouve que les principes qu'on a suivis au Chapitre IV touchant les effets de l'eau, sont bons & des plus certains.

I est le centre de gravité de la carêne, K le métacentre : le profil de la largeur vers la gauche montre ce qu'on retranche du navire vis-à-vis le couple ⊙, c'est-à-dire, vis-à-vis ce maître-couple & la plus grande largeur, quand A nous en montre la partie de l'arriere, & B celle de l'avant.

A la Planche XXVII, n°. 1, on voit un Flibot qui n'a qu'un pont & sert à porter des mâts, ayant un cabestan proche l'écoutille de la fosse aux cables, qui y sert à ramener les mâts à volonté.

La Planche XXIV, n°. 9 & 10, représente un Yacht dont on se sert pour les transports sur un lac (*mae-laren*) en Suede.

La Planche XXX, n°. 11, représente un navire, qui est destiné à transporter diverses provisions, de l'eau, des ancres, cordages & munitions pour une flotte armée en guerre, comme aussi à retirer les ancres qu'on peut retrouver au fond de la mer : il doit très-bien porter la voile, & est en état de se soutenir très-bien aussi dans les tempêtes.

Le n°. 12 est un *heu* (chalk) pour porter des marchandises en balots, & qui a, pour cet effet, sa grande écoutille fort longue avec de hauts rebords : le pont qui l'avoisine, est à même hauteur que le plat-bord : aux plans de ce bâtiment on a joint deux sortes de tranches ou couples. Le couple A est pour le service des mers peu profondes, & il convient qu'on y fasse usage de *dérives*. Mais si dans la construction on a fait usage des couples B, on n'aura plus besoin en ce cas des aîles de dérive, & il pourra naviguer dans les hautes mers, même quand elles sont orageuses. Mais son chargement sera moindre d'un laste, que si l'on eût employé les autres gabarits.

C représente le pont & l'écoutille vus de l'arriere, & si on les suppose vus de l'avant, D les représentera pareillement.

Le n°. 13 eſt un bâtiment pour porter des bois de chêne de conſtruction, & qui a pour cet effet une ouverture ou ſabord à l'arriere : il peut encore ſervir de vaiſſeau de charge pour les bleds dans la Mer Baltique, & ſa forme doit être à l'arriere telle que la repréſentent les gabarits qu'on voit ici ponctués, ce qui lui donne de l'avantage pour mieux porter la voile.

Le n°. 15 eſt un bâtiment ouvert & ſans ponts. Les couples ou gabarits B ſont les plus convenables pour porter les marchandiſes les plus peſantes, telles que du fer, de la brique, &c. Mais ſi les marchandiſes peſent bien moins, tel qu'eſt le bois commun pour brûler, &c. il ſuffira d'y employer les gabarits A.

Le n°. 16 eſt un chalan ou bac de paſſage, conſtruit pour porter ſans riſque un caroſſe & 6 chevaux : il peut même ſervir malgré les vagues ordinaires & la houle : il eſt à quatre rames & ſon arriere porte un pont-levis qui doit être continuellement joint au bâtiment; mais à l'avant de ce pont-levis eſt un treuil ou Singe pour contenir le caroſſe qu'on a d'abord introduit, ainſi que les chevaux qui ſont plus avancés dans ce bac.

La Planche XXXI fait voir que ſur les deſſeins ou plans du n°. 1, la ligne A B exprime la réſiſtance qu'éprouve un plan, d'une aire ſemblable, à celle qu'offre le maître-couple ou gabarits ⊙, ſi l'on ſuppoſe que ce plan ſe préſente pour fendre, ou diviſer l'eau qu'elle rencontre, avec une certaine vîteſſe, auquel cas A C exprimera la réſiſtance directe ſur la proue, quand on ſuppoſera que la vîteſſe eſt la même que celle dudit plan, ainſi qu'il en ſera pour la réſiſtance verticale AD correſpondante; d'où l'on tire la valeur de E A qui ſera l'expreſſion de la réſiſtance de l'eau pour la direction moyenne, lorſque le vaiſſeau marche vent-arriere, en ſuppoſant qu'il s'enfonce juſqu'aux lignes d'eau ſupérieures 2. 2.

Mais ſi la charge d'un vaiſſeau eſt telle qu'elle le faſſe enfoncer juſqu'à la ligne 1. qui eſt la plus élevée des lignes de flottaiſon, en ce cas F G ſera la moyenne direction de la réſiſtance de l'eau.

Pareillement H I eſt la direction moyenne, qui répond à la troiſieme ligne d'eau, & K L la moyenne direction quand on ſuppoſe que le navire ne s'abaiſſe plus que juſqu'à la ligne d'eau 4.

M, eſt le centre de gravité de la ligne d'eau la plus élevée, & la ligne MN lui eſt à angles droits ou perpendiculaire.

La Planche XXXII, *fig.* 1. eſt une ſection du corſaire n°. 1, qu'on ſuppoſe coupé verticalement par le milieu de ſa quille, de l'étrave & de l'étambot.

La *fig.* 2 eſt une ſection verticale du même corſaire vue à ſon avant, quand ce bâtiment eſt coupé tranſverſalement dans le ſens du maître-couple ⊙ ou de ſa plus grande largeur.

La *fig.* 3 eſt une ſection verticale vue par ſon arriere, quand ce bâtiment eſt ſuppoſé coupé par ſon milieu par le travers de ſon magaſin à poudre.

a eſt la quille, *b* l'étrave, *c* l'étambot, *d* la contre-quille & ce qui en dépend, *e* la courbe de l'étambot, *f* la contr'étrave, *g* le contr'étambot en-dedans, *h* le contr'étambot du dehors, *i* le gouvernail, *k* le ringeot ou brion, *l* le taillemer ou gorgere, *m* les varangues, *n* les extrémités des genoux d'allonges & de revers, *o* la maille, *p* la carlingue, *q* la liſſe de hourdi, *r* les barres d'arcaſſe, *s* les guirlandes du pont, *ſ* les guirlandes, *t* les allonges de cornieres, *u* les baux, *w* le beaupré, *x* la miſaine, *y* le grand mât, *z* l'artimon.

A la plate-forme, B le premier pont, C le ſecond pont où eſt la batterie de canon, D le gaillard d'arriere, E celui d'avant, F les paſſes-avants, G la dunette.

Deſcriptions de ce qui concerne les aménagements du Navire.

AU-DESSOUS de la plate-forme A : 1 eſt le lieu pour les viandes ſalées, le beurre, &c. 2 le magaſin à poudre, 3 la ſoute aux poudres avec des caiſſes pour les gargouſſes, 4 le lieu pour le fanal de ladite ſoute.

Au-deſſous du premier pont B : 5 indique la place pour les rechanges du maître Canonnier, 6 la ſoute au pain, 7 le paſſage à la ſoute aux poudres, 8 celle des poids, lentilles ; 9 la chambre de l'Ecrivain ou Commis, 10 le magaſin ou la ſoute du Capitaine, 11 la ſoute pour différentes eſpeces de proviſions & pour les boîtes de médicaments, 12 le théâtre, 13 l'archi-pompe, 14 les pompes, 15 la place pour les boulets, 16 les carlingues du grand mât & de la miſaine, 17 le leſt qui conſiſte en vieux canons & boulets, ſaumons de fer, de même qu'en gros graviers & petits cailloux, 18 la cave aux boiſſons, 19 la calle à l'eau, 20 la place pour le bois à brûler & tonnes d'eau, 21 la foſſe aux cables, 22 la foſſe aux lions pour les cables de rechanges, 23 la place des poulies de rechange, 24 celle des voiles de rechange, 25 la place pour le charbon de bois, 26 leſt amovible & qui ſe tranſporte à volonté d'un lieu à l'autre pour balancer, & mettre ſur ſon aſſiette le Navire, 27 épontilles, 28 l'ancre de miſéricorde.

Au premier pont B : 29 écoutille pour paſſer à la lumiere de la ſoute aux poudres, 30 écoutille de la ſoute aux poudres, 31 la carlingue du mât d'artimon, 32 écoutille aux vivres, &c. 33 trappe ou écoutille pour deſcendre dans l'archi-pompe, 34 l'écoutille aux boulets, 35 la grande écoutille ou l'écoutille à l'eau, 36 l'écoutille aux cables, 37 l'écoutille de la ſoute aux voiles, 38 l'écoutille au charbon.

Entre le premier pont B & le ſecond C ou Entre-pont on a, 39 la ſainte-barbe, 40 la barre du gouvernail, 41 chambres pour les Officiers, 42 le grand cabeſtan pour virer les ancres, 43 continuation des pompes, 44 les bittes, 45 le traversin des bittes, 46 la gatte, 47 les écubiers.

Sur le second pont C: 48, on voit une trappe ou escalier pour descendre du gaillard à la sainte-barbe, 49 la grande chambre, 50 la table où mangent les Officiers, 51 porte qui donne aux bouteilles, 52 une chambre de toile à voile & deux lits au-dedans pour les Officiers, 53 les Eclans de la drosse du gouvernail avec ses rouets, 54 cloisons par où passe la drosse du gouvernail, 55 grandes jarres pour l'eau fraîche, 56 la partie supérieure du grand cabestan, 57 les seps d'écoute ou bittons de hune du grand hunier, 58 les sabords pour le canon des côtés du navire, 59 les sabords de l'avant pour le canon de chasse, 60 les amarres pour les manœuvres, 61 la cuisine pour les gens de l'équipage, 62 la cuisine pour les Officiers, 63 les chevilles à boucles continuées pour la drosse de la vergue de misaine, 64 les épontilles pour soutenir le bord intérieur des passavants, 65 les épontilles du gaillard d'arriere & de l'entre-pont, 66 les barres du cabestan.

Sur le gaillard d'arriere D: 67 le balcon ou la galerie, 68 la chambre du Conseil, 69 porte des bouteilles, 70 chambre des Officiers, 71 la roue du gouvernail & l'habitacle, 72 la cappe qui est au-dessus de la grand'chambre, 73 l'écoutille aux vivres, 74 les écoutilles pour les pompes, 75 bittons ou bittes de tournage, 76 garde-fous sur le devant des passavants F. 77 caillebotis au-dedans des passavants, 78 trappes pour descendre des passavants sur les ponts.

Sur le gaillard d'avant E: 79 le clocher, 80 le petit cabestan, 81 écoutille pour descendre dans la cuisine, 82 les bittons de hune du petit hunier, 83 les bossoirs, 84 les herpes ou lisses de poulaines.

85 le couronnement de l'arcasse, 86 les arcs-boutans du couronnement, 87 les caillebotis, 88 les galleries, 89 barrotins ou lattes, 90 les escaliers, 91 ouvertures ou paneaux pour sortir les provisions.

Fig. 2 & 3, 92 les varangues, 93 la premiere allonge, 94 allonges de revers, 95 les genoux, 96 seconde allonge, 97 vaigres, 98 bauquierres, 99 goûtiere, 100 vaigre ou serre, 101 courbes vis-à-vis les extrémités des bauquierres, 102 bordages, 103 préceinte, 104 la lisse du plat-bord.

Planche XXXIII, *fig.* 1, 2, 3, &c. sont des desseins de nouvelle invention pour les affûts de canon. Ces sortes d'affûts consistent sur-tout en trois parties principales, comme on le peut voir à la *fig.* 11, là où *a* est le dessus, qui est proprement l'affût, *b* la piece de dessous qui lui est attachée par une cheville de fer, autour de laquelle l'affût peut tourner. Enfin *c* est le coursier tournant, sur la longueur duquel l'affût peut s'avancer ou se reculer.

La *fig.* 1 représente l'affût vu par le côté, *a* en est la flasque ou le flanc, *b* les traversins ou entremises, & *c* le trou par où passe la brague.

La *fig.* 2 représente le même affût à vue d'oiseau, ces canons étant supposés

ſuppoſés avoir leurs attaches, leur clou ou cheville.

La *fig.* 3 repréſente l'affût tel qu'il eſt vu par deſſous : *d* eſt un reſſort qui s'accroche avec une inciſion en *e* ; c'eſt-à-dire, qu'en faiſant tourner l'affût ſur ſa table, le reſſort s'accroche & arrête l'affût dans le moment que ſa poſition ſe trouve être la même que celle de la table.

La *fig.* 4 montre l'extrémité du courſier, de la table & de l'affût avec ſon canon au-dedans.

La *fig.* 5 fait voir la table par ſon côté.

La *fig.* 6 en montre le deſſus & la *fig.* 7 le deſſous. *f* ſont les pieces qui en forment les côtés : *g* eſt une piece fort large qui les traverſe, & ſur laquelle l'affût poſe quand on le fait tourner : *b* eſt une groſſe cheville de fer, qui paſſe à travers la table, ſervant de pivot & tenant l'affût uni à la table : *i* eſt une ferrure enchâſſée dans la table, & contre laquelle le reſſort *d* s'arrête quand l'affût & la table, viennent à ſe rencontrer ; c'eſt-à-dire, dans le moment que le canon aura la même direction que le courſier.

La *fig.* 8 repréſente le côté du courſier, dont la *fig.* 9 fait voir le deſſus, & la *fig.* 10 le deſſous : *k* eſt une des aiguilles du courſier qui forme une eſpece de couliſſe : *l* eſt un fardage de menues planches dont le courſier eſt revêtu dans le bout où eſt le trou, & ces planches traverſent les aiguilles & les entremiſes : *m* eſt un trou au courſier qui prend ſur un bitton : *n* eſt un croc, tel qu'il en faut un à chaque côté de ce bout du courſier pour y attacher la brague.

Ces ſortes d'affûts demandent qu'on y ait aſſemblé des baux compoſés de pluſieurs pieces jointes enſemble.

A eſt un bau compoſé de 5 pieces pour ces affûts : *o o* la piece du milieu dont on ne voit ici que la moitié, qui a d'autres pieces de chaque côté, telles que *p q*, *r s* vers chaque extrémité, & qui ſe répondent bout à bout vers le milieu du bau. *t* eſt une flaſque ou extrémité à queue d'aronde entre les deux pieces extérieures du bau, contre laquelle le montant *u* du pivot pour le courſier, vient s'appuyer : elle y ſera arrêtée par une cheville *w* de fer à groſſe tête, chaſſée du dehors du vaiſſeau paſſant par la traverſe ou entremiſe & par le bitton du courſier, pour être clavetée en-dedans ſur virole : le bitton ſera de longueur à pouvoir être chevillé contre le bau du premier pont. *x* ſont des courbes, & *y* eſt un fardage ſur le pont autour du bitton, & qui forme un couſſin au-devant duquel le courſier repoſe. *z* eſt une tamiſaille ou arc de bois cloué ſur le pont pour ſupporter le courſier en arriere, & pour en diminuer le frottement pendant qu'on le tourne pour pointer le canon ; ce qui s'exécute à l'aide des anſpecs qu'on fait paſſer par des boucles *ββ*, qui ſont placées à l'une des extrémités du courſier.

Que si l'on veut faire exécuter ces affûts, on doit observer que la cheville qui est placée contre la table & autour de laquelle l'affût peut tourner, doit passer exactement sous le centre de gravité du canon & de son affût, eu égard à leur longueur; de même que le centre de gravité du canon, de l'affût & de la table, doit toujours se trouver un peu en-dedans du centre ou trou du coursier; savoir, de la quantité à ne pouvoir dépasser le centre de gravité de celui-là, quand le vaisseau pliera jusqu'à certaine inclinaison, & que le canon se trouvera sous le vent.

Avec un canon de 18 livres, monté sur un pareil affût, un seul homme le peut facilement & très-promptement pointer; ensorte que dans un pareil temps il peut tirer presque le double, de ce qu'on feroit avec le même canon monté sur un affût ordinaire. On peut aussi amarrer ces affûts de canons, soit en travers, soit dans le sens de la longueur du vaisseau, beaucoup mieux qu'on ne le sauroit exécuter avec les affûts dont on s'est servi ordinairement jusqu'à ce jour.

La Planche XXXVI, *fig.* 1, 2, 3, 4 & 5 a rapport à une sorte d'affûts destinés pour les pierriers dont on armera le vaisseau.

La *fig.* 1 montre le côté de l'affût, dont *a* est la flasque, & *b* le fonds : la *fig.* 2 est le dessous du fonds. La *fig.* 3 est un éclat ou bout de planche qui s'éleve au-dessus du plat-bord du bâtiment, & que l'on y assujettit avec une bande de fer *c*, & par l'autre bout *d* en-dedans, on trouve l'angle d'une planche ou chevalet qui le soutient & qui s'appuie sur le pont : on en voit dans la *fig.* 4 le côté en-dessus, & dans la *fig.* 5 le dessous. L'affût se pose sur ce banc, & y est retenu par une cheville de fer goupillée *e*, autour de laquelle l'affût se tourne : on en peut voir tout l'ensemble aux *fig.* 6, 7 & 8.

Sur ce navire les affûts de canons, ainsi que leurs bittons avec les baux du pont se trouvent construits comme il est représenté au corsaire n°. 2. Mais au lieu des courbes on a appliqué sur les extrémités des baux de longues pieces de bois *ff*, par-dessus les vaigres avec des tacquets *gg* qui y sont chevillés, & même entaillés dans les baux en-dessous, de la maniere qu'il est représenté sur les desseins & plans par A & B. *hh* sont des pieces de bois qui recouvrent les membres, étant paralleles à la ligne du milieu du vaisseau & en deux rangs, étant entaillés comme les carlingues sur les membres. *ii* sont de semblables pieces de bois attachées sur les baux & à angles droits avec les précédentes, pour former des tirants. *kk* sont des épontilles ou étais qui, avec leurs tenons, entrent par les bouts d'en-haut & d'en-bas dans les pieces dont on vient de parler. *ll* sont des pieces de rapport qui s'assemblent aussi par des tenons aux mortaises des épontilles ou des pieces verticales *kk* : *m* represente les coins pour resserrer davantage les pieces de rapport, & par le moyen de ces épontilles on cherche à empêcher les vaisseaux de s'arquer.

p eſt une bande de fer qui s'étend au-deſſus des baux, & dont les extrémités ſont fortement rivées à deux épontilles jointes enſemble, afin que les chevilles des pieces de rapport, ne puiſſent plus ſe détacher de deſſus les épontilles.

Ainſi un vaiſſeau ne peut s'arquer, puiſqu'il faudroit que les angles *i k k* s'ouvriſſent d'eux-mêmes, ce qui eſt impoſſible, puiſque les pieces de rapport *l l* qui forment des diagonales, garderont toujours la même longueur.

Ceci eſt encore d'un fort bon uſage dans les bâtiments longs & foibles, où dont la longueur eſt un peu conſidérable relativement à la hauteur. Cela a été exécuté & même pleinement juſtifié par l'expérience, comme auſſi pour les affûts des canons. *n* ſont de petites ouvertures avec des caillebotis pardeſſus, pour laiſſer échapper la fumée de la poudre à canon. *o* eſt une ouverture de pareil uſage ou panneau au-deſſus de la cuiſine.

La Planche XL, *fig.* 1 & 2 montre la maniere de former des montants de bois pour les pierriers, & par ce moyen viſer & tirer auſſi juſte qu'avec les autres pierriers montés ſur des affûts ordinaires, ce qui ne réuſſit pas ſi bien, lorſqu'ils ne ſont montés que ſur des fourchettes de fer.

La *fig.* 3 fait voir comment eſt fabriqué le banc A, pour le montant des pierriers, lorſqu'il eſt attaché ſur le bord du vaiſſeau.

La Planche XLII, n°. 3 indique un Pacquebot ou Yacht de Poſte avec deux ſortes de gabarits, ſelon qu'on voudra lui donner plus ou moins de tirand 'eau.

Navires d'agréments pour aller à rames & à la voile.

Planche XLVI, n°. 1 eſt une Galere d'agrément ou de plaiſirs, avec 16 couples de rames, à raiſon de deux hommes ſur chaque rame, gréée avec des voiles latines.

Deſcription des arrangements intérieurs de la Galere.

A, la grande ſalle. B, l'anti-chambre. C, la chambre à coucher. D, la garderobe. E, la ſalle à manger. F, chambres ou logements. G, cuiſine à deux feux. H, la courſive. I, les écoutilles par où l'on deſcend aux logements. K, l'écoutille de la foſſe aux cables. L, la foſſe aux cables. M, logement des Officiers mariniers. N, cappe élevée & vitrée par les côtés pour donner du jour en bas. O, paſſage pour les cables qui vont aux écubiers.

La *fig.* 1 repréſente le bâtiment tel qu'il eſt vu par ſon arriere.

2, l'avant de cette même galere.

3, une ſection ou tranche à l'endroit du gabarit (3) & qui repréſente l'intérieur de la grande ſalle.

La *fig.* 4 fait voir tous les gabarits.

5 une tranche ou section à l'endroit du gabarit (12). *a* est l'ouverture de l'escalier pour monter sur la dunette. *b* porte d'entrée pour descendre par l'antichambre à la grande salle. *c* appartement à deux lits.

La *fig.* 6 est une tranche faite dans le sens du gabarit (w). *d* est l'entrée à la cuisine. *e* la carlingue. En *f* sont des traversins pour lier les membres des deux côtés de la galere. *g* des bois pour fortifier & donner plus de force au bâtiment, afin de l'empêcher de s'arquer.

Planche XLVII, n°. 6 est un grand Canot : ceux qui portent les plus forts gabarits & qui sont les plus pleins, ont ordinairement une grande salle en arriere, & on y navigue avec 7 avirons en pointe : mais quand ils n'ont pas de salle, leurs gabarits, étant plus aigus par les fonds, on les navigue avec 8 avirons ou rames.

Planche L, n°. 12 est une Allege ou Mari-sallop dont on se sert près de Newcastle en Angleterre pour ôter le lest des navires, & le transporter ensuite à la mer : on y procede en le faisant couler par le moyen de deux trous ou vannaux qui sont au fond, & qu'on n'ouvre que lorsque le lest s'écoule au-dehors.

Le n°. 13 est une espece de Chalan ou Prame qui est un bâtiment plat, dont on se sert dans la riviere ou Tamise qui passe à Londres, pour voiturer de la craie : il est gréé avec une voile quadrangulaire au mât, & en avant avec une voile d'étai triangulaire : ces prames vont très-bien à la voile.

Planche LII, n°. 3, est un Yacht Anglois dont on ne se sert que pour transporter du vin de France à Londres, comme aussi pour y prendre des passagers.

Planche LIII, n°. 5 représente *la Flûte le Chameau*, excellent bâtiment de transport de la marine du Roi de France, portant bien sa voile, & ayant une marche supérieure.

Le n°. 10 est un Yacht pour aller l'hiver sur la glace à la voile : A, en est le traîneau ou planche large attachée sous la quille avec 4 chevilles de fer à goupilles, ayant à ses deux extrémités B B des glissants ou anguilles qui y sont ferrés en guise de patins. D, est une espece d'arêt ou bras de levier, où l'on a adapté une cheville ou dent de fer pointue par son extrémité, passant par un trou de la quille, pour qu'on l'enfonce à volonté dans la glace, lorsqu'on veut arrêter ce Yacht, & cela avec le pied qui pose sur l'extrémité D, & qui lui occasionne en pressant la cheville sur la glace, la cessation de sa marche. Mais à l'autre bout C, lorsqu'on veut reprendre sa route, il y a un ressort qui releve cette dent de fer, lorsqu'on cesse de peser dessus.

Le n°. 11 nous fait voir l'étendue des voiles qu'on emploie à ce genre d'Yacht.

d'Yacht. La Planche LV, n°. 9, représente *la Sirene*, frégate de guerre de la marine de France, laquelle porte parfaitement sa voile, outre que ce bâtiment est excellent dans sa marche.

Le n°. 10 représente *la Licorne*, frégate de guerre Angloise qui est parfaite quant au sillage. Une des lignes d'eau inclinée qui s'éleve sur le plan à l'arriere, & qui s'abaisse à l'avant, en marque la flottaison & l'assiette, lorsqu'on l'a lancée à l'eau.

La Planche LVI, n°. 11 représente *le Jaramas*, frégate de guerre du Roi de Suede, qui est une excellente voiliere.

Le n°. 12 *le Hieron bleu*, frégate de guerre du Roi de Danemarck, admirable quant à sa marche, mais portant mal la voile.

Le n°. 19 est un bâtiment qui sert sur les lacs & rivieres à porter des Marchandises & des Passagers.

La Planche LVII, n°. 14 représente *le Neptune*, corsaire de Flandre construit à Ostende à la fin du dernier siecle, excellent voilier, d'une maniere frappante & extraordinaire.

Le n°. 15 est *un bateau des Bermudes*, dont on fait beaucoup d'usage aux Indes occidentales. A, en est le mât. B, poutre d'apui. C, la bôme. D, la gaffe. E, la vergue principale. F, la vergue du mât de hune. G, la vergue de perroquet.

Le n°. 16 est une Tartane, bâtiment de la Méditerranée qui peut également servir à la course, comme au négoce.

La Pl. LVIII n°. 17, est un Chébec Algérien, qui a pour artillerie 16 canons de 6 livres de balle, de chaque côté, 4 canons de 12 livres de balle en avant, & 8 de 3 livres de balle sur le gaillard à l'arriere : il porte aussi 30 gros mortiers ou épingols. A, est une section de ce bâtiment à l'endroit de la grande chambre. B, une pareille section au fronteau de l'avant; & C, une autre au maître-couple ou gabarit ⊙.

Le n°. 18 est *la Capitane*, galere de Malthe ayant 30 paires de rames & 5 hommes sur chaque rame. Son artillerie consiste d'abord en un canon de fonte de 36 livres de balle au coursier, & à l'avant 2 canons de 8 livres de balle & 2 de 6 livres : & par les côtés 18 pierriers de 2 livres, & 18 mortiers ou épingols.

A, est la grande chambre ou gavon. B, l'anti-chambre. C, la chambre où logent les Officiers. D, l'escalandar ou lieu où sont les provisions des Officiers. E, la soute au pain ou payol. F, celle du vin & des viandes *e* qu'on nomme *compagne*. G, la soute aux poudres. H, la taverne. I, la soute aux voiles ou cordages. K, l'hôpital ou tolar des blessés. LL, chambre de proue & gavar de pion. M, est la section de la galere au maître-couple ⊙, ou la plus grande largeur de la galere.

La Planche LIX, n°. 1, eſt un *Dogre Hollandois à vivier* chargé d'écreviſſes ou hommars, avec ſon profil, &c.

La Planche LX, n°. 4, un bateau de Stockholm ou Suédois, de la grande eſpece, avec lequel on peut porter 150 liſpunds de toutes ſortes de poiſſons.

Le n°. 5 en fait voir un autre de la moindre grandeur ou de la plus petite eſpece.

Le n°. 6 eſt *un Cotter Anglois* marchant ſupérieurement, & dont on fait uſage dans la Manche : on y en emploie partie aux marchandiſes prohibées ou à faire la contrebande, & l'autre partie ſert pour la Douane, & à donner la chaſſe aux autres : ils ſervent auſſi quelquefois comme corſaires, ayant un ſillage fort prompt, & portant parfaitement la voile.

Le n°. 7 eſt *un Skute* ou grand bateau, tel qu'on en emploie pour charier de Finlande des bois à brûler à Stockholm.

La Planche LXI, n°. 1 nous repréſente l'ordre & la diſpoſition pour lancer à l'eau le vaiſſeau le Royal Louis (l'ancien) de 112 canons. Ce vaiſſeau fut conſtruit à Toulon en 1692 : il avoit de tête en tête ou de pouppe en proue 193 pieds, 52½ pieds de largeur & 28½ pieds (c'eſt-à-dire en pieds Suédois) pour ſon tirant d'eau, lorſqu'il a dû être armé ; car il étoit auſſi avancé en conſtruction que le plan nous le repréſente, lorſqu'il étoit encore ſur le chantier. On fait encore uſage en France de cette méthode de lancer à l'eau les vaiſſeaux conſtruits ſur les chantiers, & cela même dans les ports du Roi. *aa*, *bb* repréſentent le chantier ou cale de conſtruction. *cc*, *dd* de larges traverſes ou pieces paſſant entre les varangues. *ff* pieces du chantier. *gg* la quille du vaiſſeau. *hh* le lit ou cale du chantier. *ii* appuis qui traverſent au-deſſus de ce qui ſupporte les varangues *bb*. *kk* une piece de bois qui s'adapte tant au-deſſus qu'au-deſſous du navire, & qui joint au-dehors les appuis. *ll* griffes placées entre les appuis & les pieces de bois *kk*. *mm* coin qui reſſerre la piece de bois *kk*, & cela d'une maniere fort denſe au-deſſus & au-deſſous du navire. *nn* ſont les attaches verticales qui s'adaptent au-dehors des appuis, & qui ſont ſituées tout autour de chaque anneau. *oo* ſont des baux placés à chaque côté des appuis, pour les pouvoir enlever tous à la fois. *pp* ſont des liens & boucles des appuis *ii* aux côtés de la quille. *qq* ſont des pieces d'étais pour les extrémités élevées du navire, l'une de leurs extrémités la plus abaiſſée étant appuiée ſur les pieces même du chantier & l'autre extrémité ſupérieure étant au haut du vaiſſeau. *E E* ſont des Planches ſervant à guider les extrémités des mêmes épontilles. *rr* ſont des liens à boucles qui traverſent, fixées ſous la quille depuis un des appuis juſqu'à l'autre. *ss* inſtrument où lien a boucles pour reſſerrer ce qui eſt trop lâche dans la chûte du vaiſſeau qu'on lance. *tt* barottins au-dehors des appuis & placés ſur la plate-forme du chantier. *uu* étais qui s'appuient ſur les pieces *qq*. *WW* autres cables où liens qui doivent être coupés à l'instant que ceux du dedans *s s* sont relâchés & brisés pour lancer le Navire. $\varkappa\alpha\beta$, gros liens de cables, qui doivent être coupés dès l'instant qu'il faut relâcher le vaisseau pour le lancer à l'eau. *V V*, cable pour retirer les appuis de dessous, dès l'instant que le vaisseau descend. δ, l'ancre avec son cable pour contenir le vaisseau aussi-tôt qu'on le veut lancer à l'eau & qu'il descend.

Le n°. 2 nous fait voir la méthode des Anglois pour conduire les vaisseaux du chantier jusqu'à l'eau, laquelle est presque la même que celle dont on fait usage en Suede.

a a sont des lits de planches sur lesquelles portent les appuis, & on a soin de les clouer ensemble. *b b* sont les appuis qui s'adaptent sous les fonds du vaisseau. *c c* sont des épontilles ou étais qui partent de ces appuis pour soutenir les deux extrémités du navire. *d d*, des planches pour conserver l'ordre & la disposition qu'ont entr'elles les extrémités supérieures des épontilles. *f f*, bras d'appui sur les côtés, tant des pontons ou appuis, que du navire. *e e*, cales ou pieces de bois entre les bras des appuis & les épontilles *c c*, & pour empêcher que ces épontilles ne se détachent des côtés du vaisseau. *g g*, étais qui doivent régner le long du vaisseau, depuis les principaux appuis jusqu'à la proue & sous les courbes de la poulaine: ils servent à empêcher que le vaisseau ne soit choqué & porté en arriere au-delà de ses appuis. *h h* pieces de bois inclinées qui tombent, quand le Navire se lance à la mer.

Le n°. 3 nous fait voir la méthode des Hollandois pour lancer à l'eau, tant les plus gros que les moindres vaisseaux, & même ceux qu'on destine pour les Indes orientales.

A A représente une esplanade qui consiste en menues planches, qui remplissent toute la hauteur entre le lit du chantier & la quille. B B sont deux longues pieces destinées à recevoir la quille quand elle doit s'y mouvoir. C est une piece de bois attachée sur le chantier A : entre cette piece & les côtés du vaisseau, on fait entrer deux coins C C, & le vaisseau n'a rien autre chose qui le retienne, dès qu'il le faut lancer tout-à-coup. D D n'est autre chose qu'une planche très-épaisse qui se trouve inclinée à l'effort, afin d'empêcher le vaisseau de se renverser lorsqu'il s'agit de le lancer à l'eau: E E sont des pieces de bois sur lesquelles porte cette sorte de planche. F F, coins qu'on fait glisser en les arrachant, quand il faudra lancer le bâtiment à l'eau. Le haut de ces coins, ainsi que l'angle inférieur de la quille du vaisseau, les deux pieces B B, le canal qui est au milieu sous la quille & pareillement les planches D D, sont en même-temps graissés avec le suif. H H sont deux petites braques ou étais attachés en dedans & en dehors pour contenir & assujettir les planches D D. G est une partie d'un cable, lequel passe à travers de l'écoutille la plus basse proche le gouvernail, & qui est attaché à une bitte ou bien à quelqu'ancre élevée & fixée à terre. On le peut couper dans l'instant qu'on est parvenu à enlever les coins F F, ainsi que les coins C C, qu'on relâche en même-tems.

La Planche LXII, nous montre les diverses manieres de gréer tous les genres de navires, d'autant que la plus grande partie de ces sortes de gréemens caractérise le navire : on en trouvera le dénombrement dans la Table qui est à la fin de cet Ouvrage. La distance entre les petites lignes verticales qu'on a insérées au n°. 1, & désignées par *a* & *b*, nous exprime les largeurs des navires.

Les vergues sont supposées tellement orientées qu'elles forment un angle de 60 degrés avec la ligne du milieu du navire, d'où il s'ensuit que la longueur de chaque vergue est en effet plus grande au double qu'elle ne le doit paroître sur le plan. De plus, tous ces gréemens sont représentés sur les plans d'après une seule & même échelle, qu'on a eu soin de faire graver & qu'on apperçoit sur cette même planche.

La Table n°. 1, qui est à la fin de cet Ouvrage, est le résultat des formules nécessaires pour pouvoir proportionner les vaisseaux marchands : on en trouvera la description au §. 25.

Les Tables n°s. 2, 3, 4 & 5 donnent encore les proportions pour les navires marchands, calculées d'après les formules & la table qui précedent: on peut voir sur cela le §. 28, *pag.* 60.

La Table n°. 6, donne les proportions pour les navires armés en course, calculées d'après les formules du §. 28. Voyez *pag.* 70 & 71.

Les Tables n°s. 7 & 8 donnent aussi les proportions pour les bois arrondis de la mâture des navires marchands des Tables ci-dessus 2 & 4 : elles sont calculées d'après une regle qu'on trouvera au §. 30.

Table des Cubes dont on a besoin pour calculer la force & stabilité des Navires, dont on trouvera la valeur à l'aide de la formule $S^{\frac{2}{3}}$, $g^3 dx$, *comme cela se voit* page 11.

Racine	Cube	Racine	Cube	Racine	Cube	Racine	Cube	Racine	Cube	Racine	Cube	Racine	Cube
01	0000,01	94	0,831	1,87	6,54	2,80	21,95	3,73	51,89	4,66	101,19	5,59	174,68
02	0000,08	95	0,857	1,88	6,64	2,81	22,19	3,74	52,31	4,67	101,85	5,60	175,62
03	0000,27	96	0,885	1,89	6,75	2,82	22,43	3,75	52,73	4,68	102,50	5,61	176,56
04	0000,64	97	0,913	1 90	6,86	2,83	22,66	3,76	53,16	4,69	103,16	5,62	177,50
05	0001,25	98	0,941	1,91	6,97	2,84	22,91	3,77	53,58	4,70	103,82	5,63	178,45
06	0002,16	99	0,970	1,92	7,08	2,85	23,15	3,78	54,01	4,71	104,49	5,64	179,41
07	0003,43	1,00	1,00	1,93	7,19	2,86	23,39	3,79	54,44	4,72	105,15	5,65	180,36
08	0005,12	1,01	1,03	1,94	7,30	2,87	23,64	3,80	54,87	4,73	105,82	5,66	181,32
09	0007,29	1,02	1,06	1,95	7,41	2,88	23,89	3,81	55,31	4,74	106,50	5,67	182,28
10	0010,00	1,03	1,09	1,96	7,53	2,89	24,14	3,82	55,74	4,75	107,17	5,68	183,25
11	0013,31	1,04	1,12	1,97	7,64	2,90	24,39	3,83	56,18	4,76	107,85	5,69	184,22
12	0017,28	1,05	1,16	1,98	7,76	2,91	24,64	3,84	56,62	4,77	108,53	5,70	185,19
13	0021,97	1,06	1,19	1,99	7,88	2,92	24,90	3,85	57,07	4,78	109,21	5,71	186,17
14	0027,44	1,07	1,22	2,00	8,00	2,93	25,15	3,86	57,51	4,79	109,90	5,72	187,15
15	0033,75	1,08	1,26	2,01	8,12	2,94	25,41	3,87	57,96	4,80	110,59	5,73	188,13
16	0040,96	1,09	1,29	2,02	8,24	2,95	25,67	3,88	58,41	4,81	111,28	5,74	189,12
17	0049,13	1,10	1,33	2,03	8,36	2,96	25,93	3,89	58,86	4,82	111,98	5,75	190 11
18	0058,32	1,11	1,37	2,04	8,49	2,97	26,20	3,90	59,32	4,83	112,68	5,76	191,10
19	0068,59	1,12	1,40	2,05	8,61	2,98	26,46	3,91	59,78	4,84	113,38	5,77	192,10
20	0080,00	1,13	1,44	2,06	8,74	2,99	26,73	3,92	60,24	4,85	114,08	5,78	193,10
21	0092,61	1,14	1,48	2,07	8,87	3,00	27,00	3,93	60,70	4,86	114,79	5,79	194,10
22	0106,48	1,15	1,52	2,08	9,00	3,01	27,27	3,94	61,16	4,87	115,50	5,80	195,11
23	0121,67	1,16	1,56	2,09	9,13	3,02	27,54	3,95	61,63	4,88	116,21	5,81	196,12
24	0138,24	1,17	1,60	2,10	9,26	3 03	27,82	3,96	62,10	4,89	116,93	5,82	197,14
25	0156,25	1,18	1,64	2,11	9,39	3,04	28,09	3,97	62,57	4,90	117,65	5,83	198,15
26	0175,76	1,19	1,68	2,12	9,53	3,05	28,37	3,98	63,04	4,91	118,37	5,84	199,18
27	0196,83	1,20	1,73	2,13	9,66	3,06	28,65	3,99	63,52	4,92	119,09	5,85	200,20
28	0219,52	1,21	1,77	2,14	9,80	3,07	28,93	4,00	64,00	4,93	119,82	5,86	201,23
29	0243,89	1,22	1,82	2,15	9,94	3,08	29,22	4,01	64,48	4,94	120,55	5,87	202,26
30	0270,00	1,23	1,86	2,16	10,08	3,09	29,50	4,02	64,96	4,95	121,29	5,88	203,30
31	0297,91	1,24	1,91	2,17	10,22	3,10	29,79	4,03	65,45	4,96	122,02	5,89	204,34
32	0327,68	1,25	1,95	2,18	10,36	3,11	30,08	4,04	65,94	4,97	122,76	5,90	205,38
33	0359,37	1,26	2,00	2,19	10,50	3,12	30,37	4,05	66,43	4,98	123,51	5,91	206,42
34	0393,04	1,27	2,05	2,20	10,64	3,13	30,66	4,06	66,92	4,99	124,25	5,92	207,47
35	0428,75	1,28	2,09	2 21	10,79	3,14	30,96	4,07	67,42	5,00	125,00	5,93	208,53
36	0466,56	1,29	2,15	2,22	10,94	3,15	31,26	4,08	67,92	5,01	125,75	5,94	209,58
37	0506,53	1,30	2,20	2,23	11,09	3,16	31,55	4,09	68 42	5,02	126,51	5,95	210 64
38	0548,72	1,31	2,25	2,24	11,24	3,17	31 85	4,10	68,92	5,03	127,26	5,96	211,71
39	0593,19	1,32	2,30	2,25	11,39	3,18	32,16	4,11	69,43	5,04	128,02	5,97	212,78
40	0640,00	1,33	2,35	2.26	11,54	3.10	32,46	4,12	69,93	5,05	128,79	5,98	213,85
41	0689,21	1,34	2,41	2,27	11,70	3,20	32,77	4,13	70,44	5,06	129,55	5,99	214,92
42	0740,88	1,35	2,46	2,28	11,85	3,21	33,08	4,14	70,96	5,07	130,32	6,00	216,00
43	0795,07	1,36	2,51	2,29	12,01	3,22	33,39	4,15	71,47	5,08	131,10	6,01	217,08
44	0851,84	1,37	2,57	2,30	12,17	3,23	33,70	4,16	71,99	5,09	131,87	6,02	218,17
45	0911,25	1,38	2,63	2,31	12,33	3,24	34,01	4,17	72,51	5,10	132,65	6,03	219,26
46	0973,36	1,39	2,69	2,32	12,49	3,25	34,33	4,18	73,03	5,11	133,43	6,04	220,35
47	1038,23	1,40	2,74	2,33	12,65	3 26	34,65	4,19	73,56	5,12	134,22	6,05	221,44
48	1105,92	1,41	2,80	2,34	12,81	3,27	34,97	4,20	74,09	5,13	135,01	6,06	222,54
49	1176,49	1,42	2,86	2,35	12,98	3,28	35,29	4,21	74,62	5,14	135,80	6,07	223,65
50	1250,00	1,43	2,92	2,36	13,14	3,29	35 61	4,22	75,15	5,15	136,59	6,08	224,76
51	1326 51	1,44	2,99	2,37	13,31	3,30	35,94	4,23	75,69	5,16	137,39	6,09	225,87
52	1406,08	1,45	3,05	2,38	13,48	3,31	36,26	4,24	76,22	5,17	138,19	6,10	226,98
53	1488,77	1,46	3,11	2,39	13,65	3,32	36,59	4,25	76,77	5,18	138,99	6,11	228,10
54	1574,64	1,47	3.18	2,40	13,82	3,33	36,93	4,26	77,31	5,19	139,80	6,12	229,22
55	1663,75	1,48	3,24	2,41	14 00	3,34	37,26	4,27	77,85	5,20	140,61	6,13	230,35
56	1756,16	1,49	3,31	2,42	14,17	3,35	37,59	4,28	78,40	5,21	141,42	6,14	231,47
57	1851,93	1,50	3,37	2,43	14,35	3,36	37,93	4,29	78,95	5,22	142,24	6,15	232,61
58	1951,12	1,51	3,44	2,44	14,53	3,37	38,27	4 30	79,51	5,23	143,06	6,16	233,74
59	2053,79	1,52	3,51	2,45	14,71	3,38	38,61	4,31	80,06	5,24	143,88	6,17	234 88
60	2160,00	1,53	3,58	2,46	14,89	3,39	38,96	4,32	80,62	5,25	144.70	6,18	236,03
61	2269,81	1,54	3,65	2,47	15,07	3,40	39,30	4,33	81,18	5,26	145,53	6,19	237,18
62	2383,28	1,55	3,72	2,48	15,25	3,41	39,65	4,34	81,75	5,27	146,36	6,20	238,33
63	2500,47	1,56	3,80	2,49	15,44	3,42	40,00	4,35	82,31	5,28	147,20	6,21	239,42
64	2621,44	1,57	3,87	2,50	15,62	3,43	40,35	4,36	82,88	5,29	148,04	6,22	240,64
65	2746,25	1,58	3,94	2,51	15,81	3,44	40,71	4,37	83,45	5,30	148,88	6,23	241,80
66	2874,96	1,59	4,02	2,52	16,00	3,45	41,06	4,38	84,03	5,31	149,72	6,24	242,97
67	3007,63	1,60	4,10	2,53	16,19	3,46	41,42	4,39	84,60	5,32	150,57	6,25	244,14
68	3144,32	1,61	4,17	2,54	16,39	3,47	41,78	4,40	85,18	5,33	151,42	6,26	245,31
69	3285,09	1,62	4,25	2,55	16,58	3,48	42,14	4,41	85,77	5,34	152,27	6,27	246,49
70	3430,00	1,63	4,33	2,56	16,78	3,49	42,51	4,42	86,35	5,35	153,13	6,28	247,67
71	3579,11	1,64	4,41	2,57	16,97	3,50	42,87	4,43	86,94	5,36	153,99	6,29	248,86
72	3732,48	1,65	4,49	2,58	17,17	3,51	43 24	4,44	87,53	5,37	154,85	6,30	250,05
73	3890,17	1,66	4,57	2,59	17,37	3,52	43,61	4,45	88,12	5,38	155,72	6,31	251,24
74	4052,24	1,67	4,66	2,60	17,58	3,53	43,99	4,46	88,72	5,39	156,59	6,32	252,44
75	4218,75	1,68	4,74	2,61	17,78	3,54	44,36	4,47	89,31	5,40	157,46	6,33	253,64
76	4389,76	1,69	4,83	2,62	17,98	3,55	44,74	4,48	89,91	5,41	158,34	6,34	254,84
77	4565,33	1,70	4,91	2,63	18,19	3,56	45,12	4,49	90,52	5,42	159,22	6,35	256,05
78	4745,52	1,71	5,00	2,64	18,40	3,57	45,50	4,50	91,12	5,43	160,10	6,36	257,26
79	4930,39	1,72	5,09	2,65	18,61	3,58	45,88	4,51	91,73	5,44	160,99	6,37	258,47
80	5120,00	1,73	5,18	2,66	18,82	3,59	46,27	4,52	92,34	5,45	161,88	6,38	259,69
81	5,31	1,74	5,27	2,67	19,03	3,60	46,66	4,53	92,96	5,46	162,77	6,39	260,92
82	5,51	1,75	5,36	2,68	19,25	3,61	47,05	4,54	93,58	5,47	163,67	6,40	262,14
83	5,72	1,76	5,45	2,69	19,46	3,62	47,44	4,55	94,20	5,48	164'57	6,41	263,37
84	5,93	1,77	5,54	2,70	19,68	3,63	47,83	4,56	94,82	5,49	165,47	6,42	264,61
85	6,14	1,78	5,64	2,71	19,90	3,64	48,23	4,57	95,44	5,50	166,37	6,43	265,85
86	6,36	1,79	5,73	2,72	20,12	3,65	48,63	4,58	96,07	5,51	167,28	6,44	267,09
87	6,58	1,80	5,83	2,73	20,35	3,66	49,03	4,59	96,70	5,52	168,20	6,45	268,34
88	6'81	1,81	5,93	2,74	20,57	3,67	49,43	4,60	97,34	5,53	169,11	6,46	269,59
89	7'05	1,82	6,03	2,75	20,80	3,68	49,84	4,61	97,97	5,54	170,03	6,47	270,84
90	7,29	1,83	6,13	2,76	21,02	3,69	50,24	4,62	98,61	5,55	170,95	6,48	272,10
91	7,54	1,84	6,23	2,77	21,25	3,70	50,65	4,63	99,25	5,56	171,88	6,49	273,36
92	7,79	1,85	6,33	2,78	21,48	3,71	51,06	4,64	99,90	5,57	172,81	6,50	274,62
93	8,04	1,86	6,43	2,79	21,72	3,72	51,48	4,65	100,54	5,58	173,74	6,51	275,89

Racine	Cube	Racine	Cube	Racine	Cube	Racine	Cube	Racine	Cube	Racine	Cube	Racine	Cube
6,52	277,17	7,58	435,52	8,64	644,97	9,70	912,67	10,76	1245,77	11,82	1651,40	12,88	2136,72
6,53	278,44	7,59	437,24	8,65	647,21	9,71	915,50	10,77	1249,24	11,83	1655,59	12,89	2141,70
6,54	279,73	7,60	438,98	8,66	649,46	9,72	918,33	10,78	1252,73	11,84	1659,80	12,90	2146,69
6,55	281,01	7,61	440,71	8,67	651,71	9,73	921,17	10,79	1256,22	11,85	1664,01	12,91	2151,68
6,56	282,30	7,62	442,45	8,68	653,97	9,74	924,01	10,80	1259,71	11,86	1668,22	12,92	2156,69
6,57	283,59	7,63	444,19	8,69	656,23	9,75	926,86	10,81	1263,21	11,87	1672,45	12,93	2161,70
6,58	284,89	7,64	445,94	8,70	658,50	9,76	929,71	10,82	1266,72	11,88	1676,68	12,94	2166,72
6,59	286,19	7,65	447,70	8,71	660,78	9,77	932,57	10,83	1270,24	11,89	1680,91	12,95	2171,75
6,60	287,50	7,66	449,45	8,72	663,05	9,78	935,44	10,84	1273,76	11,90	1685,16	12,96	2176,78
6,61	288,80	7,67	451,22	8,73	665,34	9,79	938,31	10,85	1277,29	11,91	1689,41	12,97	2181,82
6,62	290,12	7,68	452,98	8,74	667,63	9,80	941,19	10,86	1280,82	11,92	1693,67	12,98	2186,88
6,63	291,43	7,69	454,76	8,75	669,92	9,81	944,08	10,87	1284,36	11,93	1697,94	12,99	2191,93
6,64	292,75	7,70	456,53	8,76	672,22	9,82	946,97	10,88	1287,91	11,94	1702,21	13,00	2197,00
6,65	294,08	7,71	458,31	8,77	674,53	9,83	949,86	10,89	1291,47	11,95	1706,49	13,01	2202,07
6,66	295,41	7,72	460,10	8,78	676,84	9,84	952,76	10,90	1295,03	11,96	1710,78	13,02	3207,16
6,67	296,74	7,73	461,89	8,79	679,15	9,85	955,67	10,91	1298,60	11,97	1715,07	13,03	2212,24
6,68	298,08	7,74	463,68	8,80	681,47	9,86	958,58	10,92	1302,17	11,98	1719,37	13,04	2217,34
6,69	299,42	7,75	465,48	8,81	683,80	9,87	961,50	10,93	1305,75	11,99	1723,68	13,05	2222,45
6,70	300,76	7,76	467,29	8,82	686,13	9,88	964,43	10,94	1309,34	12,00	1728,00	13,06	2227,56
6,71	302,11	7,77	469,10	8,83	688,46	9,89	967,36	10,95	1312,93	12,01	1732,32	13,07	2232,68
6,72	303,46	7,78	470,91	8,84	690,81	9,90	970,30	10,96	1316,53	12,02	1736,65	13,08	2237,81
6,73	304,82	7,79	472,73	8,85	693,15	9,91	973,24	10,97	1320,14	12,03	1740,99	13,09	2242,94
6,74	306,18	7,80	474,55	8,86	695,51	9,92	976,19	10,98	1323,75	12,04	1745,34	13,10	2248,09
6,75	307,55	7,81	476,38	8,87	697,86	9,93	979,15	10,99	1327,37	12,05	1749,69	13,11	2253,24
6,76	308,92	7,82	478,21	8,88	700,23	9,94	982,11	11,00	1331,00	12,06	1754,05	13,12	2258,40
6,77	310,29	7,83	480,05	8,89	702,59	9,95	985,07	11,01	1334,63	12,07	1758,42	13,13	2263,57
6,78	311,67	7,84	481,89	8,90	704,97	9,96	988,05	11,02	1338,27	12,08	1762,79	13,14	2268,75
6,79	313,05	7,85	483,74	8,91	707,35	9,97	991,03	11,03	1341,92	12,09	1767,17	13,15	2273,93
6,80	314,43	7,86	485,59	8,92	709,73	9,98	994,01	11,04	1345,57	12,10	1771,56	13,16	2279,12
6,81	315,82	7,87	487,44	8,93	712,12	9,99	997,00	11,05	1349,23	12,11	1775,96	13,17	2284,32
6,82	317,21	7,88	489,30	8,94	714,52	10,00	1000,00	11,06	1352,90	12,12	1780,36	13,18	2289,53
6,83	318,61	7,89	491,17	8,95	716,92	10,01	1003,00	11,07	1356,57	12,13	1784,77	13,19	2294,74
6,84	320,01	7,90	493,04	8,96	719,32	10,02	1006,01	11,08	1360,25	12,14	1789,19	13,20	2299,97
6,85	321,42	7,91	494,91	8,97	721,73	10,03	1009,03	11,09	1363,94	12,15	1793,61	13,21	2305,20
6,86	322,83	7,92	496,79	8,98	724,15	10,04	1012,05	11,10	1367,63	12,16	1798,05	13,22	2310,44
6,87	324,24	7,93	498,68	8,99	726,57	10,05	1015,07	11,11	1371,33	12,17	1802,48	13,23	2315,68
6,88	325,66	7,94	500,57	9,00	729,00	10,06	1018,11	11,12	1375,04	12,18	1807,93	13,24	2320,94
6,89	327,08	7,95	502,46	9,01	731,43	10,07	1021,15	11,13	1378,75	12,19	1811,39	13,25	2326,20
6,90	328,51	7,96	504,36	9,02	733,87	10,08	1024,19	11,14	1382,47	12,20	1815,85	13,26	2331,47
6,91	329,94	7,97	506,26	9,03	736,31	10,09	1027,24	11,15	1386,20	12,21	1820,32	13,27	2336,75
6,92	331,37	7,98	508,17	9,04	738,76	10,10	1030,30	11,16	1389,92	12,22	1824,79	13,28	2342,04
6,93	332,81	7,99	510,08	9,05	741,22	10,11	1033,36	11,17	1393,67	12,23	1829,28	13,29	2347,33
6,94	334,25	8,00	512,00	9,06	743,68	10,12	1036,43	11,18	1397,42	12,24	1833,77	13,30	2352,64
6,95	335,70	8,01	513,92	9,07	746,14	10,13	1039,51	11,19	1401,17	12,25	1838,27	13,31	2357,95
6,96	337,15	8,02	515,85	9,08	748,61	10,14	1042,59	11,20	1404,93	12,26	1842,77	13,32	3363,27
6,97	338,61	8,03	517,78	9,09	751,09	10,15	1045 68	11,21	1408,69	12,27	1847,28	13,33	2368,59
6,98	340,07	8,04	519,72	9,10	753,57	10,16	1048,77	11,22	1412,47	12,28	1851,80	13,34	2373,93
6,99	341,53	8,05	521,66	9,11	756,06	10,17	1051,87	11,23	1416,25	12,29	1856,33	13,35	2379,27
7,00	343,00	8,06	523,61	9,12	758,55	10,18	1054,98	11,24	1420,03	12,30	1860,87	13,36	2384,62
7,01	344,47	8,07	525,56	9,13	761,05	10,19	1058,09	11,25	1423,83	12,31	1865,41	13,37	2389,98
7,02	345,95	8,08	527,51	9,14	763,55	10,20	1061,21	11,26	1427,63	12,32	1869,96	13,38	2395,35
7,03	347,43	8,09	529,47	9,15	766,07	10,21	1064,33	11,27	1431,43	12,33	1874,52	13,39	2400,72
7,04	348,91	8,10	531,44	9,16	768,57	10,22	1067,46	11,28	1435,25	12,34	1879,08	13;40	2406,10
7,05	350,40	8,11	533,41	9,17	771,09	10,23	1070,60	11,29	1439,07	12,35	1883,65	13,41	2411,49
7,06	351,90	8,12	535,39	9,18	773,62	10,24	1073,74	11,30	1442,90	12,36	1888,23	13,42	2416,89
7,07	353,39	8,13	537,37	9,19	776,15	10,25	1076,90	11,31	1446,73	12,37	1892,82	13,43	2422,30
7,08	354,89	8,14	539,35	9,20	778,69	10,26	1080,05	11,32	1450,57	12,38	1897,41	13,44	2427,72
7,09	356,40	8,15	541,34	9,21	781,23	10,27	1083,21	11,33	1454,42	12,39	1902,01	13,45	2433,14
7,10	357,91	8,16	543,34	9,22	783,78	10,28	1086,37	11,34	1458,27	12,40	1906,62	13,46	2438,57
7,11	359,42	8,17	545,34	9,23	786,33	10,29	1089,55	11,35	1462,13	12,41	1911,24	13,47	2444,01
7,12	360,94	8,18	547,34	9,24	788,89	10,30	1092,73	11,36	1466,00	12,42	1915,86	13,48	2449,46
7,13	362,47	8,19	549,35	9,25	791,45	10,31	1095,91	11,37	1469,88	12,43	1920,50	13,49	2454,91
7,14	363,99	8,20	551,37	9,26	794,02	10,32	1099,10	11,38	1473,76	12,44	1925,13	13,50	2460,37
7,15	365,53	8,21	553,39	9,27	796,60	10,33	1102,30	11,39	1477,65	12,45	1929,78	13,51	2465,85
7,16	367,06	8,22	555,41	9,28	799,18	10,34	1105,51	11,40	1481,54	12,46	1934,43	13,52	2471,33
7,17	368,60	8,23	557,44	9,29	801,76	10,35	1108,72	11,41	1485,45	12,47	1939,10	13,53	2476,81
7,18	370,15	8,24	559,48	9,30	804,36	10,36	1111,93	11,42	1489,35	12,48	1943,76	13,54	2482,31
7,19	371,69	8,25	561,51	9,31	806,95	10,37	1115,16	11,43	1493,27	12,49	1948,44	13,55	2487,81
7,20	373,25	8,26	563,56	9,32	809,56	10,38	1118,39	11,44	1497,19	12,50	1953,12	13,56	2493,33
7,21	374,80	8,27	565,61	9,33	812,17	10,39	1121,62	11,45	1501,12	12,51	1957,82	13,57	2498,85
7,22	376,37	8,28	567,66	9,34	814,78	10,40	1124,86	11,46	1505,06	12,52	1962,51	13,58	2504,37
7,23	377,93	8,29	569,72	9,35	817,40	10,41	1128,11	11,47	1509,00	12,53	1967,22	13,59	2509,91
7,24	379,50	8,30	571,79	9,36	820,03	10,42	1131,37	11,48	1512,95	12,54	1971,93	13,60	2515,46
7,25	381,08	8,31	573,86	9,37	822,66	10,43	1134,63	11,49	1516,91	12,55	1976,66	13,61	2521,01
7,26	382,66	8,32	575,93	9,38	825,29	10,44	1137,89	11,50	1520,87	12,56	1981,38	23,62	2526,57
7,27	384,24	8,33	578,01	9,39	827,94	10,45	1141,17	11,51	1524,85	12,57	1986,12	13,63	2532,14
7,28	385,83	8,34	580,09	9,40	830,58	10,46	1144,44	11,52	1528,82	12,58	1990,86	13,64	2537,72
7,29	387,42	8,35	582,18	9,41	833,24	10,47	1147,73	11,53	1532,81	12,59	1995,62	13,65	2543,30
7,30	389,02	8,36	584,28	9,42	835,90	10,48	1151,02	11,54	1536,80	12,60	2000,38	13,66	2548,90
7,31	390,62	8,37	586,38	9,43	838,56	10,49	1154,32	11,55	1540,80	12,61	2005,14	13,67	2554,50
7,32	392,22	8,38	588,48	9,44	841,23	10,50	1157,62	11,56	1544,80	12,62	2009,92	13,68	2560,11
7,33	393,83	8,39	590,59	9,45	843,91	10,51	1160,94	11,57	1548,82	12,63	2014,70	13,69	2565,73
7,34	395,45	8,40	592,70	9,46	846,59	10,52	1164,25	11,58	1552,84	12,64	2019,49	13,70	2571,35
7,35	397,06	8,41	594,82	9,47	849,28	10,53	1167,58	11,59	1556,86	12,65	2024,28	13,71	2576,99
7,36	398,69	8,42	596,95	9,48	851,97	10,54	1170,90	11,60	1560,90	12,66	2029,09	13,72	2582,63
7,37	400,31	8,43	599,08	9,49	854,67	10,55	1174,24	11,61	1564,94	12,67	2033,90	13,73	2588,28
7,38	401,95	8,44	601,21	9,50	857,37	10,56	1177,58	11:62	1568,98	12,68	2038,72	13,74	2593,94
7,39	403,58	8,45	603,35	9,51	860,08	10,57	1180,93	11,63	1573,04	12,69	2043,55	13,75	2599,61
7,40	405,22	8,46	605,50	9,52	862,80	10,58	1184,29	11,64	1577,10	12,70	2048,38	13,76	2605,28
7,41	406,87	8,47	607,64	9,53	865,52	10,59	1187,65	11,65	1581,17	12,71	2053,22	13,77	2610,97
7,42	408,52	8,48	609,80	9,54	868,25	10,60	1191,02	11,66	1585,24	12,72	2058,08	13,78	2616,66
7,43	410,17	8,49	611,96	9,55	870,98	10,61	1194,39	11,67	1589,32	12,73	2062,93	13,79	2722,36
7,44	411,83	8,50	614,12	9,56	873,72	10,62	1197,77	11,68	1593,41	12,74	2067,80	13,80	2628,07
7,45	413,49	8,51	616,29	9,57	876,47	10,63	1201,16	11,69	1597,51	12,75	2072,67	13,81	2633,79
7,46	415,16	8,52	618,47	9,58	879,22	10,64	1204,55	11,70	1601,61	12,76	2077,55	13,82	2639,51
7,47	416,83	8,53	620,65	9,59	881,97	10,65	1207,95	11,71	1605,72	12,77	2082,44	13,83	2645,25
7,48	418,51	8,54	622,83	9,60	884,74	10,66	1211,35	11,72	1609,84	12,78	2087,34	13,84	4650,99
7,49	420,19	8,55	625,03	9,61	887,50	10,67	1214,77	11,73	1613,96	12,79	2092,24	13,85	2656,74
7,50	421,87	8,56	627,22	9,62	890,28	10,68	1218,18	11,74	1618,10	12,80	2097,15	13,86	2662,50
7,51	423,56	8,57	629,42	9,63	893,06	10,69	1221'61	11,75	1622,23	12,81	2102,07	13,87	2668,27
7,52	425,26	8,58	631,63	9,64	895 84	10,70	1225,04	11,76	1626,38	12,82	2107,00	13,88	2674,04
7,53	426,96	8,59	633,83	9,65	898,63	10,71	1228,48	11,77	1630,53	12,83	2111,93	13,89	8679,83
7,54	428,66	8,60	636,06	9,66	901,43	10,72	1231,92	11,78	1634,70	12,84	2116,87	13,90	2685,62
7,55	430,37	8,61	638,28	9,67	904,23	10,73	1235,38	11,79	1638,86	12,85	2121,82	13,91	2691,42
7,56	432,08	8,62	640,50	9,68	907,04	10,74	1238,83	11,80	1643,03	12,86	2126,78	13,92	2697,23
7,57	433,80	8,63	642,74	9,69	909,85	10,75	1242,30	11,81	1647,21	12,87	2131,75	13,93	2703,04

Racine	Cube	Racine	Cube	Racine	Cube	Racine	Cube	Racine	Cube	Racine	Cube	Racine	Cube
13,94	2708,87	14,99	3368,25	16,04	4126,80	17,09	4991,44	18,14	5969,14	19,19	7066,83	20,24	8291,47
13,95	2714,70	15,00	3375,00	16,05	4134,52	17,10	5000,21	18,15	5979,02	19,20	7077,89	20,25	8303,77
13,96	2720,55	15,01	3381,75	16,06	4142,25	17,11	5008,99	18,16	5988,91	19,21	7088,95	20,26	8316,07
13,97	2726,40	15,02	3388,52	16,07	4149,99	17,12	5017,78	18,17	5998,80	19,22	7100,03	20,27	8328,39
13,98	2732,26	15,03	3395,29	16,08	4157,75	17,13	5026,57	18,18	6008,71	19,23	7111,12	20,28	8340,73
13,99	2738,12	15,04	3402,07	16,09	4165,51	17,14	5035,38	18,19	6018,64	19,24	7122,22	20,29	8353,07
14,00	2744,00	15,05	3408,86	16,10	4173,28	17,15	5044,20	18,20	6028,57	19,25	7133,33	20,30	8365,43
14,01	2749,88	15,06	3415,66	16,11	4181,06	17,16	5053,03	18,21	6038,51	19,26	7144,45	20,31	8377,80
14,02	2755,78	15,07	3422,47	16,12	4188,85	17,17	5061,87	18,22	6048,46	19,27	7155,58	20,32	8390,18
14,03	2761,68	15,08	3429,29	16,13	4196,65	17,18	5070,72	18,23	6058,43	19,28	7166,73	20,33	8402,57
14,04	2767,59	15,09	3436,11	16,14	4204,46	17,19	5079,58	18,24	6068,40	19,29	7177,89	20,34	8414,97
14,05	2773,50	15,10	3442,95	16,15	4212,28	17,20	5088,45	18,25	6078,39	19,30	7189,06	20,35	8427,39
14,06	2779,43	15,11	3449,80	16,16	4220,11	17,21	5097,33	18,26	6088,39	19,31	7200,24	20,36	8439,82
14,07	2785,37	15,12	3456,65	16,17	4227,95	17,22	5106,22	18,27	6098,40	19,32	7211,43	20,37	8452,26
14,08	2791,31	15,13	3463,51	16,18	4235,80	17,23	5115,12	18,28	6108,41	19,33	7222,63	20,38	8464,72
14,09	2797,26	15,14	3470,38	16,19	4243,66	17,24	5124,03	18,29	6118,45	19,34	7233,85	20,39	8477,18
14,10	2803,22	15,15	3477,26	16,20	4251,53	17,25	5132,95	18,30	6128,49	19,35	7245,07	20,40	8489,66
14,11	2809,19	15,16	3484,16	16,21	4259,41	17,26	5141,88	18,31	6158,54	19,36	7256,31	20,41	8502,15
14,12	2815,17	15.17	3491,05	16,22	4267,29	17,27	5150,83	18,32	6148,60	19,37	7267,56	20,42	8514,66
14,13	2821,15	15,18	3497,96	16,23	4275,19	17,28	5159,78	18,33	6158,68	19,38	7278,83	20,43	8527,17
14,14	2827,15	15,19	3504,88	16,24	4283,10	17,29	5168,74	18,34	6168,76	19,39	7290,10	20,44	8539,70
14,15	2833,15	15,20	3511,81	16,25	4291,02	17,30	5177,72	18,35	6178,86	19,40	7301,38	20,45	8552,24
14,16	2839,16	15,21	3518,74	16,26	4298,94	17,31	5186,70	18,36	6188,96	19,41	7312,68	20,46	8564,79
14,17	2845,18	15,22	3525,69	16,27	4306,88	17,32	5195,69	18,37	6199,08	19,42	7323,99	20,47	8577,36
14,18	2851,21	15,23	3532,64	16,28	4314,82	17,33	5204,70	18,38	6209,21	19,43	7335,31	20,48	8589,93
14,19	2857,24	15,24	3539,61	16,29	4322,78	17,34	5213,71	18,39	6219,35	19,44	7346,64	20,49	8602,52
14,20	2863,29	15,25	3546,58	16,30	4330,75	17,35	5222,74	18,40	6229,50	19,45	7357,98	20,50	8615,12
14,21	2869,34	15,26	3553,56	16,31	4338,72	17,36	5231,77	18,41	6239,67	19,46	7369,34	20,51	8627,74
14,22	2875,40	15,27	3560,55	16,32	4346,71	17,37	5240,82	18,42	6249,84	19,47	7380,70	20,52	8640,36
14,23	2881,47	15,28	3567,55	16,33	4354,70	17,38	5249,88	18,43	6260,02	19,48	7392,08	20,53	8653,00
14,24	2887,55	15,29	3574,56	16,34	4362,71	17,39	5258,95	18,44	6270,22	19,49	7403,47	20,54	8665,65
14,25	2893,64	15,30	3581,58	16,35	4370,72	17,40	5268,02	18,45	6280,43	19,50	7414,87	20,55	8678,32
14,26	2899,74	15,31	3588,60	16,36	4378,75	17,41	5277,11	18,46	6290,64	19,51	7426,29	20,56	8690,99
14,27	2905,84	15,32	3595,64	16,37	4386,78	17,42	5286,21	18,47	6300,89	19,52	7437,71	20,57	8703,68
14,28	2911,95	15,33	3602,69	16,38	4394,83	17,43	5295,32	18,48	6311,11	19,53	7449,15	20,58	8716,38
14,29	2918,08	15,34	3609,74	16,39	4402,88	17,44	5304,44	18,49	6321,36	19,54	7460,60	20,59	8729,09
14,30	2924,21	15,35	3616,80	16,40	4410,94	17,45	5313,57	18,50	6331,62	19,55	7472,06	20,60	8741,82
14,31	2930,35	15,36	3623,88	16,41	4419,02	17,46	5322,71	18,51	6341,90	19,56	7483,53	20,61	8754,55
14,32	2936,49	15,37	3630,96	16,42	4427,10	17,47	5331,86	18,52	6352,18	19,57	7495,01	20,62	8767,30
14,33	2942,65	15,38	3638,05	16,43	4435,19	17,48	5341,02	18,53	6362,48	19,58	7506,51	20,63	8780,06
14,34	2948,81	15,39	3645,15	16,44	4443,30	17,49	5350,19	18,54	6372,78	19,59	7518,02	20,64	8792,84
14,35	2954,99	15,40	3652,26	16,45	4451,41	17,50	5359,37	18,55	6383,10	19,60	7529,54	20,65	8805,62
14,36	2961,17	15,41	3659,38	16,46	4459,53	17,51	5368,57	18,56	6393,43	19,61	7541,07	20,66	8818,42
14,37	2967,36	15,42	3666,51	16,47	4467,67	17,52	5377,77	18,57	6403,77	19,62	7552,61	20,67	8831,23
14,38	2973,56	15,43	3673,65	16,48	4475,81	17,53	5386,98	18,58	6414,12	19,63	7564,16	20,68	8844,06
14,39	2979,77	15,44	3680,80	16,49	4483,96	17,54	5396,21	18,59	6424,48	19,64	7575,73	20,69	8856,89
14,40	2985,98	15,45	3687,95	16,50	4492,12	17,55	5405,44	18,60	6434,86	19,65	7587,31	20,70	8869,74
14,41	2992,21	15,46	3695,12	16,51	4500,30	17,56	5414,69	18,61	6445,24	19,66	7598,90	20,71	8882,60
14,42	2998,24	15,47	3702,29	16,52	4508,48	17,57	5423,94	18,62	6455,64	19,67	7610,50	20,72	8895,48
14,43	3004,68	15,48	3709,48	16,53	4516,67	17,58	5433,21	18,63	6466,04	19,68	7622,11	20,73	8908,36
14,44	3010,94	15,49	3716,67	16,54	4524,87	17,59	5442,49	18,64	6476,46	19,69	7633,74	20,74	8921,26
14,45	3017,20	15,50	3723,87	16,55	4533,09	17,60	5451,77	18,65	6486,89	19,70	7645,37	20,75	8934,17
14,46	3023,46	15,51	3731,09	16,56	4541,31	17,61	5461,07	18,66	6497,33	19,71	7657,02	20,76	8947,09
14,47	3029,74	15,52	3738,31	16,57	4549,54	17,62	5470,38	18,67	6507,78	19,72	7668,68	20,77	8960,03
14,48	3036,03	15,53	3745,54	16,58	4557,78	17,63	5479,70	18,68	6518,24	19,73	7680,35	20,78	8972,98
14,49	3042,32	15,54	3752,78	16,59	4566,03	17,64	5489,03	18,69	6528,72	19,74	7692,04	20,79	8985,94
14,50	3048,62	15,55	3760,03	16,60	4574,30	17,65	5398,37	18,70	6539,20	19,75	7703,73	20,80	8998,91
14,51	3054,94	15,56	3767,29	16,61	4582,57	17,66	5507,72	18,71	6549,70	19,76	7715,44	20,81	9011,89
14,52	3061 26	15,57	3774,56	16,62	4590,85	17,67	5517,08	18,72	6560,21	19,77	7727,16	20,82	9024,89
14,53	3067,59	15,58	3781,83	16,63	4599,14	17,68	5526,46	18,73	6570,73	19,78	7738,89	20,83	9037,91
14,54	3073,92	15,59	3789,12	16,64	4607,44	17,69	5535,84	18,74	6581,26	19,79	7750,64	20,84	9050,93
14,55	3080,27	15,60	3796,42	16,65	4615,75	17,70	5545,23	18,75	6591,80	19,80	7762,39	20,85	9063,96
14,56	3086,63	15,61	3803,72	16,66	4624,08	17,71	5554,64	18,76	6602,35	19,81	7774,16	20,86	9077,01
14,57	3092,99	15,62	3811,04	16,67	4632,41	17,72	5564,05	18,77	6612,91	19,82	7785,94	20,87	9090,07
14,58	3099,36	15,63	3818,36	16,68	4640,75	17,73	5573,48	18,78	6623,49	19,83	7797,73	20,88	9103,14
14,59	3105,75	15,64	3825,69	16,69	4649,10	17,74	5582,91	18,79	6634,07	19,84	7809,53	20,89	9116,23
14,60	3112,14	15,65	3833,04	16,70	4657,46	17,75	5592,36	18,80	6644,67	19,84	7821,35	20,90	9129,33
14,61	3118,53	15,66	3840,39	16,71	4665,83	17,76	5601,82	18,81	6655,28	19,86	7833,17	20,91	9142,44
14,62	3124,94	15,67	3847,75	16,72	4674,22	17,77	5611,28	18,82	6665,90	19,87	7845,01	20,92	9155,56
14,63	3131,36	15,68	3855,12	16,73	4682,61	17,78	5620,76	18,83	6676,53	19,88	7856,86	20,93	9168,69
14,64	3137,78	15,69	3862,50	16,74	4691,01	17,79	5630,25	18,84	6687,17	19,89	7868,72	20,94	9181,85
14,65	3144,22	15,70	3869,89	16,75	4699,42	17,80	5639,75	18,85	6697,83	19,90	7880,60	20,95	9195,01
14,66	3150,66	15 71	3877,29	16,76	4707,84	17,81	5649,26	18,86	6708,49	19,91	7892,48	20,96	9208,18
14,67	3157,11	15,72	3884,70	16.77	4716,28	17,82	5658,78	18,87	6719,17	19,92	7904,38	20,97	9221,37
14,68	3163,57	15,73	3892,12	16,78	4724,72	17,83	5668,32	18,88	6729,86	19,93	7916,29	20,98	9234,56
14,69	3170,04	15,74	3899,55	16,79	4733,17	17,84	5677,86	18,89	6740,56	19,94	7928,21	20,99	9247,78
14,70	3176,52	15,75	3906,98	16,80	4741,63	17,85	5687,41	18,90	6751,27	19,95	7940,15	21,00	9261,00
14,71	3183,01	15,76	3914,43	16,81	4750,10	17,86	5696,98	18,91	6761,99	19,96	7952,09	21,01	9274,24
14,72	3189,51	15,77	3921,89	16,82	4758,59	17,87	5706,65	18,92	6772,72	19,97	7964,05	21,02	9287,48
14,73	3196,01	15,78	3929,35	16,83	4767,08	17,88	5716,14	18,93	6783,47	19,98	7976,02	21,03	9300,75
14,74	3202,52	15,79	3936,83	16,84	4775,58	17,89	5725,73	18,94	6794,22	19,99	7988,01	21,04	9314,02
14,75	3209,05	15,80	3944,31	16,85	4784,09	17,90	5735,34	18,95	6804,99	20,00	8000,00	21,05	9327,31
14,76	3215,58	15,81	3951,80	16,86	4792,61	17,91	5744,96	18,96	6815,77	20,01	8012,01	21,06	9340,61
14,77	3222,12	15,82	3959,31	16,87	4801,15	17,92	5754,58	18,97	6826,56	20,02	8024,02	21,07	9353,92
14,78	3228,67	15,83	3966,82	16,88	4809,69	17,93	5764,22	18,98	6837,36	20,03	8036,05	21,08	9367,24
14,79	3235,22	15,84	3974,34	16,89	4818,25	17,94	5773,87	18,99	6848,18	20,04	8048,09	21,09	9380,58
14,80	3241,79	15,85	3981,88	16,90	4826,81	17,95	5783,53	19,00	6859,00	20,05	8060,15	21,10	9393,93
14,81	3248,37	15,86	3989,42	16,91	4835,38	17,96	5793,20	19,01	6869,84	20,06	8072,22	21,11	9407,29
14,82	3254,95	15,87	3996,97	16,92	4843,97	17,97	5802,89	19,02	6880,68	20,07	8084,29	21,12	9420,67
14,83	3261,55	15,88	4004,53	16,93	4852,56	17,98	5812,58	19,03	6891,54	20,08	8096,38	21,13	9434,06
14,84	3268,15	15,89	4012,10	16,94	4861,16	17,99	5822,28	19,04	6902,41	20,09	8108,49	21,14	9447,46
14,85	3274,76	15,90	4019,68	16,95	4869,78	18,00	5832,00	19,05	6913,29	20,10	8120,60	21,15	9460,87
14,86	3281,38	15,91	4027,27	16,96	4878,40	18,01	5841,72	19,06	6924,18	20,11	8132,73	21,16	9474,30
14,87	3288,01	15,92	4034,87	16,97	4887,04	18,02	5851,46	19,07	6935,09	20,12	8144,87	21,17	9487,74
14,88	3294,65	15,93	4042,47	16,98	4895,68	18,03	5861,21	19,08	6946,00	20,13	8157,02	21,18	9501,99
14,89	3301,29	15,94	4050,09	16,99	4904,33	18,04	5870,97	19,09	6956,93	20,14	8169,18	21,19	9514,65
14,90	3307,95	15,95	4057,72	17,00	4913,00	180,5	5880,73	19,10	6967,87	20,15	8181,35	21,20	9528,13
14,91	3314,61	15,96	4065,36	17,01	4921,67	18,06	5890,51	19,11	6978,82	20,16	8193,54	21,21	9541,62
14,92	3321,29	15,97	4073,00	17,02	4930,36	18,07	5900,30	19,12	6989,78	20,17	8205,74	21,22	9555,12
14,93	3327,97	15,98	4080,66	17,03	4939,06	18,08	5910,11	19,13	7000,75	20,18	8217,95	21,23	9568,63
14,94	3334,66	15,99	4088,32	17,04	4947,76	18,09	5919,92	19,14	7011,74	20,19	8230,17	21,24	9582,18
14,95	3341,36	16,00	4096,00	17,05	4956,48	18,10	5929,74	19,15	7022,74	20,20	8242,41	21,25	9595,70
14,96	3348,07	16,01	4103,68	17,06	1965,20	18,11	5939,57	19,16	7033,74	20,21	8254,65	21,26	9609,26
14,97	3354,79	16,02	4111,38	17,07	4973,94	18,12	5949,42	19,17	7044,76	20,22	8266,91	21,27	9622,82
14,98	3361,52	16,03	4119,08	17,08	4982,69	18,13	5959,27	19,18	7055,79	20,23	8279,19	21,28	9636,40

Racine	Cube	Racine	Cube	Racine	Cube	Racine	Cube	Racine	Cube	Racine	Cube	Racine	Cube
21,29	9649,99	21,97	10604,50	22,65	11619,96	23,33	12698,26	24,01	13841,29	24,69	15050,93	25,37	16329,06
21,30	9663,60	21,98	10618,99	22,66	11635,36	23,34	12714,60	24,02	13858,59	24,70	15069,22	25,38	16348,38
21,31	9677,21	21,99	10633,49	22,67	11650,77	23,35	12730,94	24,03	13875,90	24,71	15087,53	25,39	16367,72
21,32	9690,84	22,00	10648,00	22,68	11666,19	23,36	12747,31	24,04	13893,23	24,72	15105,86	25,40	16387,06
21,33	9704,49	22,01	10662,53	22,69	11681,63	23,37	12763,69	24,05	13910,58	24,73	15124,20	25,41	16406,43
21,34	9718,14	22,02	10677,07	22,70	11697,08	23,38	12780,08	24,06	13927,94	24,74	15142,55	25,42	16425,80
21,35	9731,81	22,03	10691,62	22,71	11712,55	23,39	12796,65	24,07	13945,31	24,75	15160,92	25,43	16445,20
21,36	9745,49	22,04	10706,19	22,72	11728,03	23,40	12812,90	24,08	13962,70	24,76	15179,31	25,44	16464,60
21,37	9759,18	22,05	10720,76	22,73	11743,52	23,41	12829,34	24,09	13980,10	24,77	15197,70	25,45	16484,03
21,38	9772,89	22,06	10735,36	22,74	11759,03	23,42	12845,79	24,10	13997,52	24,78	15216,12	25,46	16503,47
21,39	9786,61	22,07	10749,96	22,75	11774,55	23,43	12862,25	24,11	14014,95	24,79	15234,55	25,47	16522,92
21,40	9800,34	22,08	10764,58	22,76	11790,08	23,44	12878,72	24,12	14032,40	24,80	15252,99	25,48	16542,39
21,41	9814,09	22,09	10779,21	22,77	11805,63	23,45	12895,21	24,13	14049,86	24,81	15271,45	25,49	16561,87
21,42	9827,85	22,10	10793,86	22,78	11821,19	23,46	12911,72	24,14	14067,33	24,82	15289,92	25,50	16581,37
21,43	9841,62	22,11	10808,52	22,79	11836,76	23,47	12928,24	24,15	14084,82	24,83	15308,41	25,51	16600,89
21,44	9855,40	22,12	10823,19	22,80	11852,35	23,48	12944,77	24,16	14102,33	24,84	14326,92	25,52	16620,42
21,45	9869,20	22,13	10837,88	22,81	11867,95	23,49	12961,31	24,17	14119,85	24,85	15345,43	25,53	16639,97
21,46	9883,01	22,14	10852,58	22,82	11883,57	23,50	12977,87	24,18	14137,38	24,86	15363,97	25,54	16659,53
21,47	9896,83	22,15	10867,29	22,83	11899,20	23,51	12994,45	24,19	14154,93	24,87	15382,51	25,55	16679,10
21,48	9910,67	22,16	10882,01	22,84	11914,84	23,52	13011,04	24,20	14172,49	24,88	15401,08	25,56	16698,70
21,49	9924,51	22,17	10896,75	22,85	11930,50	23,53	13027,64	24,21	14190,06	24,89	15419,66	25,57	16718,30
21,50	9938,37	22,18	10911,50	22,86	11946,17	23,54	13044,26	24,22	14207,65	24,90	15438,25	25,58	16737,92
21,51	9952,25	22,19	10926,27	22,87	11961,85	23,55	13060,89	24,23	14225,26	24,91	15456,86	25,59	16757,56
21,52	9966,14	22,20	10941,05	22,88	11977,55	23,56	13077,53	24,24	14242,88	24,92	15475,48	25,60	16777,22
21,53	9980,04	22,21	10955,84	22,89	11993,26	23,57	13094,19	24,25	14260,52	24,93	15494,12	25,61	16796,88
21,54	9993,95	22,22	10970,64	22,90	12008,99	23,58	13110,87	24,26	14278,16	24,94	15512,77	25,62	16816,57
21,55	10007,87	22,23	10985,46	22,91	12024,73	23,59	13127,55	24,27	14295,83	24,95	15531,44	25,63	16836,27
21,56	10021,81	22,24	11000,29	22,92	12040,48	23,60	13144,26	24,28	14313,51	24,96	15550,12	25,64	16855,98
21,57	10035,76	22,25	11015,14	22,93	12056,25	23,61	13160,97	24,29	14331,19	24,97	15568,82	25,65	16875,71
21,58	10049,73	22,26	11030,00	22,94	12072,03	23,62	13177,70	24,30	14348,91	24,98	15587,53	25,66	16895,46
21,59	10063,71	22,27	11044,87	22,95	12087,82	23,63	13194,45	24,31	14366,63	24,99	15606,26	25,67	16915,22
21,60	10077,70	22,28	11059,76	22,96	12103,63	23,64	13211,20	24,32	14384,37	25,00	15625,00	25,68	16934,99
21,61	10091,70	22,29	11074,65	22,97	12119,45	23,65	13227,68	24,33	14402,12	25,01	15643,76	25,69	16954,79
21,62	10105,71	22,30	11089,57	22,98	12135,29	23,66	13244,76	24,34	14419,88	25,02	15662,53	25,70	16974,46
21,63	10119,74	22,31	11104,49	22,99	12151,14	23,67	13261,56	24,35	14437,66	25,03	15681,32	25,71	16994,41
21,64	10133,79	22,32	11119,43	23,00	12167,00	23,68	13278,38	24,36	14455,46	25,04	15700,12	25,72	17014,25
21,65	10147,84	22,33	11134,38	23,01	12182,88	23,69	13295,21	24,37	14473,27	25,05	15718,94	25,73	17034,11
21,66	10161,91	22,34	11149,35	23,02	12198,77	23,70	13312,05	24,38	14491,09	25,06	15737,77	25,74	17053,97
21,67	10175,90	22,35	11164,33	23,03	12214,67	23,71	13328,91	24,39	14508,93	25,07	15756,62	25,75	17073,86
21,68	10190,09	22,36	11179,32	23,04	12230,59	23,72	13345,78	24,40	14526,78	25,08	15775,48	25,76	17093,76
21,69	10204,19	22,37	11194,33	23,05	12246,52	23,73	13362,67	24,41	14544,65	25,09	15794,36	25,77	17113,67
21,70	10218,31	22,38	11209,34	23,06	12262,47	23,74	13379,57	24,42	14562,53	25,10	15813,25	25,78	17133,60
21,71	10232,45	22,39	11224,38	23,07	12278,43	23,75	13396,48	24,43	14580,43	25,11	15832,1[illegible]	25,79	17153,55
21,72	10246,59	22,40	11239,42	23,08	12294,40	23,76	13413,41	24,44	14598,34	25,12	15851,08	25,80	17173,51
21,73	10260,75	22,41	11254,48	23,09	12310,39	23,77	13430,36	24,45	14616,27	25,13	15870,02	25,81	17193,49
21,74	10274,92	22,42	11269,56	23,10	12326,39	23,78	13447,31	24,46	14634,21	25,14	15888,97	25,82	17213,48
21,75	10289,11	22,43	11284,64	23,11	12342,41	23,79	13464,29	24,47	14652,17	25,15	15907,94	25,83	17233,49
21,76	10303,31	22,44	11299,74	23,12	12358,43	23,80	13481,27	24,48	14670,14	25,16	15926,92	25,84	17253,51
21,77	10317,52	22,45	11314,86	23,13	12374,48	23,81	13498,27	24,49	14688,12	25,17	15945,92	25,85	17273,55
21,78	19331,74	22,46	11329,98	23,14	12390,53	23,82	13515,29	24,50	14706,12	25,18	15964,94	25,86	17293,61
21,79	10345,98	22,47	11345,12	23,15	12406,60	23,83	13532,32	24,51	14724,14	25,19	15983,96	25,87	17313,68
21,80	10360,23	22,48	11360,28	23,16	12422,69	23,84	13549,36	24,52	14742,17	25,20	16003,01	25,88	17333,76
21,81	10374,50	22,49	11375,44	23,17	12438,79	23,85	13566,42	24,53	14760,21	25,21	16022,07	25,89	17353,86
21,82	10388,77	22,50	11390,62	23,18	12454,90	23,86	13583,49	24,54	14778,27	25,22	16041,14	25,90	17373,98
21,83	10403,06	22,51	11405,82	23,19	12471,03	23,87	13600,57	24,55	14796,35	25,23	16060,23	25,91	17394,11
21,84	10417,36	22,52	11421,03	23,20	12487,17	23,88	13617,67	24,56	14814,43	25,24	16079,33	25,92	17414,26
21,85	10431,68	22,53	11436,25	23,21	12503,32	23,89	13634,79	24,57	14832,54	25,25	17098,45	25,93	17434,42
21,86	10446,01	22,54	11451,48	23,22	12519,49	23,90	13651,92	24,58	14850,66	25,26	16117,59	25,94	17454,60
21,87	10460,35	22,55	11466,73	23,23	12535,67	23,91	13669,06	24,59	14868,79	25,27	16136,74	25,95	17474,79
21,88	10474,71	22,56	11481,99	23,24	12551,87	23,92	13686,22	24,60	14886,94	25,28	16155,90	25,96	17495,00
21,89	10489,08	22,57	11497,27	23,25	12568,08	23,93	13703,39	24,61	14905,10	25,29	16175,09	25,97	17515,23
21,90	10503,46	22,58	11512,56	23,26	12584,30	23,94	13720,58	24,62	14923,27	25,30	16194,28	25,98	17335,47
21,91	10517,85	22,59	11527,86	23,27	12600,54	23,95	13737,78	24,63	14941,47	25,31	16213,49	25,99	17455,73
21,92	10532,26	22,60	11543,18	23,28	12616,79	23,96	13754,99	24,64	14959,67	25,32	16232,71	26,00	17576,00
21,93	10546,68	22,61	11558,51	23,29	12633,06	23,97	13772,22	24,65	14977,89	25,33	16251,95		
21,94	10561,12	22,62	11573,85	23,30	12649,34	23,98	13789,47	24,66	14996,13	25,34	16271,21		
21,95	10575,56	22,63	11589,21	23,31	12665,65	23,99	13806,73	24,67	15014,38	25,35	16290,48		
21,96	10590,02	22,64	11604,58	23,32	12681,94	24,00	13824,00	24,68	15032,65	25,36	16309,77		

Addition

ADDITIONS.

POUR trouver la longueur des bois arrondis d'un brigantin, eu égard à ce qui a été dit au paragraphe 32, *pag.* 81.

On veut, par exemple, savoir la longueur des bois arrondis d'un brigantin de 70 lastes, ayant la forme d'une barque, c'est-à-dire, ayant la même capacité en longueur & en largeur que la barque du n°. 24, ou dans les Tables, celles des n°. 4 & 8.

Conséquemment à ces dernieres, on aura la longueur du grand mât, lorsqu'il sera gréé comme une frégate, de 56 pieds, la hune ou le thon aura 7 pieds $\frac{3}{4}$ de long : celle du haut de la misaine, qui est ainsi que l'autre, moins élevée que la grande hune, a 3 pieds $\frac{1}{3}$, & celle de la misaine 7 pieds.

Puisque le thon de la hune du mât de misaine doit être égal aux barres de hune traversieres du grand mât, & que le thon du grand mât a la même longueur que celui de la misaine ; il s'ensuit que cette addition en longueur au grand mât $= 7 - 3\frac{1}{3} = 3\frac{2}{3}$ pieds ; lesquels ajoutés à 56 pieds $= 59\frac{2}{3}$ pieds $=$ à la longueur du grand mât.

Le grand mât de hune a la même longueur que le mât de hune de la misaine, savoir $= 26\frac{1}{2}$ pieds : on trouvera le reste de ce qui concerne les bois arrondis, en consultant le paragraphe 32, ainsi que la Table n°. 8.

Que si l'on veut gréer le même bâtiment en senau, on trouvera, ayant égard à ce qui a été dit à la page 81, que le grand mât doit tenir en ce cas un état moyen, entre celui des frégates & des brigantins, c'est-à-dire, $= \frac{56 + 59\frac{3}{4}}{2} = 57\frac{5}{6}$ pieds, la longueur du thon $= \frac{7\frac{3}{4} + 7}{2} = 7\frac{3}{8}$ de pieds.

Les dimensions pour les bois arrondis pour mâter un yacht de Marchand, se peuvent trouver de la maniere suivante. La longueur du mât jusqu'à l'extrémité supérieure du mât de perroquet peut être considérée comme $2\frac{4}{5}$ fois la largeur du navire pris de dehors en dehors de ses membres, & la distance des cables qui lient & affermissent l'extrémité supérieure de la noix, quand ce qui est pris du mât de hune se trouve placé en bas, sera d'environ $0\frac{3}{4}$ fois la largeur du navire. Que si le yacht n'a pas de troisieme mât ou mât de perroquet, la longueur de son mât de hune au-dessus de la noix sera environ $\frac{1}{5}$ de la largeur du navire. On aura donc ainsi toute la longueur du mât $= \overline{2 + \frac{4}{5} + \frac{3}{4} + \frac{1}{5}} \times$ par la largeur du navire $= 3\frac{3}{4}$ fois la largeur du navire prise du dehors en dehors de ses membres. Que si la longueur du mât jusqu'aux cables qui l'assujétissent $=$ L pieds, on aura en ce cas sa grosseur sur le pont tout au plus $= \frac{L^{\frac{1}{2}}}{30}$ pouces. La longueur du beaupré à l'avant de l'étrave sera $\frac{4}{10}$ de la longueur du navire de pouppe en proue. Le bout de dehors où l'appui est ordinairement assez long pour toucher l'arriere-partie du couronnement de l'arcaſſe. La longueur de la gaffe eſt auſſi $\frac{1}{10}$ de la longueur du navire priſe de pouppe en proue ; la vergue ſeche en eſt auſſi les $\frac{1}{5}$ ou environ, & la vergue du hunier ſera les $\frac{4}{7}$ de celle-ci.

On ne doit pas non plus paſſer ſous ſilence une autre conſidération ; ſavoir, que les dimenſions ou proportions des bois arrondis des navires, ont été ſujettes à bien des variations, & que pour ainſi dire elles ont été périodiques, de la maniere qui ſuit. Aux temps paſſés, on a employé des mâts moins hauts & des vergues plus longues, & dans d'autres temps poſtérieurs (ce qui s'eſt encore vu de nos jours) on a au contraire employé de très-grands mâts & des vergues fort raccourcies, ſur-tout aux plus petits navires, de maniere que pour donner les dimenſions préciſes des bois arrondis dont on ſe ſert actuellement, ce ſeroit peut-être une choſe trop précipitée, ſur-tout s'il ne s'eſt rien propoſé de bon ni d'exact juſqu'ici ſur cela, & s'il arrive d'ailleurs que la choſe ſoit probablement encore ſujette à de nouveaux changements. De ſemblables changements dans les dimenſions des bois arrondis, pourront naître des cauſes ſuivantes.

Quand un ſeul & unique navire fera mieux de la voile, lorſque ſes voiles ſeront plutôt hautes & étroites que ſi elles s'y trouvoient baſſes & larges, on pourroit en ce cas regarder comme une affaire décidée que tous les navires doivent mieux faire de la voile avec de ſemblables dimenſions dans leurs voiles. D'une autre part, ſi on découvre qu'un ſeul & même navire fait mieux de la voile, ayant ſes voiles plus larges & plus baſſes, on pourra dès-lors regarder comme une choſe décidée, qu'en général tous les navires doivent porter leurs voiles ſuivant ces dernieres dimenſions. Mais il faudroit auſſi pour lors bien obſerver ce qui a été dit aux pages 40, 42 & 52, qu'il eſt poſſible que la voilure n'ait pas les mêmes dimenſions pour tous les navires ; d'où s'enſuit enfin qu'il n'eſt nullement poſſible d'établir des regles-pratiques ſûres & fixes pour les dimenſions des bois arrondis, ſans qu'on ait de néceſſité, pour chaque navire qu'il s'agit de gréer, bien reconnu le point vélique, & par-là le moment qui ſera donné ; lequel moment doit être accommodé au nombre des gens de l'équipage, qui en exécuteront la manœuvre avec intelligence, tellement, qu'avec leur aide, la voile ſera plus haute ou plus baſſe, ſelon le cas requis, comme auſſi plus large ou plus étroite. Concluons donc que ſi les bois arrondis ſont proportionnés & leurs dimenſions réglées d'après de ſemblables fondements, on parviendroit enfin à donner aux navires un plus haut degré de perfection pour bien porter la voile, qu'il n'a été poſſible de le faire juſqu'à ce jour. Ce ſeroit, dis-je, le moyen de faire ceſſer toutes les révolutions que nous avons vu ſe faire dans les dimenſions de la voilure, puiſque chaque vaiſſeau ſe trouveroit accommodé dans ſa mâture d'après ſa propre forme & conſtruction.

⁂ ⁂ ⁂

Comme on aura pu faire plusieurs remarques postérieures à ce qui a été dit aux §. 16, *pag.* 31; savoir, que *l'eau se trouve avoir la même vîtesse, qu'un corps qui tombe d'un demi-pied de haut; c'est-à-dire, qu'elle seroit de* $\sqrt{33}$ *pieds par secondes.*

Il y a d'abord au moins cette remarque-ci à faire; savoir, que ce n'est pas ici une des circonstances de la plus grande importance, eu égard à la matiere qu'on s'y propose, & qu'elle se montre d'elle-même très-facile & très-simple; ensorte que je ferai voir ici comment on pourra détailler le calcul.

C'est une chose déja connue, que la hauteur ou distance d'où un corps tombe dans le vuide pendant une seconde de temps, est tout au plus de $16\frac{1}{2}$ pieds Suédois, & qu'à la fin de cette chûte pendant ce même temps, le corps a acquis une vîtesse telle que s'il continuoit à se mouvoir pendant un autre pareil instant de même durée, il parcoureroit uniformément une distance de 33 pieds. On sait aussi pareillement que la vîtesse d'un corps qui tombe, est toujours comme la racine quarrée de la hauteur d'où il est tombé. C'est pourquoi, si la hauteur d'où un corps commence sa chûte, est $= 0\frac{1}{2}$ pieds, on aura l'analogie suivante. Comme $\sqrt{16\frac{1}{2}} : \sqrt{0\frac{1}{2}} : 33 :$ à un quatrieme terme, qui exprimera la vîtesse que le corps doit avoir avec la vîtesse qu'il avoit acquise à la fin de sa chûte, c'est-à-dire, que $\frac{33\sqrt{0\frac{1}{2}}}{\sqrt{16\frac{1}{2}}} = \frac{\sqrt{544\frac{1}{2}}}{\sqrt{16\frac{1}{2}}} = \sqrt{33}$ pieds par seconde.

FIN.

TABLE DES CHAPITRES
Contenus dans cet Ouvrage.

CHAPITRE PREMIER.

CHAPITRE II.

CHAPITRE III.

CHAPITRE IV.

CHAPITRE V.

CHAPITRE VI.

CHAPITRE VII.

CHAPITRE VII.

CHAPITRE VIII.

CHAPITRE IX.

CHAPITRE X.

CHAPITRE XI.

CHAPITRE XII.

De l'Imprimerie de PH.-D. PIERRES, Imprimeur du Collége Royal de France, rue S. Jacques, 1779.

Regles pour proportionner les dimenſions des Navires Marchands.

N°. 1.

GENRES DE NAVIRES.	Ports ou charges en fortes laſtes réduits au pied cubique & de 91 pieds cubiques par laſtes.	Déplacement total de bord en bord des couples en pieds cubiques.	Longueur de l'étrave à l'étambot entre les perpendiculaires.	La plus grande largeur de bord en bord des couples.	Depuis la flottaiſon juſqu'à l'angle du haut des bittes, vis-à-vis la tranche ⊙.	Aires des tranches ⊙.	Abaiſſement de la quille depuis l'angle ſupérieur des bittes.	Tirants d'eau à l'avant & à l'arriere.	Aire des Lignes d'eau ſupérieures.	Centre de gravité de la caréne abaiſſé ſous la flottaiſon.	$\int \frac{2}{3} \times \frac{y^3 dx}{D}$	Partage de la diſtance entre le centre de gravité de la caréne & la flottaiſon, pour que le centre de gravité du Navire & de ſon Port s'abaiſſe ſous la flottaiſon.	Diſtance entre le métacentre & le centre de gravité du Navire & de ſon port ou charge.	Moments de la Force abſolue.
	P	D	x	z	h	⊙	k	d	W	V	S		L	M
Frégates.	$D^{\frac{17}{18}}$	$P^{\frac{18}{17}}$	$\overline{56\,D}^{\frac{1}{3}}$	$\frac{x^{\frac{4}{5}}}{1,383}$	$\frac{x}{8,1}$	$\frac{1,705\,D}{x^{1+\frac{1}{40}}}$	$\frac{x^{\frac{2}{5}}}{4,64}$	$\frac{x^{\frac{3}{4}}}{23,3}$	$z\frac{x^{1+\frac{1}{30}}}{1,49}$	$\frac{x^{\frac{7}{6}}}{48}$	$\frac{x^{\frac{1}{2}}}{1,289}$	$\frac{1}{4}$	$\frac{49,65x^{\frac{1}{2}} - x6^{\frac{7}{6}}}{64}$	$\frac{x^3}{56} \times \overline{\frac{49,65x^{\frac{1}{2}} - x^{\frac{7}{6}}}{64}}$
Haeck-baots Bâtiments creux ou Pinques.	$D^{\frac{10}{20}}$	$P^{\frac{20}{19}}$	$\overline{54\,D}^{\frac{1}{3}}$	$\frac{x^{\frac{4}{5}}}{1,429}$	$\frac{x^{1-\frac{1}{60}}}{7,547}$	$\frac{1,729\,D}{x^{1+\frac{1}{27}}}$	$\frac{x^{\frac{3}{7}}}{5,66}$	$\frac{x^{\frac{2}{3}}}{17,5}$	$z\frac{x^{1+\frac{1}{24}}}{1,5}$	$\frac{x^{\frac{139}{120}}}{45,54}$	$\frac{x^{\frac{21}{40}}}{1,651}$	$\frac{2}{7}$	$\frac{38,8x^{\frac{21}{40}} - x^{\frac{139}{120}}}{64}$	$\frac{x^3}{54} \times \overline{\frac{38,8x^{\frac{21}{40}} - x^{\frac{139}{120}}}{64}}$
Chattes ou Chaloupes.	$D^{\frac{21}{22}}$	$P^{\frac{22}{21}}$	$\overline{52\,D}^{\frac{1}{3}}$	$\frac{x^{\frac{4}{5}}}{1,476}$	$\frac{x^{1-\frac{1}{30}}}{7,032}$	$\frac{1,76\,D}{x^{1+\frac{1}{20}}}$	$\frac{x^{\frac{1}{2}}}{8,4}$	$\frac{x^{\frac{2}{3}}}{18,8}$	$z\frac{x^{1+\frac{1}{20}}}{1,5}$	$\frac{x^{\frac{23}{20}}}{43,2}$	$\frac{x^{\frac{11}{20}}}{2,147}$	$\frac{1}{3}$	$\frac{30x^{\frac{11}{20}} - x^{\frac{23}{20}}}{64}$	$\frac{x^3}{52} \times \overline{\frac{30x^{\frac{11}{10}} - x^{\frac{23}{20}}}{64}}$
Heu plein & tirant peu d'eau.	$1,07\,D^{\frac{21}{22}}$	$\frac{P^{\frac{22}{21}}}{1,07}$	$\overline{63\,D}^{\frac{1}{3}}$	$\frac{x^{\frac{4}{5}}}{1,6}$	$\frac{x^{1-\frac{1}{10}}}{6,436}$	$\frac{2,1\,D}{x^{1+\frac{1}{10}}}$	$\frac{x^{\frac{1}{2}}}{9,8}$	$\frac{x^{\frac{2}{3}}}{2,4}$	$z\frac{x^{1+\frac{1}{10}}}{1,4}$	$\frac{x}{26}$	$\frac{x^{\frac{1}{2}}}{1,341}$	$\frac{1}{5}$	$\frac{24,23x^{\frac{1}{2}} - x}{32,5}$	$\frac{x^3}{63} \times \overline{\frac{24,23x^{\frac{1}{2}} - x}{32,5}}$

N°. 2.

Dimensions pour un Navire Marchand, calculées selon les regles qu'on en vient de donner, ou bien par la Table N°. 1. Frégates.

Nombres.	Fortes Lastes.	Déplacement.	Longueur de Pouppe en Proue	Largeur.	Aire des Tranches ⊙.	Profondeur du Maître-couple ⊙ jusqu'à la Quille.	La Profondeur A l'arriere	La Profondeur A l'avant.	Profondeur de la Quille	Aire des Lignes d'eau supérieures.	Centre de gravité à l'avant du milieu.	Le ⊙ à l'avant du milieu de la longueur de pouppe en proue.	Distance du centre de gravité de la carêne, à la flottaison.	Entre le métacentre & le centre de gravité de la carêne.	Entre le métacentre & le centre de grav. du Navire armé.	Moment de la Force absolue.	Longueur du grand Mât qu'il faut régler sur la stabilité du Navire. Au-dessus du centre de gravité.	Sous le centre de gravité.	Longueur totale.	Poids des ancres de Suéde. Skaal-punds.	Lis-punds.	Nombre d'Hommes de l'équipage.	Ce nombre × par le Déplacement divisé par la longueur de pouppe en proue, égal à l'aire du Maître-couple ⊙.
		Pieds cubiques.	Pieds.	Pieds.	Pieds quarr.	Pieds.	Pieds.	Pieds.	Pieds.	Pieds quarr.	Pieds.	Pieds.	Pieds.	Pieds.	Pieds.		Pieds.	Pieds.	Pieds.				
1	500	85510	168,6	43,71	760,6	20,81	23,62	21,61	1,66	5853	2,37	12,04	8,253	10,072	3,883	332000	94,78	15,28	110,06	16	—	57	1,500
2	480	81890	166,1	43,21	739,5	20,51	23,30	21,31	1,65	5700	2,33	11,86	8,115	10,	3,914	320500	93,68	15,06	108,74	15	14	55	
3	460	78280	163,6	42,69	717,9	20,20	22,97	21,00	1,64	5545	2,30	11,69	7,975	9,925	3,942	308600	92,52	14,85	107,37	15	8	52	
4	440	74680	161,1	42,16	694 4	19,89	22,63	20,71	1,63	5388	2,26	11,51	7,83	9,847	3,975	296850	91,31	14,62	105,93	15	1	50	
5	420	71090	158,5	41,61	673,8	19,57	22,29	20,37	1,62	5229	2,23	11,32	7,681	9,767	4,006	284820	90,04	14,36	104,40	14	13	47	
6	400	67520	155,8	41,04	651,3	19,23	21,92	20,03	1,61	5066	2,18	11,13	7,529	9,684	4,036	272520	88,74	14,15	102,89	14	5	45	1,504
7	380	63950	153,0	40,45	628,4	18,89	21,56	19,69	1,60	4900	2,05	10,93	7,371	9,596	4,067	260100	87,37	13,90	101,27	13	17	42	
8	360	60390	150,1	39,84	605,2	18,53	21,17	19,33	1,59	4732	2,10	10,72	7,209	9,505	4,099	247500	85,95	13,64	99,59	13	8	39	
9	340	56840	147,1	39,20	581,5	18,16	20,77	18,96	1,58	4560	2,07	10,51	7,041	9,409	4,128	234650	84,43	13,37	97,80	12	16	37	
10	320	53310	144,0	38,53	557,5	17,78	20,36	18,57	1,56	4384	2,03	10,29	6,868	9,309	4,157	221550	82,84	13,10	95,94	12	4	35	
11	300	49790	140,7	37,84	533,0	17,38	19,93	18,17	1,55	4205	1,98	10,05	6,688	9,204	4,187	208500	81,16	12,82	93,98	11	12	34	
12	280	46280	137,4	37,11	508,0	16,96	19,47	17,75	1,53	4022	1,93	9,81	6,5	9,092	4,217	195200	79,40	12,52	91,92	11	—	32	1,508
13	260	42790	133,8	36,34	482,3	16,52	19,00	17,31	1,52	3833	1,88	9,56	6,305	8,975	4,245	181640	77,51	12,19	89,70	10	8	30	
14	240	39310	130,1	35,53	456,2	16,06	18,50	16,86	1,50	3640	1,82	9,29	6,101	8,848	4,273	167990	75,53	11,87	87,40	9	16	28	
15	220	35850	126,1	34,66	429,6	15,57	17,98	16,36	1,48	3442	1,77	9,01	5,886	8,713	4,299	154100	73,38	11,51	84,89	9	3	27	
16	200	32410	122,0	33,75	401,7	15,06	17,42	15,85	1,46	3234	1,72	8,71	5,659	8,568	4,324	140120	71,10	11,14	82,24	8	10	25	
17	280	28990	117,5	32,75	373,3	14,51	16,82	15,29	1,44	3022	1,65	8,39	5,419	8,410	4,346	125960	68,62	10,74	79,36	7	17	23	
18	160	25590	112,7	31,68	343,9	13,92	16,18	14,70	1,42	2799	1,58	8,05	5,162	8,237	4,365	111710	65,92	10,31	76,23	7	4	21	1,510
19	140	22220	107,5	30,50	315,5	13,28	15,49	14,05	1,39	2568	1,51	7,68	4,886	8,045	4,381	97330	62,96	9,85	72,81	6	10	19	
20	120	18870	101,8	29,21	281,4	12,57	14,72	13,35	1,36	2324	1,43	7,27	4,586	7,83	4,391	82850	59,67	9,34	69,01	5	16	17	
21	100	15557	95,5	27,75	247,8	11,79	13,87	12,56	1,33	2066	1,34	6,82	4,254	7,582	4,391	68202	55,95	8,77	64,72	5	1	15	
22	90	13915	92,0	26,93	230,3	11,36	13,40	12,12	1,31	1929	1,30	6,57	4,075	7,425	4,388	61052	53,89	8,45	62,34	4	13	13	
23	80	12283	88,3	26,05	212,1	10,90	12,90	11,66	1,28	1790	1,24	6,31	3,881	7,289	4,38	53795	51,67	8,12	59,79	4	5	12	
24	70	10664	84,2	25,08	193,2	10,40	12,34	11,15	1,26	1640	1,17	6,01	3,673	7,119	4,366	46555	49,24	7,75	56,99	3	17	11	1,525
25	60	9058	79,7	24,02	173,6	9,85	11,73	10,59	1,23	1484	1,11	5,69	3,447	6,928	4,344	39340	46,55	7,35	53,90	3	9	10	
26	50	7468	74,8	22,81	152,8	9,23	11,06	9,97	1,20	1318	1,05	5,34	3,198	6,709	4,311	32190	43,55	6,90	50,45	3	—	9	
27	40	5896	69,1	21,42	130,8	8,53	10,29	9,26	1,16	1141	0,97	4,94	2,917	6,45	4,263	25140	40,09	6,38	46,47	2	11	7	
28	30	4348	62,4	19,79	107,1	7,71	9,37	8,41	1,12	947	0,88	4,46	2,591	6,13	4,186	18200	36,00	5,79	41,79	2	1	6	
29	20	2830	54,1	17,61	80,7	6,68	8,23	7,37	1,06	729	0,70	3,86	2,193	5,707	4,061	11494	30,89	5,03	35,92	1	10	4	
30	10	1359	42,4	14,48	49,8	5,23	6,60	5,88	0,96	465	0,60	3,03	1,648	5,05	3,814	5182	23,69	3,95	27,64	—	18	3	1,553

N°. 3.

Dimensions pour les Navires Marchands, Haequebots & Pinques.

Nombres.	Fortes Lastes.	Déplacement. Pieds cubiques	Longueur de pouppe en proue. Pieds.	Largeur. Pieds.	Aire du Maître-couple ⊙. Pieds quarrés.	Partie du Maître-couple ⊙ vers la Quille qui entre dans l'eau. Pieds.	Parties plongeantes. A l'arriere. Pieds.	Parties plongeantes. A l'avant. Pieds.	Profondeur de la Quille. Pieds.	Aire de la Ligne d'eau supérieure. Pieds quarrés.	Centre de gravité à l'avant de la ligne du Milieu. Pieds	⊙ à l'avant du Milieu de la longueur de pouppe proue. Pieds.	Depuis le Centre de gravité de la carène en-dessous jusqu'à la flottaison. Pieds.	Entre le Métacentre & le Centre de gravité de la carène. Pieds.	Entre le Métacentre & le Centre de gravité du Vaisseau armé. Pieds.	Moment de la Force absolue.	Ce nombre × par le Déplacement divisé par la longueur de pouppe en proue, égal à l'aire de la Tranche ou Maître-couple ⊙.
4	440	69940	155,7	39,71	644,1	18,97	21,46	19,81	1,54	5093	2,20	11,97	7,605	8,576	3,171	221720	1,434
5	420	66600	153,2	39,20	623,8	18,67	21,14	19,60	1,53	4943	2,15	11,78	7,463	8,502	3,202	213220	
6	400	63260	150,6	38,69	603,2	18,36	20,80	19,19	1,51	4790	2,11	11,58	7,316	8,426	3,228	204230	
7	380	59940	147,9	38,10	580,9	18,03	20,46	18,86	1,50	4634	2,07	11,37	7,165	8,347	3,257	195200	
8	360	56620	145,1	37,54	561,0	17,70	20,10	18,52	1,49	4474	2,03	11,16	7,009	8,264	3,284	185940	
9	340	53310	142,3	36,94	539,3	17,35	19,73	18,17	1,48	4312	2,00	10,94	6,848	8,178	3,312	176610	
10	320	50020	139,3	36,32	517,2	17,00	19,35	17,81	1,46	4146	1,95	10,71	6,682	8,087	3,339	167020	
11	300	46740	136,1	35,66	494,7	16,62	18,94	17,43	1,45	3976	1,91	10,47	6,509	7,991	3,367	157370	1,440
12	280	43460	132,9	34,97	471,8	16,23	18,52	17,04	1,44	3804	1,87	10,22	6,329	7,890	3,394	147500	
13	260	40200	129,5	34,26	448,3	15,82	18,08	16,62	1,42	3625	1,82	9,96	6,132	7,783	3,428	137810	
14	240	36950	125,9	33,49	424,3	15,39	17,62	16,19	1,40	3442	1,76	9,68	5 944	7,669	3,447	126780	
15	220	33720	122,1	32,69	399,6	14,93	17,13	15,72	1,38	3255	1,71	9,39	5,738	7,547	3,472	117070	1,447
16	200	30500	118,1	31,82	374,2	14,45	16,61	15,24	1,36	3059	1,66	9,08	5,552	7,416	3,495	106610	
17	180	27300	113,8	30,90	348,0	13,94	16,05	14,71	1,34	2859	1,60	8,75	5,289	7,273	3,519	96050	
18	160	24120	109,2	29,89	220,9	13,38	15,45	14,15	1,32	2649	1,53	8,40	5,041	7,118	3,536	85262	
19	140	20950	104,2	28,79	292,7	12,78	14,80	13,54	1,29	2430	1,46	8,01	4,775	6,986	3,555	74480	
20	120	17810	98,7	27,57	263,2	12,12	14,08	12,86	1,26	2199	1,39	7,59	4,485	6,750	3,564	79930	1,458
21	100	14703	92,6	26,20	232,1	11,38	13,28	12,11	1,23	1955	1,30	7,12	4,168	6,527	3,567	52450	
22	90	13159	89,2	25,44	215,9	10,97	12,84	11,70	1,21	1827	1,25	6,86	3,990	6,401	3,569	46960	
23	80	11625	85,6	24,60	199,1	10,53	12,36	11,25	1,19	1692	1,20	6,58	3,804	6,264	3,564	41430	
24	70	10101	81,7	23,70	181,5	10,03	11,81	10,74	1,17	1551	1,15	6,28	3,603	6,112	3,553	35890	
25	60	8588	77,4	22,69	163,3	9,54	11,28	10,24	1,14	1405	1,08	5,95	3,384	5,941	3,539	28070	1,471
26	50	7088	72,6	21,57	144,0	8,56	10,64	9,64	1,11	1249	1,02	5,58	3,135	5,745	3,514	24910	
27	40	5605	67,1	20,25	123,5	8,29	9,91	8,96	1,07	1081	0,95	5,16	2,870	5,514	3,475	19475	
28	30	4141	60,6	18,68	101,3	7,51	9,05	8,16	1,03	898	0,87	4,66	2,553	5,228	3,415	14141	
29	20	2702	52,6	16,67	76,6	6,53	7. 6	7,15	0, 97	690	0,77	4,04	2,166	4,852	3,316	8958	
30	10	1302	41,3	13,72	47,5	5,14	6,40	5,72	0, 87	441	0,70	3,17	1,634	4,271	[illegible]	4054	1,506

N°. 4.

Dimensions pour les Navires Marchands, Cotters & Barques.

Nombres.	Fortes Lastes.	Déplacement.	Longueur de pouppe en proue.	Largeur.	Aire du Maître-couple ⊙.	Partie du Maître-couple ⊙ qui plonge vers la quille.	Quantité dont le Navire plonge. A l'arriere.	Quantité dont le Navire plonge. A l'avant.	Profondeur de la Carêne.	Aire de la Ligne d'eau supérieure.	Centre de gravité à l'avant du milieu.
		Pieds cubiques	Pieds.	Pieds.	Pieds quarrés	Pieds.	Pieds.	Pieds.	Pieds.	Pieds quarr.	Pieds.
7	380	56880	143,5	36,02	544,1	17,30	19,58	18,12	1,43	4432	2,15
8	360	53750	140,9	35,48	524,4	16,99	19,24	17,80	1,41	4280	2,10
9	340	50620	138,1	34,91	504,4	16,66	18,89	17,47	1,40	4126	2,07
10	320	47510	135,2	34,33	484,0	16,32	18,52	17,12	1,38	3968	2,03
11	300	44400	132,2	33,70	463,2	15,97	18,15	16,77	1,37	3802	1,98
12	280	41300	129,0	33,07	441,9	15,60	17,75	16,39	1,35	3636	1,92
13	260	38230	125,7	32,39	420,2	15,22	17,33	16,00	1,33	3468	1,88
14	240	35140	122,3	31,68	397,2	14,71	16,89	15,58	1,32	3293	1,83
15	220	32080	118,6	30,92	375,0	14,38	16,42	15,14	1,30	3113	1,78
16	200	29350	115,1	30,19	353,9	13,98	16,00	14,73	1,28	2938	1,73
17	180	26000	110,6	29,23	327,1	13,44	15,41	14,18	1,25	2737	1,66
18	160	22980	106,1	28,28	301,9	12,92	14,84	13,65	1,23	2540	1,59
19	140	19983	101,3	27,25	275,6	12,35	14,22	13,07	1,20	2321	1,51
20	120	17002	96,0	26,10	248,1	11,72	13,54	12,42	1,17	2105	1,44
21	100	14046	90,1	24,81	219,2	11,02	12,78	11,71	1,13	1870	1,35
22	90	12579	86,8	24,09	204,0	10,64	12,35	11,31	1,11	1747	1,30
23	80	11155	83,4	23,33	188,7	10,23	11,91	10,90	1,09	1623	1,25
24	70	9667	79,5	22,45	171,9	9,77	11,49	10,42	1,06	1486	1;20
25	60	8225	75,3	21,51	154,8	9,28	10,86	9,91	1,03	1345	1,13
26	50	6795	70,7	20,44	136,7	8,72	10,25	9,35	1,00	1195	1,06
27	40	5378	65,4	19,20	117,4	8,09	9,56	8,69	0,96	1034	1,00
28	30	3979	59,1	17,72	96,5	7,34	8,73	7,92	0,92	859	0,90
29	20	2602	51,3	15,82	73,3	6,40	7,68	6,95	0,85	661	0,80
30	10	1 258	40,3	13,04	45,7	5,07	6,19	5,56	0,76	424	0,70

Nombres.	⊙ à l'avant du milieu de la longueur de pouppe en proue.	Centre de gravité de la Carêne au-dessous de la flottaison.	Entre le métacentre & le centre de gravité de la carêne sous la flottaison.	Entre le métacentre & le centre de gravité du Navire armé.	Moment de la Force absolue.	Longueur du grand mât, proportionnée à la stabilité du Navire. Au-dessus du centre de gravité.	Sous le centre de gravité.	Longueur totale.	Poids des ancres de sonde. Skaal-punds.	Lif-punds.	Nombre de l'Equipage.	Force & le Nombre × le déplacement divisé par la longueur de pouppe en proue, égal à l'aire du Maître-couple ⊙.
	Pieds.	Pieds.	Pieds.	Pieds.		Pieds.	Pieds.	Pieds.				
7	11,96	6,999	7,153	2,474	140700	74,54	12,07	86,61	10	15	27	1,390
8	11,73	6,849	7,080	2,502	134400	73,41	11,88	85,29	10	6	26	
9	11,50	6,693	7,002	2,528	127980	72,21	11,65	83,86	9	17	25	
10	11,26	6,517	6,921	2,556	121440	70,95	11,43	82,38	9	8	24	
11	11,01	6,366	6,836	2,583	114690	69,61	11,19	80,80	8	19	23	
12	10,75	6,191	6,746	2,609	107780	68,20	10,94	79,14	8	10	22	
13	10,47	6,010	6,650	2,637	100810	66,69	10,69	77,38	8	1	20	
14	10,19	5,820	6,549	2,662	93570	65,05	10,41	75,46	7	12	19	
15	9,88	5,620	6,441	2,688	86230	63,30	10,12	73,42	7	3	18	
16	9,59	5,432	6,336	2,711	79590	61,63	9,87	71,50	6	14	17	
17	9,21	5,185	6,197	2,738	71180	59,38	9,48	68,86	6	5	16	
18	8,84	4,946	6,058	2,761	63460	57,15	9,12	66,27	5	14	14	1,400
19	8,44	4,687	5,905	2,778	55520	54,66	8,73	63,39	5	3	13	
20	7,99	4,406	5,733	2,797	47550	51,91	8,31	60,22	4	11	12	
21	7,50	4,095	5,535	2,808	39440	48,77	7,83	56,60	3	19	11	
22	7,23	3,925	5,412	2,809	35340	47,02	7,56	54,58	3	13	9	
23	6,95	3,748	5,307	2,811	31360	45,18	7,28	52,46	3	7	8	
24	6,62	3,549	5,169	2,806	27130	43,05	6,96	50,01	3	1	8	1,413
25	6,28	3,335	5,018	2,799	23020	40,76	6,63	47,39	2	14	7	
26	5,89	3,100	4,846	2,784	18920	38,22	6,24	44,46	2	7	6	
27	5,45	2,834	4,642	2,759	14842	35,21	5,80	41,01	2		6	
28	4,93	2,525	4,393	2,715	10806	31,68	5,28	36,96	1	12	4	
29	4,28	2,145	4,064	2,641	6871	27,24	4,62	31,86	1	4	3	
30	3,35	1,624	3,557	2,483	3125	20,95	3,69	24,64		14	3	1,464

N°. 5.

Dimensions pour les Navires Marchands ayant grosses charges & tirant peu d'eau, sous la forme de Barque.

Nombres.	Fortes Lastes.	Déplacement.	Longueur de pouppe en proue.	Largeur.	Aire du Maître-couple ⊙.	Partie du Maître-couple ⊙, qui plonge à la Quille.	Tirant d'eau. A l'arriere.	Tirant d'eau. A l'avant.	Profondeur de la Quille.	Aire des lignes d'eau supérieures.	Le centre de gravité à l'avant du milieu.	⊙ à l'avant du milieu de la longueur de pouppe en proue.	Centre de gravité de la carène au-dessous de la flottaison.	Entre le métacentre & le centre de gravité de la carène.	Entre le métacentre & le centre de gravité du Navire & de sa charge.	Moment de la force absolue.	La longueur du grand mât doit être réglée sur la force & stabilité du Navire. Au dessus du centre de gravité.	Sous le centre de gravité.	Longueur totale.	Ce nombre × par le déplacement & divisé par la longueur de pouppe en proue, est égal à l'aire du Maître-couple ⊙.
		Pieds cubiques	Pieds.	Pieds.	Pieds quarrés.	Pieds.	Pieds.	Pieds.	Pieds.	Pieds quarrés.	Pieds.	Pieds.	Pieds.	Pieds.	Pieds.		Pieds.	Pieds.	Pieds.	
10	320	44400	140,9	32,74	403,4	13,35	15,21	14,08	1,21	3908	2,12	10,84	5,419	8,852	4,514	200400	83,64	9,55	93,1[illegible]	1,280
11	300	41500	137,8	32,15	386,6	13,08	14,92	13,81	1,20	3749	2,07	10,59	5,298	8,752	4,511	187200	81,76	9,36	91,12	
12	280	38080	134,5	31,54	369,3	12,80	14,61	13,52	1,18	3588	2,05	10,34	5,172	8,648	4,505	173900	79,79	9,17	88,96	
13	260	35720	131,0	30,89	351,5	12,50	14,29	13,22	1,17	3421	1,96	10,08	5,040	8,537	4,501	160790	77,73	8,96	86,69	
14	240	32840	127,4	30,21	333,4	12,19	13,96	12,99	1,15	3250	1,91	9,80	4,901	8,418	4,495	147660	75,56	8,75	84,31	
15	220	29990	123,6	29,48	312,7	11,86	13,60	12,57	1,13	3074	1,85	9,51	4,755	8,291	4,486	134520	73,24	8,52	81,76	1,300
16	200	27140	119,6	28,70	295,4	11,51	13,22	12,21	1,12	2891	1,80	9,19	4,599	8,154	4,474	121400	70,76	8,36	79,12	
17	180	24300	115,2	27,88	275,4	11,14	12,81	11,82	1,09	2703	1,74	8,86	[illegible],443	8,005	4,458	108340	68,13	8,01	76,14	
18	160	21480	110,6	26,97	254,7	10,73	12,36	11,40	1,07	2506	1,67	8,51	4,255	7,843	4,437	95300	65,29	7,73	73,02	
19	140	18670	105,6	25,99	233,1	10,29	11,88	10,95	1,05	2302	1,59	8,12	4,060	7,662	4,412	82400	62,20	7,42	69,62	
20	120	15900	100,1	24,90	210,6	9,81	11,35	10,45	1,02	2086	1,50	7,69	3,849	7,460	4,360	69360	58,81	7,09	65,90	1,325
21	100	13130	93,9	23,65	186,5	9,26	10,75	9,89	0,99	1855	1,41	7,22	3,610	7,225	4,336	56910	54,98	6,71	61,69	
22	90	11756	90,5	22,97	173,9	8,96	10,41	9,57	0,97	1734	1,36	6,97	3,480	7,093	4,308	50640	52,89	6,50	59,39	
23	80	10391	86,8	22,23	160,8	8,63	10,05	9,23	0,95	1609	1,31	6,68	3,339	6,949	4,277	44440	50,62	6,27	56,89	
24	70	9034	82,9	21,41	147,1	8,28	9,66	8,88	0,93	1476	1,24	6,37	3,187	6,788	4,237	38280	48,17	6,02	54,19	
25	60	7687	78,5	20,51	132,8	7,89	9,23	8,46	0,90	1338	1,18	6,04	3,020	6,608	4,190	32220	45,48	5,79	51,27	1,356
26	50	6350	73,7	19,48	117,7	7,45	8,75	8,01	0,87	1190	1,11	5,66	2,834	6,401	4,132	26240	42,49	5,44	47,93	
27	40	5027	68,2	18,31	101,5	6,94	8,18	7,49	0,84	1038	1 02	5,24	2,622	6,157	4,062	20420	39,05	5,07	44,12	
28	30	3719	61,6	16,90	83,9	6,34	7,52	6,88	0,80	850	0,93	4,74	2,371	5,855	3,960	14727	35,02	4,65	39,67	
29	20	2432	53,5	15,02	64,1	4,58	6,67	6,08	0,75	658	0,8[illegible]	4,11	2,058	5,455	3,806	9256	30,01	4,11	34,12	
30	10	1176	42,0	12,43	40,4	4,49	5,44	4,94	0,66	424	0,63	3,25	1,616	4,833	3,544	4170	23,00	3,33	26,33	1,442

N°. 6.

Dimensions pour un Navire armé en course, d'après les formules, page 70.

Nombres.	ARTILLERIE. Canons. Sur le pont. Affûts.	Sur le pont. Calibres. (Skaol-punds.)	Aux gaillards d'avant & d'arriere. Affûts.	Aux gaillards d'avant & d'arriere. Calibres. (Skaol-punds.)	Canons de proue. Affûts.	Canons de proue. Calibres. (Skaol-punds.)	Pierriers. Affûts.	Pierriers. Calibres. (Skaol-punds.)	Longueur de pouppe en proue, prise du bord extérieur des couples, & au couronnements des gaillards, &c. (Pieds.)	Largeur comptée du bord extérieur des membres ou couples, prise à la bortaison. (Pieds.)	Déplacement. (Pieds.)	$\int \frac{2}{3} y^3 dx$	Aire de la ligne d'eau supérieure. (Pieds quarr.)
1	28	18	12	6	—	—	—	—	161,52	41,16	47170	558500	5086
2	26	18	10	6	—	—	—	—	155,65	39,82	42330	486200	4747
3	26	12	10	4	—	—	—	—	142,38	36,74	31910	348100	3995
4	24	12	8	4	—	—	—	—	138,24	35,78	29140	311600	3769
5	24	8	8	3	—	—	—	—	126,75	33,10	22080	225400	3184
6	22	8	—	—	—	—	—	—	119,78	31,45	18430	182060	2853
7	22	6	—	—	—	—	—	—	112,60	29,75	15064	143350	2530
8	20	6	—	—	—	—	—	—	109,84	29,09	13907	131545	2411
9	18	6	—	—	—	—	—	—	106,94	28,40	12749	118970	2288
10	16	6	—	—	—	—	—	—	103,82	27,65	11577	106470	2160
11	14	6	—	—	—	—	—	—	100,46	26,84	10395	94130	2027
12	12	6	—	—	—	—	—	—	96,76	25,96	9185	81780	1884
13	10	6	—	—	—	—	—	—	92,70	24,97	7967	69620	1734
14	8	6	—	—	—	—	—	—	88,10	23,83	6698	57300	1567
15	—	—	—	—	—	—	16	3	81,31	22,19	5175	42590	1343
16	—	—	—	—	—	—	16	2	74,6	20,54	3845	30825	1136

Nombres.	Aire du Maître-couple ⊙. (Pieds quarrés.)	Quantité dont le maître-couple ⊙ plonge, depuis la ligne d'eau supérieure jusqu'à la rablure. (Pieds.)	Centre de gravité de la carène au-dessous de la ligne d'eau supérieure. (Pieds.)	Métacentre au-dessus de l'eau. (Pi.)	Centre de gravité à l'avant du milieu de la longueur de pouppe en proue. (Pieds.)	Lieu du maître-couple ⊙ à l'avant du milieu de la long. de pouppe en proue. (Pieds.)	Tirant d'eau plus fort à l'arriere qu'à l'avant. (Pieds.)	Quantité du lest évaluée en pieds cubiques d'eau salée. (Pieds cubiq.)	Centre de gravité du lest au-dessous de la ligne d'eau supérieure. (Pieds.)	Nombre de l'équipage. (N°.)	Provisions pour mois. (N°.)	Moment de la voilure eu égard au centre de gravité ou ligne d'eau supérieure.	Hauteur des batteries au-dessus de l'eau. (Pieds.)	Nombre x par le déplacement divisé par la longueur de pouppe en proue, égal à l'aire du maître-couple ⊙.
1	452,3	15,4	5,84	6	1,61	8,10	1,66	4224	13,0	400	4	1935000	8,5	1,548
2	422,0	14,8	5,485	6	1,56	7,86	1,62	3705	12,34	381	4	1679100	7,—	1.552
3	350,8	13,5	4,907	6	1,42	7,21	1,53	2861	10,89	312	3,52	1303800	6,5	1,565
4	330,7	13,16	4,695	6	1,38	7,03	1,51	2616	10,45	296	3,43	1202400	6,—	1,568
5	275,3	12,1	4,205	6	1,27	6,50	1,42	2020	9,26	244	3,10	938000	5,75	1,580
6	244,3	11,4	3,878	6	1,20	6,17	1,37	1676	8,55	217	2,92	797700	5,5	1,588
7	213,5	10,7	3,582	6	1,13	5,86	1,34	1393	7,84	188	2,71	665600	5,25	1,595
8	202,5	10,4	3,459	6	1,10	5,70	1,30	1286	7,57	178	2,64	619525	5,—	1,600
9	191,1	10,1	3,331	6	1,07	5,56	1,28	1183	7,29	168	2,56	573100	4,75	1,603
10	179,2	9,8	3,197	6	1,04	5,41	1,25	1070	7,00	157	2,47	525600	4,5	1,607
11	166,7	9,5	3,055	6	1,00	5,23	1,23	959	6,68	146	2,38	477100	4,25	1,612
12	153,4	9,2	2,903	6	0,97	5,08	1,20	856	6,34	134	2,28	426855	4,—	1,616
13	139,4	8,8	2,738	6	0,93	4,89	1,17	742	5,97	121	2,16	375600	3,75	1,622
14	124,0	8,4	2,555	6	0,88	4,65	1,13	626	5,55	107	2,03	321268	3,5	1,629
15	104,38	7,7	2,230	6	0,81	4,32	1,08	503,5	4,97	86	1,81	254900	4,—	1,640
16	85,13	7,1	2,018	6	0,75	4,02	1,02	367	4,41	69	1,62	194850	3,75	1,651

Dimenſions pour les Bois arrondis des Vaiſſeaux Marchands à trois Mâts, ayant la forme de Frégates.

N°. 7.

Numéros.	Longueur de poupe en proue. (Pieds)	Largeur. (Pi.)	Grand Mât. Longueur. (Pieds)	Grand Mât. Epaiſſeur. (Pouc.)	Grand Mât de Hune. Longueur. (Pieds)	Grand Mât de Hune. Epaiſſeur. (Pouc.)	Mât de grand Perroquet. Longueur juſqu'au Chouquet. (Pieds)	Mât de grand Perroquet. Epaiſſeur. (Pouc.)	Epaiſſeur du mât de miſaine. (Pouc.)	Petit Mât de Hune. Longueur. (Pieds)	Petit Mât de Hune. Epaiſſeur. (Pouc.)	Mât de petit Perroquet. Longueur juſqu'au Chouquet. (Pieds)	Mât de petit Perroquet. Epaiſſeur. (Pouc.)	Epaiſſeur du mât d'artimon. (Pouc.)	Mât de fougue. Longueur. (Pieds)	Mât de fougue. Epaiſſeur. (Pouc.)	Beaupré. Longueur depuis la Proue. (Pieds)	Beaupré. Epaiſſeur. (Pouc.)	Epaiſſeur du bout de dehors de beaupré. (Pouc.)	Longueur du grand Ton. (Pi.)	Longueur du grand Ton. (Po.)	Longueur du Ton de la miſaine. (Pi.)	Longueur du Ton de la miſaine. (Po.)	Longueur du Ton de la hune d'artimon. (Pi.)	Longueur du Ton de la hune d'artimon. (Po.)	Ton de la miſaine moins élevé que la grande hune. (Pi.)	Ton de la miſaine moins élevé que la grande hune. (Po.)	Grande Vergue. Longueur. (Pieds)	Grande Vergue. Epaiſſeur. (Pouc.)	Vergue du grand Hunier. Longueur. (Pieds)	Vergue du grand Hunier. Epaiſſeur. (Pouc.)	Vergue de grand Perroquet volant. Longueur. (Pieds)	Vergue de grand Perroquet volant. Epaiſſeur. (Pouc.)	Vergue de Miſaine. Longueur. (Pieds)	Vergue de Miſaine. Epaiſſeur. (Pouc.)	Vergue de petit Hunier. Longueur. (Pieds)	Vergue de petit Hunier. Epaiſſeur. (Pouc.)	Vergue de petit Perroquet volant. Longueur. (Pieds)	Vergue de petit Perroquet volant. Epaiſſeur. (Pouc.)	Vergue ſèche ou de fougue. Longueur. (Pieds)	Vergue ſèche ou de fougue. Epaiſſeur. (Pouc.)	Vergue de Perroq. de fougue. Longueur. (Pieds)	Vergue de Perroq. de fougue. Epaiſſeur. (Pouc.)	Vergue de Civadière. Longueur. (Pieds)	Vergue de Civadière. Epaiſſeur. (Pouc.)	Vergue contre Civadière. Longueur. (Pieds)	Vergue contre Civadière. Epaiſſeur. (Pouc.)	Epaiſſeur des barres de Hune. Au-deſſous. Grand Mât. (Pouc.)	Epaiſſeur des barres de Hune. Au-deſſous. Miſaine. (Pouc.)	Epaiſſeur des barres de Hune. Au-deſſous. Artimon. (Pouc.)	Epaiſſeur des barres de Hune. Mât de Perroquet. Grand Mât. (Pouc.)	Epaiſſeur des barres de Hune. Mât de Perroquet. Miſaine. (Pouc.)
1	[illegible]	[illegible]	[illegible]	[illegible]	[illegible]	[illegible]	[illegible]	[illegible]	[illegible]	[illegible]	[illegible]	[illegible]	[illegible]	[illegible]	[illegible]	[illegible]	[illegible]	[illegible]	[illegible]	[illegible]	[illegible]	[illegible]	[illegible]	[illegible]	[illegible]	[illegible]	[illegible]	[illegible]	[illegible]	[illegible]	[illegible]	[illegible]	[illegible]	[illegible]	[illegible]	[illegible]	[illegible]	[illegible]	[illegible]	[illegible]	[illegible]	[illegible]	[illegible]	[illegible]	[illegible]	[illegible]	[illegible]	[illegible]	[illegible]	[illegible]	[illegible]	[illegible]
2	[illegible]	[illegible]	[illegible]	[illegible]	[illegible]	[illegible]	[illegible]	[illegible]	[illegible]	[illegible]	[illegible]	[illegible]	[illegible]	[illegible]	[illegible]	[illegible]	[illegible]	[illegible]	[illegible]	[illegible]	[illegible]	[illegible]	[illegible]	[illegible]	[illegible]	[illegible]	[illegible]	[illegible]	[illegible]	[illegible]	[illegible]	[illegible]	[illegible]	[illegible]	[illegible]	[illegible]	[illegible]	[illegible]	[illegible]	[illegible]	[illegible]	[illegible]	[illegible]	[illegible]	[illegible]	[illegible]	[illegible]	[illegible]	[illegible]	[illegible]	[illegible]	[illegible]
3	[illegible]	[illegible]	[illegible]	[illegible]	[illegible]	[illegible]	[illegible]	[illegible]	[illegible]	[illegible]	[illegible]	[illegible]	[illegible]	[illegible]	[illegible]	[illegible]	[illegible]	[illegible]	[illegible]	[illegible]	[illegible]	[illegible]	[illegible]	[illegible]	[illegible]	[illegible]	[illegible]	[illegible]	[illegible]	[illegible]	[illegible]	[illegible]	[illegible]	[illegible]	[illegible]	[illegible]	[illegible]	[illegible]	[illegible]	[illegible]	[illegible]	[illegible]	[illegible]	[illegible]	[illegible]	[illegible]	[illegible]	[illegible]	[illegible]	[illegible]	[illegible]	[illegible]
4	[illegible]	[illegible]	[illegible]	[illegible]	[illegible]	[illegible]	[illegible]	[illegible]	[illegible]	[illegible]	[illegible]	[illegible]	[illegible]	[illegible]	[illegible]	[illegible]	[illegible]	[illegible]	[illegible]	[illegible]	[illegible]	[illegible]	[illegible]	[illegible]	[illegible]	[illegible]	[illegible]	[illegible]	[illegible]	[illegible]	[illegible]	[illegible]	[illegible]	[illegible]	[illegible]	[illegible]	[illegible]	[illegible]	[illegible]	[illegible]	[illegible]	[illegible]	[illegible]	[illegible]	[illegible]	[illegible]	[illegible]	[illegible]	[illegible]	[illegible]	[illegible]	[illegible]
5	[illegible]	[illegible]	[illegible]	[illegible]	[illegible]	[illegible]	[illegible]	[illegible]	[illegible]	[illegible]	[illegible]	[illegible]	[illegible]	[illegible]	[illegible]	[illegible]	[illegible]	[illegible]	[illegible]	[illegible]	[illegible]	[illegible]	[illegible]	[illegible]	[illegible]	[illegible]	[illegible]	[illegible]	[illegible]	[illegible]	[illegible]	[illegible]	[illegible]	[illegible]	[illegible]	[illegible]	[illegible]	[illegible]	[illegible]	[illegible]	[illegible]	[illegible]	[illegible]	[illegible]	[illegible]	[illegible]	[illegible]	[illegible]	[illegible]	[illegible]	[illegible]	[illegible]
6	[illegible]	[illegible]	[illegible]	[illegible]	[illegible]	[illegible]	[illegible]	[illegible]	[illegible]	[illegible]	[illegible]	[illegible]	[illegible]	[illegible]	[illegible]	[illegible]	[illegible]	[illegible]	[illegible]	[illegible]	[illegible]	[illegible]	[illegible]	[illegible]	[illegible]	[illegible]	[illegible]	[illegible]	[illegible]	[illegible]	[illegible]	[illegible]	[illegible]	[illegible]	[illegible]	[illegible]	[illegible]	[illegible]	[illegible]	[illegible]	[illegible]	[illegible]	[illegible]	[illegible]	[illegible]	[illegible]	[illegible]	[illegible]	[illegible]	[illegible]	[illegible]	[illegible]
7	[illegible]	[illegible]	[illegible]	[illegible]	[illegible]	[illegible]	[illegible]	[illegible]	[illegible]	[illegible]	[illegible]	[illegible]	[illegible]	[illegible]	[illegible]	[illegible]	[illegible]	[illegible]	[illegible]	[illegible]	[illegible]	[illegible]	[illegible]	[illegible]	[illegible]	[illegible]	[illegible]	[illegible]	[illegible]	[illegible]	[illegible]	[illegible]	[illegible]	[illegible]	[illegible]	[illegible]	[illegible]	[illegible]	[illegible]	[illegible]	[illegible]	[illegible]	[illegible]	[illegible]	[illegible]	[illegible]	[illegible]	[illegible]	[illegible]	[illegible]	[illegible]	[illegible]
8	[illegible]	[illegible]	[illegible]	[illegible]	[illegible]	[illegible]	[illegible]	[illegible]	[illegible]	[illegible]	[illegible]	[illegible]	[illegible]	[illegible]	[illegible]	[illegible]	[illegible]	[illegible]	[illegible]	[illegible]	[illegible]	[illegible]	[illegible]	[illegible]	[illegible]	[illegible]	[illegible]	[illegible]	[illegible]	[illegible]	[illegible]	[illegible]	[illegible]	[illegible]	[illegible]	[illegible]	[illegible]	[illegible]	[illegible]	[illegible]	[illegible]	[illegible]	[illegible]	[illegible]	[illegible]	[illegible]	[illegible]	[illegible]	[illegible]	[illegible]	[illegible]	[illegible]
9	[illegible]	[illegible]	[illegible]	[illegible]	[illegible]	[illegible]	[illegible]	[illegible]	[illegible]	[illegible]	[illegible]	[illegible]	[illegible]	[illegible]	[illegible]	[illegible]	[illegible]	[illegible]	[illegible]	[illegible]	[illegible]	[illegible]	[illegible]	[illegible]	[illegible]	[illegible]	[illegible]	[illegible]	[illegible]	[illegible]	[illegible]	[illegible]	[illegible]	[illegible]	[illegible]	[illegible]	[illegible]	[illegible]	[illegible]	[illegible]	[illegible]	[illegible]	[illegible]	[illegible]	[illegible]	[illegible]	[illegible]	[illegible]	[illegible]	[illegible]	[illegible]	[illegible]
10	[illegible]	[illegible]	[illegible]	[illegible]	[illegible]	[illegible]	[illegible]	[illegible]	[illegible]	[illegible]	[illegible]	[illegible]	[illegible]	[illegible]	[illegible]	[illegible]	[illegible]	[illegible]	[illegible]	[illegible]	[illegible]	[illegible]	[illegible]	[illegible]	[illegible]	[illegible]	[illegible]	[illegible]	[illegible]	[illegible]	[illegible]	[illegible]	[illegible]	[illegible]	[illegible]	[illegible]	[illegible]	[illegible]	[illegible]	[illegible]	[illegible]	[illegible]	[illegible]	[illegible]	[illegible]	[illegible]	[illegible]	[illegible]	[illegible]	[illegible]	[illegible]	[illegible]
11	[illegible]	[illegible]	[illegible]	[illegible]	[illegible]	[illegible]	[illegible]	[illegible]	[illegible]	[illegible]	[illegible]	[illegible]	[illegible]	[illegible]	[illegible]	[illegible]	[illegible]	[illegible]	[illegible]	[illegible]	[illegible]	[illegible]	[illegible]	[illegible]	[illegible]	[illegible]	[illegible]	[illegible]	[illegible]	[illegible]	[illegible]	[illegible]	[illegible]	[illegible]	[illegible]	[illegible]	[illegible]	[illegible]	[illegible]	[illegible]	[illegible]	[illegible]	[illegible]	[illegible]	[illegible]	[illegible]	[illegible]	[illegible]	[illegible]	[illegible]	[illegible]	[illegible]
12	[illegible]	[illegible]	[illegible]	[illegible]	[illegible]	[illegible]	[illegible]	[illegible]	[illegible]	[illegible]	[illegible]	[illegible]	[illegible]	[illegible]	[illegible]	[illegible]	[illegible]	[illegible]	[illegible]	[illegible]	[illegible]	[illegible]	[illegible]	[illegible]	[illegible]	[illegible]	[illegible]	[illegible]	[illegible]	[illegible]	[illegible]	[illegible]	[illegible]	[illegible]	[illegible]	[illegible]	[illegible]	[illegible]	[illegible]	[illegible]	[illegible]	[illegible]	[illegible]	[illegible]	[illegible]	[illegible]	[illegible]	[illegible]	[illegible]	[illegible]	[illegible]	[illegible]
13	[illegible]	[illegible]	[illegible]	[illegible]	[illegible]	[illegible]	[illegible]	[illegible]	[illegible]	[illegible]	[illegible]	[illegible]	[illegible]	[illegible]	[illegible]	[illegible]	[illegible]	[illegible]	[illegible]	[illegible]	[illegible]	[illegible]	[illegible]	[illegible]	[illegible]	[illegible]	[illegible]	[illegible]	[illegible]	[illegible]	[illegible]	[illegible]	[illegible]	[illegible]	[illegible]	[illegible]	[illegible]	[illegible]	[illegible]	[illegible]	[illegible]	[illegible]	[illegible]	[illegible]	[illegible]	[illegible]	[illegible]	[illegible]	[illegible]	[illegible]	[illegible]	[illegible]
14	[illegible]	[illegible]	[illegible]	[illegible]	[illegible]	[illegible]	[illegible]	[illegible]	[illegible]	[illegible]	[illegible]	[illegible]	[illegible]	[illegible]	[illegible]	[illegible]	[illegible]	[illegible]	[illegible]	[illegible]	[illegible]	[illegible]	[illegible]	[illegible]	[illegible]	[illegible]	[illegible]	[illegible]	[illegible]	[illegible]	[illegible]	[illegible]	[illegible]	[illegible]	[illegible]	[illegible]	[illegible]	[illegible]	[illegible]	[illegible]	[illegible]	[illegible]	[illegible]	[illegible]	[illegible]	[illegible]	[illegible]	[illegible]	[illegible]	[illegible]	[illegible]	[illegible]
15	[illegible]	[illegible]	[illegible]	[illegible]	[illegible]	[illegible]	[illegible]	[illegible]	[illegible]	[illegible]	[illegible]	[illegible]	[illegible]	[illegible]	[illegible]	[illegible]	[illegible]	[illegible]	[illegible]	[illegible]	[illegible]	[illegible]	[illegible]	[illegible]	[illegible]	[illegible]	[illegible]	[illegible]	[illegible]	[illegible]	[illegible]	[illegible]	[illegible]	[illegible]	[illegible]	[illegible]	[illegible]	[illegible]	[illegible]	[illegible]	[illegible]	[illegible]	[illegible]	[illegible]	[illegible]	[illegible]	[illegible]	[illegible]	[illegible]	[illegible]	[illegible]	[illegible]
16	[illegible]	[illegible]	[illegible]	[illegible]	[illegible]	[illegible]	[illegible]	[illegible]	[illegible]	[illegible]	[illegible]	[illegible]	[illegible]	[illegible]	[illegible]	[illegible]	[illegible]	[illegible]	[illegible]	[illegible]	[illegible]	[illegible]	[illegible]	[illegible]	[illegible]	[illegible]	[illegible]	[illegible]	[illegible]	[illegible]	[illegible]	[illegible]	[illegible]	[illegible]	[illegible]	[illegible]	[illegible]	[illegible]	[illegible]	[illegible]	[illegible]	[illegible]	[illegible]	[illegible]	[illegible]	[illegible]	[illegible]	[illegible]	[illegible]	[illegible]	[illegible]	[illegible]
17	[illegible]	[illegible]	[illegible]	[illegible]	[illegible]	[illegible]	[illegible]	[illegible]	[illegible]	[illegible]	[illegible]	[illegible]	[illegible]	[illegible]	[illegible]	[illegible]	[illegible]	[illegible]	[illegible]	[illegible]	[illegible]	[illegible]	[illegible]	[illegible]	[illegible]	[illegible]	[illegible]	[illegible]	[illegible]	[illegible]	[illegible]	[illegible]	[illegible]	[illegible]	[illegible]	[illegible]	[illegible]	[illegible]	[illegible]	[illegible]	[illegible]	[illegible]	[illegible]	[illegible]	[illegible]	[illegible]	[illegible]	[illegible]	[illegible]	[illegible]	[illegible]	[illegible]
18	[illegible]	[illegible]	[illegible]	[illegible]	[illegible]	[illegible]	[illegible]	[illegible]	[illegible]	[illegible]	[illegible]	[illegible]	[illegible]	[illegible]	[illegible]	[illegible]	[illegible]	[illegible]	[illegible]	[illegible]	[illegible]	[illegible]	[illegible]	[illegible]	[illegible]	[illegible]	[illegible]	[illegible]	[illegible]	[illegible]	[illegible]	[illegible]	[illegible]	[illegible]	[illegible]	[illegible]	[illegible]	[illegible]	[illegible]	[illegible]	[illegible]	[illegible]	[illegible]	[illegible]	[illegible]	[illegible]	[illegible]	[illegible]	[illegible]	[illegible]	[illegible]	[illegible]
19	[illegible]	[illegible]	[illegible]	[illegible]	[illegible]	[illegible]	[illegible]	[illegible]	[illegible]	[illegible]	[illegible]	[illegible]	[illegible]	[illegible]	[illegible]	[illegible]	[illegible]	[illegible]	[illegible]	[illegible]	[illegible]	[illegible]	[illegible]	[illegible]	[illegible]	[illegible]	[illegible]	[illegible]	[illegible]	[illegible]	[illegible]	[illegible]	[illegible]	[illegible]	[illegible]	[illegible]	[illegible]	[illegible]	[illegible]	[illegible]	[illegible]	[illegible]	[illegible]	[illegible]	[illegible]	[illegible]	[illegible]	[illegible]	[illegible]	[illegible]	[illegible]	[illegible]
20	[illegible]	[illegible]	[illegible]	[illegible]	[illegible]	[illegible]	[illegible]	[illegible]	[illegible]	[illegible]	[illegible]	[illegible]	[illegible]	[illegible]	[illegible]	[illegible]	[illegible]	[illegible]	[illegible]	[illegible]	[illegible]	[illegible]	[illegible]	[illegible]	[illegible]	[illegible]	[illegible]	[illegible]	[illegible]	[illegible]	[illegible]	[illegible]	[illegible]	[illegible]	[illegible]	[illegible]	[illegible]	[illegible]	[illegible]	[illegible]	[illegible]	[illegible]	[illegible]	[illegible]	[illegible]	[illegible]	[illegible]	[illegible]	[illegible]	[illegible]	[illegible]	[illegible]
21	[illegible]	[illegible]	[illegible]	[illegible]	[illegible]	[illegible]	[illegible]	[illegible]	[illegible]	[illegible]	[illegible]	[illegible]	[illegible]	[illegible]	[illegible]	[illegible]	[illegible]	[illegible]	[illegible]	[illegible]	[illegible]	[illegible]	[illegible]	[illegible]	[illegible]	[illegible]	[illegible]	[illegible]	[illegible]	[illegible]	[illegible]	[illegible]	[illegible]	[illegible]	[illegible]	[illegible]	[illegible]	[illegible]	[illegible]	[illegible]	[illegible]	[illegible]	[illegible]	[illegible]	[illegible]	[illegible]	[illegible]	[illegible]	[illegible]	[illegible]	[illegible]	[illegible]
22	[illegible]	[illegible]	[illegible]	[illegible]	[illegible]	[illegible]	[illegible]	[illegible]	[illegible]	[illegible]	[illegible]	[illegible]	[illegible]	[illegible]	[illegible]	[illegible]	[illegible]	[illegible]	[illegible]	[illegible]	[illegible]	[illegible]	[illegible]	[illegible]	[illegible]	[illegible]	[illegible]	[illegible]	[illegible]	[illegible]	[illegible]	[illegible]	[illegible]	[illegible]	[illegible]	[illegible]	[illegible]	[illegible]	[illegible]	[illegible]	[illegible]	[illegible]	[illegible]	[illegible]	[illegible]	[illegible]	[illegible]	[illegible]	[illegible]	[illegible]	[illegible]	[illegible]
23	[illegible]	[illegible]	[illegible]	[illegible]	[illegible]	[illegible]	[illegible]	[illegible]	[illegible]	[illegible]	[illegible]	[illegible]	[illegible]	[illegible]	[illegible]	[illegible]	[illegible]	[illegible]	[illegible]	[illegible]	[illegible]	[illegible]	[illegible]	[illegible]	[illegible]	[illegible]	[illegible]	[illegible]	[illegible]	[illegible]	[illegible]	[illegible]	[illegible]	[illegible]	[illegible]	[illegible]	[illegible]	[illegible]	[illegible]	[illegible]	[illegible]	[illegible]	[illegible]	[illegible]	[illegible]	[illegible]	[illegible]	[illegible]	[illegible]	[illegible]	[illegible]	[illegible]
24	[illegible]	[illegible]	[illegible]	[illegible]	[illegible]	[illegible]	[illegible]	[illegible]	[illegible]	[illegible]	[illegible]	[illegible]	[illegible]	[illegible]	[illegible]	[illegible]	[illegible]	[illegible]	[illegible]	[illegible]	[illegible]	[illegible]	[illegible]	[illegible]	[illegible]	[illegible]	[illegible]	[illegible]	[illegible]	[illegible]	[illegible]	[illegible]	[illegible]	[illegible]	[illegible]	[illegible]	[illegible]	[illegible]	[illegible]	[illegible]	[illegible]	[illegible]	[illegible]	[illegible]	[illegible]	[illegible]	[illegible]	[illegible]	[illegible]	[illegible]	[illegible]	[illegible]
25	[illegible]	[illegible]	[illegible]	[illegible]	[illegible]	[illegible]	[illegible]	[illegible]	[illegible]	[illegible]	[illegible]	[illegible]	[illegible]	[illegible]	[illegible]	[illegible]	[illegible]	[illegible]	[illegible]	[illegible]	[illegible]	[illegible]	[illegible]	[illegible]	[illegible]	[illegible]	[illegible]	[illegible]	[illegible]	[illegible]	[illegible]	[illegible]	[illegible]	[illegible]	[illegible]	[illegible]	[illegible]	[illegible]	[illegible]	[illegible]	[illegible]	[illegible]	[illegible]	[illegible]	[illegible]	[illegible]	[illegible]	[illegible]	[illegible]	[illegible]	[illegible]	[illegible]
26	[illegible]	[illegible]	[illegible]	[illegible]	[illegible]	[illegible]	[illegible]	[illegible]	[illegible]	[illegible]	[illegible]	[illegible]	[illegible]	[illegible]	[illegible]	[illegible]	[illegible]	[illegible]	[illegible]	[illegible]	[illegible]	[illegible]	[illegible]	[illegible]	[illegible]	[illegible]	[illegible]	[illegible]	[illegible]	[illegible]	[illegible]	[illegible]	[illegible]	[illegible]	[illegible]	[illegible]	[illegible]	[illegible]	[illegible]	[illegible]	[illegible]	[illegible]	[illegible]	[illegible]	[illegible]	[illegible]	[illegible]	[illegible]	[illegible]	[illegible]	[illegible]	[illegible]
27	[illegible]	[illegible]	[illegible]	[illegible]	[illegible]	[illegible]	[illegible]	[illegible]	[illegible]	[illegible]	[illegible]	[illegible]	[illegible]	[illegible]	[illegible]	[illegible]	[illegible]	[illegible]	[illegible]	[illegible]	[illegible]	[illegible]	[illegible]	[illegible]	[illegible]	[illegible]	[illegible]	[illegible]	[illegible]	[illegible]	[illegible]	[illegible]	[illegible]	[illegible]	[illegible]	[illegible]	[illegible]	[illegible]	[illegible]	[illegible]	[illegible]	[illegible]	[illegible]	[illegible]	[illegible]	[illegible]	[illegible]	[illegible]	[illegible]	[illegible]	[illegible]	[illegible]
28	[illegible]	[illegible]	[illegible]	[illegible]	[illegible]	[illegible]	[illegible]	[illegible]	[illegible]	[illegible]	[illegible]	[illegible]	[illegible]	[illegible]	[illegible]	[illegible]	[illegible]	[illegible]	[illegible]	[illegible]	[illegible]	[illegible]	[illegible]	[illegible]	[illegible]	[illegible]	[illegible]	[illegible]	[illegible]	[illegible]	[illegible]	[illegible]	[illegible]	[illegible]	[illegible]	[illegible]	[illegible]	[illegible]	[illegible]	[illegible]	[illegible]	[illegible]	[illegible]	[illegible]	[illegible]	[illegible]	[illegible]	[illegible]	[illegible]	[illegible]	[illegible]	[illegible]

Dimenſions pour les Bois arrondis des Navires Marchands à trois Mâts, en forme de Barques.

N°. 8.

Numéros.	Longueur de poupe en proue. (Pieds)	Largeur. (Pi.)	Grand Mât. Longueur. (Pieds)	Grand Mât. Epaiſſeur. (Pouc.)	Grand Mât de Hune. Longueur. (Pieds)	Grand Mât de Hune. Epaiſſeur. (Pouc.)	Mât de grand Perroquet. Longueur juſqu'au Chouquet. (Pieds)	Mât de grand Perroquet. Epaiſſeur. (Pouc.)	Epaiſſeur du mât de miſaine. (Pouc.)	Petit Mât de Hune. Longueur. (Pieds)	Petit Mât de Hune. Epaiſſeur. (Pouc.)	Mât de petit Perroquet. Longueur juſqu'au Chouquet. (Pieds)	Mât de petit Perroquet. Epaiſſeur. (Pouc.)	Epaiſſeur du mât d'artimon. (Pouc.)	Mât de Fougue. Longueur. (Pieds)	Mât de Fougue. Epaiſſeur. (Pouc.)	Beaupré. Longueur depuis la Proue. (Pieds)	Beaupré. Epaiſſeur. (Pouc.)	Epaiſſeur du bout de dehors de beaupré. (Pouc.)	Longueur du grand Ton. (Pi.)	Longueur du grand Ton. (Po.)	Longueur du Ton de la miſaine. (Pi.)	Longueur du Ton de la miſaine. (Po.)	Longueur du Ton de la hune d'artimon. (Pi.)	Longueur du Ton de la hune d'artimon. (Po.)	Ton de la miſaine moins élevé qu'à la grande hune. (Pi.)	Ton de la miſaine moins élevé qu'à la grande hune. (Po.)	Grande Vergue. Longueur. (Pieds)	Grande Vergue. Epaiſſeur. (Pouc.)	Vergue du grand Hunier. Longueur. (Pieds)	Vergue du grand Hunier. Epaiſſeur. (Pouc.)	Vergue de grand Perroquet volant. Longueur. (Pieds)	Vergue de grand Perroquet volant. Epaiſſeur. (Pouc.)	Vergue de Miſaine. Longueur. (Pieds)	Vergue de Miſaine. Epaiſſeur. (Pouc.)	Vergue de petit Hunier. Longueur. (Pieds)	Vergue de petit Hunier. Epaiſſeur. (Pouc.)	Vergue de petit Perroquet volant. Longueur. (Pieds)	Vergue de petit Perroquet volant. Epaiſſeur. (Pouc.)	Vergue ſèche ou de fougue. Longueur. (Pieds)	Vergue ſèche ou de fougue. Epaiſſeur. (Pouc.)	Vergue de Perroq. de fougue. Longueur. (Pieds)	Vergue de Perroq. de fougue. Epaiſſeur. (Pouc.)	Vergue de Civadière. Longueur. (Pieds)	Vergue de Civadière. Epaiſſeur. (Pouc.)	Vergue contre Civadière. Longueur. (Pieds)	Vergue contre Civadière. Epaiſſeur. (Pouc.)	Epaiſſeur des barres de Hune. Au-deſſous. Grand Mât. (Pouc.)	Epaiſſeur des barres de Hune. Au-deſſous. Miſaine. (Pouc.)	Epaiſſeur des barres de Hune. Au-deſſous. Artimon. (Pouc.)	Epaiſſeur des barres de Hune. Mât de Perroquet. Grand Mât. (Pouc.)	Epaiſſeur des barres de Hune. Mât de Perroquet. Mât de miſaine. (Pouc.)
7	[illegible]	[illegible]	[illegible]	[illegible]	[illegible]	[illegible]	[illegible]	[illegible]	[illegible]	[illegible]	[illegible]	[illegible]	[illegible]	[illegible]	[illegible]	[illegible]	[illegible]	[illegible]	[illegible]	[illegible]	[illegible]	[illegible]	[illegible]	[illegible]	[illegible]	[illegible]	[illegible]	[illegible]	[illegible]	[illegible]	[illegible]	[illegible]	[illegible]	[illegible]	[illegible]	[illegible]	[illegible]	[illegible]	[illegible]	[illegible]	[illegible]	[illegible]	[illegible]	[illegible]	[illegible]	[illegible]	[illegible]	[illegible]	[illegible]	[illegible]	[illegible]	[illegible]
8	[illegible]	[illegible]	[illegible]	[illegible]	[illegible]	[illegible]	[illegible]	[illegible]	[illegible]	[illegible]	[illegible]	[illegible]	[illegible]	[illegible]	[illegible]	[illegible]	[illegible]	[illegible]	[illegible]	[illegible]	[illegible]	[illegible]	[illegible]	[illegible]	[illegible]	[illegible]	[illegible]	[illegible]	[illegible]	[illegible]	[illegible]	[illegible]	[illegible]	[illegible]	[illegible]	[illegible]	[illegible]	[illegible]	[illegible]	[illegible]	[illegible]	[illegible]	[illegible]	[illegible]	[illegible]	[illegible]	[illegible]	[illegible]	[illegible]	[illegible]	[illegible]	[illegible]
9	[illegible]	[illegible]	[illegible]	[illegible]	[illegible]	[illegible]	[illegible]	[illegible]	[illegible]	[illegible]	[illegible]	[illegible]	[illegible]	[illegible]	[illegible]	[illegible]	[illegible]	[illegible]	[illegible]	[illegible]	[illegible]	[illegible]	[illegible]	[illegible]	[illegible]	[illegible]	[illegible]	[illegible]	[illegible]	[illegible]	[illegible]	[illegible]	[illegible]	[illegible]	[illegible]	[illegible]	[illegible]	[illegible]	[illegible]	[illegible]	[illegible]	[illegible]	[illegible]	[illegible]	[illegible]	[illegible]	[illegible]	[illegible]	[illegible]	[illegible]	[illegible]	[illegible]
10	[illegible]	[illegible]	[illegible]	[illegible]	[illegible]	[illegible]	[illegible]	[illegible]	[illegible]	[illegible]	[illegible]	[illegible]	[illegible]	[illegible]	[illegible]	[illegible]	[illegible]	[illegible]	[illegible]	[illegible]	[illegible]	[illegible]	[illegible]	[illegible]	[illegible]	[illegible]	[illegible]	[illegible]	[illegible]	[illegible]	[illegible]	[illegible]	[illegible]	[illegible]	[illegible]	[illegible]	[illegible]	[illegible]	[illegible]	[illegible]	[illegible]	[illegible]	[illegible]	[illegible]	[illegible]	[illegible]	[illegible]	[illegible]	[illegible]	[illegible]	[illegible]	[illegible]
11	[illegible]	[illegible]	[illegible]	[illegible]	[illegible]	[illegible]	[illegible]	[illegible]	[illegible]	[illegible]	[illegible]	[illegible]	[illegible]	[illegible]	[illegible]	[illegible]	[illegible]	[illegible]	[illegible]	[illegible]	[illegible]	[illegible]	[illegible]	[illegible]	[illegible]	[illegible]	[illegible]	[illegible]	[illegible]	[illegible]	[illegible]	[illegible]	[illegible]	[illegible]	[illegible]	[illegible]	[illegible]	[illegible]	[illegible]	[illegible]	[illegible]	[illegible]	[illegible]	[illegible]	[illegible]	[illegible]	[illegible]	[illegible]	[illegible]	[illegible]	[illegible]	[illegible]
12	[illegible]	[illegible]	[illegible]	[illegible]	[illegible]	[illegible]	[illegible]	[illegible]	[illegible]	[illegible]	[illegible]	[illegible]	[illegible]	[illegible]	[illegible]	[illegible]	[illegible]	[illegible]	[illegible]	[illegible]	[illegible]	[illegible]	[illegible]	[illegible]	[illegible]	[illegible]	[illegible]	[illegible]	[illegible]	[illegible]	[illegible]	[illegible]	[illegible]	[illegible]	[illegible]	[illegible]	[illegible]	[illegible]	[illegible]	[illegible]	[illegible]	[illegible]	[illegible]	[illegible]	[illegible]	[illegible]	[illegible]	[illegible]	[illegible]	[illegible]	[illegible]	[illegible]
13	[illegible]	[illegible]	[illegible]	[illegible]	[illegible]	[illegible]	[illegible]	[illegible]	[illegible]	[illegible]	[illegible]	[illegible]	[illegible]	[illegible]	[illegible]	[illegible]	[illegible]	[illegible]	[illegible]	[illegible]	[illegible]	[illegible]	[illegible]	[illegible]	[illegible]	[illegible]	[illegible]	[illegible]	[illegible]	[illegible]	[illegible]	[illegible]	[illegible]	[illegible]	[illegible]	[illegible]	[illegible]	[illegible]	[illegible]	[illegible]	[illegible]	[illegible]	[illegible]	[illegible]	[illegible]	[illegible]	[illegible]	[illegible]	[illegible]	[illegible]	[illegible]	[illegible]
14	[illegible]	[illegible]	[illegible]	[illegible]	[illegible]	[illegible]	[illegible]	[illegible]	[illegible]	[illegible]	[illegible]	[illegible]	[illegible]	[illegible]	[illegible]	[illegible]	[illegible]	[illegible]	[illegible]	[illegible]	[illegible]	[illegible]	[illegible]	[illegible]	[illegible]	[illegible]	[illegible]	[illegible]	[illegible]	[illegible]	[illegible]	[illegible]	[illegible]	[illegible]	[illegible]	[illegible]	[illegible]	[illegible]	[illegible]	[illegible]	[illegible]	[illegible]	[illegible]	[illegible]	[illegible]	[illegible]	[illegible]	[illegible]	[illegible]	[illegible]	[illegible]	[illegible]
15	[illegible]	[illegible]	[illegible]	[illegible]	[illegible]	[illegible]	[illegible]	[illegible]	[illegible]	[illegible]	[illegible]	[illegible]	[illegible]	[illegible]	[illegible]	[illegible]	[illegible]	[illegible]	[illegible]	[illegible]	[illegible]	[illegible]	[illegible]	[illegible]	[illegible]	[illegible]	[illegible]	[illegible]	[illegible]	[illegible]	[illegible]	[illegible]	[illegible]	[illegible]	[illegible]	[illegible]	[illegible]	[illegible]	[illegible]	[illegible]	[illegible]	[illegible]	[illegible]	[illegible]	[illegible]	[illegible]	[illegible]	[illegible]	[illegible]	[illegible]	[illegible]	[illegible]
16	[illegible]	[illegible]	[illegible]	[illegible]	[illegible]	[illegible]	[illegible]	[illegible]	[illegible]	[illegible]	[illegible]	[illegible]	[illegible]	[illegible]	[illegible]	[illegible]	[illegible]	[illegible]	[illegible]	[illegible]	[illegible]	[illegible]	[illegible]	[illegible]	[illegible]	[illegible]	[illegible]	[illegible]	[illegible]	[illegible]	[illegible]	[illegible]	[illegible]	[illegible]	[illegible]	[illegible]	[illegible]	[illegible]	[illegible]	[illegible]	[illegible]	[illegible]	[illegible]	[illegible]	[illegible]	[illegible]	[illegible]	[illegible]	[illegible]	[illegible]	[illegible]	[illegible]
17	[illegible]	[illegible]	[illegible]	[illegible]	[illegible]	[illegible]	[illegible]	[illegible]	[illegible]	[illegible]	[illegible]	[illegible]	[illegible]	[illegible]	[illegible]	[illegible]	[illegible]	[illegible]	[illegible]	[illegible]	[illegible]	[illegible]	[illegible]	[illegible]	[illegible]	[illegible]	[illegible]	[illegible]	[illegible]	[illegible]	[illegible]	[illegible]	[illegible]	[illegible]	[illegible]	[illegible]	[illegible]	[illegible]	[illegible]	[illegible]	[illegible]	[illegible]	[illegible]	[illegible]	[illegible]	[illegible]	[illegible]	[illegible]	[illegible]	[illegible]	[illegible]	[illegible]
18	[illegible]	[illegible]	[illegible]	[illegible]	[illegible]	[illegible]	[illegible]	[illegible]	[illegible]	[illegible]	[illegible]	[illegible]	[illegible]	[illegible]	[illegible]	[illegible]	[illegible]	[illegible]	[illegible]	[illegible]	[illegible]	[illegible]	[illegible]	[illegible]	[illegible]	[illegible]	[illegible]	[illegible]	[illegible]	[illegible]	[illegible]	[illegible]	[illegible]	[illegible]	[illegible]	[illegible]	[illegible]	[illegible]	[illegible]	[illegible]	[illegible]	[illegible]	[illegible]	[illegible]	[illegible]	[illegible]	[illegible]	[illegible]	[illegible]	[illegible]	[illegible]	[illegible]
19	[illegible]	[illegible]	[illegible]	[illegible]	[illegible]	[illegible]	[illegible]	[illegible]	[illegible]	[illegible]	[illegible]	[illegible]	[illegible]	[illegible]	[illegible]	[illegible]	[illegible]	[illegible]	[illegible]	[illegible]	[illegible]	[illegible]	[illegible]	[illegible]	[illegible]	[illegible]	[illegible]	[illegible]	[illegible]	[illegible]	[illegible]	[illegible]	[illegible]	[illegible]	[illegible]	[illegible]	[illegible]	[illegible]	[illegible]	[illegible]	[illegible]	[illegible]	[illegible]	[illegible]	[illegible]	[illegible]	[illegible]	[illegible]	[illegible]	[illegible]	[illegible]	[illegible]
20	[illegible]	[illegible]	[illegible]	[illegible]	[illegible]	[illegible]	[illegible]	[illegible]	[illegible]	[illegible]	[illegible]	[illegible]	[illegible]	[illegible]	[illegible]	[illegible]	[illegible]	[illegible]	[illegible]	[illegible]	[illegible]	[illegible]	[illegible]	[illegible]	[illegible]	[illegible]	[illegible]	[illegible]	[illegible]	[illegible]	[illegible]	[illegible]	[illegible]	[illegible]	[illegible]	[illegible]	[illegible]	[illegible]	[illegible]	[illegible]	[illegible]	[illegible]	[illegible]	[illegible]	[illegible]	[illegible]	[illegible]	[illegible]	[illegible]	[illegible]	[illegible]	[illegible]
21	[illegible]	[illegible]	[illegible]	[illegible]	[illegible]	[illegible]	[illegible]	[illegible]	[illegible]	[illegible]	[illegible]	[illegible]	[illegible]	[illegible]	[illegible]	[illegible]	[illegible]	[illegible]	[illegible]	[illegible]	[illegible]	[illegible]	[illegible]	[illegible]	[illegible]	[illegible]	[illegible]	[illegible]	[illegible]	[illegible]	[illegible]	[illegible]	[illegible]	[illegible]	[illegible]	[illegible]	[illegible]	[illegible]	[illegible]	[illegible]	[illegible]	[illegible]	[illegible]	[illegible]	[illegible]	[illegible]	[illegible]	[illegible]	[illegible]	[illegible]	[illegible]	[illegible]
22	[illegible]	[illegible]	[illegible]	[illegible]	[illegible]	[illegible]	[illegible]	[illegible]	[illegible]	[illegible]	[illegible]	[illegible]	[illegible]	[illegible]	[illegible]	[illegible]	[illegible]	[illegible]	[illegible]	[illegible]	[illegible]	[illegible]	[illegible]	[illegible]	[illegible]	[illegible]	[illegible]	[illegible]	[illegible]	[illegible]	[illegible]	[illegible]	[illegible]	[illegible]	[illegible]	[illegible]	[illegible]	[illegible]	[illegible]	[illegible]	[illegible]	[illegible]	[illegible]	[illegible]	[illegible]	[illegible]	[illegible]	[illegible]	[illegible]	[illegible]	[illegible]	[illegible]
23	[illegible]	[illegible]	[illegible]	[illegible]	[illegible]	[illegible]	[illegible]	[illegible]	[illegible]	[illegible]	[illegible]	[illegible]	[illegible]	[illegible]	[illegible]	[illegible]	[illegible]	[illegible]	[illegible]	[illegible]	[illegible]	[illegible]	[illegible]	[illegible]	[illegible]	[illegible]	[illegible]	[illegible]	[illegible]	[illegible]	[illegible]	[illegible]	[illegible]	[illegible]	[illegible]	[illegible]	[illegible]	[illegible]	[illegible]	[illegible]	[illegible]	[illegible]	[illegible]	[illegible]	[illegible]	[illegible]	[illegible]	[illegible]	[illegible]	[illegible]	[illegible]	[illegible]
24	[illegible]	[illegible]	[illegible]	[illegible]	[illegible]	[illegible]	[illegible]	[illegible]	[illegible]	[illegible]	[illegible]	[illegible]	[illegible]	[illegible]	[illegible]	[illegible]	[illegible]	[illegible]	[illegible]	[illegible]	[illegible]	[illegible]	[illegible]	[illegible]	[illegible]	[illegible]	[illegible]	[illegible]	[illegible]	[illegible]	[illegible]	[illegible]	[illegible]	[illegible]	[illegible]	[illegible]	[illegible]	[illegible]	[illegible]	[illegible]	[illegible]	[illegible]	[illegible]	[illegible]	[illegible]	[illegible]	[illegible]	[illegible]	[illegible]	[illegible]	[illegible]	[illegible]
25	[illegible]	[illegible]	[illegible]	[illegible]	[illegible]	[illegible]	[illegible]	[illegible]	[illegible]	[illegible]	[illegible]	[illegible]	[illegible]	[illegible]	[illegible]	[illegible]	[illegible]	[illegible]	[illegible]	[illegible]	[illegible]	[illegible]	[illegible]	[illegible]	[illegible]	[illegible]	[illegible]	[illegible]	[illegible]	[illegible]	[illegible]	[illegible]	[illegible]	[illegible]	[illegible]	[illegible]	[illegible]	[illegible]	[illegible]	[illegible]	[illegible]	[illegible]	[illegible]	[illegible]	[illegible]	[illegible]	[illegible]	[illegible]	[illegible]	[illegible]	[illegible]	[illegible]
26	[illegible]	[illegible]	[illegible]	[illegible]	[illegible]	[illegible]	[illegible]	[illegible]	[illegible]	[illegible]	[illegible]	[illegible]	[illegible]	[illegible]	[illegible]	[illegible]	[illegible]	[illegible]	[illegible]	[illegible]	[illegible]	[illegible]	[illegible]	[illegible]	[illegible]	[illegible]	[illegible]	[illegible]	[illegible]	[illegible]	[illegible]	[illegible]	[illegible]	[illegible]	[illegible]	[illegible]	[illegible]	[illegible]	[illegible]	[illegible]	[illegible]	[illegible]	[illegible]	[illegible]	[illegible]	[illegible]	[illegible]	[illegible]	[illegible]	[illegible]	[illegible]	[illegible]
27	[illegible]	[illegible]	[illegible]	[illegible]	[illegible]	[illegible]	[illegible]	[illegible]	[illegible]	[illegible]	[illegible]	[illegible]	[illegible]	[illegible]	[illegible]	[illegible]	[illegible]	[illegible]	[illegible]	[illegible]	[illegible]	[illegible]	[illegible]	[illegible]	[illegible]	[illegible]	[illegible]	[illegible]	[illegible]	[illegible]	[illegible]	[illegible]	[illegible]	[illegible]	[illegible]	[illegible]	[illegible]	[illegible]	[illegible]	[illegible]	[illegible]	[illegible]	[illegible]	[illegible]	[illegible]	[illegible]	[illegible]	[illegible]	[illegible]	[illegible]	[illegible]	[illegible]
28	[illegible]	[illegible]	[illegible]	[illegible]	[illegible]	[illegible]	[illegible]	[illegible]	[illegible]	[illegible]	[illegible]	[illegible]	[illegible]	[illegible]	[illegible]	[illegible]	[illegible]	[illegible]	[illegible]	[illegible]	[illegible]	[illegible]	[illegible]	[illegible]	[illegible]	[illegible]	[illegible]	[illegible]	[illegible]	[illegible]	[illegible]	[illegible]	[illegible]	[illegible]	[illegible]	[illegible]	[illegible]	[illegible]	[illegible]	[illegible]	[illegible]	[illegible]	[illegible]	[illegible]	[illegible]	[illegible]	[illegible]	[illegible]	[illegible]	[illegible]	[illegible]	[illegible]

BIBL. NATIONALE
R.F.
DÉPÔT IMPRIMÉS

EXTRAIT DES REGISTRES DE L'ACADÉMIE.

Du 30 Juin 1779.

MESSIEURS l'Abbé BOSSUT & DE BORY, ayant rendu compte à l'Académie d'un Ouvrage intitulé : *Traité de la Construction des Vaisseaux*, &c. traduit du Suédois de M. CHAPMAN; l'Académie a jugé cet Ouvrage digne d'être imprimé sous son Privilege : en foi de quoi j'ai signé le présent Certificat. A Paris, ce 30 Juin 1779.

LE MARQUIS DE CONDORCET.

ERRATA.

IL y a eu dans la traduction des termes nouveaux introduits par l'Auteur, & dont le vrai sens nous est parvenu fort tard, malgré les soins de M. le Comte d'Usson, Ambassadeur de France en Suede, qui a bien voulu nous les procurer. M. le Chevalier Schantz nous a donné encore quelques facilités pour les termes d'art de la Marine. On demande sur ces objets quelque indulgence de la part du Lecteur.

Page 4, *derniere ligne & premiere de la page suivante*, d'un vaisseau n°. *6*, &c. *lisez*, d'un vaisseau armé en course n°. *6*. &c. *Planche* VII, *Fig.* 37.

Page 5, *ligne* 5, plans en dessus; *lisez*, plans ou coupples en dessus.

Ibidem, *ligne* 8, au lieu de tranche ⊙ ou coupe; *lisez*, tranche ⊙ ou maître coupple.

Nota, au lieu de *Coupples*, on s'est servi indistinctement du mot *Tranches*.

Page 28, *ligne* 29, *ajoutez à la note* : le Skaolpund est la livre de Suede, laquelle en differe à peine, quoiqu'inférieure, à celle de France : *Voyez* le Chapitre XI, *pages* 135 & 136.

Ibid. dans la Table, tous les titres ou poids sont des Skaolpunds, & non pas des Schepunds.

Page 47, *ligne* 25, au lieu d'artimon; *lisez*, vers le beaupré.

26, mât; *ajoutez*, de perroquet.

Ibidem de la vergue; *lisez*, du mât de hune.

Dans la Table 1re colonne à gauche, au lieu de misaine; *lisez*, d'artimon.

seconde ligne. . . . . de fougue.

septieme ligne . . . . misaine.

Page 71, *la seconde ligne au-dessous de la Table*, au lieu de 12 livres, &c. *lisez* 12 livres de bale du canon; ainsi que 4 livres de bale du canon... *même ligne*, &c.

Page 73, *ligne* 2, au lieu de 12 livres; *lisez*, 12 livres de bale, & au lieu de 4 livres de canon; *lisez*, 4 livres de bale du canon.

Page 85, *ligne* 32, au lieu de quadrature; *lisez*, le quarré.

Page 92, *ligne* 8, au lieu de l'arriere-bois; *lisez*, à l'arriere, Bois

---

On donnera dans un Ouvrage à part, un errata plus complet, ainsi qu'un Vocabulaire Suédois & Français. Avant l'ouvrage de Murrai cité dans l'Ouvrage de M. Chapman, les Anglois nous ont procuré divers Traités *in*-4° & *in-folio* sur la Construction, publiés en 1711 & 1726, par M. SUTHERLAND.

BIBLIOTHEQUE ROYALE

www.ingramcontent.com/pod-product-compliance
Ingram Content Group UK Ltd.
Pitfield, Milton Keynes, MK11 3LW, UK
UKHW021129220726
13924UKWH00004B/1973

9 782019 911249